디벨로퍼 애드보킷
테크 에반젤리스트로
산다는 것

디벨로퍼 애드보킷 테크 에반젤리스트로 산다는 것

2021년 4월 12일 초판 1쇄 인쇄
2021년 4월 19일 초판 1쇄 발행

지은이 히예르탄 빌렌가
옮긴이 계성혁, 장민서
펴낸이 정상석
책임편집 엄진영
디자인 양은정
펴낸곳 터닝포인트(www.diytp.com) 등록번호 제2005-000285호
주소 (03991)서울시마포구동교로27길53지남빌딩308호 전화 (02) 332-7646
팩스 (02) 3142-7646
ISBN 979-11-6134-090-6(13000)
정가 32,000원

내용 및 집필 문의 diamat@naver.com

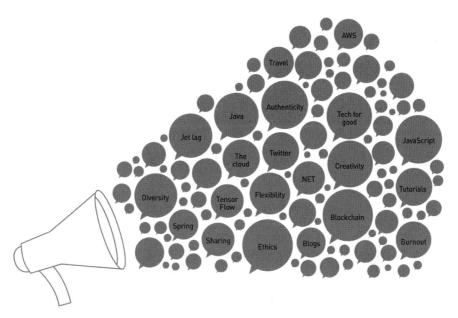

디벨로퍼 애드보킷
테크 에반젤리스트로
산다는 것

지은이 **히예르탄 빌렌가** | 옮긴이 **계성혁·장민서**

목차

목차

히예르탄 빌렌가(Geertjan Wielenga)는 네덜란드에서 태어나 어린 나이에 가족들과 함께 남아프리카 공화국으로 이사를 갔다. 아들이 커서 소프트웨어 업계에서 에반젤리스트가 될 것을 미리 알았는지, 그의 아버지는 남아프리카에서 자신의 교회에서 전도사(Evangelist)로 활동을 했다.

대학교에서 정치학과 법학을 공부한 그는 1996년에 법조계로 진출하기 전에 1년동안 여행을 다니기 위해 남아프리카를 떠났다. 하지만 여행을 위한 재정적인 어려움을 해결하기 위해 1996년 5월부터 네덜란드에서 소프트웨어 설명서를 편집하고 검토하는 일을 시작했다. 그 이후 네덜란드의 다양한 소프트웨어 회사에서 기술 관련 글을 작업하는 일을 계속하게 되었으며, 이후 몇 년 동안은 오스트리아와 체코에서도 똑같은 일을 하게 되었다.

체코의 프라하에서 2004년부터 썬 마이크로시스템즈에서 회사가 오라클에 인수된 2010년까지 근무했다. 그는 넷빈즈 IDE의 문서를 작성하면서, 넷빈즈 API에 대한 교육 강좌를 만들고 진행했다. 전 세계의 대기업들을 돌아다니면서, 기업용 소프트웨어를 넷빈즈 플랫폼에서 만드는 것의 장점을 알렸다. 썬 마이크로시스템즈가 오라클에 인수되고 난 이후에, 웹 UI 개발을 위한 기업용 자바스크립트 확장 도구인 오라클 JET(JavaScript Extension Toolkit)의 프로덕트 매니저가 되었다.

소프트웨어 영역/분야에 대한 그의 열정은 오픈소스 생태계에 집중되었으며, 대기업들이 교육과 오픈소스 생태계를 지원할 수 있게끔 했다.

지난 몇 년동안, 전 세계의 수많은 디벨로퍼 애드보킷들을 비공식적으로 만나면서 그들의 전문성에 대한 대화를 나누었고, 이 책을 통해 독자들이 도움을 받고 새로운 개발자들이 정보 기술 산업에서 재밌고 성취감을 느끼면서 일하는 방식에 대한 관점을 넓히는데 영감을 받기를 기대하며 이 책을 썼다.

들어가면서

어떻게 디벨로퍼 애드보킷이 되고, 어떤 디벨로퍼 애드보킷이 될 것인가?

지난 몇 년동안, 무대에서 마주친 전 세계의 많은 디벨로퍼 애드보킷 동료들에게 많은 질문들을 하기 위해 노력했습니다. 그 질문들은 "어떻게 해서 이 분야에 발을 들이게 됐는지"와 같은 것들입니다.

필연적으로, 기술 컨퍼런스의 무대에 올라 발표하는 사람들, 혹은 다양한 기술 지식들을 전달하기 위해 컨텐츠들을 만드는 사람들은, 자신들이 디벨로퍼 애드보킷 분야에 발을 들일 때는 관련된 학위나 강의들이 없었기 때문에 (혹은 오늘날 만큼 주목을 받지 못하고 있기 때문에), 각자가 이 분야에 들어오기까지 거친 과정들이 모두 다양했습니다.

오늘날 넓은 의미에서 디벨로퍼 릴레이션라고 불리는 디벨로퍼 애드보킷 분야는 새로운 분야입니다. 이 분야에서 일하고 있는 모두 나름의 과정을 거쳐 이 분야에 들어왔습니다. 그리고 지난 몇 년 동안 프로그래머가 사람들에게 익숙한 직업이 되고, 프로그래밍 세계에서 여겨지는 개발 이론과 과정들이 진화하면서, 디벨로퍼 애드보킷에 대한 중요성도 점점 커졌습니다.

이 책은 디벨로퍼 애드보킷들이 자신의 사명감을 가지고 일하는 것의 결과물입니다.

이 분야의 정체성를 찾아가는 것과는 별개로, 이 분야에서 일하고 있는 사람들의 일상에 관해 궁금증을 가지고 있었습니다. 현대 사회에서는 정해진 시간에 일어나, 사무실에서 일하고, 정해진 시간에 퇴근한다는 것이 꽹장히 드문 일이 됐기 때문입니다.

이런 현상은 디벨로퍼 애드보킷들의 업무가 대외적으로 활동해야하는 점 때문에 더 도드라지게 나타났습니다. 대부분의 경우 이런 특징 때문에 이 일을 하는 사람들이 있기도 했지만, 자신들이 원했던 것이 아니더라도, 이런 특징 때문에 계속 이 일을 하게 되는 경우도 있었습니다. 저는 이 직무에 관심이 있거나, 이 직무에 대해 잘 알지 못하는 분들을 위해서, 디벨로퍼 애드보킷들이 다양하게 생활하고 있다는 사실도 확인해보고 싶었습니다.

전 세계의 컨퍼런스들을 돌아다녀보면서 해보고 싶었던 또 다른 질문은, 디벨로퍼 애드보킷들이 맞닥뜨리는 도덕적 딜레마에 관한 것입니다. 모든 직업들이 나름의 딜레마를 가지고 있지만, 디벨로퍼 릴레이션과 관련된 직업들은, 직무 자체가 아직 분명하게 정의되지 않아서 이 딜레마에 주목하게 됩니다. 자신이 어떤 것을 더 중요시 해야할지, 커뮤니티와 회사 사이에서 어디에 더 중점을 둬야할지를 고민합니다. 만약 이 고민에 대한 답변이 경우에 따라 다르다면, 디벨로퍼 애드보킷들은 어떤 선택을 해야할지 어떻게 알 수 있을지도 궁금했습니다. 동시에, 어떤 디벨로퍼 애드보킷들은 프리랜서로 일하여 이런 고민이 없거나, 일부러 하지 않는다는 점도 나름의 어려움이 있지는 않을지 궁금했습니다.

이런 질문들을 품에 가지고 있다가 팩트(Packt) 출판사의 도미닉 셰익섀프트가 IT 업계에 관한 인터뷰 책들을 시리즈로 내려고 한다고 말해줬을 때, 저는 비로소 이 질문들에 대한 답을 좀 더 파고들 수 있는 기회를 얻게 되었습니다. 지금 여러분이 들고 있는 이 책은 오랫동안 질문을 추려내고, 팩트 출판사의 도미닉의 팀과 논의를 거쳐, 디벨로퍼 애드보킷들에게 인터뷰를 요청하고, 그들과 인터뷰를 하는 아주 긴 시간의 과정을 거쳐 나온 결과물입니다. 특히 출판사의 조앤 로벨이 대화를 자연스럽게 하기 위해 노력해줬고, 키쇼 리트가 전체 과정을 관리해줬으며, 조나단 말리샥이 마무리를 해주면서, 마침내 책이 세상의 빛을 바라볼 수 있게 되었습니다.

솔직히, 저는 이 책을 그저 제가 가지고 있던 질문들에 대한 답변을 얻기 위해서, 그리고 제가 개인적으로 겪고 있던 의문들을 업계의 다른 사람들은 어떻게 생각하는지 알아내기 위해 작업했습니다. 제가 인터뷰했던 많은 사람들처럼, 저도 디벨로퍼 애드보킷 분야에 어쩌다보니 발을 들이게 되었고, 제가 몸담고 있는 이 분야가 어떤 곳인지, 90년대 중반부터 일해온 사람으로서 이 세계를 어떻게 이해해야하는지 궁금했습니다. 그런 의미에서 이 책은 단순히 인터뷰 모음집이 아닙니다. 서로 다른 디벨로퍼 애드보킷들과 대화를 주고 받으면서, 동시에 제가 그 당시에 가지고 있던 질문들에 대해 자신과 했던 대화들을 모아놓은 기록입니다.

얼마 전까지만해도, 사람들은 자신의 10대나 20대 초반에 자신의 장래희망을 정하고, 어떻게든 그 꿈을 이루기 위해 공부하고, 그 분야에서 직장 생활을 했습니다.

요즘에는 그런 경우를 보기 힘들고, 신세대들은 자신이 내년, 혹은 다음 10년 동안 무엇을 해야할지 걱정을 하지 않으며, 다양한 분야 혹은 다양한 회사를 오가면서 일을 합니다.

지금까지는 그렇지 않았지만, 유연성을 가지는 것이 당연한 시대가 되었습니다. 그런 의미에서 디벨로퍼 애드보킷의 역할은 이미 지난 몇 십 년 동안 유연한 신세대만의 방식으로 일을 해왔다는 점에서 눈여겨볼만 합니다. 어떤 사람들은 이제 그들의 때가 왔다고 하기도 합니다. 이 직업은 요즘 시대에 맞는 직업인 반면, 이미 이 일을 하고 있는 사람들은 이전 세대 사람들이지만요.

이 책을 위해 제가 나눴던 대화들의 핵심은 '열정'입니다. 원래 출판사에서 제안했던 핵심은 '대변인'이었고, 디벨로퍼 애드보킷들이 어떤 사람인지, 그들은 얼마나 솔직한지, 그리고 그들이 진실과 다르게 가식적으로 행동하는지와 같은 질문들을 하기 원했습니다.

제 경험상, 디벨로퍼 애드보킷 활동을 하는 사람들은 실제로 진정성 있고, 열정이 넘치고, 이 분야에서 어렵게 얻은 지식을 공유하고 싶어하는 것을 알고 있기에, 출판사의 마음을 바꾸기 위해 노력했습니다. 그러다보니 디벨로퍼 애드보킷들은 어떻게 해서 열정이 넘칠 수 있는지, 열정은 어디서 나오는지, 그 열정을 어떻게 유지하는지, 그리고 지식을 공유하는 것이 직업이 될 수 있다는 사실이 얼마나 신기한지와 같은 질문을 중심으로 인터뷰를 진행했습니다.

이 책의 대화들을 읽다보면, 모든 사람들이 자기 자신에게 즐거운 일을 하고, 즐거운 경험을 다른 사람들과 공유하면서 돈을 벌 수 있는지에 대한 질문을 던지고 있다는 점을 알아차릴 수 있을 겁니다.

특정 회사에 소속되어 활동하던, 독립적으로 활동하던 간에, 그들은 자신들의 열정을 원동력으로 삼으면서 활동합니다. 회사에 소속된 사람들 대부분은 한편으론 자신의 상사가 자신이 즐겁게 일하는 것을 알고, 덜 즐거운 일을 주지 않을까 걱정을 하기도 했습니다. 본질적으로, 이 책에 등장한 모든 사람들은 어린 아이만큼 왕성한 호기심을 가지면서 IT 분야를 탐구하고 있었습니다. IT 분야 안의 많은 것이 아직 미지의 영역으로 남아있거나, 제대로 탐구되지 않았기 때문입니다.

이 책의 사람들은 새로운 영역의 문을 두드리면서, 경험을 확장해나가고, 그것을 기록하면서 공유하는 과정들을 즐깁니다.

마지막으로 주목한 것은 커뮤니티입니다. 인터뷰했던 사람들은, IT 분야를 탐구하고 지식을 확장해 나갈 때 혼자서 하는 것보다 다른 사람들과 함께 하면서 열정을 불태우고, 많은 경우에는 개발자 커뮤니티를 만들고 이끌어 나가기도 했습니다. 이런 점은 엄청나게 다양한 사람들이 이 분야에서 활동할 수 있는 근간이 되었습니다.

한 가지 흥미로운 사실은, 많은 디벨로퍼 애드보킷들이 자신이 내향적이라고 생각한다는 점입니다. 주기적으로 수 백명의 사람들 앞에서 발표하는 사람이 어떻게 내향적인 성격을 가지고 있을지 의문을 가질 수 있습니다. 그건 무대의 연단 뒤에 서서, 자신이 흥미를 가지고 있는 것에 대한 내용을 들으려는 청중들과 어느 정도 거리를 두면서 발표한다는 점이 내향적인 사람들에게 잘 맞기 때문입니다. 물론, 디벨로퍼 애드보킷 활동은 무대에 서서 발표하는 것 뿐만 아니라, 블로그에 글을 쓰고, 무대 뒤에서 네트워킹을 하며 다른 사람들과 의사소통을 하는 것도 포함됩니다.

이 자리를 빌어서 이 책이 나올 수 있게 도와준 출판사 관계자분들과 인터뷰에 응해주신 모든 분들께 감사의 인사를 전합니다. 더 많은 분들이 함께 해주셨으면 좋았겠지만, 나중에 이 주제로 또 다른 책이 나올 때 함께할 수 있을 거라 믿습니다.

예를 들어, 기술 컨퍼런스를 준비하는 사람들에 관한 책이 나와서, 왜 이런 일을 하는지, 어떻게 해서 이 일을 시작하게 되었는지, 이 일을 하며 얻은 자신만의 노하우는 어떤 것인지와 같은 질문들에 대한 답을 줄 수 있을 것입니다. 오픈 소스 프로젝트들을 이끌어 나가는 사람들에 대한 책도 나와서 오픈 소스가 어느 수준에 이르렀는지 오픈 소스가 어떤 것을 해냈고, 어떤 것을 아직 못했는지, 어떻게 새로운 사람들을 끌어들이고, 계속해서 프로젝트에 참여하도록 만드는지와 같은 질문들을 할 수도 있을 것입니다.

대화집들은 보통 특정 주제에 대해 좀 더 진정성 있는 이야기를 전달해준다고 봅니다. 실제 경험한 사람들의 이야기를 들으면 독특한 통찰을 얻을 수 있고, 그들이 그런 일을 왜 하는지를 잘 알 수 있기 때문입니다.

이러한 생각들 때문에 앞으로 소개할 대화들이 독자들에게 어떤 방법으로든, 오늘날 우리 일상의 핵심이 되고, 미래에도 당연히 그렇게 될 기술들에 관한 자신의 지식을 진정성 있게 공유하는 것을 시작하거나, 좀 더 활발하게 할 수 있게 하는 계기가 되었으면 합니다.

용어집

본 용어집에서는 책을 읽으면서 자주 등장하는 개념들에 대한 설명을 했으며, 특히 개발자 커뮤니티를 포함해 디벨로퍼 릴레이션 분야를 접했을 때 자주 마주할 수 있는 개념들을 설명하고자 했다. 다만, 디벨로퍼 릴레이션 활동이 워낙 다양하다보니 모든 사례들에 맞춰서 설명하기에는 한계가 있어서 역자의 경험 한도와 자료 검색 능력 내에서 공통된 부분들을 기술하였다.

디벨로퍼 릴레이션(Developer Relations)

회사나 조직, 혹은 개인이 개발자들을 대상으로 어떤 메시지를 주고 받는 행동. 회사의 PR이나 IR 활동이 각각 일반 대중과 투자자들을 대상으로 회사를 홍보하는 것처럼, 디벨로퍼 릴레이션 활동은 회사/조직에서 관여하고 있는 기술 관련 활동이나, 이를 할 수 있는 역량을 외부의 개발자들에게 알리는 것이다. 회사/조직에 속하지 않은 개인 또한 자신이 관심있는 기술과 관련해서 유사한 활동을 할 수 있다.

디벨로퍼 애드보킷(Developer Advocate)

디벨로퍼 릴레이션 활동을 하는 사람 혹은 직군. 개발자의 목소리를 대변한다는 의미를 지니고 있으며, 회사/조직의 많은 개발자들을 대신해 회사의 기술 역량을 외부 개발자들을 상대로 활동한다는 의미도 있지만, 역으로 개발자 커뮤니티의 수많은 개발자들을 대신해 특정 기술에 대한 의견을 회사에 전달하는 의미를 담고 있다.

테크 에반젤리스트(Tech Evangelist)

디벨로퍼 애드보킷과 마찬가지로 디벨로퍼 릴레이션 활동을 하는 사람 혹은 직군. 애플 사의 가이 카와사키(Guy Kawasaki)가 매킨토시 프로그램 생태계를 확장하기 위해 소프트웨어 개발자들에게 매킨토시를 전파하며 매킨토시 전용 프로그램을 만들어달라고 설득했는데, 같은 회사의 마이크 머레이(Mike Murray)가 이를 성경의 복음 전도에 빗대어 소프트웨어 에반젤리즘(Software Evangelism)이라고 부른 것에서 유래했다.

커뮤니티(Community)

특정 분야의 관심사를 가진 사람들이 온라인이나 오프라인에서 모여 함께하는 형태의 일체. 특정 조직에 회원들이 소속되어 활동하는 것을 의미하기도 하지만, 조직의 소속 여부와 상관없이 '오픈소스 커뮤니티'와 같이 특정 분야나 생태계에 대한 관심을 가진 사람들이나 단체들이 서로 동질감을 느끼는 것 또한 커뮤니티라고 볼 수 있다.

사용자 모임(User group)

특정 기술에 관심을 가진 사람들의 커뮤니티의 한 형태. 사용자 모임에 따라서 온라인에서 주로 활동하기도 하거나 오프라인 행사를 주로 개최하며 활동을 하며 특정 기술에 대한 지식과 정보를 공유한다. 온라인에서는 각 사용자 모임이 선호하는 수단(예. 게시판/포럼, IRC 및 메신저 등)을 이용하며, 질문이나 답변을 하거나 새로운 소식을 전하는 등의 활동을 하며, 최근에는 행사들도 온라인으로 많이 여는 추세이다. 사용자 모임은 특정 기술에 대한 숙련도에 상관없이 관심이 있는 모든 사람에게 열려있으며, 보통 개인(혹은 소수의 사람들)이 자발적으로 사용자 모임을 만든다.

언컨퍼런스(Unconference)

참석자들이 주도가 되어 진행하는 회의 방식. 일반적인 행사들은 운영진들에 의해 일정과 계획이 다 정해지는 반면, 언컨퍼런스는 역으로 참가자들이 직접 행사의 일정과 이야기 나눌 주제들(혹은 안건)을 제안하고 만들어간다. 보통은 참가자들끼리 이렇게 정해진 주제에 대해 자유롭게 대화하며 진행되지만, 필요한 경우 해당 주제를 제안했던 사람이 대화를 중재하기도 한다.

밋업(Meetup)

2명 이상의 사람들이 모여서 진행하는 모임의 형태. 영어 숙어인 'meet up'에서 파생됐으며, 참가자들이 분위기와 격식에 얽메이지 않고 부담없이 참여하여 서로의 지식을 공유하고 가라는 의미가 담겨있다. 최근에는 밋업닷컴(Meetup.com)과 같은 서비스들을 통해 자신이 관심있는 커뮤니티의 밋업에 대한 정보만을 모아볼 수 있는 반면, 커뮤니티 운영진들은 밋업을 열기 위해 운영상 필요한 점들을 서비스를 통해 관리할 수 있다.

네트워킹(Networking)

행사와 관련된 인원들이 모여서 서로 교류할 수 있는 일체의 활동들. 네트워킹 의도에 따라 발표자들만 모일 수도 있으며, 일반 참가자를 포함한 행사와 관련된 모든 사람들이 모일 수도 있다. 네트워킹을 하면서 나누는 대화 주제에는 특별한 제한이 없지만, 보통 자신이 관심있는 기술에 대한 이야기를 나눈다. 행사 주최 측에서 직접 네트워킹 시간을 만드는 경우도 있지만, 행사 관련 인원이 자발적으로 네트워킹을 할 수 있는 자리를 마련하는 경우도 존재한다.

라이트닝 토크(Lightning Talk)

번개처럼 짧은 시간 안에 간단한 내용을 발표하는 것. 보통 5~10분 이내의 짧은 시간동안 자신이 공유하고 싶은 지식(혹은 이야기)를 빠르고 분명하게 전달하는 방식이다. 인당 발표시간이 짧은 만큼 청중들의 집중도를 높일 수 있고, 최대한 많은 사람들(심지어 발표가 처음인 사람들)에게 부담없이 발표를 할 수 있는 기회를 준다. 라이트닝 토크의 형식은 다양하게 나타날 수 있지만, 보통은 이야기하는 것에 초점을 두기 때문에 오히려 발표자료를 안 만드는 것을 권장하기도 한다.

시연(Demo)

자신이 만든 결과물을 보여주는 과정. 'Demo'라는 표현은 영단어 'demonstration'을 축약한 것이라서 소프트웨어 업계에서는 '데모'라는 표현 그대로 쓰지만, 본 책에서는 '시연'이라는 우리말로 순화했다.

라이브 코딩(Live coding)

발표 중 소프트웨어 시연을 할 때, 직접 코드를 작성하는 모습을 보여주면서 소프트웨어를 시연하는 방식. 실시간으로 코드를 작성하고 동작시키는 특성 상, 라이브 코딩 시연이 성공하기 위해서 많은 조건들과 운이 필요해서 매끄럽게 진행되지 않을 때도 꽤 있다. 하지만, 그 과정을 투명하게 보여주기 때문에 발표의 신빙성을 높일 수 있고, 그 성공 여부를 지켜보는 재미가 있기 때문에 청중들의 이목을 끌 수 있다는 장점이 있다.

오픈 소스(Open source)

소프트웨어 소스 코드를 특정 사용권(라이선스)을 내건 하에 공개하는 형태, 혹은 그렇게 공개된 소프트웨어. 소스 코드를 공개하면 누구나 이를 자유롭게 읽고 수정 및 재배포하여 여러 사람이 함께 소프트웨어를 바르게 향상시킬 수 있다는 믿음이 전제되어 있으며, 라이선스 종류에 따라 공개된 소스 코드를 수정 및 사용하기 위해서는 사용한 소스 코드의 정보(이름, 원저자 등)를 공개하거나, 사용한 소스 코드의 라이선스로만 프로그램의 소스 코드를 공개할 수 있다는 점 등의 제약 사항을 내걸어서, 사용한 소프트웨어에 대한 존중도 지키도록 요구한다.

깃(Git)

소프트웨어의 소스 코드 버전 관리 시스템(VCS)의 한 종류. 리누스 토발즈가 리눅스 커널 개발을 위해 다른 커널 개발자들과 함께 만든 분산 버전 관리 시스템이다. 깃으로 관리되는 소스 코드는 저장소(Repository) 단위로 관리되어 코드의 변경 이력을 저장할 수 있으며, 만든 저장소를 다른 사용자들과 공유할 수 있다. 최근에는 깃 저장소 호스팅 서비스인 깃허브(Github)나 깃랩(Gitlab) 등을 통해서 저장소를 쉽게 공유할 수 있으며, 프로그램을 사용하면서 발생한 문제를 호스팅 서비스의 이슈(Issue)를 만들어서 알리고 풀 리퀘스트(Pull Request, PR)을 만들어 프로그램의 문제를 해결하는 코드 변경사항을 기여할 수 있다.

JCP(Java Community Process)

자바 플랫폼에 추가될 기능의 정의나 기술 사양을 만들고 검토하는 표준화 과정. JCP는 자바 플랫폼에 추가하려는 기능이나 규격을 기술한 공식 문서인 JSR(Java Specification Request)를 기반으로 진행된다. 제안한 JSR이 1차 승인되면 해당 내용에 관심있는 전문가들을 모아 JSR을 보완하고, 제안한 내용을 실행해볼 수 있는 참조구현(Reference Implementation)과 자바 구현체가 제안된 규격을 준수하는지 검증할 수 있는 도구(TCK, Technology Compatibility Kit)를 만들고 최종 승인 여부를 결정받는다. JSR 과정의 각 승인 여부들은 이를 담당하는 조직인 EC(Executive Committee)에서 담당한다.

자바원 락스타(JavaOne Rockstar)

매년 열리는 자바원(JavaOne) 컨퍼런스에서 뛰어난 발표를 한 발표자에게 주던 상. 자바원은 1996년 썬 마이크로시스템즈가 자바 관련 내용들을 다루기 위해 시작한 컨퍼런스로, 자바원 락스타는 참가자들의 설문조사 결과를 통해 선정된다. (자바원 행사는 2018년에 오라클 코드 원-Oracle Code One-이라는 이름으로 개편되었다.)

자바 챔피언(Java Champion)

썬 마이크로시스템즈에서 운영하는 자바 전문가 인적 네트워크. 자바 챔피언들은 자신이 자바와 관련해 가지고 있는 전문 지식을 활용해 행사 발표, 사용자 모임 운영 등 자신의 전문 분야와 관련된 다양한 활동을 하며, 발표자 신청 내용 검토를 하거나 본인이 직접 발표를 하는 등 자바원 컨퍼런스의 핵심 역할을 하기도 한다. 오라클의 썬 마이크로시스템즈 인수 후에도 계속 이어져오고 있다.

오라클 그라운드브레이커 앰배서더(Oracle GroundBreaker Ambassador)

현대의 소프트웨어 업계에서 사용되고 있는 다양한 기술들(예. 클라우드, 데브옵스, 오픈소스 기술 등)에 대한 전문 지식을 가지고 있는 사람들을 위해 오라클에서 운영하는 인적 네트워크. 자바 챔피언과 비슷하게 그라운드브레이커로 선정된 전문가들 또한 자신이 속한 기술 생태계의 발전을 위해 다양한 활동들을 한다.

레딧(Reddit)

온라인의 웹 페이지 링크를 게시하거나 직접 작성한 글을 공유하여 사용자들이 그 내용에 대해 토론할 수 있는 SNS. 특정 주제에 대해 이야기를 나눌 수 있는 서브레딧(Subreddit)이라는 공간으로 나뉘어져 있으며, 서브레딧 안에서 누군가 해당 주제와 관련된 링크나 글을 게시하면 사용자들은 댓글을 달면서 이야기를 나눌 수 있다. 또한, 해당 게시글에 투표(Upvote, Downvote)한 결과에 따라 인기있는 글은 서브레딧이나 레딧 홈페이지의 목록 상단에 노출된다.

해커 뉴스(Hacker News)

컴퓨터 기술 관련 소식들과 기술 기반 회사들의 소식 등을 공유하며 토론할 수 있는 SNS. 미국의 스타트업 엑셀레이터인 와이컴비네이터가 운영하며, 레딧과 비슷한 형태이지만 컴퓨터 기술과 관련된 소식들이 주로 공유된다. 레딧과 마찬가지로 특정 글에 댓글을 달면서 이야기를 나눌 수 있고, 투표 결과에 따라 해커 뉴스 홈페이지 목록의 상단에 노출된다.

스콧 데이비스
Scott Davis

——

스콧 데이비스는 웹 개발의 혁신적이고 새로운 면모를 전문으로 하는 쎄트웍스 (ThoughtWorks)의 웹 설계가이자 수석 엔지니어이다. 스콧은 소프트웨어 교육 및 컨설팅 회사인 쎄스티헤드(ThirstyHead)의 창립자이기도 하다. 쎄스티헤드에서 제품에 대해 솔직함을 유지할 수 있는 방법은 진정한 열정을 가지고 제품을 설명하는 것이라는 것을 깨달았다. 스콧은 웹 개발에 관한 많은 기사들과 책들을 썼으며, 지난 10년 동안 디벨로퍼 애드보킷(Developer Advocate) 활동에 대해 매우 영향력 있는 키노트 발표자로서 명성을 쌓아왔다. (트위터: @scottdavis99)

히예르탄 빌렌가 : 먼저 자신을 테크 에반젤리스트로 생각하나요 아니면 디벨로퍼 애드보킷으로 생각하나요? 혹은 그 사이 어딘가에 걸쳐져 있을까요?

'애드보킷'과 '에반젤리즘'의 차이

스콧 데이비스 : 아마 그 두 단어에 대해 설명하는 것만으로도 시간이 부족할 것 같지만 '에반젤리스트'보다 '애드보킷'을 더 선호합니다. '애드보킷'이라는 단어가 좀 더 정량적이면서, 사려 깊고, 더 미묘한 뜻을 더 내포하고 있거든요. 하지만, 에반젤리스트라는 표현도 의미 있다고 생각하고, 제가 말하는 방식이 목사님과 비슷하다는 이야기도 종종 들었습니다.

저자, 강사, 그리고 소프트웨어 컨퍼런스들에서 발표자로 커리어를 쌓아오면서, 무료이면서 오픈소스 기술을 지지하는 것에 집중하려고 했습니다.

특히 대기업의 지원을 받고 있지 않는 프로젝트에 제 열정을 쏟는 것을 좋아합니다.

히예르탄 빌렌가 : 그렇지만 '에반젤리즘'이라는 단어가 '애드보커시'라는 단어보다 열정이 더 드러나는 것 같지 않나요?

스콧 데이비스 : 특정 기업의 제품에 관해 이야기할 때 그들에게 돈을 받지 않기에 제가 이야기하는 것에 대해서 솔직하고 속에서 우러나오는 열정을 가지고 임합니다.

인도의 방갈로에서 열린 Great International Developer Summit에서 처음

발표했을 때, 한 참가자가 제 발표가 끝나고 행사 운영진에게 저를 꼭 다시 초대해달라는 이야기를 했다고 들었습니다. 그 말을 들었을 때 매우 기분이 좋았어요. 표준에 기반한 개발과 오픈소스 프로젝트에 대해서 강조를 하는 편인데 그런 맥락에서 보면 '애드보킷'이라는 표현도 충분히 열정이 들어가있습니다.

히예르탄 빌렌가 : 그럼 '대변인'이라는 표현이 자신을 가장 적절하게 표현한다고 보면 될까요?

스콧 데이비스 : 그런 편이죠. 대체적으로 개발자들은 마케팅 분야에서 나올법한 허풍에 거부감을 느낍니다. 예를 들어, 마케팅과 설계(Architecture)의 합성어인 '마케텍쳐(Marketecture)'라는 표현이 있는데, 개발자들에게 이는 불분명한 기술 솔루션들을 칭하는 부정적 표현입니다.

마치 회사에서 중요한 기술적 결정들을 영업 담당자와 부사장, 혹은 최고기술책임자(CTO)들끼리 회사 밖에서 정하는 것과 비슷합니다. 만약 선택한 기술 스택(tech stack, 역자 주: 특정 소프트웨어를 만들기 위해 필요한 기반 소프트웨어들의 묶음들)이 당장 직면한 문제에 들어맞지 않는다면, 개발자들은 그것을 알아차리고 변화를 요구하겠지만 그에 대한 어떠한 주장도 받아들여지지 않을 겁니다. 영업 담당자는 제품의 단점을 끄집어 내려고 하지 않을 것이기 때문입니다.

> *"진정성에 대한 신뢰를 한 번 잃게 되면, 되찾기는 힘듭니다."* - 스콧 데이비스

개발자들은 진정성을 가장 중요하게 여기는 것 같습니다. 예를 들어, 저는 오랜 기간동안 애플 제품의 팬이지만, 애플 제품을 무조건 옹호하지는 않습니다. 애플이 구형 스마트폰 모델들에 대해서 의도적으로 성능을 낮췄다는 것에

대해서 기술자로서의 자아는 "배터리 수명 문제를 해결하기 위해 성능을 낮췄다고? 그럴 수도 있겠구나"라고 얘기할 수 있습니다. 한편, 회의론자로서의 자아는 "애플이 신제품이 좀 더 있어보이게 하기 위해 의도적으로 성능을 낮춘 것일거야"라고 얘기할 수도 있겠죠. 진실은 아마 그 두 가지 시선들이 공존하는 것이겠지만, 진정성에 대한 신뢰를 한 번 잃게 되면, 되찾기는 힘듭니다.

히예르탄 빌렌가 : 회사에서 일하면서, 다니던 회사의 기술을 홍보하는 일을 했던 적이 있나요?

스콧 데이비스 : 아뇨. 하지만, 많은 회사에서 프로덕트 에반젤리스트라는 직무로 면접을 본 적은 있습니다.

면접에서 "제가 경쟁 제품들에 대한 긍정적인 점들을 얘기해도 되나요?", "우리 제품의 API나 제품에 대해 부족한 점들에 관해서 얘기하는 것이 괜찮나요?"등의 질문을 던지는데 이런 질문들이 제가 애드보킷으로 활동하기 위한 신뢰성에 큰 영향을 미치기 때문입니다.

대부분의 답변은 경쟁사에 대한 긍정적인 얘기를 하면 안되고, 자사 제품에 대한 단점을 지적해서도 안된다고 합니다.

본인이 설명하는 제품들에 대해서 솔직하게 말하지 못한다는 것은 애드보킷으로서 맡은 바를 제대로 못하고 있다는 것입니다. 예를 들어서, 만약 몽고디비(MongoDB, 역자 주: NoSQL 데이터베이스 소프트웨어의 대표적 예시) 프로덕트 에반젤리스트라면 "몽고디비를 배우고 나니 전 몽고디비가 좋아요. 소프트웨어 자체도 좋고, 몽고디비가 전문적인 기술지원(역자 주: 일부 소프트웨어의 경우, 일정 비용을 내면 소프트웨어를 사용하면서 겪는 어려움을 해결하는데 도와줌)이 있지만, 서버에만 초점이 되어 있다는 것이 아쉬운 점입니다. 만약 웹 브라우저와 같이 로컬 환경에 데이터를 저장해야한다거나, 다수의 인스턴스(Instance)들끼리 동기화를 하고 싶어도 마땅한 방법이 없어 오프라인 환경에 적절하지 않습니다. 그런 경우라면, 저는 파우치 디비(PouchDB, 역자 주: JavaScript 기반 NoSQL 데이터베이스)나 카우치디비(CouchDB, 역자 주: 아파치 재단에서 관리하는 NoSQL 데이터베이스)를 알아볼 것입니다. 하지만 그런 기능들이 필요없다면, 몽고디비가 아주 좋은 선택지가 될 것입니다. 그럼 몽고디비에서 할 수 있는 멋진 기능들을 보여드리겠습니다."라고 말할 줄 알아야 합니다.

이렇게 표현하기만 해도 몽고디비만을 사용하도록 강요하는 느낌이 들지 않습니다. 홍보하는 제품에서 제공하지 않는 기능이라면 확실하게 알려주고 대안을 알려주는 것이 중요합니다.

히예르탄 빌렌가 : 특정 회사에 소속되지 않은 프리랜서 디벨로퍼 애드보킷으로 일하는 것과 회사에 소속된 디벨로퍼 애드보킷으로 일하는 것의 장점과 단점은 무엇인가요?

스콧 데이비스 : 써트웍크에 합류하기 전에 소프트웨어 컨설팅 회사인 써스티헤드를 직접 운영했습니다. 그 때는 제가 흥미로워하는 기술들에 대해서 진실되게 말할 수 있는 자유를 가질 수 있다는 것이 좋았습니다.

고맙게도, 써트웍스에서는 제가 열정을 가지는 것들에 대해서 얘기할 수 있게 해주었고, 무대에서 얘기하는 내용이나 제가 쓰는 글에 대해서 어떠한 강요도 하지 않았어요.

규모가 큰 기업에서 프로덕트 애드보킷으로 일하면 안정적인 수입을 가질 수 있고, 기업에 대한 더 깊은 이해를 할 수 있다는 장점이 있습니다. 다른 사람들은 모르는 제품의 멋진 신규 기능들에 대해 이야기할 수도 있습니다.

히예르탄 빌렌가 : 어떻게 디벨로퍼 애드보킷 활동을 시작하게 되었나요? 되돌이켜 봤을 때, 지금의 당신을 만들어준 계기가 따로 있을까요?

애드보킷으로 향하는 스콧의 여정

스콧 데이비스 : 네, 물론이죠. 제 부모님은 1960년대에 IBM에서 만나셨는데, 아버지는 소프트웨어 엔지니어였고 어머니는 IBM의 셀렉트릭(Selectric, 역자 주: IBM에서 출시한 전동 타자기) 제품군의 상담사였습니다.

그러다보니 어릴 때부터 집에서 기계들에 둘러싸여 자랐고, 초등학교 다닐 때 첫 IBM PC가 나왔습니다. 아버지는 저에게 스프레드시트 프로그램을 활용하는 방법을 알려주셨고, 어머니는 컴퓨터 본체를 열어서 RAM 메모리를 추가하는 방법을 알려주셨습니다. 그런 점들을 생각해보면, 디벨로퍼 애드보킷이 되는 것 말고 다른 선택지가 있었을거라는 생각이 들지 않네요.

히예르탄 빌렌가 : 그럼 프로그래밍이 처음부터 적성에 잘 맞았나요?

스콧 데이비스 : 네브라스카 주립대에서 건축학을 전공했으나 건축학 강의들을 영 따라가지 못해서 1년 동안 휴학을 하고 무엇을 공부해야할지 생각해보기로 했습니다.

그 당시에 장거리 전화 회사의 콜센터에서 교환원으로 일하기 시작했습니다. 그러다가 스프레드시트에 교환원들이 매일 몇 통의 전화를 받았는지 기록하고, 스프레드시트의 함수 기능을 이용해 교환원들이 한 주동안 얼마나 많은 전화를 받았는지 만들어서 제 상사에게 보여줬더니 엄청 놀라워하더라고요. 그런 경험을 하니 소프트웨어 개발에 더 흥미가 생겼습니다.

제가 했던 것이 그리 대단한 작업은 아니지만, 숫자들을 손으로 직접 계산하는 지루하고 반복적인 일을 해야했던 제 상사에게는 정말 큰 도움이 되었습니다.

복학을 하고나서 통계와 소프트웨어 개발을 다루는 '정보 시스템 및 정량 분석(Information Systems and Quantitative Analysis, ISQA)' 전공으로 전과해서 졸업했습니다

히예르탄 빌렌가 : 대학 졸업 후에는 어떤 경력을 쌓아오셨나요??

스콧 데이비스 : 졸업하고 나서 경제 분야에 속한 전문가들에게 소프트웨어를 사용하는 방법을 가르치는 강사로 일했습니다. 도스(DOS, 역자 주: 1980년대의 명령줄 기반의 운영체제들을 통칭) 환경에서 스프레드시트, 문서 편집, 그림 편집 등을 하는 방법을 가르쳤어요. 얼마 있지 않아서 마이크로소프트의 윈도우 3.1에서 그러한 작업들을 하는 것을 가르치게 되었습니다

교육장에 네트워크가 설치되었고, 노벨 넷웨어(Novell NetWare, 역자 주: 다수의 사용자들과 파일을 공유할 수 있게 해주는 네트워크 운영체제) 전문가로 인증받으면서 노벨 넷웨어를 가르치게 되었어요. 몇 년 지나고 나서는 윈도우 NT3.51과 4.0 버전, 익스체인지(Exchange, 역자 주: 마이크로소프트에서 만든 메일 서버 솔루션), SQL(역자 주: 관계형 데이터베이스 관리 시스템의 데이터 관리에 사용되는 언어), TCP/IP(역자주: 컴퓨터에서 네트워크를 사용

하기 위한 기술의 집합), IIS(Internet Information Service, 역자 주: 마이크로소프트웨어에서 만든 웹 서버 소프트웨어)와 같이 마이크로소프트에서 인정하는 15개 전문가 자격증을 땄습니다. 그 때가 1990년대 초중반이니까, 모자이크(역자 주: NCSA 사의 상업용 웹 브라우저), 넷스케이프 내비게이터(역자 주: 넷스케이프 사의 상업용 웹 브라우저), 인터넷 익스플로러와 같이 최초의 웹 브라우저들이 세상에 나왔을 때였네요.

사람들을 가르치면서 같은 분야의 다양하고 쟁쟁한 소프트웨어 제품들에 대해 깊게 알아볼 수 있었습니다. 각 소프트웨어들은 어떤 점에선 유용하지만, 어떤 점에선 아쉬운 점이 있었어요. 그러다보니 전반적인 소프트웨어에 대해서 더 객관적인 관점을 가질 수 있게 되었습니다. 어떤 일을 하기 위해 단 한 가지 방법만 있는 것이 아닌 것처럼 다양한 프로그래밍 언어, 웹 프레임워크, 운영체제들이 있습니다.

기술의 세계는 장점과 단점으로 이루어졌다고 봅니다. 애드보킷 활동은 그러한 장점들과 단점들의 균형을 잘 맞춰서 더 많은 장점을 취할 수 있고, 간혹가다 있을 주의사항들에 대해 조심하라고 솔직하게 얘기할 수 있는 것이라고 생각합니다.

이렇게 8년 동안 교육장에서 소프트웨어 강사로 일했던 것이 제 경력에 많은 도움을 주었습니다. 코드를 작성하고 있을 때 코드가 어떻게 작동하는지 이해하는 힘을 길러준 것 뿐만 아니라, 많은 사람들 앞에서 발표를 하는 힘도 길러줬습니다.

히예르탄 빌렌가 : 어떻게 교육장에서 윈도우와 도스를 가르치던 것에서 벗어나 더 큰 무대에 설 수 있게 되었나요?

스콧 데이비스 : 사실 저희 어머니가 IBM 뿐만아니라 극장에서도 일하셨습니다. 어머니 덕분에 전 5살, 6살 때부터 무대에 오를 수 있었고, 그 때부터 배우가 가져야 할 자신감을 가질 수 있었습니다.

그러면서 깨달았던 것은, 무대에 서있는 사람은 본인이 해야 할 대사를 알고 있지만 관중들은 그렇지 않다는 것입니다. 제가 말을 더듬지 않는 이상 관중들은 제가 언제 실수한지 모릅니다. 관중들은 발표를 보러 온 것이지, 말하는 대사의 단어나 토씨 하나하나를 체크하기 위해 그곳에 온 것은 아니며, 오히려 발표로부터 정보를 얻고 재미를 느끼기 위해서 제 발표가 성공하기를 바라는 편이죠.

전문적인 소프트웨어 컨퍼런스의 큰 무대에서 발표하기 위해 그 전에 해볼한 활동은 주변의 작은 행사에서 발표를 하는 것입니다. 만약 어떤 내용에 대해 60분 동안 발표할 준비가 되지 않았다면 라이트닝 토크를 찾아보는 것도 방법 중 하나입니다. 보통 10분 정도에 10장 내외의 슬라이드면 충분히 자신이 새롭게 배운 것을 잠깐 소개하고, 설치하고, 어떻게 사용하면 되는지 설명할 수 있습니다. 근데 그 짧은 10분에 발표하는 내용들이 60분 동안 발표하기 위해 꼭 필요한 것입니다. 발표할 내용에 대해 소개하고, 청중들의 호기심을 자극하고, 발표가 끝난 후에도 더 그 내용을 알아보고 싶게 만들어야하는 것이죠.

히예르탄 빌렌가 : 국제적인 발표 기회는 어떻게 얻게 되었나요?

스콧 데이비스 : 덴버의 자바 사용자 모임을 통해서였어요. 모임에 다니면서 심화 내용은 많이 있지만 기초 수준의 내용은 없다고 느꼈고 자바 입문용 발표를 준비해보는 것은 어떨까 생각했습니다.
그래서 덴버 자바 사용자 모임에서 '기본 개념'이라는 발표 시리즈를 만들었

고, 이것이 계기가 되어서 'JBoss at Work'라는 책을 쓰게 되었습니다. 그후로 책 저자로서 좀 더 규모있는 소프트웨어 컨퍼런스에 발표자로 초대되기 시작했고요. 그 때부터 미국 전역을 대상으로 하는 컨퍼런스에 오르기도 했고, 나중에는 다른 나라에서 열리는 무대에 오르게 되었어요.

히예르탄 빌렌가 : 디벨로퍼 애드보킷이라는 직무가 흔한 커리어는 아닌 것 같아요. 왜 그럴까요?

무대에 오르기

스콧 데이비스 : 일단, 발표를 하는 것이 많은 사람들이 흔히 가지는 두려움 중 하나라서 그런 것 같습니다. 아마 대부분의 사람이 학교에서 친구들 앞에 서서 발표 하다가 갑자기 당황하거나, 다음에 무엇을 말해야할지 까먹은 경험이 있을 거에요. 그럴 때만큼은 용기를 내서 자신감을 가지고 발표하는 것이 필요해요.

그렇다고 해서 남을 가르치려는 태도로 발표하기보다는 한 사람의 여정으로 표현하려고 합니다. 좀 더 쉽게 표현하자면, 영웅의 여정이라고 할 수 있습니다. "나는 이걸 알고, 너는 이걸 몰라. 그러니 앉아서 내가 얼마나 아는지 한 번 들어봐"라는 분위기로 발표하기보단, "저는 자바 개발자인데 그루비(Groovy)라는 새로운 언어를 알게 되었어요. 제가 지금까지 배운 내용들을 한 번 보여줄게요"라는 식으로 이야기하는 것을 더 선호합니다.

이렇게 자신이 흥미를 가지고 있는 것이 무엇인지, 그리고 왜 흥미를 느꼈는지 얘기하는 것이 정말 좋은 방식입니다. 소프트웨어에 대한 자신이 겪어온 과정과 경험을 얘기하는 것이기 때문에 그 누구도 저를 사기꾼으로 생각하진 않겠죠.

> "누구도 자신의 경험을 공유하는 것으로 거짓말쟁이라고 할 수 없잖아요."
> - 스콧 데이비스

만약 무대에 서는 것이 구미가 당기지 않는다면, 블로그 글이나 기사를 기고하거나 팟캐스트나 동영상을 올리거나 혹은 공개 깃 저장소(Git Repository)에 코드를 올리는 방법들도 있습니다. 이것들 모두 본인의 목소리를 내고 다른 사람들에게 공유하는데 거의 돈이 들지 않는 방법이에요. 그리고 누군가의 허락을 받을 필요도 없어요. 그냥 시작하면 됩니다!

히예르탄 빌렌가 : 디벨로퍼 애드보킷 분야에서 발표자나 작가가 되기 전에 특정 기술이나 주제에 대해 완벽한 전문가가 되어야 한다고 생각하나요?

스콧 데이비스 : 진정성에 대해서 얘기했던 것을 다시 얘기하자면, 어떤 사람들이 자신이 고생했던 것에 대해 솔직하게 얘기하는 글들을 즐기는 편입니다. 그런 글들의 대부분은 처음에 어떤 개념이 잘 와닿지 않았다가, 어떻게 극복하게 되었는지에 대한 내용들이거든요.

제 경우에도 그런 경험을 최근에 RxJS(Reactive Extension Library for JavaScript, 역자 주: 자바스크립트에서 반응형 프로그래밍을 할 수 있게 해주는 라이브러리)를 처음 배우면서 겪었습니다. 평생동안 명령형 프로그래밍에 익숙했기 때문에, 반응형 프로그래밍이나 선언형 프로그래밍 방식을 받아들이기 굉장히 힘들었습니다. 하지만, 어느 순간 "아! 이거구나"하면서 머릿속에 불이 켜지는 듯한 느낌을 받을 거예요.

그 때 이후로 RxJS나 반응형 프로그래밍의 전반에 대해서 발표를 할 때마다 이 경험을 이야기합니다. 청중 중 꽤 많은 사람이 비슷한 과정을 겪고 있을테니까요.

실제로 명령형 프로그래밍에서의 예시를 보여주고 반응형 프로그래밍의 예시를 보여주면서, 똑같은 결과를 내지만 반응형 프로그래밍을 쓰면 더 짧은 코드로 할 수 있다는 것을 보여줘요. 앞서 말한 영웅의 여정이라고 볼 수 있는 게, 제가 겪었던 것만이 정답이 아니라 똑같은 결과에 도달할 수 있는 여러 과정 중 하나라는 것이죠.

히예르탄 빌렌가 : 디벨로퍼 애드보킷을 경력으로 시작할 때 알았으면 했던 것들에 뭐가 있을까요?

스콧 데이비스 : 제 동생도 소프트웨어 엔지니어로 경력을 시작했는데, 대학에서 졸업을 준비하던 중에 한 교수님으로부터 "사회에 나가면 여기서 배웠던 프로그래밍 언어를 한 번도 쓰지 않을 수도 있을 것"이라는 얘기를 들었다고 해요.

저 또한 학교 다닐 때 두 학기에 걸쳐 코볼(COBOL) 언어를 배웠지만, 졸업하고 나서 한 번도 코볼로 일해본 적이 없어요. 하나의 언어를 배워서 자신의 커리어 끝까지 써먹을 수 있다고 생각한다면, 그 생각을 빨리 접고 끊임없이 배우고, 적응하며, 발전해 나가면서 다재다능한 프로그래머가 되는 것을 준비해야 합니다.

가령 배관공을 부르면, 그 분들이 연장 하나만 가지고 오지는 않잖아요. 아마 각종 연장으로 가득한 공구통과 자신의 차에 다양한 연장들을 가지고 다니실 건데, 어떤 도구들은 일년에 한 번 쓸까 말까한 것들도 있겠지만 수리를 할 때는 자신이 해야할 일에 가장 적합한 도구들을 미리 준비해야 합니다.

히예르탄 빌렌가 : 최근 어떤 것을 알리고 있나요? 대화형 UI(User Interface, 역자 주: 사용자가 기기와 상호작용하는 모든 형태를 지칭하는 표현)와 반응형 PWA(Progressive Web App, 역자 주: 표준 웹 기술을 사용하지면서 모바일 애플리케이션과 비슷한 경험을 제공하는 기술)에 대한 이야기를 하는 것을 봤습니다. 어떤 기술을 알리고 싶은지 어떻게 선택하나요?

스콧이 생각하는 유망한 주제들

스콧 데이비스 : 아이폰이 나온지 이제 10년이 넘었습니다. 완전한 브라우저가 제 주머니 안에 들어올 수 있다는 사실에 감동했던 것을 아직도 생생하게 기억합니다. 그 때는 애플이 앱 스토어를 중요하게 생각하지 않던 때였어요.

구글 지도가 처음 출시된 시기였기도 한데, 위성 사진 전문 회사에서 구글 지도의 정식 출시 전 제품 개발에 참여하고 있었습니다. 본능적으로 AJAX-(Asynchronous JavaScript and XML, 역자 주: 웹 페이지를 새로 받아오지 않고, 필요한 데이터만 비동기로 받아서 동적으로 표현하는 방식) 기반 웹사이트가 사용자 경험을 훨씬 더 좋게 바꿀 수 있다는 것을 느꼈고 아이폰과 구글 지도가 우리가 웹 개발하는 방법을 아예 바꿔버렸죠.

지금 대화형 UI를 보고 그 때와 비슷하다고 느끼는데, 기계들이 옛날 챗봇에서 쓰였던 합성된 로봇의 목소리가 아니라 생생한 사람의 목소리로 말을 하고, 내 목소리를 사용해서 기계와 의미있는 소통을 할 수 있게 되었습니다. 이러한 장면들을 스마트폰이나 시계를 쓸 때, 심지어 텔레비전을 조작할 때도 볼 수 있어요.

예를 들어 TV에서 '브레이킹 배드'라는 드라마를 검색하려고 한다면, 옛날에
는 상하좌우 버튼을 이용해 화면에 뜬 키보드 버튼을 한 자씩 입력했죠. 하지
만 이제는 리모콘을 들고 '브레이킹 배드'라고 말하기만 하면 됩니다.

대화형 UI는 소프트웨어, 하드웨어, 그리고 인터넷 속도가 모두 뒷받침되었
기에 가능한 삼위일체의 결과물이죠. 컴퓨터에게 말을 건다는 행위 자체가 우
리의 고정관념을 다시 한 번 무너뜨리고 있습니다. 컴퓨터에게 다가가 말을
한다는 것 자체에서 자연스러움을 느끼곤 하는데 이런 부분이 흥미롭습니다.
대화형 UI는 특히 접근성을 논의할 때 가장 빛난다고 생각합니다. 아침마다
주방에 들어가서 "헤이 알렉사, 밥 말리의 음악 재생해줘"라고 말하는 것이 저
한테는 새로울 수 있어요. 하지만 제가 저시력증을 앓고 있거나, 앞을 아예 볼
수 없다고 생각해보세요. 그렇다면 그렇게 말하는 것이 새롭지 않아요. 제가
느낄 수 있는 사용자로서 경험의 전부에요.

미국을 비롯한 전세계의 문맹율이 15%나 된다고 해요. 이 15%의 사람들에게
대화형 UI는 그들이 활용할 수 있는 유일한 수단인 것이죠. 만약 본인이 문맹
이거나, 읽기를 하기 힘들 정도의 인지 장애를 가지고 있다면, 대화형 UI가 도
움이 될거에요. 영어가 외국어인 사람에게는 어쩌면 읽는 것보다 듣는 것이
더 쉬울 수 있습니다. 심지어 운전을 할 때나, 아기를 안아주고 있을 때 대화
형 UI는 큰 도움이 될 것입니다.

이렇게 대화형 UI과 함께 새로운 삶의 방식이 오고 있다는 것을 알기에, 모든
가능성들을 열심히 찾아보려고 하고 있습니다.

히예르탄 빌렌가 : 그럼 최신 기술 개발에 대한 소식을 접하기 위해 어떻게 하나요?

스콧 데이비스 : 끊임없이 여러 채널의 글들을 읽습니다. 가장 주요한 곳은 제 트위터이고, 아스 테크니카(Ars Technica), 리스트 아파트(A List Apart), 와이어드(Wired), 테크크런치(TechCrunch) 등 웹 사이트들을 방문합니다.

각 사이트 별로 같은 내용을 다른 관점에서 서술한 것을 보면 실제로 어떤 트렌드가 부상하는지 알 수 있어요.

그리고 배우는 것에 대해 애정을 가져야 합니다. 마치 살기 위해 계속 움직이는 상어처럼 기술적인 관심사에 지루해지지 않기 위해 무엇이든 해요. 대부분의 이러한 동기들은 마음 속에서 우러나와야해요.

"좋아하는 IT 분야를 찾고, 그 분야에 맞는 일을 하세요." - 스콧 데이비스

이렇게 하는 것이 힘든 이유는 일상적으로 하는 일이 본인이 관심을 가지는 IT 분야와 같지 않아서입니다. 이상적인 방법이지만 좋아하는 IT 분야를 찾고, 그 분야에 맞는 일을 하세요.

직접 프로그래밍하는 것으로부터 멀어진다는 것

히예르탄 빌렌가 : 정통 컴퓨터 프로그래머의 삶을 사는 것보다 디벨로퍼 애드보킷 활동을 하며 사는 것의 장점으로 무엇이 있을까요?

스콧 데이비스 : 우선 모든 사람이 디벨로퍼 애드보킷이 될 필요는 없다고 생각해요. 제 주변 친구들 중에는 등산을 하거나, 스노우보드를 타는 것을 더 좋아하는 사람들이 있어요. 그들에게 프로그래밍은 흥미롭고, 신나고, 혁신적인 일입니다. 무엇보다도 돈을 잘 벌 수 있는 직업이기에 목적을 위해 수단으로 일하는 것이죠.

제 경우, 집 곳곳에 알렉사가 있고 가족들은 모두 아이패드나 아이폰을 가지고 있습니다. 다시 강조하자면, 애드보킷으로 활동하며 이야기하는 것들은 모두 진정성에서 우러나오는 것들이에요. 우리는 디지털에 익숙한 생활을 하고 있고, 이게 바로 우리가 사는 방식인거죠.

아침에 일어나자마자 가장 먼저 제 아이패드를 확인하고, 잠자기 직전에도 확인해요. 전자기기를 단순히 사용하는 수준이 아니라 기기와 일종의 관계를 형성해 나가고 있습니다.

애드보킷 활동을 설명하자면, 개인적인 열정을 가져야 해요. 가장 열정적인 분야에 대해 설명해야하는 것이에요. 다시 말하면, 하고 싶어하는 것을 하는 건데, 특정 기술을 선택하는 것이 아니고, 어떤 기술이 자신을 선택해서 이 일을 한다고 생각해야 합니다. 그런 무언가를 찾게 되면, 그 다음부터는 좋아하는 것을 하기 때문에 애드보킷 활동을 하는 것이 쉬워져요.

히예르탄 빌렌가 : 자주 출장을 다니면서 이곳저곳에서 다양한 디벨로퍼 애드보킷들을 만날 것 같은데 그들에게서 발견되는 어떤 공통점이 있나요?

스콧 데이비스 : 제가 소프트웨어 컨퍼런스에서 가장 좋아하는 부분 중 하나는 다른 발표자들과 만나는 건데 컨퍼런스 기간동안 다른 발표자들과 저녁에 한

잔 하거나, 아침에 일어나 커피 한 잔하면서 조식을 같이 먹는 것이 좋아요.

각자 이야기하는 언어나 일하는 회사, 어떤 기술을 좋아하는지는 다르더라도, 컨퍼런스 발표자들끼리 뭉치게 하는 암묵적인 무언가가 있어요. 아이폰 개발자들이 오브젝티브-씨와 스위프트에 대해 열정적으로 이야기하는 것을 좋아하고, 안드로이드 개발자들이 자바와 코틀린에 대해 열정적으로 이야기하는 모습이 좋습니다.

열정이라는 감정에 가장 매력을 느낍니다. 솔직히 어떤 것에 열정적인지는 중요하지 않아요. 어떤 사람이 좋아하는 것에 대해 매우 열정적으로 이야기하는 것을 듣는게 좋아요. 그런 것들이 좋은 대화거리가 되거든요.

히예르탄 빌렌가 : 청중이나 고객들이 무언가를 더 알고 있는 경우가 있던가요? 그런 경우엔 어떻게 대처하나요?

스콧 데이비스 : 상담사의 삶이 딱 그랬는데 강의실에 있던 새로운 소프트웨어 프로젝트 중이던 간에, 그런 상황을 매번 겪기에 기본적인 규칙을 미리 정하는 방식으로 대비합니다.

예를 들어서, 제약회사 관계자분들과 이야기를 할 때 "여러분들이 제약과 관련해 더 많은 것을 알고 있고, 저는 소프트웨어 개발에 대해 어느정도 알고 있으니, 원하는 어플을 제 역량을 활용해 만들어 볼게요"라고 말합니다. 처음부터 적대적인 관계로 시작하는 것보다는 상대방의 역량을 파악하고 존중하려고 하면서 상대도 제 역량을 존중할 수 있는 여지도 남기려고 합니다.

히예르탄 빌렌가 : 컨퍼런스 무대 위에서 발표하다보면 기술적인 오류들이 항

상 일어나는데, 어떻게 피할 수 있고 그런 상황에 어떻게 대처하나요?

기술적 오류들이 들이닥칠 때

스콧 데이비스 : 복원력은 소프트웨어를 이야기할 때 항상 얘기되는 것인데 강사 그리고 컨퍼런스 발표자로서 항상 추구해야하는 목표라고 생각해요.

꼭 기술적인 오류들을 피할 수 있어야만 프로가 되는 것은 아니라고 생각해요. 그런 오류들이 어쩔 수 없이 일어날 때 유머 감각을 발휘하는 센스가 필요합니다. 제가 준비한 실습을 발표 중에 제대로 보여주지 못했을 때는 발표가 끝나고 많은 사람들이 찾아와 아쉽다고 하지만, 오류들을 실시간으로 디버깅하는 모습에서 더 배울 수 있었다고 얘기합니다.

요즘은 발표에서 언급할 모든 웹사이트의 스크린샷을 받아놓고, 발표자료에 링크를 걸어놔요. 만약 발표하는 곳의 인터넷 환경이 좋다면, 스크린샷을 클릭해서 언급하는 실제 웹사이트를 보여줘요.
반면에, 지하에 있어서 무선 인터넷 환경이 그리 좋지 못한 경우에는 그냥 발표자료에 넣어둔 스크린샷 장면에 대해서만 이야기해줘요. 굳이 실제 인터넷 환경이 좋지 못해서 죄송스러워 하진 않는데, 어차피 그런 것 또한 행사에서 경험하는 것들의 일부거든요. 환경의 차이에 자연스럽게 적응하면, 관중들은 차이점을 느끼지 못하거든요.

그리고 발표 중에 라이브 코딩하는 것을 좋아하지만, 항상 완성된 복사본을 저장해둡니다. 만약 제가 무대 위에서 당황해서 버그를 찾지 못한다면, 시간을 오래 끌지 않기 위해 바로 작동하는 코드를 열어서 라이브 코딩이라는 느낌을 받을 수 있게 약간의 수정을 하고 보여줍니다.

그러고나서는 작동되는 코드에서 일부러 오류를 집어놓고 제가 이야기하고 싶은 것을 강조해요. "세미콜론(;)을 빼먹는 것이 얼마나 쉬운지 보이나요? 겁먹을 것 없어요. 에러 메시지에는 어떻게 보이는지 한 번 보시죠."

히예르탄 빌렌가 : 그럼 노트북 화면이 프로젝터에 연결이 되지 않는 경우는 어떻게 하나요?

스콧 데이비스 : 몇 년전 까지만 해도 발표를 모두 파워포인트로 했고, 나중에는 키노트(Keynote, 역자 주: 매킨토시의 프레젠테이션 소프트웨어)로 바꿨죠. 파워포인트가 좋던 싫던 간에, 최소한의 공통 분모였기 때문에 사용했어요. 제 노트북에 문제가 생겨서 컨퍼런스 환경에 맞추지 못할 때, 최소한으로 기대할 수 있는 환경이라고 생각했어요.

하지만 슬프게도, 예전에 발표했던 대부분의 발표자료들은 오래되었고 상업적인 이유로 쓰지 못해요. 애플과 마이크로소프트가 제가 생각하는 만큼 하위 호환성(역자 주: 구버전의 프로그램에서 만들어진 파일을 새로운 버전에서 지원하는 정도)에 많이 신경쓰는 것 같지 않아 보여요.

그래서 요즘에는 제 발표자료를 모두 HTML로 만들고, 인터넷에 올립니다. 그리고 이걸 '토크-오-비전(Talk-o-vision, 역자 주: 스콧 데이비스는 본인이 발표자료를 HTML로 만드는 방식을 오픈소스 형태로 공개하고 있다.)'이라고 이름 지었어요. 순수한 HTML5, CSS, 자바스크립트를 사용하면서 다른 기술에 종속성을 가지고 있지 않습니다. 마치 모든 제다이가 자신의 광선검을 만들어야하는 것처럼 전문적인 발표자로서 제 발표자료를 표준에 기반해 시간이 흘러도 여전히 유용한 기술을 이용해서 만드는 것에 굉장한 자부심을 가져요.

그 덕에 발표를 할 때 제 노트북이 잘 연결이 되지 않아도, 인터넷 연결이 되는 아무 기기를 사용해서 발표자료를 화면에 연결하고 발표할 수 있습니다.

만약 프로젝터가 작동되지 않는 경우라면, 그건 다른 차원의 문제라 웃어넘기고, 준비한 슬라이드 없이 직접 모든 것을 설명해야겠죠!

프로젝터가 아예 없는 경우는 더 어려운 문제지만, 발표자료가 인터넷에 공개된다면 발표를 듣는 모든 사람들이 본인의 장비에서 발표자료를 열고 제가 이야기하는 것을 따라올 수 있는 가능성이 있습니다.

히예르탄 빌렌가 : 그렇다면 전 세계를 돌아다니면서 시차 적응이나, 비행기를 놓치는 것과 같은 문제들은 어떻게 대처하나요?

출장 관리 요령

스콧 데이비스 : 바뀐 환경에 최소한으로 적응하려고 해요. 예를 들어서, "내 첫 발표가 월요일 아침 9시에 있으니, 거기에 일요일 자정까지 도착하면 충분할 거야."라는 식으로 행동했습니다.

하지만 경험있는 사람들은 알겠지만, 그 방식은 갑자기 발생하는 다른 문제들에 대비할 여지를 주지 않기에 요즘에 24시간 정도 여유를 둡니다.

미국에서 인도로 갈 때는 24시간 정도의 여유가 반드시 필수입니다. 두 나라

사이에 12시간 반 정도의 시차가 있고, 몇 번 환승해야 하느냐에 따라 18시간동안 비행기를 타야해요. 그런 상황에 있으면 제정신이 아니기 때문에 그 정도의 시간 여행을 예상하지 않고 적응하려 하지 않는다면 굉장히 치명적일 수 있습니다.

"다른 지역에 있으면서 그 지역의 시간대에 적응하지 않는 것은
모든 것을 망치는 지름길입니다." - 스콧 데이비스

그리고 어디를 가던간에, 제 배꼽 시계에 맞추지 않고 그 지역 시간대의 시간에 맞춰서 아침을 먹는 것이 시차적응하는데 도움이 됩니다. 해 뜨면 일어나고, 해 지면 잠을 잔다는 확실한 사이클을 가지는 것이 대체적으로 다음날 발표를 할 수 있게 도와줍니다.

히예르탄 빌렌가 : 디벨로퍼 애드보킷 직무에 대한 열정과 함께 지금까지 우리가 이야기한 내용들과 연관지어서 봤을 때, 번아웃(Burnout, 역자 주: 한 가지 일에 몰두하던 사람이 육체적/정신적 피로감으로 인해 무기력함에 빠지는 현상)이 올 가능성도 있다고 생각하나요?

스콧 데이비스 : 자주 언급되는 것이 아니지만, 지속성은 굉장히 중요한 부분입니다. 내성적인 사람들은 사람들을 만나는 것을 즐길 수도 있겠지만, 사실 그들에게 지치는 일이라 재충전을 할 수 있게 혼자 조용히 있는 시간이 반드시 필요하죠.

매우 외향적인 성향을 가진 컨퍼런스 발표자들을 많이 알고 있지만, 그들은 자신을 내향적이라고 생각합니다. 무대에서 발표하고 내려오면 엄청 힘들어하고, 재충전할 시간이 있어야 합니다.

저는 외향적인 사람이기에 무대에 서는 것이 재충전하는 방식입니다. 만약 제가 무대에 선지 오래되고, 발표를 하지 않고, 손짓 발짓을 다해가며 힘차고 열정적인 목소리로 무언가를 설명하지 않는다면, 그게 저를 더 지치게 합니다. 저는 거의 항상 무대에 처음 설 때보다, 무대에 내려올 때 더 힘들거든요.

어떤 성향이던 간에, 자기 자신을 돌보는 것을 잊지 말았으면 해요. 발표를 준비하면서 컨디션을 체크하는 일을 동시에 하는 것은 어렵거든요.

히예르탄 빌렌가 : 가령 IT 분야에 있지 않는 사람들이 모여있는 파티에 있거나, 혹은 그런 사람들과 대화를 나눌 때 본인을 어떻게 소개하시나요?

스콧 데이비스 : "반응형 웹 디자인을 해요"나, "PWA를 만들어요" 혹은 "오프라인 우선 웹 개발에 관심이 있어요"라는 식으로 이야기하는 것보다 "당신의 스마트폰에서 웹사이트가 예쁘게 보이도록 하는 일을 해요"라고 표현해요. 혹은 "알렉사에 대해서 들어봤나요? 아님 시리나 코타나에 대해서 들어봤어요? 바로 그거에요. 기계들이 여러분들과 이야기를 할 때 말이 통하도록 하는 '대화형 UI'에 관련된 일을 해요."라고 소개합니다.

"잠깐이나마 사용자의 입장에서 프로그램을 들여다보는 것이죠." - 스콧 데이비스

개발자들 대부분이 우리가 만든 애플리케이션을 사용하는 사람보다는, 우리가 사용하는 도구에 더 초점을 두곤 하는 것 같아요. 디자인적 사고(Design Thinking, 역자 주: 고객의 문제해결을 중심으로 산출물을 기획하는 방법)에 있어서 첫 번째 단계는 '공감'이라고 생각해요. 잠깐이나마 사용자의 입장에서 프로그램을 들여다보는 것이죠. 보통의 소프트웨어 개발자들에게 개발을 위해서 뭘 해야할지 물어보면, 아마 "프레임워크를 다운받거나, 코드 저장소를 설정한다"는 식으로 얘기할 것이라 확신해요.

모차르트는 교향곡을 썼잖아요. 하지만, 그에게 가서 어떤 일을 했는지 물어보면, "깃펜으로 오선지에 음표 그려요"라고 답변하지는 않을거에요.

세관 신고대나 입국 심사대에서 얘기하는 많은 경우에, 직업을 작가라고 표현하는 것이 도움이 되요. "제가 쓴 이 책에 대해서 소프트웨어 컨퍼런스에서 발표할 예정이에요."라는 식으로요. 모든 사람들이 이해할 수 있는 쉬운 표현으로 무엇을 하는지 얘기할 수 있어요.

히예르탄 빌렌가 : 요즘에는 어떤 발표를 준비하고 있나요?

스콧 데이비스 : '테세우스의 배'라는 발표를 준비하고 있어요. 아테네 초창기의 왕의 목재 배에 관한 고대 그리스 역설에 관한 내용입니다.
테세우스가 크레타 섬을 항해하던 중, 악명 높은 괴물인 미노타우로스를 죽였습니다. 그가 돌아왔을 때 아테네의 시민들은 역사적인 승리를 기억하기 위해 항구에 그 배를 보존하기로 했습니다. 해마다 시민들은 테세우스의 배를 끌고 나와 그 때를 기념하기 위해 배 주변을 돌곤 했어요. 신화에 따르면 이 풍습은 테세우스의 죽음 이후로 몇 세기동안 지속되어 왔다고 해요.

여기에 모순이 있습니다. 예상했겠지만, 많은 배의 부품들은 시간이 지나면 부패해요. 아테네의 시민들은 책임감을 가지고 배가 외관상으로 좋게 보이도록 필요한 부품들을 모두 교체하며 배가 정상적으로 작동할 수 있는 상태로 보존했습니다. 여기서 한 가지 의문이 생기죠. 배가 이제는 더 이상 테세우스가 살아있던 시간대의 나무로 만들어진 것이 아니니, 그걸 진정한 '테세우스의 배'라고 할 수 있을까요? 만약 그렇지 않다면, 언제부터 '테세우스 의 배'

가 아니게 되었을까요? 이것을 마치 "바로 이 때부터 더 이상 테세우스의 배가 아니였다!"라고 말할 수 있을 정도의 특별한 비율이나, 제한선, 혹은 사건이 있을까요?

정말 흥미로운 사고 실험 아닌가요? 어떤 사물의 본질이, 그것을 만들기 위해 사용된 재료들과 무엇이 다른지 비교하게 만들어요. 웹 개발에 아주 완벽한 비유입니다.

웹사이트의 역사에 대해 알아보면 30년 동안의 과거와 현재 그리고 이제는 더이상 쓰이지 않는 기술들을 확인할 수 있어요. 그런 다양한 기술들이 결국 "나의 웹사이트"라는 것으로 여겨졌던 것이죠.

일반적인 웹 개발자들에게 어떤 일을 하냐고 물어보면, 대부분 "리액트 개발자예요", "앵귤러 개발자예요," "뷰JS 개발자예요"라고 말할 것입니다. 그렇게얘기하는 것은 "저는 숟가락으로만 요리하는 요리사예요", "저는 망치를 전문으로 다루는 목공수예요"라고 말하는 거와 다름 없다고 생각해요.

자신을 정의하는 그리고 자신에게 굉장히 중요하다고 생각되는 도구들이 사실은 빙산의 일각이에요. 평균적인 웹사이트 디자인의 수명은 보통 2~3년 이하에요. 그래서 보통 기술의 피상적인 부분만 다루게 되고, 결국 시간이 지나면 "꼭 해봐야하는 프레임워크"였던 것으로 남겨지게 됩니다.

팀 버너스 리(Tim Berners-Lee, 역자 주: World Wide Web의 창시자)가 만든 최초의 웹페이지를 아직도 웹에서 찾을 수 있다는 것을 알고 있나요? 요즘의 모든 브라우저에서 여전히 잘 표시됩니다. 이걸 테세우스의 배라고 할 수 있겠죠, 그렇지 않나요?

그런 이유에서 HTML, CSS, 자바스크립트와 같이 표준 기반의 기술들에 좀 더 관심을 기울이고 있어요. 그 기술들은 몇 년이나 몇 달이 아닌, 몇 십 년동안 지속되어 왔어요. 물속을 더 깊게 들어갈수록 물살은 잔잔하기에 깊게 들어간 만큼 더 많은 것을 볼 수 있습니다.

히에르탄 빌렌가 : 당신이 전형적인 디벨로퍼 애드보킷이 아니라는 것은 알겠지만, 결국 특정 기술을 홍보하잖아요. 다양한 사람들이 어떤 때에는 A라는 기술을 홍보하고, 몇 년 뒤에는 B라는 기술을 홍보합니다. 이에 대해 긍정적으로 생각해야 할까요 아니면 비판적으로 생각해봐야 할까요?

기술에 대한 마음가짐을 바꾸기

스콧 데이비스 : 마음가짐을 좀 더 전문적으로 바꾸는 것이 중요하다고 생각해요. 이전에 했던 말을 번복할 수 없거나, 나중에 상반되는 주장을 할 수 없게 되는 곤란한 상황에 처하지 않도록 조심해야해요.

어떤 기술을 홍보할 때 기술의 장점뿐만 아니라 단점도 같이 이야기하곤 해요. 이런 균형잡힌 접근은 제가 컨퍼런스 발표자들을 볼 때도 똑같이 적용합니다. 만약 발표자가 다른 기술의 장점을 말하면서, 자신들 기술의 단점을 말하지 못한다면 의심을 해요.

닐 포드(Neal Ford, 역자 주: 써트웍스-ThoughtWorks-에서 일하는 소프트웨어 아키텍트. 자기 자신을 "짤방 지킴이"라고 표현함)는 이걸 "네 편, 내 편 가르기(Suck/Rock Dichotomy)"라고 표현했어요. 마치 사람들이 "이 프레임워크가 가장 최고야! 저 프레임워크는 가장 최악이야! 내가 쓰는 것이 최고야! 너네 것은 구려!"라고 말할 때도 표현할 수 있습니다.

프로그래머이기 때문에 단순한 이분법적인 사고에 쉽게 빠질 수 있어요. 1이나 0, 참(True) 혹은 거짓(False), 흑 아니면 백, 좋은 것 혹은 나쁜 것 등이 있겠죠.

하지만 당연하게도 현실 세계에서는 그런 것과는 좀 더 미묘한 차이가 있습니다. 그래서 이분법적인 논쟁을 하는 개발자들에게 1바이트를 만들기 위해서는 8비트가 필요하다는 비유적 표현으로 조언을 해요. 입력하는 글자 하나하나가 결국 1과 0의 적절한 조합이니까요. (역자 주: 영문권에서 사용하는 철자 및 구두점들은 컴퓨터에서 1바이트를 차지하며, 비트는 0과 1로만 나타낼 수 있다.)

벤캣 수브라마니암

Venkat Subramaniam

——

벤캣 수브라마니암은 애자일 디벨로퍼 사(Agile Developer, Inc.)의 창립자이면서, 수상 경력을 보유한 작가이자 agilelearner.com 사이트의 창시자이며, 휴스턴 대학교(University of Houston)의 겸임교수로 활동하고 있다. 미국, 캐나다, 유럽, 아시아의 수많은 소프트웨어 개발자들을 교육했으며, 국제 컨퍼런스의 발표자로 초청되기도 하는 등 전 세계 디벨로퍼 애드보킷들의 우상으로 여겨지고 있다. (트위터: @venkat_s)

디벨로퍼 애드보킷 분야와 학생들

히예르탄 빌렌가 : 디벨로퍼 애드보킷 활동이 대학교 같은 교육기관에서는 아직 알려지지 않았다는 점에 동의하시나요?

벤캇 수브라마니암 : 비단 교육기관이 아니더라도 디벨로퍼 애드보킷이라는 분야가 잘 알려지지 않았다고 봐요. 대학교에서 교수로 몇 년동안 있었고 인터넷과 웹 브라우저가 나오기 전부터 일해왔지만, 디벨로퍼 애드보킷이라는 분야는 잘 언급되지 않았어요. 요즘 들어서 업계에서 중요하게 여겨지기 시작했습니다.

학계와 업계에서 서로의 상황을 더 잘 아는 것이 필요하다고 생각해요. 학생들은 졸업할 때까지도 개발자들에게 영감을 주면서 일할 수 있다는 사실을 모릅니다.

히예르탄 빌렌가 : 인터뷰했던 몇몇 다른 분들이 당신이 자신에게 영감을 주는 사람이라고 하는데, 여기까지 오는데 어떤 경험들을 하셨나요?

벤캇 수브라마니암 : 꽤 흥미로운 길을 걸어왔죠. 몇십 년 전에 휴스턴 대학교에서 학생 비자 신분으로 박사과정을 마무리하던 중이었습니다. 그 비자로 저는 공부를 하면서 동시에 일을 할 수 있었습니다. 정확히는 박사학위 끝내기 전후로 1년 간 일할 수 있었어요.

저는 교육에 아주 관심이 많아 학교의 국제 협력팀에 가서 조언을 구했습니다. 직원분이 학교 밖에서 (가르치는) 일을 하려면 허가가 필요하지만, 학교 안에서 일한다면 허가를 받지 않아도 되고 혹은 회사에 다니면서 저녁 시간에 학교에 와서 수업을 진행하는 것도 가능하다고 말씀해주셨습니다.

박사 과정으로 있으면서 학생들에게 C++를 가르쳐왔고 계속 그 일을 하고 싶을만큼, 교육에 대한 열정이 있었어요. 그래서 학교에서 받았던 조언대로 졸업 하고 일하면서, 휴스턴 대학교에서 가르치는 일을 계속 했습니다. 다른 점이라면 전에는 조교였다면, 이제는 강의자로 됐지만요.

"당장 내일 유명한 발표자가 되겠다고 마음을 먹는다고 해서 바로 될 수는 없습니다."
- 벤캇 수브라마니암

그러면서 계속해서 발표하고, 배우고, 그리고 다른 사람들에게 영향력을 줄 수 있게 되어서 굉장히 기뻤습니다. 자바 사용자 모임과 닷넷 사용자 모임에서 발표할 기회도 있었어요. 이후에는 적어도 1년에 한 번은 두군데에서 발표하는 것을 목표로 삼았습니다.

그런 식으로 5년동안 발표를 해왔습니다. 제가 왜 이걸 얘기하냐면, 발표 하는 사람들이 꾸준히 노력해야 한다는 사실을 가볍게 생각하는 경향이 있기 때문입니다. 당장 내일 유명한 발표자가 되겠다고 마음을 먹는다고 해서 바로 될 수는 없습니다. 제 경우에는 사용자 모임에서 몇 년동안 발표하면서 노력을 해왔구요.

히예르탄 빌렌가 : 노력의 성과는 언제 나타났나요?

벤캇 수브라마니암 : 열심히 노력을 한 덕에 운이 잘 따라줘서 휴스턴에서 열리는 자바 사용자 모임에서 발표를 하게 되었습니다.

제가 발표하기로 한 날 제이 짐머맨이 그가 준비하는 새로운 컨퍼런스를 홍보하러 왔습니다. 컨퍼런스에는 '실용주의 프로그래머(The Pragmatic Programmer)'라는 책을 쓴 데이빗 토마스, '쓰디 쓴 자바(Bitter Java, 역자 주: 현재는 절판됨)'와 '쓰디 쓴 EJB(Bitter EJB, 역자 주: 국내 미출판)' 책을 쓴 브루스 테이트, 톰캣(Tomcat, 역자 주: JSP와 자바 서블릿을 실행할 수 있는 웹 애플리케이션 서버)과 앤트(Ant, 역자 주: 아파치 재단의 자바 프로젝트 관리 도구)의 대부분을 만든 던칸 데이빗슨, 서블릿(Servlet, 역자 주: 자바를 사용하여 웹 페이지를 동적으로 만들 수 있는 서버 프로그램) API를 만든 제이슨 헌터가 발표자로 예정 되었습니다.

발표를 끝내고 정리를 하던 중에 짐머맨이 제게 다가와서 그가 진행하는 컨퍼런스에서 발표를 해달라고 말했습니다. 솔직히 저는 그가 농담하는 줄 알았던게 아까 제가 언급한 사람들은 저같이 컨퍼런스에서 발표를 한 번도 해본 적 없고, 책을 써보지도 않았고, 커뮤니티 바깥까지 알려지지 않은 사람과 비교할 수 없는 위치의 사람들이거든요. 하지만, 그 날 밤 집에 와보니 발표했던 내용 그대로 컨퍼런스에 와서 발표해달라고 부탁하는 그의 메일을 확인할 수 있었습니다.

그렇게 컨퍼런스에 첫 발표를 하러 갔는데, 발표장에는 단 11명만이 발표를 들으러 왔습니다. 초라한 경험이었죠. 컨퍼런스가 끝나고 짐머맨에게 갔더니, 그의 손엔 발표에 관한 평가들이 담긴 종이가 있었어요. 그는 "지금까지 본 평가들 중에서 최악이네요!"라고 제게 말했습니다.

그래도 발표 기회를 얻었으니 됐다고 생각하며 그에게 고맙다고 하고 제 차에 돌아가서 평가들을 확인했습니다. 11명 모두가 저에게 만점을 준 것을 확인했고, 그제서야 짐머맨이 저를 가지고 놀렸다는 것을 알아차렸습니다.

다음 날 짐머맨이 시카고에서 발표를 해보는 것은 어떤지 연락이 왔어요. 처음에는 3개 도시에서 발표를 했고, 그 다음 해에는 10개 도시에서 하게 되었습니다. 지금 돌아보면 기억에 남을 일이죠. 거의 20년 동안 발표를 하고 있으니, 컨퍼런스에 가면 제가 제일 발표 경력이 오래된 사람이에요. 이렇게 디벨로퍼 애드보킷으로서의 길을 걷기 시작했습니다.

히예르탄 빌렌가 : 꾸준히 여러 컨퍼런스에 참여하시면서, 많은 관중들의 관심을 얻고 계시죠. 항상 개발과 관련된 최신 기술들에 대해 이야기하면서, 기술들을 현실적으로 어떻게 사용해야 하는지에 대해 말해주시는데 무엇이 발표하는 것을 즐겁게 하나요?

벤캇의 동기

벤캇 수브라마니암 : 사용자 모임들을 중요하게 생각하고, 오늘 그랬듯이 매년 15개 사용자 모임에서 발표를 하고 있습니다. 사용자 모임들이 제가 디벨로퍼 애드보킷 일을 시작할 수 있게 해준 계기라고 생각하기 때문에, 발표는 그 고마움을 커뮤니티에게 되돌려주는 방법입니다.

어렸을 때부터 줄곧 많은 사람들로부터 영감을 받아왔기에 지금의 제가 있을 수 있습니다. 이 업계에 있으면서 가지고 있는 개인적인 목표는 다른 한 사람에게 영감을 주는 것입니다. 학생들은 잘 모르고 있지만 저는 어렸을 때 학습장애를 겪었습니다. 학교에서는 열등생이었고요. 많은 사람들이 이 사실을 이야기하면 웃으면서 제가 농담하는 줄 알아요. 학생들은 본인이 처해있는 교육환경과 가지고 있는 능력이 인생을 바꿀 수 있다는 점을 반드시 알아야합니다. 어렸을 때 저를 알던 사람이 대학생이 된 저를 보고 제가 그 때 그 열등생이었다는 사실을 믿지 않았어요. 다들 "반에서 가장 멍청했던 애가 이제는 가장 똑똑한 학생이 되었다니! 어떻게 가능한거지?"라고 해요.

수학이 제 적성에 맞다는 것을 깨달았고 물리학과 과학에도 푹 빠졌습니다. 특정 과목의 주제들에 호기심을 가지게 되니 무언가를 배우는 것에 푹 빠지게 되더라고요. 저에게 배운다는 것은 마치 양파 껍질을 벗겨내는 것과 같은데 한 꺼풀 벗겨내서 다 된 것이라고 생각하지만, 며칠 뒤에 다시 와서 보면 안에 다른 것들이 더 있다는 것을 알게 되니까요. 마치 우리가 양파를 까면서 눈물을 흘리는 것처럼, 프로그래밍 분야에서 일하면서 좌절감을 맛볼 수가 있습니다.

어떤 것이 제대로 동작하지 않을 때 진짜 배움이 시작된다고 생각되어 기분이 좋습니다. 제 나이가 50살이 넘었지만 누군가 제게 자신이 나이 들었다고 생각하는지 물어본다면, 첫 등교하는 학생만큼 제 자신이 젊다고 느낀다고 답할 수 있습니다. 사람은 누구나 나이를 먹는다고 하지만, 배운다고 해서 더 빨리 늙는 것은 아니잖아요.

발표가 재밌는 또 다른 이유는, 리차드 파인만이 말했던 것처럼, 만약 초등학교 1학년에게 어떤 개념을 설명하지 못한다면, 그건 자신이 제대로 이해하지 못한 것이라는 말을 반증하는 예이기 때문입니다. 남을 가르치기 시작했을 때, 제가 알고 있던 것의 한계를 깨뜨리기 위해 노력했어요.

> *"실제로 복잡한 개념이 있다기 보다는 단지 제대로 설명되지 않는*
> *개념들이 존재한다고 생각해요." - 벤캇 수브라마니암*

제가 무언가를 배우기 시작할 때 제 자신이 멍청하다고 느끼곤 합니다. 어떨 때는 복잡한 수식 때문에 바보가 되기도 하지만 실제로 복합한 개념이 있다기 보다는 단지 제대로 설명되지 않는 개념들이 존재한다고 생각합니다. 그게 바로 핵심이죠. 배우고 싶은 욕망, 비유적인 표현들로 감싸져 있는 것들의 실체를 알아내고 싶은 욕망, 그리고 누군가가 자신이 겪고 있는 과정을 함께할 수 있도록 도와주려는 욕망, 이런 것들이 저를 제대로 깨우치게 합니다.

히예르탄 빌렌가 : 어떤 점에서 대학교에서 가르치는 것이 재밌다고 보시나요?

벤캇 수브라마니암 : 아직 휴스턴 대학교의 교직원이라는 점에 감사함을 느끼는데, 11년 전에 휴스턴을 떠나고 콜로라도로 이사를 했습니다. 6개월 뒤에 학교로부터 이메일을 받았어요.

휴스턴을 떠나기 전에 사직서를 내서 6개월 동안은 강의를 하고 있지 않았는데, 메일에는 전날 열린 교직원 회의에서 제 퇴사 결정을 번복하기로 했고, 돌아와서 강의를 다시 해줬으면 좋겠다고 적혀 있었습니다.

휴스턴으로 돌아갈 계획이 없다고 답장했더니, 학교에서는 제가 세상 어디에 있는지는 중요하지 않고 대학교에서 계속 강의를 해줬으면 하는 바람이 있다고 말했습니다. 그래서 지난 11년 동안 원격으로 강의를 쭉 해오고 있어요. 아까 이야기했지만 계속 강의를 진행하고자 했던 이유는, 학생들이 업계와 단절되어 있다는 느낌을 받아서입니다. 그 문제를 해결하기 위해 직접 나서서 무언가를 하고 싶었습니다.

> *"세상을 바꾸기는 어려울 수 있어도 제가 속해 있는 곳에서는*
> *변화를 일으킬 수 있습니다." - 벤캇 수브라마니암*

고객들과 일을 할 때, 실제 프로젝트를 다뤄보며 소프트웨어 개발이 어렵고, 개발자들이 많은 어려움을 겪는다는 사실을 알게 되었습니다. 현실을 깨달았기에 학교로 돌아가서 학생들을 위해 강의를 다시 시작했습니다. 지금은 대학교에서 강의를 하고 있지만, 회사에 가서 교육을 하는 것도 목표로 삼고 있어요.

제가 낮에는 회사에서 일하고 밤에는 강의를 하던 때 잊지 못할 경험을 한 적이 있습니다. 낮에는 C++로 상업용 소프트웨어를 만들고 있었고, 밤에는 대학교에서 학생들에게 C++를 가르쳤습니다.

회사에서 하던 것들(물론, 회사 기밀들은 빼고요)을 가져와서 학생들이 실제로 사용해볼 수 있게 했습니다. 언어의 이론적인 부분보다는 학생들이 어떻게 하면 C++를 사용해서 상업 프로그램을 실용적으로 만들 수 있는지 가르쳤어요. 그러면서 일찍이 업계에서 배울 수 있는 것들을 강의실로 가져와 가르치는 것의 가치를 느낄 수 있었습니다. 왜냐하면 실제로 업무와 관련이 있는 내용을 가르치는 것이니까요.

어느 날은 캘리포니아에 있는 저희 팀원으로부터 엔지니어들이 데이터 모델을 개선하면서 데이터가 제대로 저장 되지 않는 문제가 발생했다고 급하게 연락이 왔습니다.

아주 심각한 문제였고 회사에서 계속 디버깅을 하다보니 어느새 4시 30분이 되었습니다. 5시 30분부터 강의를 해야해서, 팀원들에게 양해를 구하며 강의가 끝나는대로 바로 돌아오겠다고 했어요. 그러다가 강의 도중 회사에서 겪고 있는 문제의 원인이 무엇인지 바로 찾을 수 있었습니다.

히예르탄 빌렌가 : 어떻게 해결하게 되었나요?

문제를 해결하는 것

벤캇 수브라마니암 : 꼬여있는 문제를 서로 분리해서 생각하는 방식으로 해결했습니다. 강의가 끝나자마자 상사에게 전화해서 오류의 원인을 보고했습니다. 그는 코드를 보고, 제 의견에 동의했어요. 그리고 개발자들을 호출해 시스템 내의 수 백개의 클래스들을 모두 확인해서 그날 밤 오류를 해결할 수 있었습니다.

그 경험에서 많은 것을 느꼈습니다. 제가 회사에서 잘 배워놓아야 학생들을 가르칠 수 있기 때문에, 회사에서 일하면서 기회가 되는대로 동료들과 꾸준히 페어 프로그래밍을 하려고 합니다. 또 한편으로 제가 꾸준히 시간을 내서 배워야 회사에서 일을 잘 할 수 있기 때문에 계속 강의를 하려고 하고요.

만약 배운 것을 써먹지 못한다면, 무슨 의미가 있을까요? 대부분의 경우 회사에서 일할 때는 많은 문제들 사이에서 당장 눈 앞에 있는 것을 해결하려고만 해요. 가르친다는 것은 한 발 뒤로 물러나서 시야를 넓힐 수 있는 기회를 줍니다. "이렇게 해도 작동하지만, 다른 유용한 방법들도 한 번 확인해보자"라고 말하며 다른 방법들이 실제로 자신의 프로젝트에 어떻게 사용될 수 있는지 확인해보죠.

누군가가 학교에서 가르치는 것들이 현실과 동떨어졌다고 말하면 "문제를 말해줘서 고마워요. 그렇다면 우리가 어떻게 해야할까요?"라고 답하고 그들에게 대학교에 가서 강의를 해달라고 독려합니다.
오전 7시부터 오후 4시 30분까지 회사에서 일하고, 대학교로 가서 강의를 했어요. 오후 7시면 강의가 끝나지만, 학생들이 와서 저에게 많은 질문들을 합니다. 농담 아니고, 어느 날은 학생들과 이야기 하고 싶어서 밤 10시까지 학교에 있던 적도 있었어요. 학생들은 기술이나 자신의 인생, 혹은 업계에서 일하는 것과 자신들이 겪고 있는 문제들에 대해서 물어보고 싶어 했어요.

대학교에서 월급으로 얼마 받지 않지만, 제가 학교에서 보낸 시간들을 다 더해보면 최저 시급보다 낮게 벌고 있었을 거에요. 하지만 교육의 진정한 가치는 돈에 있는 것이 아니라, 제가 사회에 미치는 영향력에 있기에 제가 하는 일이 아주 보람찹니다. 사람들은 어떤 사람이 엄청 좋은 교육을 받고, 그 덕분에 좋은 직장을 가진다는 것이, 그 사람에만 이득이 되는 것이 아니라, 자신의 지인들과 그 시대의 사람들에게 변화를 가져다줄 수 있다는 사실을 간과합니다.

"교육만이 진정으로 세상에서 가장 큰 변화를 만들어 낼 수 있습니다."
- 벤캇 수브라마니암

제가 열심히 일한 덕분에 꽤 높은 수준의 교육을 받을 수 있었고, 제 가족들은 오늘날 잘 살고 있습니다. 제 아이들도 높은 수준의 교육을 받을 수 있어, 제 선택이 제가 가족을 빈곤에서 구할 수 있었다고 확실히 말할 수 있습니다.

만약 다른 사람들을 도울 방법이 있다면, 경제적 격차를 줄이기 위해서는 교육이 최선의 방법이라고 생각합니다. 왜냐하면 교육이 진정으로 세상에서 가장 큰 변화를 만들 수 있는 방법이거든요.

자랑하려고 말하는 것은 아니지만, 제가 컨퍼런스나 사용자 모임에 가면 항상 사람들이 제 발표를 보고 나서 프로그래밍을 바라보는 시선을 바꾸게 되었다고 이야기합니다.

과거의 누군가가 저에게 영감을 줬기에 오늘날의 제가 있을 수 있는 것이라 그에 대한 보답을 하는 것이 당연하다고 생각해요. 이 업계에서는 혼자서 프로그래밍만 하는 것이 전부라고 할 수 없고, 반대로 업계나 교육 현장에서 무언가를 가르치는 것만이 전부는 아닙니다. 그 둘을 적절하게 균형을 맞추는 것이 굉장히 중요하다고 생각해요.

히예르탄 빌렌가 : 우리가 디벨로퍼 애드보킷으로서 하고 있는 의미있는 일들에 대해 이 분야 밖에 있는 사람들은 잘 모르는 것 같습니다. 직접 프로그래밍을 하기 보다는 지식을 전달하거나 사람들에게 영감과 선한 영향력을 주고 커뮤니티들에 기여를 하잖아요. 이러한 부분들이 업계 밖의 사람들에게 잘 알려지지 않았다고 보시나요?

벤캇 수브라마니암 : 네, 그리고 이런 것들은 우리가 계속해서 알려야 한다고 생각합니다. 우리 다음 세대의 개발자들이 우리가 한 실수들에서 배우면 더 잘 할 수 있고 이는 우리 모두가 미래의 IT 업계가 더 성장하기 위해 가져야할 직업상의 책임이라고 봐요.

히예르탄 빌렌가 : 디벨로퍼 애드보킷 활동을 하면서 특정 활동을 필수적으로 해야 하는 경우는 없습니다. SNS와 같은 것들이 생기면서, 디벨로퍼 애드보킷들은 활동 반경을 확장해 프로그래밍 외에 다양한 활동들을 할 수 있게 되었어요. 30년 전만 하더라도 프로그래밍 역할에서 확장해 이런 형태의 직업이 생길 것이라고 생각해본 적 있나요?

사용자 모임의 중요성

벤캇 수브라마니암 : 아니요, 대신 그 시절에도 사용자 모임에 참여했던 것은 기억합니다. 사용자 모임은 주변의 개발자들을 서로 연결해주는 중요한 일을 해줘요. 심포지움이라는 단어는 서로 만나서 어울리는 괴짜들에게서 영감을 받았다고 하는데, 아인슈타인과 플랑크가 심포지움을 열었다는 증거도 남아 있다고 해요. 사람들은 이런 일을 몇 세기동안 계속 해왔어요.

경력이 얼마 되지 않았을 때 사용자 모임에 갔던 기억이 있습니다. 그래서 제 학생들에게 공부에 매진을 하고 있고 아주 중요한 과제가 다음주에 마감이더라도, 장기적으로 봤을 때 사용자 모임에 참가하는 것이 도움이 될 것이라고 이야기합니다.

물론 이제는 트위터와 페이스북말고 다른 SNS 창구들이 있지만, 여전히 직접 만나면서 교류하는 것이 가치가 크다고 생각해요. 사용자 모임에 나가서 다른 개발자들을 만나는 것은 기분 전환을 하는데 큰 도움이 됩니다.

솔직히 전 세계를 많이 돌아다니다 보니 요즘에는 사람들과 좋은 관계를 유지하기 힘듭니다. 주말에 집에 있는 적이 없고 어떨 때는 오랫동안 집에 없기도 하거든요. 만약 누군가가 모이자고 하면 다른 곳에 있다고 말하는 경우가 많아 시간이 지나면서 친구들을 잃었습니다.

그래서인지 요즘 친구라고 생각하는 사람들은 몇 년동안 사용자 모임에서 만난 사람들이라서, 동네에서 누군가를 만나고 싶을 때에는 그 사람들에게 연락을 하곤 합니다.

올해 초에 휴스턴에 가서 발표를 했던 적이 있는데 앞쪽 자리에 지인이 앉아 있었어요. 그는 제가 발표하는 도중에 끼어들어서 질문을 했어요. 그런 그에게 "25년 전에 그랬던 것처럼 당신은 여전히 호기심이 많은 사람이네요! 그래서 당신이 아주 좋아요!"라고 했습니다.

"커뮤니티에 참여하는 것. 그것이 제일 중요해요." - 벤캇 수브라마니암

그는 25년 전과 비교했을 때 변한 것 없이 질문을 잘 던지고, 발표에 관심을 두고 궁금해하고, 더 깊게 파고 들어가려는 성격이 여전했기 때문에 그 날 발표가 계속 기억에 남습니다. 그를 앞자리에서 다시 볼 수 있어서 반가웠어요.

오픈 소스에 기여를 하는 것이 좋지만, '기여'라는 단어는 굉장히 폭 넓은 의미를 담고 있습니다. 기여를 하기 위해 항상 코드를 작성하고 있을 필요는 없어요. 오픈 소스 프로젝트에서 코드를 제가 직접 작성하지 않지만 여전히 다른 방식으로 기여를 하고 싶어해요. 사용하는 도구를 평가하고, 오픈 소스 제품들에 대해서 이야기거나 다른 사람들에게 영감을 주고, 코드의 버그들을 이야기하는 등 여러가지 일들을 합니다. 본인이 원하는 방식으로 커뮤니티의 일부분이 될 수 있는데, 핵심은 커뮤니티의 일부분이 되는 것입니다. 자신이 열정을 쏟아부은 활동들은 결과를 만들어 낼 것입니다. 본인이 그 안에서 어떤 역할을 맡고, 어떤 기여를 할 수 있는지는 스스로 알아내야 합니다.

네트워킹은 디벨로퍼 애드보킷들한테 아주 중요합니다. 많은 경우에, 제가 새로운 회사에 들어가면 사람들이 저를 3년 전에 사용자 모임에서 봤고 회사에서 저를 채용하려고 할 때 찬성을 했다고 말합니다. 이렇게 IT 업계에서 일자리를 찾거나 도움을 받으려고 할 때, 어떤 사람을 알고 있는지 보다는 누가 자신을 알고 있는지가 더 중요합니다.

커뮤니티의 일부분이 되고, 사용자 모임에 나가면서 참여하는 것이 커뮤니티에 자신의 이름을 제대로 알릴 수 있는 방법입니다. 강요하려는 것이 아니라 효율적으로 알리기 위한 방법이라서 이야기하는 것이에요. 우리 모두 다른 사람들을 도와주면서 경력을 더 발전시키고 싶은 마음이 있잖아요. 네트워킹에 참여하면 많은 것을 얻을 수 있다고 생각합니다.

그리고 한 가지 확실하게 말할 수 있는 것은 많은 개발자들이 있어도 실제로는 소수의 개발자들만 사용자 모임에 주기적으로 나가요. 학생이건 직장인이건 간에, 우리 모두 사용자 모임에 참여해야 합니다.

히예르탄 빌렌가 : 대학생들이 흔히 겪는 문제로는, 어려운 상황에 직면했을 때 다른 사람에게 물어보려하는 정도의 성숙함, 용기 혹은 통찰력을 가지고 있지 않는다는 점입니다. 종종 학생들이 프로그래밍 분야에서 필요한 소프트 스킬을 가지고 있지 않다고 생각해요. 사용자 모임이 학생들이 어려워 하는 것들을 도와줄 수 있다고 생각하나요?

벤캇 수브라마니암 : 네, 예를 들어 학교에서 저랑 같이 일을 하기로 했던 학생이 있었습니다.

버전 관리 시스템(VCS)을 설정해서 원격으로 같이 일할 수 있게 해줬습니다.

학생에게 버전 관리 시스템(VCS)의 URL을 주고, 접속해서 본인이 한 작업을 올리면 확인하고 의견을 주겠다고 했습니다. 일주일이 지났는데 아무 소식이 없으니까 그 때부터 불안해지기 시작하더라고요. 학생에게 도움이 필요하냐고 물어봤는데, 괜찮다고는 말하는데 일에 진전이 없었습니다. 그래서 학생과 영상 통화를 하며 일을 같이 해보자고 했어요. 그 때 제가 그녀에게 어디까지

했는지 물어봤는데, 그제서야 그녀는 머뭇거리더니 결국 "버전 관리 시스템 (VCS)을 쓸 줄 모른다"고 실토 했습니다.

그래서 5분 안에 어떻게 사용해야하는지 방법을 알려줬고, 그 이후로 그녀는 많은 일을 해냈습니다.

그 일이 있고 난 후 곰곰이 생각해봤는데, 우리가 그동안 만들어 온 분위기가 사람들이 도움을 요청하는 것을 부끄러워하고 굴욕을 느끼도록 한 게 아닌지 생각이 들었습니다. 만약 제가 뭔가를 할 줄 모르는데 누군가에게 도움을 받으려고 하지 않는 것은, 이전에 도움을 받으려고 했을 때 멍청하다는 소리를 들어서 그런 것일 거에요.

제가 하는 강의들은 학교에서 학생들이 들을 수 있는 강의들 중에서 가장 형편없을 수도 있습니다. 제 강의들에는 이론적인 내용들은 거의 없고, 학생들이 직접 하면서 배우거든요. 학기 중에는 매일 새벽 4시부터 7시까지 코드 리뷰를 합니다. 제가 하는 강의가 생각보다 많이 힘들기 때문에 많은 학생들이 제 강의를 들으려 하지 않아요.

강의를 할 때 항상 학생들이 다음 단계로 넘어가려고 하면, 먼저 모든 것을 지우고 다시 시작하라고 합니다. 그러면 종종 학생들이 3년 간 작성해온 코드를 모두 지우라는 뜻이냐며 반항합니다.

> *"경력자들은 자신이 하는 언행들에 조심할 필요가 있습니다."*
> *- 벤캇 수브라마니암*

학생들이 직접 시행착오를 통해 배우게 되면 의견을 받으려는 용기를 가지게 됩니다. 학생들은 질문에 대한 두려움을 이겨내고 적극적으로 나서야 합니다. 경력자들은 자신이 하는 언행들에 조심할 필요가 있습니다. 경력자들만큼 목소리를 낼 수 있는 사람이 별로 없거든요. 어떻게 하면 우리가 지난 몇십 년 동안 쌓아온 소통의 장벽을 없앨 수 있을지, 그리고 어떻게 하면 다른 사람들이 마음을 열고 도움을 요청할 수 있게 만들 수 있을까요? 오늘은 모르는 것일 수 있지만, 내일은 전문가가 될 수 있습니다.

잘 모른다는 것의 두려움

히예르탄 빌렌가 : 그럼 이걸 발표에 빗대어서 이야기를 해보죠. 사람들은 무언가를 발표하기 위해서는 그 주제에 대한 모든 내용을 다 알아야 한다고 생각해요. 이런 사람들에게 어떤 조언을 하고 싶으신가요?

벤캇 수브라마니암 : 잘못 생각하고 있는게 사람들은 본인이 알고 있는 모든 것을 이야기해야 한다고 생각해요. 제 생각에 오히려 그게 더 안 좋은 발표라고 봐요.

한 번은 "당신이 보여줬던 예제를 따라하는데, 아주 재밌어서 이 늦은 밤까지 붙들고 있네요. 이 주제에 대해서 더 깊게, 그리고 더 많은 것을 알게 되네요. 당신이 제가 무언가를 더 배울 수 있도록 동기부여를 해줬다고 이야기하고 싶어서 이렇게 메일 보내요."라는 내용의 메일을 받았어요. 어떨 때는 단지 누군가의 열정에 불을 붙이기만 해도 충분합니다. 자신이 모든 것을 알 필요는 없고, 모든 것을 알려줄 필요도 없습니다.

컨퍼런스에 가서 발표할 때 청중들 중 제가 발표하는 내용과 관련된 특정 언어, 라이브러리, API, 혹은 도구를 만든 사람이 간혹 있습니다. 그래서 스스로 에게 "제작자들이 직접 와서 내 발표를 듣는다면, 내가 발표하기 위해서 어떤 점들을 준비해야지?"하고 질문을 던집니다.

정답은 제가 말하는 방식, 배운 내용, 그리고 경험한 것들은 저만 가지고 있는 것이에요. 모든 것을 알고 있는 척을 하지 않고 제가 무엇을 배웠는지 솔직하게 이야기합니다. 그 언어, 라이브러리, 혹은 도구에 대해서 제가 배우면서 이해한 것이 잘못됐을 수 있지만 배웠다는 사실 자체는 잘못된 것이 없습니다. 배우기 위한 제 나름대로의 과정들을 거쳤으니까요.

다시 강조하자면, 초보자들에게 사용자 모임은 아주 좋습니다. 컨퍼런스와 같은 곳에서 발표하는 부담감 없이 발표를 할 수 있어요. 저 또한 컨퍼런스에서 발표하기 전에 사용자 모임에서 똑같은 내용을 미리 선보여요. 제 발표가 끝나면 진심으로 관심이 있는 사람들과 길게는 한 시간 정도 남아서 토론을 합니다. 이렇게 토의를 하면서 아주 많은 것들을 배워요. 만약 발표했던 내용들이 책이나, 블로그 글, 혹은 발표로 나오게 되면, 그런 피드백들이 아주 가치가 있죠. 작은 모임에서 발표를 할 수 있는 기회들은 자신이 더 나아질 수 있는 기회가 됩니다.

히예르탄 빌렌가 : 그럼 큰 컨퍼런스로 나아갈 자신감이 부족한 미래의 발표자들을 위해서 해주고 싶은 조언들이 있나요?

벤캇 수브라마니암 : 컨퍼런스 운영진들의 주요 고민 중 하나는 참가자들이 돈을 내고 시간을 내서 컨퍼런스에 오기 때문에 흥행이 보장된 발표들을 모집하는 것입니다. 간혹 가다 몇몇 컨퍼런스들은 신입 발표자들에게 와서 짧은 발표를 해달라고 하는 경우도 있습니다. 라이트닝 토크(Lightning Talk)를 할

수도 있고, 신입 발표자들이 좋은 발표자로 성장할 수 있게 워크샵을 진행하기도 해요.

그리고 합동 발표를 하는 것도 추천합니다. 너무 격식을 갖출 필요가 없는게, 컨퍼런스에서 기조연설을 할 때 저는 현장에서 청중들 중 아무 사람한테 같이 발표하자고 무대로 올라오면, 저는 이야기를 하면서 그 사람에게 질문을 하고 의견을 듣습니다. 그 사람들이 무대 공포증을 느끼는 것처럼 저 또한 무대 공포증을 느껴요. 하지만 막상 하고 나서는, "굉장히 떨렸긴 했지만, 같이 무대에 설 수 있어서 좋았어요."라고 이야기합니다.

"제가 무대에 설 수 있는 특별한 이유가 있는 것이 아닙니다.
누구나 무대에 설 수 있습니다." - 벤캇 수브라마니암

저도 많이 떨면서 발표한다고 그들에게 말하죠. 저는 아직도 무대 공포증을 가지고 있어서, 무대에 올라가면 목이 바짝바짝 말라요.

제가 몇 년 전에 *Jfokus*에서 기조연설을 할 때, 스태프가 와서 마이크를 달아주고 있었습니다. 그 분이 마이크를 달아주면서 처음 발표하는 것인지 물어볼 정도로 제가 숨을 거칠게 쉬고 있었나봐요. 하지만 그 때가 대략 만 번째 발표였어요. 저는 매번 발표할 때마다 불안하지만 우리는 이 불안감을 절대 없앨 수 없으니 조절하는 방법을 터득해야 합니다.

제 친구들은 제가 얼마나 지독한지 알아요. 친구들에게 이메일이나 개인 메시지로 그들의 행동에 동의하지 않는다는 내용을 보내요. 이렇게 하는 이유는 그들이 제 친구들이라서 잘 됐으면 하는 것도 있지만, 친구들도 저에게 똑같이 해주기를 원해서입니다. 프로그래밍 언어를 만든 사람이 제게 이메일로 잘못한 부분을 고쳐줘서 저를 더 나은 사람으로 만들어 줄 수 있어서 좋았던 경험이 있거든요.

제가 지키는 규칙은 간단합니다. 사람을 칭찬할 때는 공개적으로 하지만, 비판을 할 때는 조용히 하는 것입니다. 어느 발표를 듣던 메모를 하고 발표자가 요청을 할 때에만 피드백을 줍니다. 모든 사람들이 항상 도움을 필요로 하지는 않으니까요. 만약 어떤 발표자가 더 훌륭한 발표자로 거듭나기를 원한다고 하면 도움을 줄 수 있습니다. 업계 내에서 우리 모두 함께 많은 것들을 할 수 있다고 생각해요.

히예르탄 빌렌가 : 발표를 하기 위한 주제들은 어떻게 선정하시나요?

벤캇의 발표 주제들

벤캇 수브라마니암 : 분야에 따라 달라서 한 번에 답하기 어렵네요. 15개의 다른 언어들로 프로그래밍을 하는데, 발표 주제를 고를 때는 제 관심을 끌만한 것을 찾을 때까지 특별한 생각을 하진 않습니다.

하나의 아이디어를 가지고 어떨 때는 6개월 동안, 길게는 1년 동안 활용합니다. 최근에 나온 기술을 가지고 발표를 할 수 있지만, 주로 제가 이전에 경험해봤던 것과 비슷한 것이나 그 분야에서 응용해볼 수 있는 것들을 가지고 발표를 합니다.

먼저 이야깃거리가 있는 주제를 고릅니다. 이걸 제일 중요하게 생각하는데, 저는 코틀린을 가지고 오랫동안 발표주제로 다뤘습니다. 그 당시에 이미 코틀린에 대해 이미 발표하는 사람들이 있던 반면, 저는 코틀린에 대해서 하고 싶은 이야기가 없었기에 제가 코틀린에 대해 발표하는 것에 관심이 없다고 생각을 했어요.

그러다 코틀린의 특정 개념을 이해하는 것이 어려웠던 경험을 한 적이 있었습니다. 코드를 작성해서 그 개념을 사용할 수는 있었지만 제가 이해한 부분과 문서의 설명이 잘 연결되지 않았습니다. 그러다가 갑자기 다른 언어에서 비슷한 개념이 있는 것이 생각나서 바로 그 언어로 실험하고, 동작했던 그 방식대로 코틀린으로 다시 코드를 작성했습니다. 이런 과정을 통해 하나의 이야깃거리가 생기니까 코틀린으로 발표할 수 있게 된 것이에요. 제가 쓰는 책이나 제가 하는 발표들은 제가 궁금해하는 무언가로부터 시작이 된다고 항상 이야기합니다.

> *"이야깃거리를 만드는 것은 비판적으로 생각하는 것에서부터 시작됩니다."*
> *- 벤캇 수브라마니암*

학생들에게 이야깃거리를 만드는 것은 비판적으로 생각하는 것에서 비롯된다고 이야기합니다. 개발자들과 학생들은 API나 각종 문법들을 습득하는 습관을 토대로 비판적 사고 능력을 가지는 것이 중요합니다. 어떤 사람들은 제가 하는 이야기들의 내용들을 다 알고 있어 참석을 고민했지만, 막상 제가 똑같은 내용을 다른 관점에서 이야기를 해서 그 내용에 다시 관심을 가지게 됐다고 말해주기도 해요. 핵심은 어떤 주제에 호기심을 가지고 비판적 사고를 하며 시간을 투자하는 것입니다.

이 일을 20년 동안 해오면서 발표할 거리가 떨어지지 않을까 걱정해왔어요. 실제로 연말에 제가 발표했던 자료들을 모두 지웁니다. 12월은 제가 그 해에 했던 발표들로부터 벗어날 수 있어서 아주 좋은 시기이죠. 1월과 2월에는 새로운 발표들을 준비합니다. 한 해동안 일을 하고, 새로운 것을 계속 탐구하며 이해하다보니, 막상 발표를 준비할 때 이야깃거리들이 항상 있더라고요.

히예르탄 빌렌가 : 디벨로퍼 애드보킷으로 일하고 있지만, 특정 회사를 위해 일하지는 않고 순전히 관심사에 따라 발표 주제를 고르는 것 같습니다. 나중에라도 특정 회사에 일하게 될 것 같다는 생각을 하신 적이 있나요?

벤캇 수브라마니암 : 일단 아내의 도움 없이는 지금 하고 있는 일을 하지 못했을 거에요. 제가 어느 날 집에 와서 회사를 가기 싫어서 그만두고 싶다고 한 날부터 어려움을 함께해 왔습니다.

20년 전 쯤에 제 아들이 1살이 됐을 때 회사를 그만뒀습니다. 제가 잘 하는 일을 했고 돈도 잘 벌었지만, 거의 4년 동안 제가 행복한 적이 없어서 결단을 내리게 됐습니다. 대기업에서 일하면서 자신을 되돌아보며, 제가 얼마나 행복한지를 따져봤을 때, 멋진 기술을 다루며 돈을 벌고 있었고 아주 능력있는 개발자들과 일하고 있었지만, 꽤나 행복하진 못했습니다. 저녁에 학교에 가서 강의를 하며 얼마 되지 않는 돈을 받더라도 지식을 공유하는 게 저에게는 더 의미가 있었습니다.

디벨로퍼 애드보킷으로 일하면서 출장을 많이 다니는 것 때문에, 몇 년동안 제 아내는 왜 다른 사람처럼 평범한 일을 하지 않는지 물어봤어요. 하지만 이제는 제 아내도 제가 그럴 사람이 아니라는 것을 알아요.

누가 시켜서 하는 일을 하는 것 말고, 제가 진정으로 좋아해서 하는 일을 하면 어떨까 생각했습니다. 누구나 마음 속에서 이런 고민들을 할텐데 제 경우에는 진정으로 좋아하는 일을 하는 쪽으로 결론이 났어요. 근데 현실은 다른 사람이 시켜서 어쩔 수 없이 일을 해야할 때가 있다는 것입니다. 요즘에도 고객들로부터 제가 흥미가 없는 일을 해달라고 부탁받는 경우가 있습니다. 다행히도 이제는 그런 상황들을 거절하고 제가 관심이 있는 일들을 하는데 더 집중합니다.

질문에 대한 답을 하자면, 지금 제가 이 일을 하고 있는 이유는 제 시간을 의미 있는 가치를 만드는 데 쓰고 싶어서에요. 그 가치가 잘 되는 회사를 더 잘 되게 만드는 것을 의미하지 않습니다. 대기업들이 하는 일들을 들여다보면 개인이 할 수 없는 것들을 이뤄내니까 필요한 존재이긴 합니다.

이 업계의 좋은 점은 자신을 가슴 뛰게 하는 일을 고를 수 있다는 것입니다. 제 친구들 중에는 대기업에 다니는 사람들이 있고, 그 친구들을 존경하고 그들로 부터 많이 배워요. 하지만 그들이 하는 것을 저는 못합니다. 모든 사람들이 제 가 하는 것을 하지 못하는 것과 마찬가지로요.

예전에는 사람들이 제가 하는 일에는 직위나 직함이 없다고, 그래서 실패한 인 생이 될 것이라 저를 걱정했습니다. 사실 저는 몇 년 동안 회사의 높은 직급을 뽑는 면접을 봤고 한 회사의 대표 바로 밑에서 일할 수 있는 자리로 면접을 본 적도 있습니다. 제가 그 자리에 적임자라고 했지만, 이 일을 시작하게 되면 회 사가 제게 많은 것을 기대할 것이고 회사가 저를 필요로 할 때 언제든지 연락 이 닿을 수 있어야 한다고 했어요.

제가 하던 강의들은 어떻게 해야하는지 되물었을 때 면접관들은 저를 필요로 하기 때문에 강의를 그만두고 온전히 회사에 집중해줬으면 좋겠다고 말하며 주말동안 생각할 시간을 주었어요.

주말동안 집에 와서 손톱을 물어뜯으며 고민했습니다. "내 경력 중에서 가장 즐기고 있는 것을 포기하고 싶은건가?"라고 생각하게 되었고, 월요일에 회사 대표에게 "저에게 어떤 일이 가장 중요한지를 깨달을 수 있는 기회를 주셔서 감사합니다. 죄송하지만 제 자신을 위해서 일하기로 결심을 했습니다."라고 답변을 보냈습니다.

그 때부터 미친듯이 저축을 하기 시작했고, 2년 뒤에 퇴사를 했습니다. 제 인생의 터닝포인트였습니다. 최근에는 회사 내의 직원 교육이나, 회사의 프로젝트와 테스트 주도 개발 기법(Test-driven Development)과 관련해서 도와달라고 하는 회사들을 상대하며 돈을 벌고 있습니다. 만약 회사들이 저를 찾지 않는다면 그 부분에서는 아무 수익이 없겠지만, 대학교에서 강의를 하며 최소한의 수입을 벌고 있어요.

돈을 벌 수 있는 다른 방법들이 있겠지만, 이 방법이 제가 추구했던 방법입니다. 제가 빈곤한 상태로 은퇴하지는 않을 정도의 돈을 벌고 싶으면서도, 아까 제가 얘기했던 가치들을 추구하면서 살고 싶습니다.

제가 출장을 다니면서 교육을 할 수 있다는 것과, 이 길을 택할 수 있게 다양한 방법으로 지지해준 모든 사람들에게 감사해요. 다른 사람들이 하는 일을 존경하지만, 제가 자신을 위해서 일할 수 있다는 사실이 기쁩니다. 비평하고, 생각을 표현하고, 제가 궁금한 것들을 탐구할 수 있거든요.

로렌스 모로니

Laurence Moroney

—

로렌스 모로니는 10년 넘게 디벨로퍼 애드보킷으로 활동하고 있으며, 현재는 구글에서 일하고 있다. 로렌스는 텐서플로우를 비롯해 인공지능의 가능성을 알리는 역할을 하고 있으며, 비기술 영역에서 인공지능의 역할에 대해 이야기하기도 한다. 그의 유튜브 인터뷰 시리즈인 'Coffee with a Googler'는 구글의 개발자들이 큰 IT 회사 안에서 맡는 역할에 대한 인간적인 면모를 시청자들에게 보여주며, 여러 책들을 집필하였다. (트위터: @lmoroney)

히예르탄 빌렌가 : 먼저 어디서 태어났고, 어떤 일을 하는지 알려줄 수 있나요?

로렌스 모로니 : 미국 시애틀 지역에서 활동하며 구글에서 디벨로퍼 애드보킷으로 일하고 있습니다. 정확히는 구글 AI(역자주: 구글에서 인공지능을 전문으로 하는 부서)에서 텐서플로우에 대한 디벨로퍼 애드보킷으로 활동하고 있어요. 사실 유럽 출신이라서 웨일즈와 아일랜드에서 자랐고, 23년 전에 미국으로 이민을 왔습니다

디벨로퍼 애드보킷의 역할은 미국에서 알게 되었고 3개의 다른 회사에서 해당 업무를 수행했습니다. 처음에는 메인소프트(Mainsoft)라는 스타트업이었고, 그 다음은 마이크로소프트, 그리고 지금의 구글에서요

디벨로퍼 애드보킷 분야에 발을 담그게 된 것은 로이터(Reuter)의 기술 부서에서 일하며 프로토타입을 만들었던 경험 때문인데, 연구소에서 새로운 기술들을 경험해보면서 회사 안에서 새로운 기술들을 홍보하는 역할을 했습니다. 그 때 경험이 저를 애드보킷 분야로 이끌었어요.

애드보킷이라는 직함을 달고서는 2005년부터 활동했으니 총 14년동안 활동한거네요. 아마 일찍 디벨로퍼 애드보킷 업무를 시작한 편에 속하는 같습니다.

히예르탄 빌렌가 : 그럼 에반젤리스트 활동과 애드보킷 활동을 비교해본다면 두 개념이 관계있다고 생각하나요? 아니면 차이점이 있다고 생각하나요?

직함의 중요성

로렌스 모로니 : 의미를 깊게 생각해보는게 아니라면 큰 차이가 없다고 생각합니다. '에반젤리스트'라는 표현보다 '애드보킷'이라는 표현을 더 선호하는 2가지 이유가 있는데, 우선 에반젤리스트 활동은 단방향이라는 느낌이 강합니다. 마치 "좋은 말씀을 전하러 왔어요"라고 말하는 것 같아요.

좋은 에반젤리스트나 좋은 애드보킷이 되기 위해선, 주거니 받거니하는 상호작용이 필요합니다. 외부 개발자들에게 구글의 기술을 알리고, 사내 기술팀 사람들과 제품 담당자(PM)들에게 외부 개발자들의 요구를 전달하는 역할이라 '애드보킷'이라는 표현이 더 적절한 것 같습니다.

두 번째 이유는 제가 일했던 당시 마이크로소프트에서는 '에반젤리스트'라는 표현을 썼지만, 지금은 '애드보킷'이라고 부릅니다. 마이크로소프트에서 했던 일 중 하나가, 그 당시 표현으로 '현장 에반젤리스트(Field evangelist)'라는 사람들을 교육하고 도와주는 것이었어요. 저는 시애틀 본사에서 일했지만 전 세계 다양한 지역에 다양한 사람들이 마이크로소프트의 에반젤리스트로 활동하고 있었습니다.

에반젤리스트로 교육하고 있던 남아시아 지역의 한 친구가 무슬림 국가로 여행을 갔습니다.

입국 심사대에서 그 친구에게 무슨 일을 하느냐고 물어봤을 때 에반젤리스트라고 답변했더니 구금을 당했습니다! 그 나라 입국 심사처의 전화를 받고, 그가 진짜 종교가 아닌 기술에 대해서 이야기하는 사람이라는 것을 확인 시켜

주었습니다. 제가 봤을 때는 그 사건을 계기로 직함이 바뀌게 된 것이 아닐까 싶어요.

히예르탄 빌렌가 : 에반젤리스트들을 어떻게 교육하시나요?

로렌스 모로니 : 이전에 교육했던 방식과 지금 하고 있는 방식을 이야기해줄 수 있을 것 같네요. 마이크로소프트와 같은 대기업에서는 직원들이 싱가포르, 도쿄, 혹은 런던과 같이 글로벌 지사에서 일하고 있습니다. 회사 내 특화된 지식을 가진 사람들에게 다양한 기술을 알리기 위해서 에반젤리스트 활동을 하는 사람들은 박학다식해야 합니다.

저는 실버라이트(역자 주: Silverlight, 웹 브라우저가 하지 못하는 일들을 웹사이트 안에서 가능하게 해주는 마이크로소프트의 확장 프로그램의 한 종류)의 주요 에반젤리스트로 일하면서 실버라이트에 관해 많은 책들을 쓰고 거기서 나오는 메시지들이 어떤 식이어야 하는지 방향을 정했습니다. 에반젤리스트로 일하는 사람들이라면 실버라이트, 윈도우, 오피스 등 다양한 주제들에 대해서도 알고 있어야 합니다. 저는 에반젤리스트들이 실버라이트를 협력사들과 고객들에게 알리기 위해 필요한 것들을 준비하는 일을 했어요.

구글에서 하는 것도 비슷합니다. 텐서플로우와 인공지능과 관련해서 제가 하는 일은 직원들이 현장에 나가는 것을 도와주는 것입니다. 내부 직원들에게 가장 최신의 화두와 메시지, 발표자료, 예제들을 준비시켜 행사를 열거나 협력사를 방문해서 특정 기술을 소개해야할 때 사용할 수 있게 도와줍니다.

히예르탄 빌렌가 : 텐서플로우와 인공지능으로 유명하신데 그 두 분야들에서 어떤 점이 당신을 가장 열정적이게 만드나요?

로렌스 모로니 : 첫 번째로, 인공지능이 업계에 가져올 긍정적인 변화가 가장 기대되는 것과, 두 번째로 지구상에서 가장 똑똑한 사람들 중 일부와 어깨를 나란히 하며 제품을 만들고 있다는 점입니다. 마지막으로, 인공지능의 대변인이라는 것을 즐기고 있어서입니다.

히예르탄 빌렌가 : 그럼 흥미를 느끼는 다른 기술들에 대해서는 어떻게 이야기하나요? 인공지능과 텐서플로우의 특별한 점이 무엇인가요?

로렌스 모로니 : 인공지능과 텐서플로우에 대한 사람들의 관심의 정도가 기술 직군/비기술직군 모두 합쳐 굉장히 높습니다. 사업을 하는 많은 분들도 인공지능을 알아야한다는 것을 이해하고, 인공지능이 앞으로 가져올 다양한 기회들을 기대하고 있습니다. 인공지능 자체가 개발자들에게 뿐만 아니라, 그 자체만으로 굉장히 유일무이한 존재가 되었습니다.

히예르탄 빌렌가 : 직접 보시기에 최근 인공지능 분야에서 어떤 발전이 일어나고 있나요?

인공지능은 어떻게 발전해나가고 있나

로렌스 모로니 : 구글에서는 텐서플로우 2 작업을 하며 정식 출시를 하기 위해 준비하고 있습니다. (역자 주: 원서는 2019년 9월 30일에 출간되었으며, 텐서플로우 버전 2.0은 2019년 10월 1일에 정식 발표되었다. -Github Releases 기준-) 텐서플로우 2에 대해서 이야기를 할 많은 행사들도 준비되고 있습니다. 다음주에는 TensorFlow Developer Summit에서 새롭고 멋진 내용들을 공개할거예요.

그 다음 주에는 구글에서 Cloud Next라는 행사가 열립니다. 같은 내용으로 샌프란시스코에서 이야기할 예정이고, 한 달 뒤에 열리는 Google I/O에서는 인공지능, 기계학습, 그리고 딥러닝에 대한 발표를 할 예정입니다.

개인적인 목표이자 구글 안에서 하고 싶은 일은 인공지능을 연구와 학문 분야에서 벗어나 모든 개발자들이 사용할 수 있는 하나의 도구로 만드는 것입니다. 인공지능을 많은 사람이 사용했던 자바, 위젯, 혹은 개발자들이 사용하는 도구들과 같은 수준으로 만들고 싶습니다.
그러기 위해 2019년에는 인공지능 분야에서 유명한 몇몇 분들과 개발자들을 위한 교육을 진행하고 평범한 개발자들이 사용할 수 있게 API들을 직관적으로 만들었습니다.

뿐만 아니라, 요즘 다양한 실행환경에도 관심을 가지고 있는데, 예를 들어 사진 인식과 같이 최첨단의 모델을 어떻게 훈련하는지 이해하는 것을 넘어 어떻게 사용자들이 활용할 수 있게 할지 고민합니다. 당연한 얘기겠지만 개발 쪽에서 가장 유행하고 있는 것은 모바일과 웹인만큼 텐서플로우 라이트(Tensor-Flow Lite)라고, 안드로이드와 iOS와 같은 휴대용 기기들과 소형 기기들에서 기계학습의 결과를 사용할 수 있도록 해주는 것도 다루고 있어요.

연구개발용 서버에서 자신의 모델을 구성하고, 소형 기계나 모바일 기기들에서 사용할 수 있는 가벼운 실행환경(Lite Runtime) 환경에 배포할 수 있는 것입니다.

인터넷이 연결되지 않을 때도 활용할 수 있습니다. 딥러닝으로 훈련된 모델들로 똑똑한 일들을 할 수 있는거죠. 가령 카메라가 서버와의 연결없이 문이 열리거나 닫히는 것을 인식할 수 있는 것처럼요.

마지막으로, TensorFlow.js라는 것을 만들고 있습니다. 이 자바스크립트 라이브러리는 웹 브라우저에서 딥러닝 모델을 활용해 추론을 하는 뿐만 아니라, 웹 브라우저에서 모델을 훈련시키는 것까지도 할 수 있습니다. 사람이 상하좌우로 쳐다보는 것을 인식하는 모델을 만들 수 있어요. 모델을 웹 브라우저에서 실행해보는 것 뿐만 아니라, 웹 브라우저에서 바로 컴퓨터 비전(Computer Vision, 역자 주: 컴퓨터 카메라로 인식되는 환경을 이해하는 것)을 활용해 사람이 상하좌우로 쳐다보는 사진들을 훈련시켜 팩맨 게임을 하는 게 제일 좋아하는 예제에요. (역자 주: 해당 예제는 여기서 확인할 수 있다. https://tensorflow.org/js/demos)

히예르탄 빌렌가 : 무엇이 이렇게 인공지능과 기계학습이 인기있는 주제로 만든다고 생각하나요?

로렌스 모로니 : 제 생각에는 가능성이라고 생각하는데 누구나 인공지능과 기계학습이 가져다주는 가능성의 결실을 원해서입니다. 그리고 그런 기회들이 주변의 많은 것들을 흥미롭게 만들거든요. 이전에 불가능했던 방법들을 가능하게 만들어주는 새로운 것들이 항상 흥미롭습니다.

예전에 소프트웨어를 만들어서 CD에 굽던 시절을 기억해요. 상점에 가서 CD를 사와, 프로그램을 설치를 하고 호환되는 드라이버가 있었으면 하곤 했는데, 그러던 중 웹이 나오면서 소프트웨어의 새로운 가능성이 열렸죠. 비슷한 일이 모바일 기기들이 나왔을 때도 일어났습니다. 이제는 주머니 안에서 웹 연결이 가능하고, 다양한 센서들이 달려있는 기계를 다들 가지고 있어요. 모바일 기기들이 아니었다면 우버나 인스타그램이 가능했을까요?

이러한 것들이 제가 항상 말하고 싶은 개발자의 관점에서 바라본 인공지능입니다. 개발자로서 기존에 작성하던 코드로는 풀기 어려운 문제들이 있기 마련이에요. 동작 인식을 생각해봅시다. 피트니스 기기를 만든다고 가정했을 때, 사용자가 걷고 있다는 것을 어떻게 인식할 건가요? 달리고 있거나 자전거를 탈 때는 어떻게 인식해야할까요?

일단, 기기에서 속력을 알 수 있는 신호를 쓸 수 있을거고, 시속 4km 이하라면, 사용자가 걷고 있다고 볼 수 있겠습니다. 만약 시속 4km 이상 12km 이하라면 뛰고 있을 것이고 시속 12km 이상이라면, 그 사람은 자전거를 타고 있다고 볼 수 있을거에요. 하지만, 이 규칙들 모두 대략적인 예상일 뿐이라서, 실제로 적용하기는 힘듭니다. 가령, 골프치는 것을 인식하고 싶을 때는, 이런 규칙들은 쓸모가 없어지게 됩니다.

인공지능과 기계학습을 통해 판이 뒤집어졌습니다. 누군가 걷고 있을 때 기기로부터 데이터를 수집해서, 걷는다는 것이 어떻다고 표현할 수 있게 되었어요. 뛰거나 자전거를 타는 것도 마찬가지입니다. 컴퓨터는 각 활동들을 구분하는 특징들을 잘 잡아낼 수 있습니다. 그런 특징들을 잡아내면, 개발자가 규칙을 찾아내지 않아도 걷기, 뛰기, 자전거 타기에 대한 규칙들을 알아낼 수 있는 것이죠. 이제 이전에는 없었던 전혀 새로운 방법이 가능해지고, 그걸 누구나 쓸 수 있게 되었습니다. 이전에 풀지 못했던 문제를 이제는 풀 수 있지 않을까 혁신적으로 생각하게 됩니다.

히예르탄 빌렌가 : 어떻게 그런 발전들이 가능하게 되었나요?

로렌스 모로니 : 신경망과 그에 대한 수학 이론들, 경사 하강법과 같이 대부분의 기술들은 50년대부터 있었습니다. 대신 2가지 큰 차이점이 있는데, 첫 번째는 데이터를 구하기 쉬워졌다는 것입니다. 아까 들었던 예시를 생각해보

면, 걷는 것에 대한 데이터들도 구할 수 있게 되었고, 다른 데이터들도 마찬가지에요.

두 번째 차이점은 연산 능력입니다. GPU(Graphical Processing Unit)가 등장하면서 모델을 빠르게 훈련시키는 것을 가능하게 해줬습니다. 50년대에도 모델을 훈련할 수 있는 신경망 코드를 작성할 수 있었겠지만, 간단한 작업을 하도록 실제로 모델을 훈련하는데 몇 달이나 몇 년이 걸렸을 것입니다. 이제는 이런 작업이 몇 시간, 혹은 몇 분 만에 끝나서, 모델 학습이 해볼만한 정도까지 발전했습니다.

히예르탄 빌렌가 : 하고 계신 일에 대해서 제가 느낀 한 가지 흥미로운 점은 기술을 옹호한다는 점에서 텐서플로우라는 제품의 디벨로퍼 애드보컷이라기 보다는 좀 더 본질적인 것을 얘기하고 싶어하고, 그런 목표를 텐서플로우라는 수단을 이용해 이뤄내는 것 같습니다. 그렇다면 텐서플로우를 바탕으로 한 애드보컷 활동들이 자신을 인공지능/기계학습 분야의 선구자로 만든다고 생각하나요?

로렌스 모로니 : 네 , 어떻게 보면 다 연결된 내용이지만, 발표하는 대부분의 경우 많은 청중들이 인공지능, 기계학습, 그리고 딥러닝의 개념을 이해하고 있습니다. 구글이 아까 언급한 내용에 대해 어떻게 생각하는지 설명해요.

인공지능/기계학습 분야는 아직 태동기입니다. 통계치를 봤을 때 전 세계에 2천 5백만에서 3천만 명의 개발자들이 있지만 인공지능 분야에 종사하는 사람은 30만 명 밖에 없더라고요. 그래서 대부분의 시간을 인공지능 분야에 종사하지 않는 2천 4백 70만 명의 개발자들을 대상으로 이야기하고 있습니다. 공상 과학 소설이 세상에 나오고 나서 소설에서 부정적으로 비춰진 기술들이 많죠. 가령 많은 사람들이 가장 처음에 나온 공상 과학 소설인 마리 쉘리

(Mary Shelley)의 '프랑켄슈타인'을 이야기하는데, 그게 바로 인공지능과 비슷한 것 같습니다. 프랑켄슈타인 박사가 인공 생명체를 만들고 결국 비극적인 결말을 맞이하죠.

인공지능에 대한 두려움

히예르탄 빌렌가 : 비슷하게 50년대와 60년대 즈음에 로봇들이 우리의 삶을 빼앗아갈지를 다루는 많은 책들과 영화들이 있었죠. 로봇들은 크고, 투박한 기계나, 다른 행성에서 온 외계인들로 여겨졌죠. 이제는 우리가 쓰는 세탁기, 냉장고, 그리고 비슷한 다른 기기들이 사실 다 로봇들이죠. 로봇들이 우리의 삶을 빼앗아갔다고 해도 좋은 방향으로 가져간 것 같지만요. 그런 두려움들은 우리가 통제력을 잃어버릴까봐 걱정 되어서 나오지 않았나 생각하시나요?

로렌스 모로니 : 네, 사실 사람들은 자신들이 모르는 것들에 두려움을 느낍니다. 애드보킷이 하는 일 중의 많은 부분은 사람들에게 지식을 전달하는 것입니다. 누르면 없던 것이 갑자기 생겨나게 하는 버튼 같은 것은 세상에 없다는 것을 사람들에게 알려야하는 것이죠. 인공지능은 단지 사람이 하는 일을 모방하는 정도의 새로운 프로그래밍 방식입니다.

가끔 우리가 기술의 이름을 지을 때 과대포장한다고 농담을 하곤 해요. 예를 들어 신경망이라고 하면 사람들은 이것이 아마 사람의 뇌 전체를 모방하는 것이라고 생각하게 만들지만, 사실은 대뇌피질을 구성하는 층의 가장 기본적인 부분들을 따온 것입니다. 신경망 안의 뉴런은 자신의 뇌 안에 있는 뉴런과 똑같지 않습니다. 신경망을 훈련 시킨다는 것은 뇌를 훈련시키는 것과 동일하지 않고요. 그런 기대치들을 재정의하는 것이 일의 큰 부분을 차지합니다.

가트너(Gartner)가 공개했던 과대 광고주기를 보면, 기술이 관심을 받기 시작하다가, 기대가 부풀려져서 정점을 찍고 환상이 깨지는 단계로 접어듭니다. 환상이 깨지는 단계를 지나면, 생산성이 올라가요. 인공지능은 엄청난 기대로 인한 정점이 있고, 피해망상으로 인한 정점이 존재한다는 점에서 정말 흥미로운 것 같습니다. 제 역할은 사람들이 환멸의 단계를 지나 더 생산성 있는 일을 할 수 있도록 도와주는 것입니다. 결론적으로, 사람들이 환상을 깨도록 만들어야해요! 어떤 기술을 보던간에 이 주기를 지나게 되며, 사람들이 굉장히 생산적이고 대단한 일을 할 때 그 일들은 기대가 정점에 찍은 순간이 아닌 환상이 깨지는 단계에서 시작됩니다.

히예르탄 빌렌가 : 마치 기술의 본질로 돌아가는 것으로 보면 될까요?

"결론적으로, 사람들이 환상을 깨도록 만들어야해요!" - 로렌스 모로니

로렌스 모로니 : 네 맞습니다. 스마트폰을 예로 들어볼게요. 스티브 잡스가 처음 아이폰 출시를 발표했을 때, 세상은 기대에 한창 부풀었습니다. 데스크탑과 노트북 컴퓨터를 더 이상 쓰지 않아도 될 것만 같았죠. 그러다가 배터리 수명과 작은 화면 크기와 같은 문제를 깨달으면서 그런 환상이 깨지게 되었습니다. 하지만 이제는 사람들이 스마트폰을 이용해 생산성을 높이기 시작했죠. 인공지능도 같은 맥락으로 보고 있기 때문에, 발표를 시작할 때 마다 "자, 오늘은 여러분이 가지고 있는 환상을 깨 볼 거예요!"라고 말합니다.

히예르탄 빌렌가 : 컨퍼런스에 가보면 디벨로퍼 애드보킷들 중에는 특정 회사의 소속이 아닌 사람들도 있는 것 같아요. 특정 제품을 대변하지 않는다는 점에서 매우 솔직하게 이야기할 수 있어 보이는데, 말씀하시는 내용을 들어보니 오히려 특정 회사에 소속되어있다는 것은 개발 부분의 핵심적인 역할을 할 수

있는 것처럼 보입니다. 제품 개발 현장에 있다는 점이 더 유리한 조건을 만들어준다고 생각하나요?

로렌스 모로니 : 프리랜서로 활동하는 디벨로퍼 애드보킷들이 활발하게 움직일 수 있는 영역이 따로 있다고 생각합니다. 특히나 오픈소스 생태계에서요. 만약 어떠한 회사에 소속되지 않은 프리랜서 디벨로퍼 애드보킷이라면, 좋아하는 모든 제품들을 홍보할 수 있습니다. 만약 그 제품이 오픈소스라면, 마찬가지로 그 제품이 개발되는 순간에 함께할 수 있습니다. 하지만, 제품이 오픈소스 형태가 아니라면, 제품을 직접적으로 바꿀 수 있는 힘이 없기 때문에 제대로 된 디벨로퍼 애드보킷으로 활동하기 힘듭니다.

히예르탄 빌렌가 : 아무리 말하는 이야기가 진실되더라도 특정 회사에서 일하고 있으면, 특정 관점을 대변하는 것으로 보입니다. 그러한 선입견에서 벗어날 방법은 없나요?

로렌스 모로니 : 네, 그런 선입견에서 벗어날 방법은 없긴 하지만, 그렇다고 특정 관점을 반드시 대변할 필요는 없다고 말할 수 있습니다. 디벨로퍼 애드보킷을 고용하는 회사 중 좋은 회사는 애드보킷들이 최대한 자신의 목소리를 낼 수 있도록 장려하고, 경영진들도 그것을 옹호합니다.

텐서플로우 팀과 구글 AI에서는 최대한 특정 회사의 제품에 얽메이지 않으려고 한다는 점에서 좋았습니다. 제가 구글 클라우드가 인공지능 관련된 일을 하기에 가장 좋은 선택이라고, 안드로이드가 가장 좋은 운영체제라고, 크롬이 가장 좋은 웹브라우저라고 말하지 않아도 됩니다. 특정 제품을 사용한다면, 그건 그 제품이 가지는 장점 때문이고, 제 경험을 바탕으로 제품의 장점을 말할 겁니다.

예를 들어서, 시연을 할 때 가끔 안드로이드 스마트폰 대신 아이폰을 사용합니다. 소형 기기에서의 시연을 할 때는 안드로이드 스마트폰을 선호하고, 대형 기기에서의 시연을 할 때는 아이패드가 안드로이드 태블릿보다 낫다고 생각합니다. 저에게는 그러한 선택의 자유가 있는 것이죠.

"개발자들이 당신을 100% 신뢰하지 않을지 몰라도,
그들이 당신을 아예 무시하지는 않을거에요." - 로렌스 모로니

회사에 소속되어 있는 모든 디벨로퍼 애드보킷들이 그런 수준의 자유를 가지고 있지 않다는 것에는 동의합니다. 하지만, 전문성을 가지고 이야기하고 기술 자체에 집중을 하게 되면, 그런 자유를 서서히 얻을 수 있다는 것을 회사에서 일하며 알게 되었어요. 단순히 회사의 홍보 채널이 되는 대신, 진정성을 가지고, 기술적 전문성을 가지고 이야기를 하면 현명한 개발자들은 그런 노력을 알아봐줄 것입니다.

히예르탄 빌렌가 : 컨퍼런스에 가보면, 프리랜서 디벨로퍼 애드보킷들의 거침없는 이야기가 항상 주목을 받기도 하지만, 구글, 마이크로소프트, 그리고 오라클과 같은 기업들에서 하고 있는 것들도 주목을 받는 것 같아요. 사람들이 특정 회사들에서 나온 공식 디벨로퍼 애드보킷들이 이야기하는 공식적인 발표들을 듣고 싶어한다고 생각하나요?

로렌스 모로니 : 물론입니다. 반면에 많은 개발자들이 회사를 맹목적으로 옹호하는, 혹은 마케팅에 치중된 내용들을 잘 걸러낸다고 생각합니다. 만약 디벨로퍼 애드보킷이 그런 식으로 이야기한다면, 그들은 외면 당할거에요.

큰 회사에서 일한다는 것

히예르탄 빌렌가 : 그리고, 회사에 소속되지 않는 사람들은 가끔 회사에 소속된 디벨로퍼 애드보킷들이 자신들이 일하고 싶은 기술을 선택할 수 있다는 사실을 잘 모르는 것 같습니다. 본인이 구글에서 텐서플로우 외에 전혀 다른 제품을 다루며 일할 수 있나요?

로렌스 모로니 : 사실 전 구글에 클라우드 제품에 대한 디벨로퍼 애드보킷으로 합류했습니다. 그 일을 즐기긴 했지만, 모바일 분야에 더 관심이 갔고 모바일 분야로 옮기게 되고 난 후, 제가 더 열정적인 것을 다루다보니 더 나은 디벨로퍼 애드보킷이 된 것 같아요.

그렇게 해서 파이어베이스(Firebase) 제품을 담당하는 애드보킷으로 직무를 바꾸게 되었고, 한 1년 전 쯤에 파이어베이스 제품 안의 '파이어베이스 예측(Firebase Predictions)'이라는 기술을 다루고 있었습니다. 이 기술이 인공지능을 활용해 앱 사용 분석할 때 사용자의 행동이나 제품 구매를 예측하기 때문에, 구글 내 인공지능 부서에 많은 피드백을 전달했습니다.

제가 인공지능 연구원이 아니고 개발자이기 때문에, 전달했던 피드백 중 일부는 개발자의 경험에 관련된 것이었습니다. 그러다가 인공지능 부서에서 팀에 합류할지 물어봤을 때, 제 내면의 열정이 조금씩 솟아올랐습니다. 그런 열정 덕분에 제가 더 나은 디벨로퍼 애드보킷이 되는 것 같습니다. 제가 좋아하는 것을 하니까요.

히예르탄 빌렌가 : 이건 큰 회사에서 일하는 것의 장점을 다시 보여주네요. 작

은 스타트업에서는 특정한 하나의 기술에 대해서만 일할 수 있지만, 큰 회사에서는 한 기술에서 다른 기술로 전환을 할 수 있으니까요. 다양한 제품을 보유하고 있는 큰 회사들의 매력적인 점으로 어떤 것이 있을까요?

로렌스 모로니 : 맞아요. 하지만, 이런 큰 회사에서 일하지 않는다해도, 개발자 네트워크를 활용할 수 있습니다. 구글에서는 GDG(Google Developer Group, 역자 주 : 구글 플랫폼에 관련된 개발 활동을 하는 개발자들의 커뮤니티)와 GDE(Google Developer Expert, 역자 주 : 구글에서 하나 이상의 Google Developers 제품에 대한 전문 지식을 보유한 것으로 인정받은 사람)라는 두 가지 네트워크를 가지고 있어요. 네트워크에 속한 단체들을 방치하고 모든 것들을 직접하게 두기보다는 단체들을 통제하지 않는 선에서 도와줍니다.

단체들이 밋업을 열 수 있도록 장소를 제공해주고, 필요한 정보, 기념품, 그리고 스티커들을 지원해줍니다. 구글에서 일하지 않는 사람들이 직접 나서서 프리랜서 애드보킷이 되고, 가끔은 전문가들이 이런 네트워크에서 제공하는 자원들에 활용하며, 피드백을 줄 수 있는 능력을 가지기도 합니다. 그런 사람들은 거의 회사에서 일하는 디벨로퍼 애드보킷의 축소판이 되는 겁니다. 그들도 마찬가지로 그들이 가지는 열정에 따라 다른 기술들을 왔다갔다 할 수 있는 것이고요.

대기업들에서는 회사에서 일하지 않더라도, 사람들이 디벨로퍼 애드보킷 활동에 대한 자신의 열정을 찾을 수 있도록 도와줄 수 있습니다. 그런 것이 간혹 사람들이 나중에 자신의 회사, 혹은 다른 회사의 디벨로퍼 애드보킷으로 일하게 될 수 있도록 도와주거든요. 어떤 면에서는 양쪽 모두 이득을 얻는 것입니다. 프리랜서 디벨로퍼 애드보킷들은 아까 얘기된 편향되지 않은 의견을 낼 수 있고, 그 의견은 기업체가 검증해준 것이 될 수 있습니다. 그들은 무대에 올라 "구글이 제가 전문가라고 하지만, 저는 구글에서 일하지 않는 개인이에요. 그럼 제 이야기를 시작해볼게요."라고 할 수 있는 것이죠. 그렇게 얘기할 수 있는 것 자체가 사람들에게 미치는 영향력이 크다고 생각합니다.

히예르탄 빌렌가 : 디벨로퍼 애드보킷 활동을 하면서 회사의 방향성에 동의하고 있었는데, 회사가 방향을 바꾸게 되면 곤란할 것 같습니다. 그런 상황에 처해본 적이 있나요? 그럴 때 어떻게 대처했나요?

로렌스 모로니 : 네, 그런 상황을 겪어봤습니다. 좋은 애드보킷은 실제로 그런 변화가 생길 것이라는 것을 직접 드러내지 않고도, 개발자 커뮤니티가 어느정도 적정선을 지키면서 변화에 대비하도록 만듭니다.

만약 일하고 있는 분야에 대해서 열정을 가지고 있다면, 그러한 트렌드를 미리 파악하고 회사가 변화를 시작할 것인지 알아 차릴 수 있습니다. 그래야 커뮤니티 구성원들이 그러한 변화에 대비할 수 있도록 만들 수 있으니까요. 다만 그게 디벨로퍼 애드보킷이 하는 일 중 가장 어려운 부분이긴 합니다.

히예르탄 빌렌가 : 특정 기술에 대해 감정적으로 반응하면서 기술을 홍보해야 한다면 굉장히 어려울 것 같은데 비슷한 경험을 한 적이 있나요?

애드보킷 활동에서의 공감 능력

로렌스 모로니 : SNS 상에서 홀로 남겨졌다고 생각하는 사람한테 살인 협박을 받은 적이 있습니다. 제 생각에 그 사람이 감정적으로 대했던 것 같지만, 이 사

건을 계기로 제품의 판매를 목적으로 하지 않고 제가 대하는 사람들에 공감을 하며 조심해야겠다는 것을 깨닫게 되었습니다. 개발자들이 다양한 기술과 변화들을 헤쳐 나갈 수 있도록 도와주고, 제가 알리는 기술에 대해 더 진정성을 가져야해야 되는 것을 깨달았습니다.

히예르탄 빌렌가 : 여기서 얻을 수 있는 교훈은, 지금 당장은 어떤 기술을 권하더라도 지금으로부터 35년 뒤에는 어떻게 될지 누가 알겠어요. 하지만, 가령 5년 뒤에 무슨 일이 일어나던 간에 누군가는 그런 이야기들을 듣고도 지금 하고 있는 것을 고수하고 변화를 무시할 수 있는 가능성도 있다고 이렇게 볼 수 있을까요?

로렌스 모로니 : 네, 그렇게 생각합니다. 하지만, 그건 5년 간의 시간을 잃어버릴 수 있는 위험이 있어요. 종종 사람들이 현재 있는 상태를 모두 포기하고 새로 시작해야한다고 생각하지만, 밑바닥부터 다시 시작해야하는 상황을 겪은 적이 없습니다.

J2EE가 정점을 달리고 있을 때, 많은 사람들이 자신들의 소프트웨어 시스템을 J2EE에 맞게 설계했습니다. 하지만 제가 마이크로소프트에서 애드보킷으로 활동하며 사람들이 ASP.NET으로 이전하는 것을 도와줄 때, 완전히 처음부터 시작하지 않았습니다. 사람들은 이미 데이터베이스 설계, 인증 시스템 설계와 같이 소프트웨어에 필요한 모든 설계들을 다 해놓았고, 많은 설계들이 여전히 유효했기 때문입니다. 소프트웨어 개발 주기를 보면 설계가 전체의 80%를 차지합니다. 사람들이 종종 기술적 변화에 거부 반응을 보이긴 하지만, 아주 밑바닥부터 다시 해야하는 극단적인 상황은 없습니다.

히예르탄 빌렌가 : 오늘 이야기하면서 많은 활동에 참여하고 있으신 것 같은데

어떻게 모든 일정을 감당하시나요?

로렌스 모로니 : 마치 뷔페에 가는 것과 비슷하게 애드보킷 활동을 할 수 있는 다양한 방법들이 있어요. 밋업에 참석하거나, 컨퍼런스에서 발표를 할 수도 있고, 블로그 글이나 책을 쓰고, 영상을 만들어 보거나 고객사에 상담과 조언을 해주는 등의 다양한 방법들이 있습니다.

그 다음에는, 어떤 방법이 구글에 가장 좋을지, 혹은 나에게 좋을지, 그리고 내가 마주할 청중들에게 좋을지 고민합니다. 그러면 이런 고민들 사이에서 균형을 맞추게 돼요. 다행히도 대기업에는 다양한 기술들을 가진 여러 사람들이 있습니다. 어떤 사람들은 글 쓰는 것을 잘 하고, 어떤 사람들은 말하는 것에 능하죠. 그런 격차들은 시간이 지나면서 채워지겠지만, 그렇다고 제가 바로 그 격차들을 채울 필요는 없습니다.

제가 가진 시간의 30% 정도는 영상을 만드는데 사용합니다. 영상이 많은 사람들에게 전파되기 좋거든요. 직접 영상을 만들지 않을 때는 다른 사람들이 영상을 만드는 것을 도와주기도 합니다. 그리고 20% 정도의 시간은 제품 자체에 할애하며 제품들이 어떻게 동작하는지 이해하고, 그리고 어떻게 동작해야 할지를 계획합니다. 나머지 50%의 시간은 밋업이나 컨퍼런스에서 발표하거나, 피드백을 전달해주는데 사용합니다.

구글에는 대중적인 애드보킷(Scalable Advocate)과 협력사들을 위한 애드보킷(Partner Advocate), 이렇게 2가지 종류의 애드보킷이 있습니다. 대중적인 애드보킷들은 자신들의 메시지를 많은 사람들에게 전파해요. 그 말인 즉슨, 수백 명, 혹은 수천 명의 사람들을 대상으로 이야기하는 거죠. 저는 대중적인 애드보킷이라서 수많은 사람들 앞에서 이야기 하는 데 시간을 할애합니다.

다음 주에 있을 TensorFlow Developer Summit에서는 20명이 발표할 예정입니다. 그들 중 많은 사람들은 애드보킷이나 발표를 전문으로 하는 사람들이 아니고, 프로덕트 매니저(PM)이거나 엔지니어들이에요. 제 역할은 그들이 대중 앞에서 어떻게 이야기해야하는지, 그들의 발표자료는 어때야하는지, 그리고 그들의 시연이 어떻게 하면 개발자들에게 친숙하게 보일지 다듬어주는 것이에요. 다른 사람들이 가볍게라도 애드보킷 역할을 할 수 있도록 도와주는 것이 제가 하는 역할입니다.

히예르탄 빌렌가 : 이런 여러 활동들을 하면서 번아웃을 느낄 위험이 있나요?

로렌스 모로니 : 그건 사람마다 다를 것 같습니다. 만약 본인이 디벨로퍼 애드보킷이라면, 대체적으로 홍보하는 제품에 대해 열정을 가지고 있을 것입니다. 저는 항상 열심히 일하기 편이기 때문에 오히려 상사들이 제가 번아웃을 겪게 될까봐 염려를 해요.

하지만 열심히 일하는 것 자체로 번아웃이 오지는 않았습니다. 아무 이유가 없거나 정치적인 이유로 어떤 일을 억지로 하려고 할 때, 그 때 번아웃이 옵니다.

몇 번 번아웃을 겪었던 적이 있는데, 모두 내부의 정치적인 문제 때문이었습니다. 아마 대부분의 디벨로퍼 애드보킷들에게도 해당될 수 있는 문제일 것 같습니다. 운이 좋게도, 지금 회사는 그렇게 정치적인 분위기가 아닌 매우 기술 중심적인 분위기이고, 담당하는 기술에 집중하면 다른 것들은 신경쓰지 않아도 됩니다. 이런 분위기가 정말 좋은게 그동안 일했던 곳들에선 그러지 않았습니다.

히예르탄 빌렌가 : 만약에 당신이 컨퍼런스에 가기 위해 멀리 떠났는데, 노트북이 갑자기 켜지지 않는 것과 같이 당황스러운 순간들이 있었나요?

로렌스 모로니 : 그만큼 극적인 순간은 없었지만, 대신 다른 나라로 갈 때면 그 나라의 전래 동요와 같은 노래들을 배웁니다. 제가 복잡한 시연을 하기 전에 사람들에게 제가 시연을 제대로 보여주지 못하면 노래를 부르겠다고 해요. 그러면 제가 노래를 부르기를 원해서 시연이 제대로 안 되기를 원하는 사람들이 꼭 있거든요! 그러다보니 히브리어, 중국어, 일본어, 그리고 다른 언어들로 자장가를 불렀던 적이 있습니다.

그것 말고 가장 끔찍했던 상황이 있었는데, 제가 발표를 하면서 시연을 보여주기 위해 인터넷 연결이 필요했는데 인터넷 연결이 불가능했던 적이 있습니다. 그 상황에서 가장 진정성 있게 발표할 수 있는 방법은 상황을 받아들이는 것이었어요. 만약 본인이 이야기하고자 하는 기술을 잘 알고, 무엇을 하고 있는지 안다면, 아마 발표자료 없이도 잘 이야기할 수 있을 것입니다.

초심자들을 위한 조언들

히예르탄 빌렌가 : 이 인터뷰를 읽는 사람들이라면 아마 어떻게 하면 당신같이 될 수 있는지 궁금할 것 같아요. 이 분야에 발을 들이고 싶은 사람들에게 어떤 조언들을 해줄 수 있나요?

로렌스 모로니 : 가장 제일 중요한 것은 자신이 열정을 가져야하는 것입니다. 디벨로퍼 애드보킷 활동은 자신이 정말 좋아하는 제품을 시작으로 해야한다고 생각합니다. 이 일은 앉아서 정해진 일만 한다고 해서 엄청난 돈을 벌 수 있는 그런 일이 아니에요. 그런 마음가짐을 가진다면, 디벨로퍼 애드보킷 활동이 잘 맞지 않을거고, 일하는 것을 즐기지 못할 것입니다.

열정 이외에도 기술에 대해서 더 깊이 많이 알아야 합니다. 마지막으로, 다른 사람들에게 공감할 줄 알아야 합니다. 다른 사람들의 시선에서 바라보고, 이 기술들을 어떻게 사용하고 있는지 이해해야 합니다.

저 같은 경우 엄청난 마이크로소프트의 팬이었고 마이크로소프트가 좋은 도구와 운영체제를 만든다고 생각했기에 비주얼베이직을 배우고 컴퓨터 프로그래머로 커리어를 시작했습니다.

소프트웨어 엔지니어에서 소프트웨어 아키텍트, 그리고 마이크로소프트 전문가로 제 커리어를 발전시켜 나갔습니다.

아까 말했지만, 제가 애드보킷 직함을 처음 달았던 것이 메인소프트라는 스타트업에서부터였어요. 신기한 것은 메인소프트는 사용자들이 마이크로소프트 제품에서 리눅스로 전환하는 것을 도와주는 일을 하는 스타트업입니다. 그때 ASP.NET을 J2EE로 컴파일해주는 크로스 컴파일러가 있었습니다. 그러면 ASP.NET으로 만든 것들이 엔터프라이즈 자바빈으로 컴파일이 되고, 파일을 실행할 수 있는 것이죠. 그 후 마이크로소프트 전문가로 합류하게 되었고, 마이크로소프트 제품과 J2EE의 상호 운용성에 관하여 발표한 이래로 커뮤니티에서 인기를 얻게 되었습니다. 2004년에 JavaOne이라는 행사에서 발표를 했고, 그 때 마이크로소프트의 주목을 받았습니다. 그 당시에 몇 가지 책도 썼고요. 나중에 실버라이트가 된 WPF/E라는 것을 다루는 직무의 채용을 하고 있을 때, 마이크로소프트는 그 기술을 위한 에반젤리스트가 필요했습니다.

이렇게 다른 산업에서는 보기 힘든 방법으로 성장할 수 있어요. 만약 본인이 텐서플로우, 파이어베이스, 혹은 윈도우 10에 미친듯이 빠져있다면, 해당 기술 커뮤니티의 스타가 될 수 있어요. 만약 업계의 유명인사들과 함께하고 싶다면, 커뮤니티에서 그 기회를 찾을 수 있습니다. 어디에 휘둘리지 않고 독창성을 가진다면, 그걸로도 기회를 얻을 수 있고요. 디벨로퍼 애드보킷 활동은 공부한다고 해서 되는 것이 아닙니다. 직접해봐야 알 수 있는 것이라는 것을 알려주고 싶어요.

커크 페퍼다인

Kirk Pepperdine

커크 페퍼다인은 20년 동안 자바 애플리케이션의 성능 최적화를 하며 프리랜서 컨설턴트로 활동해왔다. 그는 2006년에 자바 챔피언으로 선정됐으며, 자바원 락스타를 다수 수상하고, 전 세계의 자바 사용자 모임과 컨퍼런스에서 활동하고 있다. 자바 애플리케이션 성능 최적화 워크샵을 만든 사람이자, 제이크레테(JCrete, 역자 주: 그리스의 크레테 지역에서 열리는 자바 사용자들 간의 연례 모임)의 공동 설립자로서, 그는 자바 사용자 커뮤니티의 열렬한 지지자이고, 전 세계에 다양한 언컨퍼런스들이 열리는 것을 돕고 있다. (트위터: @javaperftuning)

히예르탄 빌렌가 : 디벨로퍼 애드보킷이 되는 것은 기술을 홍보하는 것이라는 데 동의하시나요?

커크 페퍼다인 : 모든 사람들은 간접적으로 다들 자기 자신을 홍보한다고 생각합니다. 그래서 기술을 홍보하는 것이고, 그에 대한 부가적인 효과로 간접적으로 자기 자신도 홍보할 수 있게 되는 것이구요.

가령 어떤 사람이 어떤 이유건 간에 특정 기술을 홍보한다면, 다른 사람들은 그 기술에 관해 질문이 있으면 결국 그 사람을 찾아갈 것입니다. 그렇게 질문을 한 사람들은 자신의 지인들에게도 이 사실을 알려주면서 질문에 답변해준 사람은 유명세를 타게 되겠죠. 만약 그 사람이 도움이 됐다면 사람들은 계속해서 찾아가겠지만, 사람들이 찾지 않는다면 기술 홍보를 잘하지 못했던 것입니다.

히예르탄 빌렌가 : 어떤 성격이 이 직군에 필요하다고 생각하나요?

애드보킷 활동에 맞는 사람들

커크 페퍼다인 : 제가 생각하는 실력있는 디벨로퍼 애드보킷들을 보면, 무엇보다도 어떻게 하면 청중들을 즐겁게 할 수 있는지 알고 있습니다. 아마 보통 사람들은 이 점을 알아차리지 못할건데, 청중들한테 단순히 정보만 전달하는 것이 아니라 재미있게 발표를 이끌어 나갑니다.

일단 양질의 컨텐츠를 가지고 있어야 하며, 청중들이 받아들일 수 있는 수준으로 발표를 해야하고, 계속해서 관심을 가질 수 있게 하는 것이 중요합니다.

만약 무던하고 재미없게 발표한다면, 몇몇 사람들은 정보를 얻기 위해서 참고 듣겠지만, 새로운 사람들을 끌어모으진 못할거예요. 그리고 잠재적인 청중들을 쉽게 잃을 수 있습니다. 청중들에게 매력적으로 보이면서 어떤 기술을 아주 자세하게 알고 있는 사람은 자신이 알리고자 하는 기술을 아주 잘 홍보할 수 있을 것입니다.

히예르탄 빌렌가 : 그럼 디벨로퍼 애드보킷 활동은 외향적인 사람들에게 잘 맞는다고 볼 수 있을까요?

커크 페퍼다인 : 꼭 그렇진 않아요. 놀랍게도 내향적인 사람이지만, 외향적인 사람보다 디벨로퍼 애드보킷 활동을 잘 하는 사람이 있기도 하고, 제가 아는 능력있는 디벨로퍼 애드보킷 중에서만 해도 내향적인 사람이 있습니다.

그런 내향적인 사람들은 다른 것들을 신경쓰기보다는, 오로지 자신이 전달하고 싶은 것에만 집중합니다.

내향적인 애드보킷들 중에는 청중들 앞에서 발표해야한다는 사실에 부담을 가지지 않는 사람도 있습니다. 주로 외향적인 사람들은 부담을 느끼는 경우가 적지만, 내향적인 사람들은 무대 위에 올라가기 전이나 그 후에도 긴장을 많이 하고, 긴장을 풀기 위해선 혼자 있는 시간이 좀 필요합니다.

사람들과 얘기하다보면 어떻게 하루종일 열리는 이벤트에 계속 참가할 수 있는지, 1시간짜리 발표가 끝나면 지치지 않는지 궁금해합니다. 저도 1시간 발표 후에는 지치곤 합니다. 다만 짧은 시간 강연하는 것과 종일 열리는 워크샵에서 필요한 에너지는 다릅니다. 전자를 단거리 달리기라고 한다면 후자는 마라톤에 가깝기에 완급조절을 다르게 해야합니다.

강연할 때는 전달하고 싶은 이야기를 의미있게 연결해야 하느라 많은 에너지가 필요한 반면, 워크샵은 청중들을 끌어모아야 한다는 부담감이나 어떤 이야기를 하던 간에 청중들을 집중시켜야한다는 걱정은 덜합니다.

히예르탄 빌렌가 : 컨퍼런스 무대에 서는 것 이외에 다른 형태의 디벨로퍼 애드보킷 활동도 있는데 맞나요?

귀크 페퍼다인 : 발표 외에도 다른 해야 할 일이 있습니다. 흥미롭게도 뛰어난 애드보킷들은 자신들이 기술을 제대로 다루고 있는지 확인을 하면서 시간을 보냅니다.

더 뛰어난 애드보킷들은 자신이 다루는 기술에 매우 열정적이고, 그러한 열정은 발표에서 드러납니다. "이 멋진 기술로 할 수 있는 것들 좀 보세요! 이런 기능이 당신의 삶을 좀 더 편하게 해줄 거에요."라고 그들은 이야기합니다.

> *"사람들은 저를 디벨로퍼 애드보킷이라고 부르지만,*
> *저는 단지 제가 하고 싶은 것을 할 뿐입니다." - 귀크 페퍼다인*

발표는 그런 과정의 부산물이 되는 것입니다. 저는 어려움을 느끼는 사람들을 도와주고 그들의 삶을 조금 더 쉽게 만들어 줄 뿐입니다. 그렇다고 제가 애드보킷 활동을 하지 않는다는 것은 아니고 다른 개발자들에게 먼저 다가가 "힘든 점이 있나요? 제가 도와줄게요."라고 말을 겁니다.

히예르탄 빌렌가 : 그럼 본인을 어떤 사람이라고 생각하시나요? 그리고 지금 하는 일과 애드보킷 분야가 어떻게 연관될 수 있다고 생각하나요?

커크가 애드보킷 활동을 하는 방식

커크 페퍼다인 : 많은 일을 하고 돈을 받는다는 입장에서 보면 제가 다른 디벨로퍼 애드보킷들과 특별히 다른 점이 있는 것 같지는 않아요.

한 가지 다른 점이라면, 저는 특정 주제에 대해서 깊은 연구를 하는 편으로 저와 비슷한 성향의 디벨로퍼 애드보킷들도 있습니다. 돈을 받는 것도, 특별한 직함이 있는 것도 아니지만, 그저 연구가 좋아 계속 하는 것입니다. 저 또한 2주동안 연구를 하다가 흥미로운 내용이 운좋게 나오면 "오, 이 내용으로 발표를 해봐도 될 것 같은데?"라고 생각합니다. 1년 동안 연구를 계속 진행하다보면 어느 순간 결과가 나타나는거죠.

어떤 사람이 와서 "우리의 제품인 A에 대해서 발표를 해줬으면 좋겠어요"라고 하는 것은 제 스타일이 아니에요. 그렇기에 어떤 것을 배우고, 정리하고, 발표하기 위해서 많은 시간을 들일 수 있다는 점이 가장 큰 차이점입니다. 저는 제 고객들을 도와주기 위해 연구를 하는 것이고, 그런 과정에서 자연스레 발표를 하게 되는 것이에요. 마치 종착점과 같은 것이죠.

히에르탄 빌렌가 : 구체적으로 어떤 일을 하나요? 하루 일과가 어떻게 되는지, 그리고 만약 자신이 하는 일이 애드보킷 분야와 관련이 없다면, 자신을 어떻게 표현할 수 있을까요?

커크 페퍼다인 : 대규모 시스템을 개발하고 배포하는 분야에 대해서 가능한 한 많은 것을 배우는 것이 제 일입니다. 그 중에서도 자바로 작성된 프로그램들이 문제없이 자연스럽게 동작하도록 하는 것에 더 집중합니다. 좀 더 구체적

으로 말하자면, 성능 최적화라고 보시면 됩니다.

매일 아침에 일어나서 1시간 동안 글을 읽어요. 어떨 때는 기술에 관한 내용이지만, 아닐 때도 있어요. 대부분의 시간을 저는 기술과 관련된 내용을 읽으면서 제가 관심있는 것에 대해 더 알려고 합니다. 그리고 나면 때에 따라 일과가 달라지는데, 어디 나가야하는 것이 아니라면 제가 예전에 쌓아둔 문제들을 해결하기 위해 연구를 합니다.

제가 참여하는 오픈소스 프로젝트들 중 하나를 다룰 때도 있고, 때로는 제가 직접 개발을 하곤 합니다.

외부 활동을 하는 날은 당연하겠지만 제 고객들을 만나러 가거나, 워크샵을 진행해야하는 날이면 강연장에서 많은 사람들에게 어떻게 하면 프로그램의 성능을 효과적으로, 그리고 효율적으로 최적화할 수 있는지를 알려줍니다.

히예르탄 빌렌가 : 그런 일 외에 컨퍼런스, 커뮤니티, 그리고 JCrete와 같은 행사들에서도 자주 참여하시는데 이 모든 일정을 어떻게 감당하시나요?

커크 페퍼다인 : 다른 사람들이 하는 것과 똑같이 그저 그 현장에 참석해 저랑 생각이 비슷한 사람들을 만나서 기술에 대해 이야기합니다.

히예르탄 빌렌가 : 그럼 왜 하루 일과를 마치고 그냥 집에 가서 쉬지 않는 건가요? 왜 커뮤니티 활동에 참여를 하는 건가요?

커크 페퍼다인 : 저와 비슷한 생각을 가진 사람들을 커뮤니티에서 만날 수 있거든요. 저에게 커뮤니티 활동은 일이 아닙니다. 꿈같은 이야기겠지만, 제가 커뮤니티 활동을 통해 돈을 벌 수도 있겠죠. 하지만 그렇게 하면 자신들이 하

는 일을 진정으로 즐기는 사람이 얼마나 있을까요?

이 업계가 가진 장점들이 많은데, 인터뷰를 시작하기 전까지만 해도 저는 여기 시드니의 아름다운 항구의 모습을 보며 코드를 작성하고 있었습니다. 그러면서 다음주에는 애틀랜타에 가서 친구와 다름없는 다양한 사람들을 만날 수 있을거라는 생각도 했구요. 저에게 컨퍼런스는 사람들을 만나고, 새로운 사람들을 사귀고, 기술에 대해 편하게 이야기할 수 있는 기회이기에 컨퍼런스에 참여하기 위해 발표를 합니다.

이번 출장에서 자바 사용자 모임의 행사에 참여해 발표를 할 거에요. 제 발표가 새로운 토론으로 이어지는 것을 좋아하는데, 토론이 시작되면 사람들과 서로 이야기를 하면서 좋은 시간을 보낼 수 있습니다. 또 시드니에서 다양한 사람들을 만날 수 있다는 생각에 기쁩니다.

JCrete는 12년 전 쯤에 만들어졌습니다. 하인즈와 저는 비슷한 생각을 가진 사람들이 같은 장소에서 재밌는 일을 할 수 있는 컨퍼런스를 같이 구상했고, 5년 뒤에 어쩌다보니 존 코스타라스의 부탁으로 컨퍼런스를 준비하게 되었습니다. 그렇게 JCrete 커뮤니티가 만들어지게 되었고, 모든 것이 시작되었습니다. 저희는 여기서 공유되는 모든 것들이 크리에이티브 커먼스 라이센스 (Creative Commons, 역자 주: 창작자가 명시한 제한된 조건을 준수하여 제3자가 창작물을 무료로 배포할 수 있도록 하는 체계)를 달고 비상업적으로 공유될 수 있도록 했어요.

그 어느 누구도 무언가를 팔려고 하지 않았어요. 컨퍼런스에 후원하고 싶다는 사람들이 있었지만 거절했고, 후원사 부스 없이 컨퍼런스에 참여한 사람들 모두 평등한 선 위에 있었습니다. 다른 컨퍼런스들을 가면 발표자 대기실과 같은 공간들이 있는데, 저는 발표자를 찾기 위해서만 그 공간에 가지, 실제 사람들이 돌아다니는 곳에 있는 것이 더 좋거든요.

점점 많아지는 컨퍼런스들

히예르탄 빌렌가 : 한 5년 전까지만 해도, 지금처럼 많은 컨퍼런스들이 있지 않았던 것 같아요.

커크 페퍼다인 : 네, 몇몇 다른 컨퍼런스들이 등장했습니다. 폴란드의 경우를 보면 놀랍기도 하고요. 폴란드에서 활발한 커뮤니티가 꾸려지고, 많은 컨퍼런스들도 열립니다. 이번에는 폴란드의 크라쿠프에서 2개의 컨퍼런스가 열린다고 하는데, 두 컨퍼런스를 합쳐서 3천명 정도가 참가한다고 합니다. 가고는 싶은데 비용이 들고, 따로 연사들에게 비용을 지원해주지 않아 힘들 것 같네요.

히예르탄 빌렌가 : 컨퍼런스에 참여하면서 사람들과 네트워킹을 하는 것이 사업에 도움이 된다고 생각하나요?

커크 페퍼다인 : 이전까지는 네트워킹과 사업을 연관시켜보지는 않았지만, 요즘 들어서 상관관계가 있다고 느낍니다. 대신 그 효과가 바로 나타나지는 않지만요. 컨퍼런스에 가면 새로운 고객을 10명까지 모을 수 있다고 생각할텐데, 그런 일은 일어나지 않습니다.

대신, 새로운 고객을 1~2명 정도 만날 수 있는데 그마저도 컨퍼런스에 참여하고 난 뒤 한 1년 반 정도 지나서야 가능할 것입니다. 컨퍼런스에 참여하는 것과 고객을 유치하는 것 사이에는 엄청난 시간 차이가 있습니다.
고객들이 예산을 책정하고, 알맞은 조건이 되어야 회사에 저같은 사람이 필요하다고 얘기할 수 있는거니까요. 그런 상황이 되면 어느날 갑자기 연락을 하고 계약을 하게 되는 것입니다. 어떨 때는 600명이 넘는 사람들 앞에서 발표하고 나서, 한 고객이 제게 다가와 "3년 전에 발표하시는거 봤어요."라고 이야기하는 경우도 있었습니다. 제 발표를 보고 저를 불러준거죠. 3년이라는 시간이 누구를 기억하기에 아주 긴 시간이지만 말이죠!

히예르탄 빌렌가 : 주로 애플리케이션의 성능 최적화를 전문으로 하신다고 하셨는데, 고객들 중에 당장 내일 배포해야하는데 프로그램이 작동하지 않았던 경우도 있었나요?

커크 페퍼다인 : 더한 경우도 있었습니다. 한 번은 거의 취소된 프로젝트를 맡은 적이 있는데, 제가 이 프로젝트를 다시 살릴 수 있는지 마지막으로 한 번 더 보고 불가능하다고 판단되면 프로젝트를 정리하려고 했습니다.

그래서 그런지 회사 안에 들어갈 때 복잡미묘한 느낌이 들었어요. 회사가 망하기 직전이라 회사 사람들 모두 스트레스를 엄청 받고 있는데 저 혼자만 여름 휴가 복장으로 있었으니까요.

아까 제가 기술과 관련없는 기사도 읽는다고 했는데 이는 다른 분야의 일들도 알아야 한다는 뜻입니다. 주로 겪게될 문제들이 반드시 해결되어야하는 기술적인 문제들도 존재하지만, 기술 외적으로 해결되어야하는 다양한 문제들도 존재하기 때문입니다.

회사 직원들이 한 달 동안 최선을 다했는데도 풀지 못한 문제를 아무것도 모르는 제가 사흘이나 나흘 안에 문제를 해결해야 했던 적이 있습니다. 그들이 어떤 상황에 처해있는지 모르는데 말이죠.

누군가가 용기를 내서 자신들이 겪고 있는 상황을 전혀 모르는 사람 아무나 데려와보면 이 문제를 해결해줄 것이라고 말하지 않았을까 하는 생각이 들었습니다.

앞서 얘기했던 것처럼, 그런 문제들에는 기술적인 면보다 인간적인 면에서 해결해야할 것들이 있어요. 한번은 이사회에 속한 사람이 개발팀 자리 근처를 돌아다녔는데, 개발팀에서 배포한 프로그램이 심각한 문제를 일으켜 전화에 불이 나는 바쁜 상황이었습니다.

개발팀 사람들은 모두 실력있는 개발자들이었지만, 한 가지 실수를 한 것뿐이고, 문제를 해결하기 전 사람들을 먼저 진정시켜야 했습니다. 우선은 프로그램을 멈췄습니다.

프로그램을 종료하니 전화기가 잠잠해지고, 개발팀은 해야할 일들을 집중해서 할 수 있게 됐습니다. 이사회 사람들도 모두 자기 사무실로 돌아가서 다른 일을 하기 시작했습니다. 전화 벨소리가 멈추고 나니 쓸데없는 긴장감이 사라지고, 개발팀 사람들이 제정신을 찾았습니다.

그 뒤 개발팀 사람들에게 어떤 상황이었는지 물어보고, 저는 개발팀 사람들의 답변만 정리해주니 회사 사람들은 문제의 원인을 파악하고 해결했습니다. 제가 한 일이라고는 그 상황에서 사람들을 진정시켜 주는 것밖에 없었습니다.

히예르탄 빌렌가 : 그런 경우에는 심리학자의 역할을 한다고 보면 되겠네요?

심리학으로 문제를 해결하기

커크 페퍼다인 : 맞아요. 프로그램의 성능과 관련된 많은 문제들이 기술을 다루는 사람의 문제라기보다는 조직이 제 기능을 하지 못해 발생한다고 봅니다.

개인의 문제가 아니라 조직 자체의 문제가 우연히 프로그램 안으로 스며들게 되는거죠. 그런 경우에는 실제로 심리학을 동원해서 문제를 풀어내야 합니다.

직원들이 해고 당하는 것을 막은 적도 있습니다. 지금까지 업무를 잘 수행했지만 어쩌다 보니 정말 사소한 것을 잘못했던 경우였습니다. 실제로 해고당할 뻔한 직원들은 회사가 발전할 수 있도록 기여했지만, 그 작은 실수가 잠깐 한 걸음 후퇴하게 했을 뿐이거든요. 다들 그 사람이 만들어 낸 기여는 신경 쓰지 않고, 살짝 퇴보한 사실만 보더라고요.

히예르탄 빌렌가 : 흥미로운 통찰을 얻으셨네요. 그럼 그런 경험을 컨퍼런스 발표 주제로 어떻게 녹여내시나요?

커크 페퍼다인 : 특정 상황에서의 심리학에 대해서 발표를 몇 번 했는데, 개발자분들이 관심을 가져주지 않아서 그만뒀습니다. 대신 전략적인 결정이 특정 상황의 심리 상태에 어떻게 영향을 미치는지에 대해서 이야기합니다.

가장 재미있는 이야기는 제가 선택했던 결정입니다. 어느 날 대표님이 저에게 와서 무슨 일을 했는지 물어봤고 "13줄짜리 코드를 추가해서 시스템이 잘 돌아가게 했어요."라고 대답했습니다.

그랬더니 대표님이 "와, 아주 비싼 코드 13줄이네요!"라고 하셨어요. 그 때 아무 말도 안 했지만, 문제를 일으키는 코드들이 만들어내는 비용이 더 비쌌을 것입니다.

히예르탄 빌렌가 : 주로 자바 프로그램들의 성능에 관한 것을 다루고 발표한다고 하셨는데, 구체적으로 어떤 내용들이 있을까요?

커크 페퍼다인 : 많은 분들이 가비지 컬렉션(역자 주: 프로그램이 더 이상 사용하지 않는 특정 메모리 영역을 정리하는 과정)에 관심을 많이 가지고 계시더라고요. 어딜 가던 간에 그것에 대한 이야기를 합니다. 가비지 컬렉션은 애플리케이션의 성능에 큰 영향을 미칠 수 있다는 점에서 흥미로워요. 한 예를 들자면, 지금 함께 일하고 있는 제 고객 중 한 명에게는 줄곧 가비지 컬렉터를 최적화해줬는데, 1차 최적화를 마치고 나니 가비지 컬렉터를 최적화하는 것만으로도 서비스 수준 협약(SLA, 역자 주: 서비스 제공자와 고객이 계약서에 포함하는 서비스에 대한 측정지표 및 목표) 위반율을 6%에서 1%로 낮출 수 있었습니다.

히예르탄 빌렌가 : 그럼 이런 가비지 컬렉션에 대한 깨달음들을, 혹은 성능에 대한 전반적인 이야기를 모아서 책이나 글을 쓰신 적이 있나요?

커크 페퍼다인 : 아뇨, 그런 적은 없습니다. 이런 내용들을 글로 적기에는 기술적인 부분들의 변화가 너무 빨라요. 설령 글을 적는다고 하더라도, 다 적고 난 시점에는 그 내용들의 효용이 떨어집니다.

프리랜서 애드보킷의 장점

히예르탄 빌렌가 : 디벨로퍼 애드보킷에 대한 논의로 다시 돌아가볼게요. 본인이 특정 회사에 소속되어 있지는 않아서 이야기하는 모든 것이 100% 진실되고, 마음에서 우러나온다고 생각하시나요?

커크 페퍼다인 : 네, 보통 제 경험에 비춰서 이야기를 하는데 재미있는 일이 하나 있었습니다.

저와 하인즈가 썬마이크로시스템즈의 직원이 아닌 사람들 중에서는 최초로 Sun Developer Days에 참석해 발표하게 되었습니다. 당시 직원이었던 사이먼 리터가 그 날 발표를 할 때 19명이 참석을 했는데, 저와 하인즈는 발표를 들으면서 그가 발표를 정말 잘 했다고 서로 이야기했습니다.

사이먼은 발표를 정말 잘해서 그의 발표를 보러 가는 것을 좋아하고, 자주 갑니다. 근데 그 날 그의 발표 때는 19명이 들었는데, 제가 발표할 때는 385명이 들으러 와서 난처했습니다. 사이먼이 발표할 때의 청중 숫자와, 제가 발표할 때의 청중 숫자, 그리고 하인즈가 발표할 때의 청중수가 확연한 차이를 보였어서 그 때 그 숫자를 정확히 기억합니다.

제가 사이먼보다 발표를 더 잘해서 그런 것일까요? 그럴리는 없었을 것입니다. 사람들이 사이먼이 제품에 대해 좋은 이야기만 할 것으로 생각해서 그랬다고 생각합니다. 사람들은 그런 것에 관심이 없었으니까요. 하지만 저는 사이먼이 그런 식으로 발표를 하지 않는다는 것을 확실하게 알고 있기 때문에, 그 사람들이 아주 좋은 발표를 놓친거죠.

"특정 회사를 위해서 일하지 않는다는 사실이 사람들의 신뢰를 더 받았던 것 같습니다."
- 커크 페퍼다인

행사에 다양한 사람들이 참석해서 확실하진 않지만, 저희가 선 마이크로시스템즈에서 일하지 않는다는 사실이 이목을 끌었던 것 같습니다. 무엇보다도 특정 회사를 위해서 일하지 않는다는 사실이 사람들의 신뢰를 더 받았던 것 같습니다. 사람들은 저희들이 발표하는 것을 보고 어떤 숨겨진 의도가 있다고 생각하지 않으니까요.

발표자로서 저는 카메론 퍼디도 존경하는데, 그는 항상 순수한 기술적인 내용만 발표를 합니다. 모든 사람들이 그가 코히어런스(Coherence, 역자 주: 탱고솔 사에서 개발한 분산형 인메모리 캐시 솔루션. 오라클이 2007년 탱고솔 사를 인수하며 오라클 제품이 되었다.) 제품을 만들었다는 것을 알고 있고, 오라클에서 VIP라는 사실을 알고 있지만 그런 사실들이 카메론의 발표 스타일을 바꾸지 않았습니다.

제가 봤을 때는 오라클의 마케팅 부서가 그를 곱지 않게 봤던 것 같습니다. 카메론이 마케팅 부서와 갈등이 있어 마케팅 부서에서는 항상 그의 발표를 미리 확인하고 싶어했지만 달리 방도가 없었습니다. 왜냐하면 카메론이 청중들을 끌어모으는 오라클 직원이었으니까요. 그의 발표들이 재밌고 유익하기 때문에 모든 사람들이 그의 발표를 보고 싶어했습니다.

그가 직접적으로 제품을 광고하지 않아도 모두들 그가 어디서 왔고, 어디에서 일하고 있는지 알고 있었습니다. 왜냐하면 사람들은 그를 보러 온 것이니까요. 제가 생각했을 때는 전통적인 마케팅 방식보다 이런 형태의 마케팅이 더 효과적이라고 생각해요.

히예르탄 빌렌가 : 그럼 디벨로퍼 애드보킷이 한 기술을 알리다가, 1년 정도 지나서 경쟁 기술을 홍보하는 것에 대해선 어떻게 생각하나요?

커크 페퍼다인 : 카메론의 예시로 다시 돌아가보면, 카메론은 그가 해결하려고 하는 문제에 집중하고, 해결하는 것을 최우선으로 했습니다.

때로는 그가 경쟁 제품에 유리한 이야기를 한 경우도 있다는 사실을 알면 카메론이 오라클의 제품을 잘 이야기하지 않는다는 것을 알 수 있습니다.

카메론은 마케팅 부서 사람들은 그가 회사에 관해 더 이야기하는 것을 원했지만, 어떻게 할 수 없는 경지의 사람이었기 때문에 어느 정도의 자유를 가지고 있었어요.

청중들이 회사가 말하고 싶은 내용들에 신경쓰지 않는다는 것을 알았고 자기 자신만의 방법을 고수하면서 성과를 내다보니, 마케팅 부서 사람들도 결국에는 그의 방식을 인정하고 원하는 대로 하게 했습니다.

많은 디벨로퍼 애드보킷들이 회사가 원하는 방식으로 개발자들에게 이야기하지 못하게 한다면, 많은 돈, 시간, 그리고 노력을 투자하더라도 메시지들이 원하는 사람들에게 제대로 전달되지 않을 것이라고 말합니다. 비록 부정적인 메시지를 전달하려는 것이 아니더라도 말입니다. 다시 말하자면, 오라클의 마케팅 팀에서 이야기하는 내용들이 사람들에게 쓸모없지는 않지만, 단지 개발자들이 듣고 싶어하는 메시지가 아니라는 뜻이에요.

많은 디벨로퍼 애드보킷들 중 대표적으로 두 명을 꼽자면, 카메론과 사이먼은 진정성을 가지고 있습니다. 단순히 그냥 와서 발표를 하는 것을 넘어서,

자신들이 다루는 내용들을 직접 피부로 느끼면서 실제로 활용한 사례를 말합니다.

몇 년 전에 제가 한 발표가 내용이 재미있고 호응이 좋아 나중에 그 발표를 더 한 적이 있어요. 재미있는 마술쇼에 비유해 보자면, 청중들에게 프로그램의 성능과 관련된 문제를 주고 몇 가지 규칙들을 주면서 직접 풀어보게 합니다. 그럼 사람들은 문제를 이해하고 답을 찾기 위해 집중을 하게 되고, 서로 제가 던진 문제에 대한 해결책을 이야기하거나 다른 의견들을 내놓으려고 합니다.

히예르탄 빌렌가 : 기술적인 문제들은 항상 일어나는 것 같은데, 제일 끔찍했던 경험으로 어떤 것이 있을까요?

귀크가 겪은 기술적 난관들

귀크 페퍼다인 : 제 노트북 컴퓨터에 시연 예제를 준비해놨는데, 막상 노트북 화면이 먹통이 되던 경험이 있어요. 준비했던 시연 예제가 중요한 부분을 차지하던 발표라서 꽤 큰 일이었습니다.

발표를 늦게 시작했고, 그 때 부터 모든 것이 꼬이기 시작했습니다. 제가 할 수 있는 것은 계속 청중들에게 미안하다고 하는 것 밖에 없었으니 정말 안 좋은 경험이었습니다. 또 다른 경우는 제 노트북과 프로젝터가 연결이 안 되어서 행사 관계자들이 고치려고 노력했지만 제 발표자료가 계속 화면에 뜨지 않았던 적이 있습니다. 마냥 손 놓고 문제가 해결되는 것을 계속 기다릴 수 없어서 발표자료 없이 발표를 시작했습니다. 발표하면서 각종 손짓을 하면서 다양한 모양들을 표현했는데, 오히려 반응이 긍정적이었고 프로젝터가 고쳐져서 화면

이 나오니까 사람들이 안타까워했습니다! 나중에 반응들을 들어보니 제가 발표자료에 의존하지 않고 설명을 해서 이해가 잘 됐다고 해요.

히예르탄 빌렌가 : 대학교 학생들이라면 디벨로퍼 애드보킷 분야에서 나오는 이야기들이 흥미롭다고 느낄 수 있을 것 같은데 이 분야에 어떻게 발을 담그게 됐나요?

커크 페퍼다인 : 디벨로퍼 애드보킷이 되기 위해 필요한 첫 번째 단계는 개발자가 되는 것이라고 생각해요. 그리고 개발자들에게 인정받고 싶다면 개발자 존경하는 사람이 되어야 하고 결국 자신의 노력을 쏟아 부어야 하는거죠.

오픈소스 프로젝트건 아니건 간에, 어딘가에 기여를 해야 합니다. 예를 들어, 아파치 넷빈즈(역자 주: 자바 통합개발환경 중 한 종류)가 좋은 예입니다. 넷빈즈 플랫폼을 다루는 애드보킷들이 많이 있고, 이들은 모두 넷빈즈 프로젝트가 더 좋은 방향으로 나가기 위해 노력을 하고 있습니다.

그리고 다른 사람들로부터 인정받기 위해서는 자신이 하고 있는 것에 대해서 이야기하는 것을 좋아해야 합니다. 그렇게 해야 자신의 목소리가 효과적으로 전달될 수 있거든요. 결국 개발자로서의 평판이 중요하다는 것을 강조하고 싶은데 마케팅만 강조해서는 사람들로부터 인정받을 수 없습니다.

히예르탄 빌렌가 : 출장을 많이 다니시나요? 출장의 장단점은 무엇이 있고, 부작용은 어떤 것이 있을까요?

가정적인 삶을 유지한다는 것

커크 페퍼다인 : 출장을 가면 꽤 길게 있다가 오는 편이에요. 어떤 행사가 열린다고 하면 그 기간동안은 집에 없기에 집에 있을 때는 집안일에 신경을 더 많이 씁니다.

제 아이들이 학교를 다닐 때, 학교 행사에 참여하는 아빠는 저 밖에 없었어요. 출장 때문에 몇 번 빠진 적이 있지만, 집에 있을 땐 행사에 참여해 아이들이 학교에서 잘 지내고 있는지 보고 올 수 있었어요. 다른 아빠들이라면 직장 때문에 저처럼 할 수 없었을 거라는 것을 알아요. 자주 집에서 떠나있긴 하지만, 집에 있을 때는 그런 장점들이 있어요. 그리고 어쩔 때는 즐겁기도 하고요. 모든 가족들이, 혹은 못해도 가족들 중 몇몇에서 함께할 수 있으니까요.

JCrete의 경우에는 기존의 행사들처럼 가족들과 떨어져 지내고 싶지 않아 가족들이 와서 함께 참가할 수 있게 했고, 참가자들도 가족들을 데려왔습니다. 아이들도 행사에서 함께하고, 개발자들의 배우자들도 놀라워하면서 이런 경험을 즐겼습니다.

히예르탄 빌렌가 : 번아웃이 올 때 어떻게 대처하시나요?

커크 페퍼다인 : 번아웃은 위험하기 때문에 번아웃이 올 때 휴가를 떠납니다. 만약 번아웃이 일어나고 있다는 것을 알고 있다면, 그 시점에서 어떻게 해야 번아웃을 떨칠 수 있을지 생각해봐야 합니다.

JCrete에서는 출장을 오가는 것에 대한 이야기를 하고, 행사를 참여하는 것과 노는 것의 균형을 맞추려고 합니다. 출장을 와서 시간대가 바뀌게 되면 굉장히 힘들거든요. 여기 호주로 오는데 24시간이 걸렸고, 다음 주에 돌아가면 애틀란타로 갑니다. 그리고 달력에다가 그 다음주에는 어디에도 안 가겠다는 뜻으로 큰 X자를 표시해 놓습니다.

이렇게 일정을 보고 조절할 줄 알아야해요. 예를 들어서, 몇 시간 차이 안 나는 지역이면 버틸 수 있고, 시간 차이가 상당한 지역이라고 생각된다면 그 주는 일정을 비워둡니다.

그리고 팀원을 신경써주는 상사가 있는 편이 좋습니다. 제가 컨설턴트로 일했을 때 제 상사는 컨설턴트가 겪는 번아웃을 잘 알고 있어서 가령 집에서 무슨 일이 생긴다면, 집에서는 저를 필요로 하니까 그 일에 집중하라고 했습니다. 회사가 회사 일보다 직원에 더 신경 쓰고 있다는 것이었죠. 덕분에 그 곳에서 행복하게 일할 수 있었습니다.

반면에, 컨퍼런스에서 만난 발표자들 중에서는 비슷한 상황에서 반대 경우를 경험하는 사람들도 만났습니다. 그들의 상사에 대한 이야기를 들으면 실망스럽더라구요. 당사자들이 그런 상황에서도 직접 상사에게 가서 사정을 설명을 해야한다고 하더라고요.

만약 자신의 상사가 부하 직원이 어려운 상황에 있을 때 도움을 주지 않는다면 그 회사에서 더 일할 이유는 없다고 생각합니다. 서로 주고 받는거죠. 상사와 직원들이 모두 만족해야 하니까요.

비슷한 이야기거리로 비행기의 비싼 비즈니스석을 들 수 있을 것 같아요. 장거리 비행을 자주 할 때면 비즈니스석을 탑니다.

회사에 속해있는 경우 상사들이 부하 직원이 무슨 일을 어떤 방식으로 하고 있는지 챙겨주지만, 프리랜서 컨설턴트로 일할 때는 그렇게 해 줄 사람이 없습니다. 고객들은 그런 부분에 대해 신경쓰지 않고, 단지 와서 컨설턴트가 본인이 겪고 있는 문제를 해결해주기를 바라고, 해결되면 그걸로 끝나는 것입니다.

그래서 개인적인 측면에서, 그리고 장기적인 관점에서 번아웃을 바라보고, 가령 장시간 비행을 자주한다면, 이것이 나에게 어떤 영향을 미치는지, 그리고 그 영향을 최소화하기 위해서 어떻게 해야하는지 생각해봐야 합니다.

"혼자 일하는 거라면 자기 자신은 자기가 챙겨야해요." - 커크 페퍼다인

비즈니스석은 이곳 저곳을 다니면서 자신에게 나타나는 장기적인 번아웃을 줄여줄 한 가지 방법일 뿐입니다. 만약 휴가를 다녀오기 위해 1년에 한 두 번 정도 비행기를 타는 것이라면, 큰 문제가 되지 않을 것입니다. 하지만, 한 달에 한 번, 혹은 그보다 더 자주 장시간 비행을 해야한다면 이런 부분들에 대해서 생각을 해봐야 합니다. 번아웃을 겪게 되면, 다른 사람들에게 도움을 주기가 어렵습니다.

번아웃을 겪는다는 것

히예르탄 빌렌가 : 번아웃에 관해서 다른 의견이 있는데, 사람들이 할 수 있는 일들이 다양해지면서 번아웃을 겪게 될 가능성이 적어지고 있다고 하더라고요. 어떤 사람들은 번아웃이 똑같은 일을 스트레스 받으면서 계속적으로 반복할 때 나타나는 일이라고 하던데, 어떤가요?

커크 페퍼다인 : 꼭 그렇지만은 않은 것 같습니다. 따지고 본다면, 반복적인 일을 하면서 오는 스트레스도 있을거예요. 만약 제가 한 출장지를 갔다오고 다른 출장지를 갔다온다면, 똑같은 상사나 고객들을 대하지는 않지만 똑같은 일을 반복하는 것이겠죠. 물론 겪게 되는 상황은 다르겠지만, 그 일에 대한 리듬은 여전히 같을 것입니다. 번아웃은 에너지를 소모하는 것만으로도 올 수 있습니다. 자기 자신을 너무 혹사시키게 되는 지점에 다다르게 되면, 효과적으로 일하기 힘들거예요.

오늘 아침에 책을 읽고 6km 산책을 갔다 왔습니다. 이렇게 재충전을 하는 시간을 갖는 것이 중요하고, 그 중에서도 걷는 것이 제일 좋은 방법이라고 생각합니다. 걸을 수 있는 도로만 있다면 편한 신발을 신고 문 밖으로 나가기만 하면 되니까요.

10개의 서로 다른 시간대를 왔다갔다 해도, 재충전하는 시간을 통해서 서로 다른 환경에 적응할 수 있습니다. 그래서 이제는 제 생산성을 일정 수준으로 유지할 수 있습니다.

조쉬 롱
Josh Long

—

조쉬 롱은 2010년부터 스프링 디벨로퍼 애드보킷으로 활동하기 시작했다. 그는 자바 챔피언이자 5권 이상의 책을 쓰고, 교육용 영상을 제작했으며, 스프링의 블로그(http://spring.io/blog)와 개인 블로그(http://joshlong.com)에도 꾸준하게 블로그 글을 작성하고, 정기적으로 팟캐스트를 진행하며, 영상을 찍어서 유튜브에도 업로드한다. 그의 동료들과 청중들에게 디벨로퍼 애드보킷 분야에서 가장 열정적인 발표자들 중 한 명으로 평가되며, 샌프란시스코에 거주하지만, 대부분의 시간을 전 세계를 돌아다니며 그의 청중들과 이야기하는데 사용한다. (트위터: @starbuxman)

히예르탄 빌렌가 : 피보탈에서 어떻게 디벨로퍼 애드보킷으로 업무를 시작하셨나요?

디벨로퍼 애드보킷으로 일하게 된 계기

조쉬 롱 : 2008년과 2009년 즈음에 스프링 인테그레이션(Spring Integration, 역자 주: 기업용 애플리케이션의 통합을 위한 오픈소스 프레임워크)이라는 프로젝트에 기여하고 있었고 그 프로젝트는 마크 피셔가 진행하고 있었습니다. 지금은 피보탈에서 FaaS 모델인 프로젝트 리프(Project Riff)를 담당하고 있습니다. 그 때 스프링 인테그레이션의 몇몇 모듈을 만드는데 힘을 보탰습니다.

VMWare에 인수된 직후, 피보탈은 팀을 확장하는데 필요한 자금을 가지게 되었습니다. 마크는 스프링 팀에 '디벨로퍼 애드보킷'이라는 새로운 직무를 만들었습니다. 그 단어를 들어본적은 없지만, 저는 어도비에서 에반젤리스트로 활동하면서, 살아있는 전설로 불리는 제임스 워드를 알고 있었습니다. 그래서 에반젤리스트가 어떤 역할을 하는지는 알고 있었고, 마크는 그 역할을 누군가 해줬으면 했습니다.

그 때 당시, 이미 사람들 앞에서 발표하고, 포럼에 참석하거나 컨퍼런스에서 패널로 참석하곤 했습니다. 이미 책과 글들을 써본 적이 있었고, 커뮤니티에 제 시간과 노력을 쏟고 있었죠. 저는 정규직 엔지니어로 일하고 있었지만, 시간이 허락하면 스프링에 대해서 발표하곤 했습니다. 스프링은 오픈 소스고, 사람들이 사용하기에 굉장히 쉽기 때문에 좋아했습니다.

마크는 제게 애드보킷 자리를 제안했지만, 제게 그 일은 과분하고 어울리지 않는다는 이유로 거절했습니다. 그리고 저는 다른 회의에 참여하기 위해 그 자리에서 일어났는데, 얼마 못 가고 돌아와서 제가 했던 말을 취소하고 제안을 받아들이겠다고 했습니다. 그래서 바로 해당 팀에 합류했고, 그 이후로 한 번도 후회한 적 없습니다.

히예르탄 빌렌가 : 디벨로퍼 애드보킷으로서 어떤 역할을 하고 계신가요?

조쉬 롱 : 개발자들의 의견을 모아서 엔지니어링 팀에게 대신 전달하고, 엔지니어링 팀의 동향과 그들의 업무에 관한 이야기들을 커뮤니티에서 활동하는 개발자들에게 전달하기도 합니다.

만약 제가 어떤 주제로 발표를 진행하는데 사람들이 관심이 없어 보이면, 이 주제는 사람들이 많이 신경쓰지 않는 주제라는 것을 알고, 피보탈에 해당 주제에 대한 피드백을 전달합니다. 반대로, 만약 다른 주제를 발표할 때 발표 장소가 사람들로 꽉 찬다면, 이에 대한 수요가 있고 더 많은 활동이 필요하다는 것을 알 수 있습니다.

사람들과 대화를 하고, 다른 사람들이 머리를 식힐 겸 저에게 와서 대화를 할 수 있게 기다려주면서, 커뮤니티와 스프링 생태계 사이의 매개체가 되려고 합니다.

만약 사람들이 커뮤니티에 와서 존재하지 않는 트위터 ID나 들어갈 수 없는 채팅방 정보만 얻을 수 있다면 커뮤니티의 매력을 느끼기 어려울 것입니다. 그래서 디벨로퍼 애드보킷은 우리의 제품을 사용하고 있는 사람들을 위한 소통의 창구가 되어야 합니다.

아주 소수의 사람들만이 깃허브로 가서 오픈소스 프로젝트의 이슈를 해결하거나 코드를 디버깅한다는 현실을 까먹곤 합니다. 많은 사람들은 오픈소스 프로젝트의 코드에서 무엇이 문제인지 파악하지 못하는 경우가 많습니다.

일례로, 컨퍼런스 현장에서 본인이 하고 있는 일을 사랑하는 참가자들은 많이 발견할 수 있지만, 그들이 실제로 커뮤니티에 기여를 하고 있거나, 적극적으로 자신의 생각을 커뮤니티에 밝히는 경우도 흔하지 않습니다. 커뮤니티에 참여하기 위한 진입장벽이 존재하지만, 이것을 극복하면서 커뮤니티에 참여할 필요성을 못 느끼는 것이죠.

만약 개발자 행사들의 부스 같은 곳에서 누군가 서 있다면 사람들은 그 사람에게 다가가서 이야기를 나누려고 할 것입니다. 온라인 게시판에서 질문하면서 본인의 이름을 노출하거나, 긴 토론을 벌일 필요가 없게 되는 거죠. 사람들이 직접 얼굴을 맞대고 이야기를 나누고 싶어하는 건 아주 자연스러운 일이라고 생각합니다.

피보탈에서는 엔지니어링 팀이 아주 멋진 일들을 하고 있습니다. 스프링팀에서 멋진 일들을 하는 엔지니어들을 만나고 대화를 하면서, 그들이 어떤 일을 하고 있는지, 그리고 그 일들이 사용자들에게 어떻게 도움이 될지 이해하려고 합니다.

히예르탄 빌렌가 : 대학생들은 디벨로퍼 애드보킷 분야에 대해서 잘 모르는 경우가 많은 것 같습니다. 소프트웨어 업계는 프로그램 개발과 테스트를 위주로 소프트웨어 아키텍처에 관한 것들만 다룬다고 생각하고, 애드보킷 분야는 들어보지 못했을 것 같습니다. 이에 대해 동의하시나요?

변화를 만드는 것

조쉬 롱 : 네. 제가 수 년간 만나거나, 악수를 하거나, 눈을 마주쳤던 사람들이 우리의 소프트웨어를 쓸 수 있을 만한 사용자들의 아주 소수에 불과하다는 생각을 하곤 합니다. 제가 유의미한 변화를 이끌어내지 못하고, 저와 같은 사람이 어떤 역할을 하는지 사람들이 잘 모른다는 현실이 저를 위축시키지만, 그래도 제가 하는 일이 주류가 아닌 것은 인정해야 합니다. 제 활동으로 많은 사람들이 마음을 바꿨을 수는 있지만, 기술 자체가 사람들의 마음을 바꾸는 것만큼의 결과는 내지 못했죠.

처음부터 직접 만들어나가는 모습을 보여주지, 무언가를 숨기지 않습니다. 디벨로퍼 애드보킷의 도움을 받아 배워 나가는 사람도 있고, 소스 코드를 통해 직접 배우는 사람들도 있습니다. 개발과 관련하여 최신 정보를 접하는 사람들은 그들의 친구에게 새로운 소식들을 공유하고 본인이 속한 조직에도 공유합니다. 그렇게 된다면, 조직의 기술에 대한 기준점에 변화가 생기는거죠.

흥미로운 사실은, 대부분의 사람들은 회사에 소속되어 자신의 일만 하기 때문에 디벨로퍼 애드보킷이라는 분야에 대해 잘 몰랐습니다. 하지만, 최근에는 저와 같은 일을 하는 사람들이 늘어나면서, 빅데이터, 안드로이드, Jakarta EE, 보안, 마이크로서비스 그리고 다양한 것들에 대해서 이야기 하기 시작하면서, 점점 더 많은 사람들이 디벨로퍼 애드보킷이라는 분야에 관심을 가지기 시작한 것이죠.
이 분야에서 성공한 사람들도 있습니다. 디벨로퍼 애드보킷이 필요하다는 사실을 인정한 조직도 있지만, 디벨로퍼 애드보킷이 마케팅과 비슷한 직무가 아니라는 것을 이해하지는 못하는 경우가 많습니다. 이런 문제는 디벨로퍼 애드보킷에 대한 범주를 잘못 잡았기 때문이라는 생각이 듭니다. 만약 골수 개발자에게 마케팅 업무를 맡아달라고 하면, 그들은 아마 주춤하면서 자신들은 그런 일을 하지 않는다고 말할 것입니다.

마크가 제게 이 포지션에 흥미가 있냐고 물었을 때 저도 같은 반응을 보였습니다. 어쨌거나 저는 엔지니어기 때문에 그 역할이 제게 맞지 않다고 생각했습니다. 물론 얼마 지나지 않아 제가 얼마나 바보같은 대답을 했는지 깨달았지만요.

엔지니어링과 디벨로퍼 애드보킷 부분에서 성공하기 위해서는, 소프트 스킬을 가지는 것이 필요합니다. 아이디어를 다듬고, 팀과 소통하고 공감할 줄 알아야 하기 때문입니다. 이러한 능력들은 회사 안에서 자신의 능력을 과시하고 다른 사람들과 비교하며 우월을 비교하는 것보다 더 중요합니다. 잘나가는 엔지니어들은 에반젤리스트 혹은 애드보킷 역할까지 수행하고 있지만요.

히예르탄 빌렌가 : 마케팅과 디벨로퍼 애드보킷의 차이에 대해서 좀 더 이야기해볼까요? 그 둘의 차이가 뭐라고 생각하시나요?

조쉬 롱 : 대답하기 모호하지만 저는 둘 사이에 차이가 있다고 생각합니다. 마케팅은 무언가를 홍보하는 것을 돕는 하나의 기능이라고 봅니다. 예를 들어, 제가 오픈 소스에 대해서 이야기 한다고 생각해봅시다. 디벨로퍼 애드보킷인 저의 목표는 커뮤니티에서 나오는 의견들을 모아, 사용자들이 무엇을 원하는지 파악하고, 엔지니어링 그룹을 돕는 것이지만, 마케팅은 단방향성이 강하다고 봅니다.

마케팅은 생태계와 시장에 무언가를 알리는 역할을 합니다. 제 생각에는 저와 함께 일하는 사람들은 이런 목적을 가지고 일하진 않지만, 적어도 어떤 사람들은 마케팅을 사기처럼 부정적인 것으로 봅니다.

가령 자동차 광고를 보면, 자동차가 회사의 동료들과 더 친분을 쌓아주고, 연애의 성공을 가져다 주는 것처럼 묘사되죠. 자동차 하나로 그 모든 것을 얻을 수 있다고 보여주는 건 멍청한 짓이에요.

제 일을 하면서 사람들을 이렇게 대하지 않습니다. 확신을 가지고 말하고, 제가 말하는 것들에 대한 증거를 대며 발표하죠. 만약 제가 발표하는 걸 보신다면, 소프트웨어를 직접 사용하는 모습을 보여주는데 많은 시간을 들이는 것을 알 수 있습니다.

처음부터 직접 만들어나가는 모습을 보여주지, 무언가를 숨기지 않습니다. 전 정직하거든요. 그래서 디벨로퍼 애드보킷은 전문적인 역량을 갖춘 사람임과 동시에 다른 유익하며, 재밌고, 멋있는 사람입니다.

히예르탄 빌렌가 : 대변인의 역할과 겹치는 부분이 있을까요?

경쟁자를 비판하는 것

조쉬 롱 : 대변인은 마케팅의 역할에 더 초점이 맞춰졌다고 생각합니다. 최근에는 사람들이 서로를 더 비판하는 것 같습니다. 다른 경쟁사를 비판하는 게 쉬워졌지만, 그렇게 하는 것은 진정한 디벨로퍼 애드보킷의 자세가 아니라고 생각합니다.

다른 기술들을 깎아내리려고 하지 않습니다. 오로지 제가 관심이 있는 기술에 대해서만 사람들에게 이야기를 하려고 하죠. 누군가에게 결과를 던져주며 그 결과만 받아 먹게 하는 것과 사실을 보여주며 어떻게 사용할 수 있는지를 알려줘서 스스로가 결과를 찾게 하는 것에는 큰 차이가 있습니다. 때로는 기술 자체를 짓궂게 말할 때도 있지만, 무대에서는 그 기술이 가진 확실한 사실만을 보여줍니다. 결과적으로는 제 자신을 희화화하는 거지만요.

사람들에게 어디로 가야할지 정확한 지점을 짚어줄 수도 있지만, 그런 방식으로 발표를 하면 사람들과 진정으로 소통하지 않는 것이라고 느낍니다. 결승선을 통과했지만, 어떻게 결승선까지 왔는지를 모른다면 어딘가 허전한 느낌이니까요.

제대로 활동하는 디벨로퍼 애드보킷은, 사람들이 문제에 대한 결론을 어떻게 얻을 수 있었는지 의문을 가지지 않게 합니다. 반면 마케팅은 편의상 1~2개의 단계는 건너뛸 수도 있겠지만, 그러면 약간의 고민과 혼란스러움이 남을 것입니다.

히예르탄 빌렌가 : 본인이 다루는 기술을 100% 지지하시나요? 동의하지 않아도 디벨로퍼 애드보킷이 될 수 있나요?

조쉬 롱 : 스프링을 생각해봅시다. 스프링의 생태계가 워낙 크다 보니, 스프링에 구현된 모든 코드들을 다 아는 것은 불가능하지만, 저는 제가 이해한 것 그대로 사람들에게 말을 하는 편입니다. 그래서 제가 스프링에 관한 모든 것을 100% 안다고 할 수 없어요.

제 주변에 자바에 대한 애드보킷 활동을 하는 친구들이 있습니다. 자바만 해도 그 규모가 크기 때문에 제 지인들도 자바로 가능한 모든 것들에 지지하거나, 다뤄봤다고 하기 어려워해요.

히예르탄 빌렌가 : 발표에서 다루는 주제들과 블로그에 써 놓은 것들에 대해서도 100% 지지하시나요?

조쉬 롱 : 제가 자발적으로 선택한 주제들이기 때문에 제가 발표한 내용들은 직접 시도해보고, 좋아했던 것들입니다. 그 누구도 제게 대본을 주지 않았고 제가 무엇을 말해야 하는지 승낙을 받아야 할 필요도 없었죠.

제가 지지하는 것들에 대해서 사람들에게 발표할 기회가 생겨도, 아무 주제나 발표하지 않습니다. 새로운 내용들만 다루지도 않았구요. 만약 제가 어떤 주제를 다룬다면, 그건 제가 유용하다고 생각하고 사람들에게 공유할만한 가치가 있다고 생각하는 주제입니다.

만약 어떤 기능이 조금 부족하다고 느끼거나, 좀 더 많은 일을 해줬으면 좋겠다는 생각이 든다면, 그 이야기를 굳이 언급할 필요는 없다고 생각해요. 제가 그 기능들을 가지고 실험을 해보다가 어딘가에서 막혔다거나, 제가 기대했던 방향대로 되지 않는다는 느끼면, 그 기술의 온라인 커뮤니티에 들어가서 질문을 하고 답변을 받거나, 깃허브에서 풀 리퀘스트를 만들어요.

무대에 오를 때 쯤, 이미 그 주제에 대해서 알 수 있는 것들은 다 안 상태이고, 만약 알아내지 못한 것들이 있다면, 그것들은 직접적으로 언급하지 않는 대신 더 알아보려고 노력합니다. 청중들에게 도움이 되지 못할 정보를 주고 싶진 않거든요.

스프링의 생태계는 거대하고, 사람들이 생각할 수 있는 기술이나 모듈이 이미 존재합니다. 규모가 워낙 크다보니 관련된 모든 컨퍼런스에 참여할 수는 없지만, 그래도 제가 상대할 청중들이 어떤 것을 원하는지 알고 발표를 준비해야 합니다. 그래서 Oracle Code One이나 Devoxx에서 발표할 때는 웹 앱, 혹은 백엔드 시스템을 빌드하는 법에 대해서 발표합니다.

그러다보니 저는 주로 스프링에 대해서 발표하지만, 발표하는 컨퍼런스의 특성에 맞게 내용을 수정하는 편입니다.

스프링과 관련해서 발표할 때 재미있게 이야기를 하거나 농담을 하고 싶을 땐 스프링과 직접적으로 관련이 낮은 이야기도 합니다. 요즘엔 스프링 클라우드(Spring Cloud)를 개발한 스펜서 깁이 지나치게 즉각적인 반응을 보였던 사례를 이야기합니다.

스프링 클라우드 게이트웨이(Spring Cloud Gateway)라고, 스프링 클라우드와 관련된 기술을 사용하는 방법에 대해 영상을 촬영한 적이 있습니다. 리허설을 해보고, 녹화 한 뒤 편집을 해 다른 채널들에 업로드했습니다. 이 영상은 많이 알려졌고, 스펜서는 그 영상을 본 뒤 스프링 클라우드 게이트웨이에 대한 의견을 물어보더라고요. 그래서 개선되었으면 하는 점들을 알려줬는데, 그 당일 바로 작업을 시작해서, 제 의견들을 반영한 기능들을 구현하였습니다. 영상이 업로드된 지 24시간도 되지 않았는데요! 스펜서는 수용적인 자세를 가지고 있고, 남을 잘 도우려고 하며, 착한 성격에 너그러운 마음을 가지고 있습니다! 대단한 사람이죠.

회사의 의견에 동의하지 못할 때

히예르탄 빌렌가 : 회사의 의견 중 본인이 반대하는 내용을 무대에 올라 회사를 대표하여 말해야하는 순간에 어떻게 하시는 편인가요? 이런 경험을 한 적이 있으신가요?

조쉬 롱 : 아직은 없지만 충분히 경험할 수 있는 일입니다. 피보탈에 합류하기 전에, 스프링 팀에서 시도했던 OSGi 표준 지원에 눈이 가서 한 번 들여다 봤습니다. 스프링에서의 OSGi를 사용해보면서 감을 얻고, 글도 써보고, 의견도 받아봤습니다.

하지만 얼마 가지 못해 포기했습니다. 제가 회사에 입사했을 때는 후순위로 밀려났기 때문에 다뤄볼 기회가 더 없었습니다.

따지고 보면, 아무도 제게 OSGi에 대해서 발표해야 한다고 강요하지 않았고 피보탈과 같은 좋은 회사에 대한 내용을 발표해보라고 강요하지도 않았습니다. 다른 회사들은 어떨지 모르겠지만, 피보탈에서는 커뮤니티를 제외하고 제가 어떤 일을 해야한다고 강요하는 사람은 없습니다. 커뮤니티는 제가 어떤 일을 해야 하는지를 알려주었죠. 회사에서의 사람들은 저에게 어떤 기능에 대해서 발표를 해달라고 부탁하기 보다는, 자신들이 작업한 기능을 저에게 한 번 써보라고 말하는 편입니다. 만약 제가 그 기능이 마음에 든다면, 다음 발표에서는 그 기능에 대한 내용으로 준비합니다.

만약 자신이 좋아할 만한 것이 없는 회사에서 일하고 있다면, 본인이 그 회사랑 맞지 않는 것일 수도 있습니다. 제가 진심으로 좋아하지 않는 것에 대해서라면, 디벨로퍼 애드보킷 활동도 혹은 그것을 옹호하는 일도 맡기 싫습니다.

물론 스프링의 생태계 중에서도 OSGi처럼 저와 맞지 않았던 부분도 존재하지만, 그 부분을 제외한 스프링의 다른 구성 요소들에 관심을 가지면 됩니다.

히예르탄 빌렌가 : 만약 본인이 신입 디벨로퍼 애드보킷으로서 사람들 앞에서 발표하는데, 누군가가 발표하는 본인보다 그 기술에 대해서 더 많은 것을 알고 있을 때, 이에 대해 어떻게 행동하실 것인가요?

조쉬 롱 : 첫 번째로, 모른다고 말하는 것은 아무런 문제가 없습니다. 사람들이 갑자기 질문을 하는 경우에는 더더욱 그렇고요.

만약 그 질문이 제가 발표하는 핵심과 관련이 있다면, 그에 대한 대답을 할 수 있는 것이 가장 좋겠죠. 만약 질문이 부차적인 주제에 관한 것이라면, 몰라도 괜찮습니다. 그저 사람들이 지금 어떤 부분에 더 초점을 둬야 하는지를 알려 주면 되니까요.

사람들로부터 예상치 못한 질문을 받았을 때 당황하지 않으려고도 합니다. 그리고 이 주제에 대해서 발표해도 되겠다는 확신이 들지 않는다면 발표를 하지 않기도 하고요.

히예르탄 빌렌가 : 디벨로퍼 애드보킷이 활발히 활동하는 등의 이유로 특정 의견으로 편향된 커뮤니티에서는 사람들끼리 종종 갈등을 겪고, 어떨 때는 감정 싸움으로 번지기도 합니다. 그런 상황에 겪은 적이 있는지, 그리고 이런 상황을 해결했나요?

디벨로퍼 애드보킷들 사이의 갈등

조쉬 롱 : 저는 갈등을 조장하는 사람들에게 디벨로퍼 애드보킷 분야는 아주 작은 커뮤니티니까 그 안에서 분탕을 일으키지 말라고 말합니다. 어떤 생태계를 봐도 전 세계에서 이 커뮤니티에 소속된 사람은 굉장히 적습니다. 특히, 제가 특별하게 생각하는 커뮤니티에 들어와서, 이미 열심히 활동하고 있는 사람들을 깎아내리고 갈등을 만들어내는 사람들은 이해할 수 없습니다. 하지만, 오픈 소스 세계에서 이런 짓을 하려고 혈안이 된 사람들을 적지 않게 볼 수 있습니다.

하지만 기본적으로 커뮤니티에 모인 사람들은 오픈 소스 프로젝트에 기여하기 위해서 모였기 때문에, 본인의 의견을 고집한다는 이유로 그 사람을 배척하지는 않습니다. 서로 다른 의견은 갈등을 만들어 내는 것이 아니라, 오히려 프로젝트에 대한 새로운 열정으로 바뀔 수 있는 부분이 되기 때문입니다.

그래서 전 제가 속해있는 커뮤니티를 사랑합니다. 자바 생태계나 클라우드 생태계에서는 제가 밥을 함께 먹기 싫을 정도로 사이가 나쁜 사람은 없습니다. 언쟁을 해야 할 사람들도 없구요. 만약 커뮤니티에서 누군가와 싸움을 하려고 한다면, 이 생태계의 가장 큰 매력인 커뮤니티를 망치게 될 것입니다.

히예르탄 빌렌가 : 디벨로퍼 애드보킷으로 일하면서 평소에 어떤 하루를 보내시나요?

조쉬 롱 : 이 직업의 좋은 점은 똑같은 하루가 없이 매일이 새롭습니다. 매일 다른 주제에 대해서 공부한다거나, 새로운 사람들과 만나서 이야기하고, 혹은

다른 도시나 나라에 있을 때도 있죠. 주어진 시간동안 개발과 관련된 글을 쓰거나 읽고, 발표하거나 다른 사람의 발표를 듣습니다. 물론, 일하면서 매우 하기 싫은 경비 지출 보고서를 작성하는 것도 하죠.

히예르탄 빌렌가 : 출장을 많이 다니다 보면 그런 단점들도 있죠. 경비 지출 보고서를 작성하면서 어떤 부분이 특히나 성가신가요? 그 외에 본인의 업무들 중에 싫어하는 활동은 어떤 것이 있으신가요?

조쉬 롱 : 경비 지출 보고서를 쓰는 것이 가장 힘든 일입니다. 느리고, 지루하고, 반복적인 작업이니까요.

전 세계의 도시들과 컨퍼런스를 돌아다니다 보면, 컨퍼런스들이 화요일에 시작하고 목요일에 끝나는 경우는 없다는 것을 알 수 있습니다. 어떤 이유에서든 무조건 월요일에 시작하고 금요일에 끝나죠. 이는 주말 동안 비행기를 타고 다녀야 한다는 뜻입니다.

그러면서 컨퍼런스 기간동안 수많은 일들이 일어나기 때문에, 자유 시간을 얻기 힘듭니다. 그냥 앉아서 하늘을 바라보고 있으면 일이 되는 것이 아니거든요. 집에서 딱 하루 쉬면서 다음 출장을 준비해야 하는데, 쉬지 못하고 직전에 갔다온 출장의 보고서를 작성해야 한다면 정말 우울한 기분이 들어요.

특히나 바빴던 몇 년 전에는 12월 24일에도 앉아서 경비 보고서를 쓰고 있었습니다. 출장을 많이 다닐수록 처리해야 할 보고서가 계속 쌓이는 것이죠.

히예르탄 빌렌가 : 얼마나 많이 출장을 다니시나요?

조쉬 롱 : 우선 제가 일하면서 꼭 출장을 다녀야만 하는 것이 아니라는 것을 알아줬으면 합니다. 제가 달성해야하는 목표를 위해서는 집에서 속옷 차림으로 앉아서 최대한 많은 사람(적어도 발표를 할 때 보는 청중들 수 만큼)이 접할 수 있도록 블로그 글을 써도 됩니다. 하지만 직접 돌아다니는 것을 더 좋아합니다. 컨퍼런스가 열리는 곳에 가서 사람들을 만나는 것을 좋아하죠. 출장을 가는 과정은 그 일을 하기 위한 것의 일부이고, 그게 직업이라고 생각하진 않아요.

제가 출장을 다니는 이유는 사람들과 교류하기 위해서입니다. 출장을 가기 위해 이동하는 시간에도 글을 쓰거나 디벨로퍼 애드보킷으로서 다른 업무들을 할 수 있습니다. 그런 점에서 출장 다니는 것이 도움이 된다고 생각합니다.

지금은 이런 기회를 무시한 채 책상 앞에 앉아만 있고 싶진 않습니다. 직접 사람들과 교류하는 것은 극히 짧은 순간이겠지만 좀 더 의미있는 순간으로 남을 것이거든요. 무엇보다 스프링을 이용해 확장성 있는 애플리케이션을 만들고 있는 개발자들을 만날 수 있기 때문입니다.

피보탈에서는 하기 어려운 것 뿐만 아니라, 사람들이 해야하지만 하지 않고 있던 것들에 대한 도움을 줄 수 있는 기술을 개발하려고 하고 있습니다. 스프링은 사용자 경험을 확대하고 개발자들이 해야 하는 것들을 잘 연결하고 더 쉽게 만들어주고 있습니다. 예전에 사람들의 수요가 적은 기능을 다뤄본 경험이 있어서, 일단 어떤 주제나 기능에 대한 수요가 존재한다면 해당 기능을 원하는 사람들이 소외되지 않게 도와주고 싶습니다.

1년 동안 유나이티드 항공을 타고 25,000 마일을 여행하면 실버 등급에 속하게 되는데 50,000 마일은 골드, 75,000마일은 플래티넘 그리고 100,000마일은 1K 등급이 있습니다. 그 이상의 등급은 없어요. 글로벌 서비스라고 특정 기준 이상의 돈을 쓰고 여행을 다닌 사람들 중에서 초대 받은 사람들만 이 등급에 들 수 있는데, 저는 지난 3년 간 글로벌 서비스 등급이었습니다. 작년엔 500,000마일 넘게 출장을 다녔네요.

오픈 소스 생태계의 좋은 점은 모두에게 동등한 기회를 준다는 것입니다. 인터넷 연결만 되어 있다면 일부 인구 빼고는 모두 오픈소스에 참여할 수 있거든요. 그래서 전 세계의 사람들을 대상으로 활동하려고 해요. 매년 오대양 육대주의 사람들과 함께하고 있습니다.

조쉬의 바쁜 비행 일정

히예르탄 빌렌가 : 비행이나 혹은 여행에 관한 팁이 있으신가요?

조쉬 롱 : 피보탈에서는 직원들의 비행 일정을 관리해주는 팀원인 타샤가 있습니다.

타샤는 이벤트 코디네이터 업무를 담당하고 있어서 제 일정을 세우는 것을 도와줍니다. 제가 제 일정을 직접 관리해도 되긴 하지만, 그녀에게 맡기면 일이 더 잘 풀린다는 것을 알게 되었죠. 그녀는 모든 것을 알고 있으니까요.

컨퍼런스 주최 측에 이야기해 근처에 있는 다른 컨퍼런스에도 방문하고 싶어서 발표 조율이 가능하냐고 묻는 건 어렵습니다. 몸은 하나인데 가고 싶은 곳은 많으니까요. Oracle Code One과 같은 큰 컨퍼런스에서는 1주일 정도 전시회가 열리지만, 같은 기간에 가고 싶은 다른 행사들이 열릴 수도 있습니다.

그럴 때 타샤가 도와줘서 매일 다른 곳에 방문할 수 있게 조율해줍니다.

몇 주 전에, 저는 일요일에는 시드니에 있었고 월요일 저녁에는 두바이에 있었습니다. 목요일 오전에는 인도의 벵갈루에 있었지만 그 다음 일요일에는 보스턴에 있었죠. 이렇게 바쁜 일정을 짤 때는 다른 사람의 도움이 필요합니다. 비행기에 타서 도착한 다음, 준비해서 발표를 진행하는 것만으로도 벅차거든요. 그래서 누군가 본인의 일정을 대신 관리해준다는 것은 정말 도움이 됩니다.

이런 도움 덕분에 비행기를 놓쳐본 적은 없어서 관련된 이야기를 해드릴 건 없네요.

폭우나 폭설로 어디에 갇힐 수도 있고 일정이 갑자기 취소될 수도 있을 것입니다. 사람 일은 모르니까요. 항상 운이 좋을 순 없잖아요.

몇 년 전에, 저는 L.A의 교통 체증에 묶여있어서 러시아로 가는 비행기를 놓쳤습니다. 노보시비르스크에서 열리는 환상적인 컨퍼런스에 참석하기로 되어 있었는데, 공항에 제시간에 도착하지 못했습니다. 제가 탑승하기 전에 탑승 수속이 마감되었는데 정말 끔찍했죠. 10분만 더 일찍 갈 걸이라는 생각이 들면서 엄청 후회했습니다.

히예르탄 빌렌가 : 매일 아침에 하는 습관이 있나요?

조쉬 롱 : 일정을 확인하고 트립잇(역자 주: 여행 스케줄러 서비스)을 통해 제가 지금 어떤 나라에 있는지 확인합니다. 컨디션이 좋을 때는 어디에 있는지 기억을 하지만, 자고 일어났는데도 피로가 풀리지 않아 정신을 못 차리는 경우도 있거든요.

그러고나서 트위터 슬랙, 이메일을 차례로 체크합니다. 컨퍼런스에 있는 사람들과 소통할 때는 이메일을 사용합니다. 발표 자료를 만들 때는 항상 제 이메일 주소를 넣어놓고, 청중들에게 제 이메일 주소를 알려줘서 궁금한 것이 있으면 언제든 메일을 달라고 합니다. 그래서 메일을 받으면 기뻐요. 트위터도 마찬가지로 다이렉트 메시지들을 자주 확인하는 편이에요.

회사 이메일도 있어서 시간 여유가 있을 때는 회사 일들을 처리하고는 합니다. 물론 회사 내의 많은 업무들을 처리하는데 시간을 허비하는 편은 아니지만요. 스프링을 담당하는 엔지니어링 팀도 알고, 스프링 리액터(역자 주: 스프링 프레임워크에서 반응형 프로그래밍을 가능하게 해주는 모듈)나 클라우드 파운드리(역자 주: 멀티 클라우드 환경을 위한 컨테이너 기반의 애플리케이션 플랫폼)와 같은 스프링과 관련된 기술들을 담당하는 엔지니어링 팀도 알고 있습니다. CEO가 누군지도 알고는 있지만 회사 내부의 일에 많은 신경을 쓰진 않습니다.

사무실에 자주 있지 않기 때문에 회사 사람들을 잘 못 만납니다. 대신 회사의 고객들이나 커뮤니티와 이야기를 주로 하는 편이라 회사 내에서 발생하는 일과 제가 하는 일끼리는 구분을 짓는 것이 마음이 편합니다.

조직에서 일어나는 일에 참여하는 건 좋아하지만, 보통은 오늘 제가 발표할 주제에 집중하는 것이 제가 더 영향력 있는 일을 하고, 더 많은 가치를 가져다 줄 수 있는 것을 압니다.

2014년에 스프링이 점점 유명해지기 시작했을 때, 사람들은 내부적으로 제게 도움을 요청하기 시작했지만, 어떻게 시작해야할지 잘 몰랐습니다. 전 세계에 위치한 각기 다른 지사의 책임자가 누구인지 몰랐지만, 회사 사람들은 제가 그들과 함께 더 많은 사람들이 스프링 부트를 쓰게 만들고 싶어했거든요. 이제는 좀 달라졌습니다. 회사 내부에 누가 있는지 쉽게 확인할 수 있어서, 필요한 사람들은 저희에게 쉽게 도움을 요청할 수 있습니다.

요즘에는 피보탈에서 일하는 모든 사람이 스프링이 좋은 것이라는 것을 알고 있고, 새로운 컨텐츠를 찾으려면 어디로 가야하는지도 알고 있습니다. 내부에서 사용하는 슬랙도 있어서 필요하면 질문과 답변을 서로 주고 받을 수 있기에, 스프링이 좋다는 사실을 일부러 강요할 필요는 없습니다. 다들 스프링에 관심을 가지고 있는 것은 자연스러운 일이기 때문에, 굳이 누군가 나서서 관심을 가져야한다고 할 필요가 없는 것입니다.

히예르탄 빌렌가 : 최근에 배운 것들은 어떤 것이 있나요?

조쉬 롱 : 항상 배워야 할 것들은 넘쳐나요. 자바 12를 한 번 사용해봤는데 재미있었습니다.

히예르탄 빌렌가 : 자바 12로 어떤 것을 하셨나요?

조쉬 롱 : 스프링이 자바 12에서 잘 작동하는지, 안 되는 것이 있는지, 그리고 몇몇 코드들을 모듈 안으로 넣는 정도를 시도해보았습니다. 이럴 때 항상 JVM의 기초를 이해하는 것이 필요해서 자바가 좋습니다.

최근에는 회사에서 마이크로미터(Micrometer)라는 새 프로젝트 때문에 다이나트레이스나 데이터독 같은 모니터링 시스템을 연구하고 있습니다. 그래서 디멘셔널 메트릭 툴(Dimensional Metric Tools, 역자주: 측정기준과 측정항목을 다루는 툴)에 대해서 공부하고 있습니다.

같은 주제만 반복해서 공부하는 건 좋아하지 않습니다. 디벨로퍼 애드보킷의 하루는 매일이 달라야 하기 때문에 매일 같은 것을 반복한다면 문제가 있다고 봅니다.

히예르탄 빌렌가 : 본인이 팔방 미인이지만 특정 분야의 전문가가 아니라는 생각을 하시나요?

넓고 얕게 배우는 것

조쉬 롱 : 제가 10가지의 다른 일들을 어느 정도 할 수는 있지만, 어떤 사람이 더 많은 것들을 더 잘하는 모습을 보면 종종 그렇게 느낍니다. 본인이 보통밖에 안 되는 사람이라고 느낄 수는 있습니다. 그러나 여전히 한 주제만 다뤄서 지루해하는 것보다 여러 주제를 다루는 것을 선호합니다.

히예르탄 빌렌가 : 10년 뒤에 어떤 일을 하고 계실 것 같으신가요?

조쉬 롱 : 제가 하는 일을 좋아하고 있으면서, 동시에 저희 애드보킷 팀은 성장하고 있습니다. 팀에 있는 사람들과 최대한 많은 시간을 보내면서 팀원들이 이 일을 잘 해낼 수 있게 도와주고 있습니다. 다른 팀원들보다 이 일을 더 빨리 시작한 만큼, 남들을 돕는 데 많은 시간을 쓰고 있죠.

회사가 성장할수록, 저희 팀도 더 발전하고 있습니다. 매일 이런 일을 할 수 있는 좋은 기회를 얻었다는 사실에 감사함을 느끼고 있고요.

이 일은 협업을 통해서 많은 기회를 얻을 수 있고, 다른 기술들 간의 시너지를 만들어 내는 건 제게 정말 흥미롭습니다.

스프링을 좋아하고, 마이크로서비스를 좋아하고, 클라우드 컴퓨팅을 좋아하고, 분산 시스템을 만드는 것도 좋아하지만, 그 이면에는 문화적 맥락이 존재합니다. 더 애자일한 방식에 익숙해야 하고, 테스트 주도 개발을 활용하면서 클라우드 컴퓨팅 환경에 익숙해져야 합니다. 하나의 원을 생각하면 됩니다. 하나의 개념이 다른 개념과 연결되고, 결과적으로는 다시 그 자리로 돌아오게 됩니다. 제가 맡은 역할에서 더 많은 범위를 다룰 수 있길 바랍니다.

히예르탄 빌렌가 : 디벨로퍼 애드보킷이 되기까지 일반적으로 거치는 단계가 있을까요? 아니면 혹은 디벨로퍼 애드보킷은 원래부터 그렇게 될 것이라고 결정이 되어 있는 것일까요?

조쉬 롱 : 개발자들이 디벨로퍼 애드보킷 분야로 넘어올 수 있고, 그 반대 상황도 일어날 수 있습니다. 애드보킷 직무를 시도해보고 맞지 않는다면 다른 일을 하면 됩니다.

어떤 사람들은 그런 상황에서 속도에 변화를 주거나 혹은 경력 전환을 하려고 합니다. 하나의 역할에 갇혀 있는 건 아니니까요. 제가 좋은 디벨로퍼 애드보킷이 될 수 있게 된 것은 기술 조직에서 실력있는 제품 개발 팀과 함께 하고 있다는 것 덕분이라고 봅니다. 그래서 애드보킷 경험을 한 것은 더 도움이 되었으면 되었지 못한 경험은 아니라고 봅니다.

히예르탄 빌렌가 : 디벨로퍼 애드보킷 업무를 오래 하다 보면 번아웃이 오는 건 당연한 일인가요?

조쉬 롱 : 창의성이 요구되는 업무라면, 많은 사람들이 번아웃을 느낄 것입니다.

저녁 시간이 지나서도 무언가를 해야 한다는 마음과 의미 있는 일을 해야 한다는 욕심이 들 수 있습니다. 이는 긍정적으로 보일 수 있지만, 어느 순간부터 육체적으로 힘들어지고 이윽고 정신적으로도 힘들기 시작할 것입니다.

"본인의 일을 너무 사랑한 나머지 많은 시간을 투자한 사람은 너무 깊이 빠져들었다는 이유로 이런 감정에 노출될 수 있는 위험이 있습니다." - 조쉬 롱

창의적이고, 본인이 하는 일에 많은 시간을 투자하는 사람에겐 누구나 경험할 수 있는 위험 요소입니다. 프로그래머들도 느낄 수 있구요.

이 업계에서는 잠시 멈춰서 여유를 갖는 것이 중요합니다. 매일 사무실에 갈 필요도 없고, 집에서 일을 하며 가족들과 함께 시간을 보내도 됩니다. 사람들은 본인의 업무는 그렇게 하는 것이 불가능할 것이라고 잘못 생각합니다. 하지만 실제로 미래에는, 다른 나라에 가 있을 수도 있고, 어떤 날들은 집에서만 보낼 수도 있습니다. 어느 날은 본인의 자유시간을 뺏길 만큼 일을 했겠지만, 다른 날에 그 자유 시간을 보상 받을 수 있을 것입니다. 본인이 사랑하는 사람들과 시간을 보내는 것을 택할 것이냐 혹은 본인을 성장시키는 기회를 잡을 것이냐 중에서 선택하는 것은 필요합니다.

라베아 그랜스버거

Rabea Gransberger

—

라베아 그랜스버거는 MEKOS에서 소프트웨어 엔지니어이자 소프트웨어 개발 파트의 공동리드를 맡고 있다. 그녀는 글로벌 자바 컨퍼런스와 사용자 모임들에서도 유명한 연사로 알려져있다. 라베아는 자바 챔피언이고, 브레멘 자바 사용자 모임을 2012년에 시작했다. 그녀는 자신을 디벨로퍼 애드보킷이라고 생각하기보다는 코드 저장소를 깨끗하게 관리하고, 그녀의 팀과 세상의 모든 개발자가 더 나은 코드를 작성할 수 있도록 교육하는 것에 집중하고 있다. (트위터: @rgransberger)

히예르탄 빌렌가 : 본인이 누구인지, 그리고 무슨 일을 하는지 설명해 주십시오.

라베아 그랜스버거 : 독일 사람이고, 브레멘에서 소프트웨어 개발자면서, 부서의 리드이자, 프로젝트 매니저로 일하고 있습니다. 거의 모든 일을 하는 것 같네요.

저희 팀에서는 고객들로부터 작업을 받아서 진행하는데, 주로 두 주요 고객사에서 받은 업무를 애자일한 방식으로 처리하고 있습니다. 고객사가 업무를 할당해주면 우리는 그 업무들의 우선순위를 같이 검토해보고, 스프린트를 진행하기 좋은 우선순위가 높은 일들과 몇몇 작은 일들을 고릅니다.

저희 팀에는 5명의 개발자가 있고, 저는 스프린트에서 나온 작업물들을 만들어내는 것 뿐만 아니라 소프트웨어 아키텍쳐 디자인과 팀 교육을 맡고 있습니다. 교육을 할 때는 코드 리뷰와 핸즈온 랩(Hands-on Lab)을 활용하고 있습니다. 예를 들어, 자바 8이 처음 출시 되었을 때 저희는 새로운 API를 사용하는 실제적인 감각을 익히기 위해서 스트림 API(역자주 : 자바 컬렉션의 요소를 하나씩 순차적으로 참조할 수 있게 해주는 API)와 람다 API(역자 주: 이름이 없어도 되는 익명 함수로, 스트림 API의 메서드 안에서 정의될 수 있다.)에 관련된 문제를 푸는 내부 교육을 진행했습니다. (역자 주: 자바 8에서 스트림 API와 람다 API가 도입되어, 자바로 함수형 프로그래밍을 할 수 있게 되었다.)

히예르탄 빌렌가 : 컨퍼런스에서 코드 리뷰에 대해서 이야기 해왔습니다. 코드 리뷰는 어떻게 시작하게 되었습니까?

라베아의 발표 주제들

라베아 그랜스버거 : 코드 리뷰에 대해서 이야기 하기 시작한 것은 제 일과에서 비롯되었습니다. 때로는, 컨퍼런스에서 참석하면서 주제들에 대한 아이디어를 얻곤 합니다. 예를 들어, 제 발표 중 "효과적인 IDE (역자주 : 통합 개발 환경 - 공통된 개발자 툴을 하나의 그래픽 사용자 인터페이스(Graphical User Interface, GUI)로 결합하는 애플리케이션을 구축하기 위한 소프트웨어) 사용법"이라는 발표가 있었습니다. 컨퍼런스에서 많은 발표자들이 중간에 청중들에게 보여주려고 준비해온 코드를 제대로 실행 시키지 못한다고 느꼈습니다. 만약 그들이 IDE에 있는 자동 완성 기능을 사용했다면 코드 시연을 더 쉽게 할 수 있었을 것입니다. 그래서 제가 그 부분에 발표 주제에 대한 아이디어를 얻을 수 있었습니다.

자바 8과 관련된 함수형 인터페이스에 대한 발표를 했을 때는, 그 주제에 대해서 흥미가 있어서 발표 제안을 했습니다. 저는 회사의 저희 팀이 사용할 수 있는 어떤 좋은 라이브러리가 있는지 찾고 있었습니다. 그 발표 주제가 통과되었을 때, 전 이미 발표 준비를 끝냈고 라이브러리들에 대해 알아보고 있었습니다.

히예르탄 빌렌가 : 코드 리뷰에 관한 발표를 진행할 때 어떤 점을 강조하십니까?

라베아 그랜스버거 : 전 모든 회사가 코드 리뷰를 반드시 시작해야 한다고 강조하는 편입니다. 코드 리뷰가 필요하다고 생각될 때 시작하는 것도 괜찮습니다. 예를 들어, 만약 굉장히 중요한 컴포넌트를 변경해야 한다면, 누군가 변

경하는 내용에 대해 코드 리뷰를 해야한다고 생각한다면 아마 더 나은 결과물을 얻을 것입니다. 어떤 회사들은 "우리가 쓰는 모든 코드는 리뷰를 받아야 한다"고 말합니다. 이렇게 코드 리뷰가 중요한데, 어떤 사람들은 전혀 노력하지 않습니다.

히예르탄 빌렌가 : 코드 리뷰는 어떻게 진행됩니까?

라베아 그랜스버거 : 저에게 코드 리뷰는 굉장히 일상적인 일입니다. 코드를 보고, 의견을 작성하고, 그 결과를 코드를 작성한 사람에게 전달해서 코드를 더 보완할 수 있도록 합니다.

히예르탄 빌렌가 : 어떤 사람이 코드를 리뷰하는 사람이 되어야 할까요?

라베아 그랜스버거 : 리뷰를 진행하는 사람은 개발하고 있는 산출물이 다루는 분야에 대해 많은 지식을 가지고 있는 사람이어야 합니다. 코드 리뷰로 좋은 결과를 내기 위해서, 리뷰어(Reviewer)는 같은 팀에 속해 있어야 합니다. 그래야 그 코드를 더 잘 아는 사람이 같은 팀에 한 명 더 늘어나게 되니까요. 만약 나중에 어떤 문제가 발생한다면, 그 코드를 고칠 사람이 한 명 더 있게 되는 것이기도 합니다.

히예르탄 빌렌가 : 어떻게 이 일을 시작하게 되었습니까?

라베아 그랜스버거 : 제가 대학교에 다녔을 때, 사람들이 토론을 하며 진행되는 포럼 수업을 신청했습니다. 일반적인 IT 포럼이었습니다. 비록 제가 처음부터 이해하지 못한 것들이라도, 저는 제 스스로 자바에 관련된 질문에 답하려고 노력했습니다. 전 주로 제 자신을 위한 작은 과제를 만들고, 그 문제를 진

짜 풀 수 있는지 시험했습니다.

2004년에, 학생 신분으로 자바 개발자로 취업했습니다. 이런 방식으로 전 자바로 프로그래밍하는데 익숙해졌습니다. 1년 뒤에, 팀의 다른 사람이 디버거(역자 주: 다른 대상 프로그램을 테스트하고 디버그 하는 데 쓰이는 컴퓨터 프로그램)라는 기능을 알려주었습니다.

대학교에 있는 어느 누구도 디버거가 있다는 사실을 말해주지 않았습니다. 제가 항상 'system.out.println' 코드를 써가며 원시적으로 버그를 찾고 있었을 때, 제 친구는 디버거를 쓰지 않고 왜 그런 코드를 치고 있는지 물었습니다. 굉장히 당황스러웠고 분노했습니다. 왜 대학 시절에 아무도 제게 디버거에 대해서 이야기를 해주지 않았냐고 하면서요.

히예르탄 빌렌가 : 이런 경험들을 어떻게 쌓아 왔습니까?

라베아 그랜스버거 : 2009년에 처음으로 지금의 회사에 입사했을 때는 많이 공부했습니다. 왜냐하면 회사가 전문으로 하던 미네랄 오일과 주유소 사업 분야는 정말 특화된 분야였기 때문입니다.

2년 후에는 지루해졌습니다. 저에게 프로그래밍을 알려줄 사람이 아무도 없었습니다. 전 항상 자바 프로그래밍을 더 잘하고 싶었기 때문에, 저는 다른 아이디어를 모색했습니다.

그당시 저는 하인츠 카부츠가 작성하는 '자바 스페셜리스트(The Java Specialist)'라는 뉴스레터를 구독하고 있었는데, 그의 온라인 정규 과정에 등록한 사람들은 크레테 섬에서 열리는 그의 특강에 참석할 수 있는 특별 행사를 진행했습니다. 그래서 저는 크레테 섬으로 가 4일짜리 특강을 수강했습니다.

그 때 저는 주니어 자바 개발자였던 반면, 특강의 내용은 굉장히 어려웠습니다. 거기에 있는 예제도 풀기 어려웠지만, 하인츠가 제와 계속 연락한다는 것만으로도 만족했습니다.

컨퍼런스에 참석하는 것

히예르탄 빌렌가 : 하인츠가 주최한 JCrete 언컨퍼런스가 당신의 컨퍼런스 참석의 첫 시작점인가요?

라베아 그랜스버거 : 네, 2011년 저는 하인츠에게 초대 받아 제 1회 JCrete 언컨퍼런스에 참석했습니다.

그리고 저는 컨퍼런스에 방문한 다른 개발자들과 연락하기 시작했습니다. 그들은 제게 컨퍼런스에서 왜 발표하지 않는지 계속 물었습니다.

저는 제가 굉장히 한정적인 영역에서 일하고 있기 때문에, 어떤 주제로 이야기를 해야할지 모르겠다고 그들에게 답했습니다.

제가 할 수 있는 주제는 다른 사람들에게 그다지 흥미롭지 않을 것 같았습니다. 어떤 일을 완벽하게 이해했을 때, 다른 사람들은 그 일에 대해 지루하다고 느낄 것 같고 흥미가 없을 것 같다고 생각하기 마련입니다.

첫 발표는 2012년 EclipseCon Europe에서 였고, 다른 동료와 함께 진행했습니다. 새로운 버전의 이클립스 IDE가 발매되어, 이클립스 데모 캠프에 갔던 적이 있어서 발표에 참여하게 되었습니다.

데모 캠프에 참가하기 위해 함부르크로 여행 갔던 어느날 저녁, 누군가가 저희에게 무슨 일을 하는지 물어봤습니다. 우리는 이클립스 RCP를 이용해서 제품을 개발하고 있고, 이클립스 RAP를 이용해서 데스크톱 애플리케이션과 웹 애플리케이션을 개발하고 있다고 말했습니다. 태브리스(Tabris)를 함께 사용할 수 있는 방법도 고민하고 있다고 말했습니다.

태브리스라는 플랫폼을 사용하면, 데스크톱과 모바일 애플리케이션을 같은 코드로 구현할 수 있었기 때문에, 작성한 코드를 안드로이드나 iOS 애플리케이션으로 변환하는 특별한 과정이 있었습니다.

그러자 그 사람이 같은 코드를 각기 다른 UI에 접목하는 것에 대한 많은 이론이 있지만, 실제로 구현을 하는 사람은 처음 만났다고 말하며 EclipseCon Europe에서 이에 대해 발표하는 것이 어떻냐고 제안했습니다.

> *"우리가 하는 일을 아무도 하지 않고 있다는 것을 알게 되면서,*
> *첫 발표를 하기로 마음 먹었습니다" - 라베아 그랜스버거*

그 사람은 바로 EclipseCon 컨퍼런스의 운영진인 랄프 뮐러였습니다. 우리가 하는 일을 아무도 하지 않고 있다는 것을 알게 되면서, 첫 발표를 하기로 마음 먹었습니다.

그 해, 저는 브레멘에서 자바 사용자 모임을 시작했습니다. 브레멘에 있는 자바 사용자 모임을 몇 년간 찾아 헤매었지만 없었습니다. 그래서, 제가 만들기로 결심했습니다. 그 모임은 여전히 활동하고 있습니다. 모임을 운영하는 데 너무 많은 시간이 들어 더 이상 제가 모임을 이끌고 있지는 않지만요. 그래서 운영진 3명이 모임을 이끌어 나가고 있습니다.

히예르탄 빌렌가 : 정말 잘된 일입니다! 모임을 시작하는 것의 다음 단계는 다른 사람에게 넘겨 주는 거라고 생각합니다. 모임 운영에 정말 완벽한 단계가 아닐까요?

사용자 모임을 운영하는 것

라베아 그랜스버거 : 네, 특히나 저는 사람들을 동기부여하는 데는 약하기 때문입니다. 저는 이미 자극 받은 사람들을 가르치는 것에는 잘하지만, 동기부여 자체를 잘하지는 못합니다.

처음에는 자바 사용자 모임에 참여하는 사람이 매우 적었는데, 이는 저희가 선택한 플랫폼의 한계 때문이라고 봅니다. 초기에 저희는 링크드인과 비슷한 독일의 XING을 사용해 모임 일정들을 만들고 알림을 보냈는데, XING은 초대장을 보내기엔 적절한 툴은 아니었습니다.

모임 회원들은 그저 새 메시지가 도착했다는 이메일만 받을 수 있기 때문입니다. 실제로 메시지를 확인하기 위해서는 XING에 접속해야 했습니다. 저만 해도 주제가 굉장히 흥미롭지 않은 이상 XING을 통해서 온 메시지는 잘 안 읽었습니다.

모임에는 200명의 회원들이 있었지만, 행사 당일에는 오직 5명만 나왔습니다. 이렇게 낮은 참석율 때문에, 발표자를 브레멘으로 초대하는 것은 꽤 어려운 일이었습니다. Neo4j를 창업한 피터 뉴바우어의 경우 발표를 위해 스웨덴에서왔지만, 행사에는 6~7명만 참여했습니다. 저는 긴 시간동안 브레멘으로 와 준 그에게 정말 미안했지만, 동시에 너무 고마워서 도시를 구경시켜 주었습니다. 그리고 그 이후에는 항상 발표자들에게 10명 이상의 인원이 올 거라고 기대하지 말라고 경고했었습니다.

얼마 뒤, 저는 적은 인원을 위해서 사람들이 밀리서 오는 것은 비효율적이라고 생각했습니다. 그래서 온라인 자바 사용자 모임(Virtual Java User Group)을 운영하고 있던 사이먼 메이플로부터 온 이메일을 읽었을 때, 사이먼은 사람들을 모으는 것을 잘 하지만, 저는 그렇지 못한다는 것을 깨달았습니다.

그래서 자바 사용자 모임을 이끄는 자리를 저보다 더 잘 하는 사람에게 넘겨 줘야겠다고 결심했습니다. 그리고 사람들에게 행사에 대해 더 잘 알려주고, 자바에 관심있는 새로운 유저들에게 모임을 더 알릴 수 있는 밋업 닷컴(Meetup. com)으로 플랫폼을 변경했습니다. 그 이후로는 행사에 50명 정도의 인원이 참석하게 되었습니다.

히예르탄 빌렌가 : 어떻게 정기적으로 컨퍼런스에서 발표를 하기 시작하셨습니까?

라베아 그랜스버거 : Devoxx라는 행사에서 어떤 사람들을 알게 되었습니다. 그들은 제게 Devoxx UK의 첫 번째 컨퍼런스에 대해 알려줘서, 발표 연사 신청을 하고 선정되었습니다. 그래서 2013년에 런던에서 처음으로 컨퍼런스에서 저만의 발표를 했습니다.

> *"다른 개발자들이 컨퍼런스에서 발표하는 것을 보는 것은 정말 신세계였습니다."*
> *- 라베아 그랜스버거*

크레테 섬에서 열린 자바 특강에 참가하기 전까지만 해도, 자바에 대한 내용을 다루는 컨퍼런스에 대해서는 아무것도 알지 못했습니다. 그래서 다른 개발자들이 컨퍼런스에서 발표하는 것을 보는 건 정말 신세계였고 사람들이 정말 친절해서 좋았습니다. 컨퍼런스에서 열정적인 사람들을 만날 수 있고, 다른 사람들에게 제가 무슨 일을 하는지 알릴 수 있고, 다른 사람에게 배울 수도 있습니다. 그 이후로 저는 컨퍼런스에 꾸준히 참여하게 되었습니다.

히예르탄 빌렌가 : 최근에 봤었을 때, JCrete 행사 운영을 도와줬던 것으로 기억합니다. 여전히 JCrete 운영을 도와주고 있나요?

라베아 그랜스버거 : 네 저는, JCrete의 비공식 운영진으로 활동하고 있습니다. 2014년부터 활동을 해왔고, 행사가 잘 진행될 수 있도록 준비하는 것을 도와주고 있습니다.

자바랜드(JavaLand) 프로그램 운영회에서도 3년 정도 일했지만, 요즘에는 시간을 내기가 어려워 그만뒀습니다.

히예르탄 빌렌가 : 글이나 책을 쓰기도 하나요?

라베아 그랜스버거 : 작년에 발간된 독일의 iX Developer 잡지에 글을 한 편 기고했습니다. 독일의 다른 온라인 잡지에 올라온 자바9 모듈에 관한 흥미로운 질문들에 대해 대답하는 글이었습니다.

글을 쓰는 데 많은 시간이 걸려 자주 하지는 않습니다. 최근에는 글을 왜 써야 하는지에 대한 의문을 가지고 있습니다. 블로그를 시작했지만 블로그에 있는 유일한 글은 어떻게 블로그를 만드는 지에 대한 글입니다!

히예르탄 빌렌가 : 굉장히 많은 일을 하고 있는데, 커뮤니티 활동할 시간은 어

떻게 만듭니까?

라베아 그랜스버거 : 최근에는 시간을 내는 게 많이 어렵습니다. 한 30살 까지만 해도 회사에서 퇴근하고 집에 와서 저녁에 코딩하는 것을 즐겨하곤 했습니다. 그게 아니라면 자바에 관한 글을 읽거나 했는데, 최근 몇 년간 그런 시간이 너무 없었습니다. 저녁에 쉴 시간이 너무 필요하다고 느낍니다.

가끔은 긴 휴가를 즐길 때 코딩을 해야 하지 않을까 하는 생각이 들기도 합니다. 실제로, 이클립스 IDE 버그들을 찾아 수정하여 기여하는 일을 하고 있거든요.

컨퍼런스 시기가 다가올 때, 대체로 발표날로부터 1주 전 쯤 달력 앱에서 알람이 뜹니다. 그러면 예전에 했던 주제를 다시 해야 할지, 혹은 새로운 발표를 준비해야 할지 고민하게 됩니다. 어찌 됐건 준비를 하는데 굉장히 많은 시간이 필요합니다. 만약 45분짜리 발표를 하게 된다면, 토요일부터 기본 발표 구조를 짜고 발표자료를 만들면 주말이 끝나 있거든요.

히예르탄 빌렌가 : 발표를 충분히 해왔다는 것을 깨닫고 발표 이외에 다른 일을 하고 싶다는 것을 언제 결심했습니까?

발표를 그만둘 때를 아는 것

라베아 그랜스버거 : 그냥 느낌이 왔습니다. 대략 2년 주기로 발표를 하는데, 저 스스로가 하기 싫다는 생각이 들거나 주제가 더 이상 유용하지 않다는 생각이 들면 발표를 하지 않습니다

예를 들어서, '자바 9 모듈'에 대한 내용은 사람들이 어떻게 자바 모듈을 만들어야 하는지 다들 알게 된다면 발표할 의미가 없어질 것이니, 그 때는 저도 그 주제로 발표하는 것을 그만두어야 할 것입니다. 반면에 코드 리뷰에 관한 이야기는 제가 최근에 발표했을 때 여전히 흥미로운 내용이라고 느껴져, 코드 리뷰에 대한 발표를 계속해도 되겠다는 생각을 합니다. 예전에는 제가 하는 발표에 내 스스로 만족하지 못했습니다. 컨퍼런스 운영진들이 한 설문 조사에서 부정적인 피드백을 받았거든요. 발표를 계속 해보면 좀 나아질까 생각이 들었지만, 그래도 제 발표에 제가 만족하는 일은 없었습니다.

히예르탄 빌렌가 : 만약 파티에서 본인을 소개해야 한다고 하면, 어떻게 소개할 것인가요??

라베아 그랜스버거 : 굉장히 까다로운 질문이네요. 최근에, 저는 소프트웨어 개발자이자 컨설턴트라고 말할 것 같습니다. 물론 주로 고객사에게 컨설팅을 진행하고 있지만요.

반년 전에는 사람들에게 제 자신을 소프트웨어 개발자라고 소개했었지만, 제가 하는 일이 다른 회사 혹은 고객의 프로젝트에 대한 자문과 조언을 해주는 것임을 깨달았습니다. 개발자들은 주로 일을 받아서 해결하는 일만할 뿐, 프로세스에 대해서 생각하고 고객의 니즈에 맞춰 프로세스를 개선하는 일을 하지 않기 때문입니다.

히예르탄 빌렌가 : 컨퍼런스에 가서 특정 제품에 대해서 발표를 하는 디벨로퍼 애드보킷도 아니고, 회사를 대표하는 사람인 것 같지도 않습니다. 그저 스스로를 대표하는 것 같은데, 제가 이해한 게 맞을까요?

라베아 그랜스버거 : 네, 제가 다니는 회사에는 오픈 소스 제품도 없고, 다른 개발자 분들이 사용할 수 있는 제품도 없습니다. 제품이나 프레임워크를 홍보하는 직책도 아니지만, 발표 중간에 제가 맡은 일에 대해서 언급할 때는 있습니다.

히예르탄 빌렌가 : 흥미롭네요. 디벨로퍼 애드보킷을 위한 책이지만, 본인은 디벨로퍼 애드보킷이 아니라는 사람의 인터뷰가 들어가 있는 책이 되겠네요!

자유롭게 일하는 것

라베아 그랜스버거 : 네! 제가 원하는 일을 하고, 팀이 나아가야할 방향을 정한다는 점에서, 소프트웨어 개발을 하는 다른 사람들과 비슷하다고 생각합니다.

> *"제가 만약 디벨로퍼 애드보킷과 같은 일을 한다면,*
> *회사는 저를 컨퍼런스에 보내서 발표하게 시킬거고, 제게는 컨퍼런스에*
> *갈지 말지를 결정할 수 있는 자유가 없었을 것입니다" - 라베아 그랜스버거*

컨퍼런스에 정기적으로 후원을 하는 유명한 회사들을 보면, 회사들은 컨퍼런스에서 항상 부스를 세우고, 직원들은 부스에서 일해야 합니다. 전 그런 것은 하고 싶지 않습니다. 제가 만약 디벨로퍼 애드보킷이라면, 회사는 저를 컨퍼런스에 보낼 거고, 저에게는 컨퍼런스에 갈지 말지를 결정할 수 있는 자유조차도 없었을 것입니다. 지금은 온전히 제가 결정을 하고 있거든요.

제가 컨퍼런스에서 다른 개발자들이랑 이야기를 해보면, 본인들은 거기에 그냥 시켜서 온 것이고, 본인들이 하는 일을 별로 즐기고 있지 않다는 것을 알 수 있습니다. 그들은 컨퍼런스에 가서 부스 지킴이를 하는 디벨로퍼 애드보킷 혹은 개발자라고 밖에 할 수 없습니다.

히예르탄 빌렌가 : 애드보킷 활동을 싫어하는 다른 이유가 또 있습니까?

라베아 그랜스버거 : 네, 저는 고객들이랑 일하는 것을 즐기기 때문입니다. 소프트웨어 개발자뿐만 아니라, IT 업계에 종사하지 않는 고객들 말이죠. 고객의 요구사항을 들어서 소프트웨어 개발 프로젝트를 꾸리고, 고객들의 업무 프로세스를 최적화할 수 있도록 작업하면서 그 사람들이 일하는 분야에 대해서 배우는 과정을 즐깁니다.

고객들은 저희 회사에 연락해 소프트웨어 제품으로 그들의 문제를 어떻게 해결할 수 있는지 묻습니다. 어떨 때는 고객들이 매일 하는 일들을 어떻게 더 편하게 할 수 있을지를 물어보는 것처럼 특정 산업 분야에 한정적인 질문들을 받기도 합니다.

저는 일을 하면서 고객들이 일하고 있는 산업 분야들에 대한 것들을 많이 배워둔 상황이라 고객들의 요청들을 직접 들어줄 수 있어요. 그래서 제가 지금 하는 일을 좋아합니다. 만약 다른 사람들이 제가 업무를 원하는대로 할 수 있는 자유를 빼앗아 간다면, 이 일을 하는 것을 좋아하지 않았을 것입니다. 저는 제가 하는 일을 제 스스로 선택하고 싶거든요.

예를 들어, 제가 좋아하는 재택 근무를 하는 것만 해도, 오늘 집에서 일을 할지, 아니면 회사에서 일을 할 것인지 선택할 수 있습니다. 보통은 회사 동료들과 함께 일하는 것을 선호해서 회사로 출근합니다.

히예르탄 빌렌가 : 본인에게 선택권을 주지 않는 회사에서는 일하고 싶지 않다고 했는데, 회사에서 컨퍼런스에 갈 수 있는 기회 및 비용을 지원을 해주나요?

라베아 그랜스버거 : 네, 회사에서 제 여행의 일부분을 지원해줍니다. 처음엔, 제 개인 휴가를 써서 컨퍼런스에 다니곤 했습니다. 저는 항공비, 컨퍼런스 참가비, 호텔비 등 모든 것을 지불했습니다.

히예르탄 빌렌가 : 왜 그렇게까지 했나요?

라베아 그랜스버거 : 저는 제 삶의 목표가 필요했기 때문에, 그런 목표에 도달하고 싶은 마음이 답인 것 같습니다. 저는 제가 실제로 도달할 수 있는 목표로부터 동기 부여가 됩니다.

히예르탄 빌렌가 : 그 목표가 무엇이었나요?

라베아 그랜스버거 : 제 목표는 자바 챔피언이 되는 것이었고, 작년에 자바 챔피언이 되었습니다. 저는 항상 자바 챔피언을 '자바의 마케팅 챔피언(Java Marketing Champion)'이라고 부릅니다. 많은 사람들이 자바 챔피언이 뛰어난 자바 개발자라고 생각하지만, 뛰어난 자바 개발자가 되는 것과는 또 다른 일입니다. 오히려 밖으로 나가서 자바가 정말 좋은 언어임을 알리고, 아무런 대가 없이 자바에 대해서 홍보하는 디벨로퍼 애드보킷 일입니다.

저는 그러한 방식으로 자바 챔피언이 되는 것엔 큰 흥미는 없지만, 여전히 정말 매력적인 방식이라고 생각이 됩니다.

처음에는 유명한 발표자가 되고 싶었고, 그래서 컨퍼런스 운영진들이 발표자로 초대하고 싶은 사람이 되고 싶었어요. 그리고 작년부터 사람들이 저를 컨퍼런스에 초대하고, 제 여행 경비나 숙박에 대한 비용을 지원을 해주니까 강연을 준비하는데 든 노력을 인정 받는 것 같아서 행복했습니다.

히예르탄 빌렌가 : 그럼 따로 컨퍼런스에 발표자 신청을 하지 않고도, 컨퍼런스 측에서 먼저 와서 발표해달라는 연락을 하는 건가요?

라베아 그랜스버거 : 네! 제 생각엔 먼저 연락을 하는 것이 저한테 더 좋은 것 같습니다. 왜냐하면 저는 여성이고, 컨퍼런스 운영진들은 자신들의 행사에서 발표할 여성분들을 찾고 있기 때문입니다. 만약 본인이 여성이고, 발표를 어느정도 괜찮게 진행할 줄 안다면, 어느 순간부터는 초대 받기 쉬워질 것입니다. 물론, 그 순간 전까지는 발표를 해도 컨퍼런스 측에서 다시 찾아주지 않는, 일종의 시행착오를 겪어봐야 한다고 생각합니다.

전 지속적으로 제 발표를 개선하려고 노력하고 있습니다. 많은 사람들이 컨퍼런스에서 좋은 발표란 무엇인지에 대해서 다양한 의견들이 있습니다. 많은 사람들이 요새는 슬라이드 없이, 자유롭게 발표만 하는 것이 좋은 발표라고 말합니다.

2년 전에는 컨퍼런스에서 많은 고민했습니다. "왜 나는 발표하는 것을 좋아할까? 자유롭게 진행할 수 있어서? 혹은 다른 이유가 있을까?" 저는 그게 잘 전달된 발표이었기 때문이라고 결론을 내렸습니다. 어떤 사람들은 발표자료를 사용해서 함께 발표하지만, 어떤 사람들은 자리에 가만히 선 채로, 돌아 다니지 않고 발표를 합니다. 하지만, 제가 봤을 때 이런 차이점은 좋은 발표를 가르는 기준은 아니라고 봅니다.

히예르탄 빌렌가 : 그럼 잘 전달되는 발표는 무엇인가요? 어떤 의미인지 구체적으로 말씀 부탁드립니다.

좋은 발표의 기준

라베아 그랜스버거 : 우선 발표자가 해당 발표 내용에 대한 지식이 굉장히 많아야 하고, 발표 준비를 잘 해야하고, 질문자가 기대하고 있는 예상 답안을 잘 말해주는 것이라고 생각합니다.

좋은 발표는 발표 요약과 연결될 수 있어야 합니다. 많은 발표자들이 본인들이 처음 작성한 발표 요약을 다시 확인하지 않아서, 그 요약글과 전혀 관련없는 발표들을 합니다. 이런 사람들은 컨퍼런스가 열리기 반년 전에 발표자 신청을 하는데,하는데, 시간이 지나면서 제안했던 내용에 대해 생각이 바뀌어서 실제 발표를 준비할 때는 전혀 다른 내용으로 발표를 준비하기도 합니다.

먼저 제안한 발표 요약과 실제 발표 내용이 전혀 일치 하지 않는 것은, 청중들에겐 좋지 않습니다. 청중들은 그들이 발표 소개글에서 읽은 무언가를 기대하고 발표를 듣기 때문입니다. 어떨 때는, 발표 요약에서는 제기 되었던 것들이 발표에는 전혀 반영되지 않는 경우들도 있습니다.
첫 발표를 진행하면서 느낀 것은, 제가 발표 초반에 긴장을 많이 한다는 것입니다. 긴장을 하면 빨리 말하는 경향이 있는데, 빨리 말하면 숨쉬기가 어렵습니다. 그래서 저는 숨쉬는 것과 말하는 것 둘 다 제대로 하지 못하기도 합니다.

지금은 예전보다는 더 여유로워졌습니다. 예를 들어, 작년 가을에 저는 6주동안 5번 발표를 진행해야 했고, 모두 같은 내용이었습니다. 계속해서 같은 이야기를 하는 것은 쉽기 때문에, 마지막 발표 즈음에는 더 이상 긴장하지 않았습니다. 이렇게 발표하나를 먼저 제대로 해보는 것이 능숙하게 발표하는데 도움이 많이 된다고 생각합니다.

긴장하지 않고, 자유롭게 무대를 걸어다니며, 발표의 많은 부분에 대해서 설명해 보는 것은 굉장히 멋진 경험입니다.

더 나아지기 위해 노력합니다. 벤캇 수브라마니암처럼 발표할 수는 없지만, 경험을 통해 나아질 수 있습니다. 전 절대 벤캇이 하는 것만큼 많은 발표를 할 수는 없을 겁니다! 하지만 당신이 꾸준히 발표를 한다면 다른 사람 보다 더 많은 경험을 쌓을 수 있을 것입니다.

히예르탄 빌렌가 : 그렇다면 발표하는 횟수를 늘리기만 하면 된다는 것인가요?

라베아 그랜스버거 : 아뇨, 스스로가 개선하고자 하는 의지가 있어야 한다는 말입니다. 제가 여전히 할 수 없는 것 중 하나가, 제 발표를 보는 것입니다. 전 그냥 그 일을 못하겠습니다. 여전히 발표하는 제 자신을 보는 건 어려운 일입니다. 그러나 다른 사람들이 제게 주는 의견을 통해 배우려고 하고 있습니다. 제가 발표를 진행하는 다른 이유로는, 자신감을 기르는데 도움이 되기 때문입니다. 저는 굉장히 소심한 사람이었기 때문에, 컨퍼런스에서 발표하기 전까지만 해도, 혼자서 세계를 돌아다니며 다른 곳에 가는 것은 상상할 수도 없었습니다.

어렸을 때부터 부모님과 함께 여행을 다녔기 때문에, 여행을 하는 것 자체는 어렵지 않았습니다 어떻게 돌아다녀야 하는지, 공항이 어떤 곳인지에 대해서도 알고, 어떻게 여행이 진행되는지에 대해서도 알았기 때문에 큰 도움이 됐습니다. 하지만 저는 혼자 어떻게 도시를 돌아다녀야 하는지, 저녁을 먹어야 하는지에 대해서는 알지 못했습니다.

처음에 그건 꽤나 큰 장벽이었지만, 그 과정을 통해서 제 자신감이 많이 키울 수 있었다고 생각합니다. 전 더이상 부끄러워하지 않습니다. 그래서 소심한 사람들에게는 무대에 올라가는 경험이 굉장히 도움이 된다고 생각합니다.

이제는 컨퍼런스에서 같이 점심 먹을 사람이 없을 때도, 다른 사람에게 함께 앉아서 식사해도 되는지 묻고 같이 점심을 먹으며 이야기를 나누는 것을 어려워하지 않습니다. 개인적인 측면에선 굉장히 큰 성과라고 볼 수 있습니다.

"전 무대에서 제 개인적인 실수에 대해서 이야기 나누는 것에 아무런 문제가 없습니다"
- 라베아 그랜스버거

가끔 무대에서, 제 개인적인 실수담도 공유하곤 합니다. 저는 무대에서 제 개인적인 실수에 대해서 이야기 나누는 것에 대해 아무런 거리낌 없습니다. 왜냐하면 사람들은 그 실수로부터 배워야만 하기 때문입니다. 많은 사람들은 여전히 컨퍼런스의 연사들을 그들이 닿을 수 없는 수준의 개발자로 보는 경향이 있습니다. 저는 그런 사람들에게 다른 모습도 보여줍니다. 저는 그들에게 저 또한 실수를 하고, 저는 완벽한 사람이 아님을 말합니다.

히예르탄 빌렌가 : 발표의 청중으로 있는 사람 중 당신이 발표하는 주제에 대해서 더 잘 아는 사람을 마주친 경험이 있으십니까? 그럴 때 어떻게 대처합니까?

라베아 그랜스버거 : 저를 불편하게 만드는 사람이 제 발표에 참석한 경험이 있는지 물으신다면, 그런 경험은 딱히 없는 것 같습니다. 저는 제 발표에 대한 비

평을 듣는 것을 좋아해서, 그런 일로 불편했던 적은 없습니다. 오히려 사람들이 발표에 대한 좋은 의견만 주고, 사람들이 어떤 점이 아쉬웠는지에 대해 듣지 못하면 슬픕니다.

실제로, '효과적인 IDE 사용법'에 대해서 발표를 할 때 하인츠가 제 무대 앞에 앉아있어서 그에게 많은 것들을 배울 수 있어서 오히려 좋았습니다.

자바 9 모듈들에 대한 컨퍼런스에서는 오라클에서 온 청중들을 마주치진 않았습니다만, 안트베르펜에서 열린 Devoxx 컨퍼런스에서 오라클에서 온 남자가 제 발표를 들은 적은 있었습니다. 그는 제 발표의 녹화본을 보았고, 내용이 좋았다고 말해주었습니다.

히예르탄 빌렌가 : 만약 컨퍼런스에서 발표하던 중, 답할 수 없는 질문을 받았을 때 어떻게 대처하겠습니까?

라베아 그랜스버거 : 답을 모른다고 하거나, 혹은 청중 중에서 답을 아는 사람이 있는지 물을 것 같습니다. 이 방법은 생각보다 잘 통합니다.

슈투트가르트에서 발표할 때, 그 당시에 500명 정도 되는 인원이 발표 장소에 있었습니다. 그 때 저는 코드 리뷰에 관한 질문을 오히려 청중들에게 역으로 질문했습니다. 그 당시 컨퍼런스에서는 마이크를 전달해주는 도우미가 있었기에, 사람들은 질문에 답을 하는 것이 가능했습니다.

제 생각에는, 만약 질문이 너무 길거나, 전체 청중을 대상으로 답변하기에는 너무 자세한 경우에 발표 끝나고 와서 천천히 이야기 해보자고 말하도 된다고 봅니다.

한 가지 흥미로운 사실은 제 코드 리뷰 발표가 끝난 뒤 질문들의 대부분은 우습게도 서로 말을 걸지 않는 팀에 관한 질문들입니다. 코드 리뷰는 진행하지만, 코드에 대한 의견만 남길 뿐 서로 이야기는 하지 않고, 코드 리뷰를 통해 사회적인 거리감을 해소해보려고 했지만 성공하지 못하곤 합니다. 해결책은 그냥 서로 직접 마주보고 말하는 것이라고 생각합니다.

히예르탄 빌렌가 : 기술적 결함에 대해 이야기 해봅시다. 컨퍼런스에서 이런 일들이 종종 발생하지 않습니까?

기술적 결함들을 대응하는 것

라베아 그랜스버거 : 한 번은, 제가 컨퍼런스에서 무대에 오를 준비를 하고 있는데, 제 직전 발표가 끝나자마자 VGA 어댑터가 고장난 적이 있습니다. 그래서 제 컴퓨터 화면을 프로젝터에 연결할 수 없어서, 기술자가 와서 해당 문제를 해결해 준 적이 있습니다. 발표 시작 1분 전에서야 문제를 해결할 수 있었어요.

하지만 그 때 걱정을 하진 않았습니다 오히려 집중할 수 있도록 도와주기 때문에 더 편안하게 만들어줬거든요. 지금 겪고 있는 기술적인 결함에만 집중하게 해서 무엇을 말해야 하는지, 어떻게 발표를 진행해야 하는지에 대한 긴장감에서 벗어날 수 있었습니다. 그래서 개인적으로 그 일은 좋은 경험이었습니다. 왜냐하면 그다음부터 저는 제 발표전에 훨씬 더 여유로워졌기 때문입니다.

히예르탄 빌렌가 : 정말 당황스러웠던 경험도 있습니까?

라베아 그랜스버거 : Devoxx Morocco에서 그런 경험이 있었습니다.

그 때 새 노트북을 가지고 갔는데, 어댑터가 제대로 작동할지가 걱정되었습니다. 같이 사용해야했던 노트북 어댑터에 대해서 안 좋은 이야기를 인터넷에서 봤거든요

발표 진행 전에 준비했을 때 노트북이 프로젝트에 연결이 되지 않았습니다. 준비했던 내용 중에는 라이브 코딩하는 순서가 있어서 제 발표자료를 화면에 공유해야 했기 때문에 걱정됐습니다. 그 때 참석자 중 한 분이 프로젝트의 케이블 중 한 쪽이 연결되지 않은 점을 말해줘서 해결됐는데, 제가 미처 발견하지 못했던 부분이라 십년감수했습니다.

작년에 열렸던 컨퍼런스에서는 많은 기술적 결함들이 발생했는데, 컨퍼런스 측에서 굉장히 긴 케이블을 사용하다보니 신호가 약해서 화면이 이 프로젝터에 연결되지 못하는 경우가 많았습니다. 그 때 라이브 코딩을 하고 있었는데, 마우스를 한 번 움직일 때마다 화면이 검정색과 초록색 줄로 덮여서 제대로 보여줄 수 없었습니다.

결국에는 나중에 시연 과정을 영상으로 따로 녹화해 사람들에게 공유해줬습니다. 많이 아쉬웠지만, 청중들은 화를 내진 않았습니다. 사람들은 이게 제 잘못이 아닌거라는 것도 알고, 컨퍼런스 기간동안 비슷한 결함들이 많았었기 때문입니다.

히예르탄 빌렌가 : 번아웃을 경험해본 적이 있으십니까?

라베아 그랜스버거 : 코딩할 때는 보통 시간이 얼마나 흐르는지에 대해서 신

경쓰지 않다 보니, 너무 오랜 시간동안 일하곤 합니다. 제일 심했을 때는 2주 연속으로 한 주에 80시간 이상 일했던 적도 있었습니다. 그렇게 하다보니, 정말 지쳤습니다.

> *"제가 너무 많이 일했다는 걸 알려주는 증상들을 확인하면,*
> *저는 쉴 수 있는 시간을 만들려고 노력합니다" - 라베아 그랜스버거*

이제는 일을 많이 하면 어떤 신호들이 오는지 알고 있기에, 그런 신호들이 나타나는지 계속 지켜보곤 합니다. 제가 너무 많이 일했다는 걸 알려주는 신호가 온다고 느끼면, 일하지 않고 쉴 수 있는 시간을 만들려고 합니다. 그러지 않으면, 오히려 작업 시간은 점점 더 늦춰 지게 됩니다.

히예르탄 빌렌가 : 번아웃의 증상들은 어떤 것들이 있습니까?

라베아 그랜스버거 : 저의 경우에는, 일을 너무 많이 하면 제대로 말을 하려고 해도 횡설수설하게 됩니다

또 평소에는 기억을 정말 잘하지만, 기억력이 안 좋아지기도 합니다. 예를 들어, 점심 도시락을 깜빡하고 집 냉장고에 놔두고 오곤 합니다. 그리곤 회사에서 도시락이 없다는 것을 발견합니다. 가끔씩, 회사에서 커피를 마시려고 할때 커피 머신을 켜는 것을 잊는다던가, 커피 가루를 넣지 않고 뜨거운 물만 받을 때도 있습니다. 어처구니 없는 모든 종류의 일들이 발생하고는 합니다.

이제는 제 자신을 관리할 수 있지만, 3년 전에는 힘들었습니다. 어느 하루는 도저히 일어날 수가 없었습니다.
집에만 있었는데, 너무 지쳐서 몸이 일하는 것을 거부한 나머지 일어날 수가

없었습니다. 이 방면에 대해서 잘 아는 의사에게 상담을 받았는데, 제 몸의 모든 근육들이 너무 경직되어 있어서 그가 준비한 치료도 받을 수 없는 상황이었습니다.

의사는 저녁마다 스트레스를 털어버릴 수 있는 운동들을 가르쳐 주었습니다. 실제로, 하루에 3번하면 좋더라구요. 예를 들어, 강아지도 스트레스 받는 상황을 겪은 후에는 긴장된 근육을 풀어주기 위해 몸을 털곤 합니다. 사람들은 어떻게 근육을 이완하는지 까먹은 것 뿐이지만요. 인간은 원래 유전적으로 스트레스를 털어버리는 것에 익숙하지만, 사회적으로 스트레스를 푸는 것이 사치처럼 느껴지게 되어 어떻게 해야하는지 잊어버린 것이라고 봐요. 강아지처럼 몸을 털어보세요! 보기엔 웃기지만, 정말 도움이 되기 때문에 저는 꾸준히 하고 있습니다.

그래서 저녁에 집에 돌아오면 코딩을 하지 않습니다. 다음 날을 대비해 밤새 내 몸의 에너지를 충전할 시간을 가져야 하기 때문입니다

히예르탄 빌렌가 : 컨퍼런스에 가서 많은 발표들을 들으면서, 어떤 것들을 배우십니까?

컨퍼런스에 참석해서 배운 것들

라베아 그랜스버거 : 초기에는 자바의 핵심적인 부분과 자바를 활용한 방식들에 대해서 많은 것을 배웠습니다. 자바의 미래에 대해서 알 수 있는 것도 도움이 되었습니다. 이를 통해 다른 사람들보다 더 많은 것을 알 수 있었고, 대화에 지식들을 녹여낼 수 있었습니다.

제일 중요한 건 컨퍼런스에서 지식을 확장할 수 있다는 것입니다. 예를 들어, 테스트 컨테이너(Test containers, 역자 주: 자바로 작성한 코드를 테스트하기 위한 환경을 만드는데 도와주는 라이브러리)와 같은 도구들이 초기 단계에 출시될 때 가장 빨리 정보를 접할 수 있습니다.

일 년 전에 GeekOUT 컨퍼런스에서 테스트 컨테이너에 대해서 처음 알게되었는데, 이젠 점점 더 많은 사람들이 테스트 컨테이너에 주목하고 있습니다. 그래서 어떤 특정한 기술을 빨리 아는 사람이 되는 것도 좋다고 생각합니다.

저는 발표 주제에 대해 모든 것을 알고 있지 않기 때문에, 그 주제에 대해서 오랜 시간 알아봅니다. 예를 들어, 코드 리뷰에 대한 이야기를 해야한다고 하면, 코드 리뷰에 대한 제가 느끼는 점이 있습니다. 그리고 발표 내용을 만들어내기 위해 코드 리뷰에 대해서 더 생각하고, 더 많은 지식을 얻기 위해서 많은 논문들을 읽습니다.
뿐만 아니라, 흥미로운 글을 찾으면 읽을 거리 목록에 저장해두고, 컨퍼런스에 가서 발표할 때, 소프트웨어 개발자들이 어떤 것에 흥미가 있는지에 대해 알아내려고 합니다. 이렇게 다양하게 얻은 지식들을 회사에도 적용하려고 합니다.

트위터를 통해서도 다양한 지식들을 얻습니다. 제가 컨퍼런스에서 만난 사람들의 대부분은 트위터를 하고 있기 때문에, 컨퍼런스에 가지 않더라도 컨퍼런스에서 나온 새롭고 멋진 것들에 대한 소식을 받아볼 수 있거든요. 이런 사람들을 SNS에서 팔로우 해두면, 저처럼 같은 소식을 확인할 수 있습니다. 예전에는 언컨퍼런스에만 너무 많이 참여하는 안 좋은 습관이 있었지만, 지금은 일반적인 컨퍼런스에서도 돌아다니면서 발표를 들으려고 하고 있습니다.

히예르탄 빌렌가 : 언컨퍼런스에 대해서 더 말씀해주시겠습니까?

라베아 그랜스버거 : 언컨퍼런스의 공식 명칭은 오픈 스페이스 테크놀로지 (Open Space Technology conference)며, 사전에 정해진 일정없이 운영되는 컨퍼런스입니다. 가벼운 마음으로 행사에 들어가면, 그 행사에서 이야기할 주제들을 제안 받습니다. 제안 받은 주제들 중 비슷한 것들을 모아 행사 일정의 초안을 그 자리에서 만듭니다.

흥미로운 것은 언컨퍼런스에서 다뤄질 주제들을 미리 알지 못한다는 것입니다. 제가 참석했던 언컨퍼런스에서는 모든 사람들이 한 마디씩은 해볼 수 있는 토론에 참여하고는 했습니다. 이런 곳에 참여하는 것은 더 강도 높게 배울 수 있는 경험이라고 생각합니다. 저도 일반적인 컨퍼런스에서보다 언컨퍼런스에서 더 많이 배웠습니다.

히예르탄 빌렌가 : 예전엔 알지 못했던 것에 대해서 새로 배운 것들은 어떤 것들이 있습니까?

"저는 다른 의견을 가진 사람들과 이야기 하는 것을 좋아한다는 것을 알게 되었습니다"
- 라베아 그랜스버거

라베아 그랜스버거 : 컨퍼런스에서 배운 것 중 한 가지 특별한 것이라고 하면, 같은 주제에 대해서 다른 의견을 가진 사람들과 이야기 하는 것을 좋아한다는 것입니다. 보통 때는 비슷한 의견을 가진 사람을 만나서 친구가 되곤 합니다. 그러나 컨퍼런스에서는 조금 다릅니다. 실제로 제 시야를 더 넓혀줄 수 있어서, 다른 의견을 가진 사람들과 이야기 하는 것을 좋아한다는 것을 알게 되었습니다.

제가 컨퍼런스에서 좋아하는 또 다른 점은, 서로 다른 세계에서 온 사람들로부터 배우는 것입니다. 저는 그동안 세상의 어떤 면들에는 확고한 진실이 담겨져 있다고 믿는 편이었습니다.

모든 사람이 어떤 것은 옳고 그른지 대해 똑같은 의견을 가진다고 믿어왔습니다. 하지만 모든 사람들은 본인들아 자라온 배경에 따라 무엇이 옳고 그른지에 대한 다른 의견을 갖게 됩니다. 사람들이 그들의 나라에서 어떤 문화를 가지고 사는지 듣는 것은 제가 컨퍼런스에서 좋아하는 부분입니다.

디벨로퍼 애드보킷에 대한 라베아의 생각

히예르탄 빌렌가 : 회사에서 '디벨로퍼 애드보킷'이라는 직함을 달고 있지 않는데, 컨퍼런스에서 디벨로퍼 애드보킷을 보면 어떤 생각이 듭니까? 회사에서 공식적으로 디벨로퍼 애드보킷 일을 하는 사람과 비공식적으로 활동하는 사람 사이에 어떤 차이가 있습니까?

라베아 그랜스버거 : 만약 그 사람들이 공식적인 디벨로퍼 애드보킷인지 모른다면, 그 둘을 구별할 수 없을 것이라고 봅니다. 꽤 유사하기 때문이거든요.

새로운 직책을 가지는 사람에게는 둘을 구별하는 것이 필요할지 모릅니다. 저는 디벨로퍼 애드보킷이 본인들의 제품을 후원사 발표 시간에서 말하는 사람처럼 홍보한다고는 생각해본 적은 없습니다. 후원사 발표 시간에서 말하는 사람들은 그들의 제품을 팔려고만 하지만, 디벨로퍼 애드보킷은 그런 방식을 지향하지는 않습니다.

히예르탄 빌렌가 : 그런 차이점을 깨닫게 된 컨퍼런스의 후원사 발표 시간에 대해서 더 말씀 부탁드립니다.

라베아 그랜스버거 : 후원사 발표 시간은 마케팅 활동에 불과하기 때문에 가지 않습니다. 그 시간의 많은 발표자들은 제품 자체에 대한 내용을 발표하지 않습니다. 대신 마케팅 내용들을 많이 포함시켜 놓습니다.

후원사 발표 시간에 발표자들은 오늘 당장은 쓸 수 없고, 미래에는 아마도 사용해볼 수 있을 제품에 대해서 말합니다. 하지만, 제 생각에 사람들은 후원사 발표 시간에 가서 접한 내용들을 탐색해보고, 그것들이 자신의 예상처럼 되지 않아서 실망하는 것 같습니다. 그리고 발표자들 청중들이 제기하는 질문에 진실하게 답하진 않는데, 전 그런 것들은 싫습니다.

히예르탄 빌렌가 : 회사에서 일하는 공식적인 디벨로퍼 애드보킷과 비공식적인 디벨로퍼 애드보킷을 구별하기는 어렵다고 말한 것으로 다시 되돌아 가봅시다. 왜 그렇게 생각하십니까?

라베아 그랜스버거 : 그런 의미로 말한 것은 아닙니다. 두 종류의 사람들이 하는 발표 진행 방식에 차이가 없다고 봅니다. 그들이 원래 하는 업무가 무엇인지는 당연히 차이가 있겠지만, 디벨로퍼 애드보킷 역할을 하는 사람과 아닌 사람의 발표 방식에는 큰 차이는 없습니다.

제가 봤을 때 회사 소속의 디벨로퍼 애드보킷들은 회사가 허락하는 정도 안에서 자신들이 말하고 싶은 것들을 전달하는 데에 굉장히 열정적입니다. 후원사 발표 시간과 디벨로퍼 애드보킷의 발표 사이의 큰 차이점은 후원사 발표 시간의 스피커들은 그다지 열성적으로 보이진 않습니다.

히예르탄 빌렌가 : 본인은 공식적인 디벨로퍼 애드보킷이 아닌데, 앞으로 어떤 일을 할 것이라고 생각하십니까?

라베아 그랜스버거 : 아직 미래의 제가 어떤 일을 할지 잘 모르겠습니다. 왜냐하면 제가 대학생일 때는 항상 목표를 가지고 앞으로 나가며 달성하기를 원했거든요.

지금은 제 미래의 삶의 목표를 일 혹은 경력과 연관을 짓지 않고 있습니다. 지금 제가 하고 있는 일에 만족하거든요. 하지만 다른 사람들처럼 경영진의 길을 걷고 싶지는 않습니다. 이미 부분적으로 경영쪽 일을 하고 있지만, 이 일을 제 본업으로 삼고 싶진 않습니다. 대신 코드 리뷰를 하면서 다른 사람들에게 배울 수 있는 오픈 소스 기여 활동을 더 하고 싶습니다.

히예르탄 빌렌가 : 팀 내에 컨퍼런스에 참여하는 것과 관련된 대화를 나누는 팀원이 있습니까? 그러면서 컨퍼런스에 참여하는 것이 그들에게 도움이 될 수 있다고 말씀하십니까?

컨퍼런스에 참여하도록 더 많은 사람들을 독려하는 것

라베아 그랜스버거 : 네. 기차로 1시간 쯤 떨어진 곳에 Java Forum Nord in Hanover이라는 소규모 지역 컨퍼런스가 열리곤 합니다. 저는 항상 컨퍼런스를 가보지 못한 사람들이 참석해보기 좋은 행사라서 팀원들에게 그 컨퍼런스에 참여해볼 것을 권장합니다.

"어떤 사람들은 컨퍼런스의 분위기에 겁을 먹기도 합니다" - 라베아 그랜스버거

많은 사람들이 컨퍼런스에 가는 것을 좋아하지는 않습니다. 무언가를 배우기 위해 하는 많은 방법들 중 본인에게 맞는 방법이 사람마다 굉장히 다르기 때문입니다. 어떤 사람들은 컨퍼런스의 분위기에 겁을 먹기도 합니다.

예를 들어, 혼자 컨퍼런스에 참여해 아무도 대화 할 사람이 없으면, 많은 사람들이 활발하게 돌아다니는 것에 압도될 수 있다고 생각합니다. 심지어 점심시간에 혼자 서있다고 생각해보십시오. 그래서 제 생각에 컨퍼런스는 모든 사람에게 좋은 배우는 방식은 아닙니다.

히예르탄 빌렌가 : 최근에 흥미를 가지기 시작한 주제들은 무엇이 있습니까?

라베아 그랜스버거 : 보안 관련된 주제들이 최근 정말 중요해지고, 저 또한 회사 애플리케이션 내의 GDPR(역자주: 유럽 연합에 속해있거나 유럽 경제지역에 속해있는 모든 인구들의 사생활 보호와 개인정보들을 보호해주는 규제)과 관련된 일을 하고 있습니다. 요즘 들어 제가 가장 관심을 가져야 할 것이라고 생각이 들어서입니다. 회사들이 GDPR을 준수하는 데에 굉장히 많은 노력이 필요하지만, 사용자들이 공유하는 데이터에 대한 권한을 돌려주는 것은 좋은 생각이라고 봅니다.

히예르탄 빌렌가 : 애플리케이션 내에서 GDPR을 준수한다는 것은 무슨 의미입니까?

라베아 그랜스버거 : 만약 회사에서 만든 제품이 사용자의 개인정보를 수집하고 저장한다면, 사용자에게 사용자로부터 제공받은 정보들은 어떤 것인지 명시적으로 알려주는 보고서를 제공해야 합니다.

만약 다른 회사와 그 정보를 공유한다면, 그 사실 또한 밝혀야 합니다. 그리고 만약 사용자가 본인의 정보를 삭제하길 원한다면, 그 요청에 따라야 합니다. 저희 회사의 경우 애플리케이션 내부에서 그런 보고서를 더 쉽게 만들어낼 수 있게 내부의 자료 구조를 바꾸려 하고 있습니다.

히예르탄 빌렌가 : 가장 최근에 언제 기술 관련 서적을 구매하셨습니까?

라베아 그랜스버거 : 작년인 것 같습니다. 폴 베커와 샌더 맥이 같이 쓴 '자바 9 모듈화'라는 책을 구매했습니다. 그러나 전 책을 많이 사는 편은 아닙니다.

저한테는 근 시일 내에 사용하지 않을 것들을 책을 통해 깊은 지식을 얻는 것은 쓸모 없습니다. 바로 사용할 것들에 대한 내용이거나 혹은 이전에 알던 것 중 더 알고 싶은 것들이 생겼을 때만 책을 읽습니다. 그렇지 않은 경우, 배우고 싶은 분야에 대해 더 광범위하게 아는 것이 더 중요하다고 생각합니다.

히예르탄 빌렌가 : 만약 좀 더 어린 시절의 본인이 지금의 자신을 본다면 어떤 생각을 할까요?

라베아 그랜스버거 : 항상 사람들과 이야기 하는 것이 서툴었기 때문에 팀을 이끌 것이라는 생각을 할 수는 없었을 것 같습니다. 저는 제 자신이 지난 몇 년간 이뤄낸 것들과, 지금 하고 있는 것들에 대해 굉장히 자랑스럽습니다. 저는 소프트웨어 개발 뿐만 아니라 사람들을 어떻게 대하고, 사람들과 어떻게 이야기 나누는지에 대해서도 배웠습니다. 제 생각에 그것들은 정말 중요합니다. 사람들과 일하는 것이지 자원들과 일하는 것이 아니기 때문에, 그들을 하나의 자원이라고 생각하지 않습니다.

저는 심리학을 배우다가 컴퓨터 과학으로 전공을 바꾼 많은 사람들을 보았습니다. 최소한 독일에서, 이것은 하나의 현상으로 보입니다.

히예르탄 빌렌가 : 그 둘 사이의 관계는 무엇입니까?

라베아 그랜스버거 : 종종 컴퓨터 과학을 전공한 사람들은 그들이 현대 사회에 맞지 않는다고 생각할 때가 있습니다. 그들은 본인들이 다른 사람들과 어떤 점이 다른 지 알고 싶어서 심리학을 배웁니다.

그들은 심리학을 배우면서 그저 자신들이 좋아하는 일을 하고, 같은 생각을 가지고 있는 다른 사람도 만나야한다는 것을 배우게 되고, 결국엔 그들만의 작은 규모의 사회를 만들어 나가게 됩니다.

레이 창
Ray Tsang

—

레이 창은 디벨로퍼 애드보킷으로 일하고 있으면서 자바 챔피언으로 활동하고 있다. 레이는 기술 및 컨설팅 회사에서 고객들이 정보 시스템과 기업용 소프트웨어의 아키텍쳐를 디자인하고 개발하는 것과 새로운 플랫폼을 도입하는 것을 도와준다. 그는 오픈소스 프로젝트에 기여했으며, JDeferred 라이브러리를 만들었다. 사람들 앞에서 발표하는 것을 무서워 하지만, 발표를 통해 새로운 기술을 개발자들에게 전하면서 경력을 성공적으로 이어나가고 있다. (트위터: @saturnism)

히예르탄 빌렌가 : 디벨로퍼 애드보킷이라는 직무는 언제 어떻게 알게 되었나요?

디벨로퍼 애드보킷 분야로 오기까지의 과정

레이 창 : 오랜 시간 이 분야에서 일을 했고, EJB 2.0부터 시작해 자바의 모든 역사를 함께 겪었습니다. 한동안은 대기업을 위한 컨설팅을 하기도 했었죠.

어떤 일을 하더라도, 개발자들의 업무를 좀 더 편하게 만들어주기 위해 개발자들에게 새로운 기술과 도구를 소개하는 일을 하게 되었습니다. 보일러플레이트 코드(역자 주: 특정 기술을 사용하여 애플리케이션을 만들 때 시작점이 되는 코드)를 활용하게 하거나, 개발 업무 과정 전체를 고치는 것과 같은 일이었죠.

그러다가 레드햇이라는 회사에 들어가 솔루션 아키텍트로 일하면서 사람들에게 레드햇의 기술을 잘 사용할 수 있도록 가르치고 도왔습니다.

그 때 다양한 사람들을 만나게 되었고 사람을 만나는 것에 재미를 느끼게 되었습니다. 저한테는 디벨로퍼 애드보킷은 업무가 아니라 오히려 마음가짐에 가깝다고 느낍니다. 누구나 디벨로퍼 애드보킷이 될 수 있고, 특별한 직업으로 있는 것이 아닙니다.

레드햇에서 일할 때, 많은 엔지니어들이 하이버네이트(Hibernate), 인피니스팬(Infinispan), Jgroups와 같은 오픈소스 프로젝트를 만들어 가면서, 자신들이 사용하는 기술에 대해서 발표하고 글을 쓰는 것을 보았습니다. 본인들이 어떤 일을 했고, 사람들이 어떻게 하면 특정 문제를 해결하기 위해서 기술을 더 잘 사용할 수 있는지에 대해서 이야기했습니다. 그런 모습을 보면서 저도 언젠가 저런 일을 하고 싶다는 생각이 들었습니다.

그러다가 컨퍼런스에서 레드햇의 솔루션 아키텍트로서 발표할 기회를 얻게 되었습니다. 제가 개인적으로 작업하고 있던 프로젝트에 대해서 이야기하는 시간도 있었습니다. 제가 처음으로 사람들 앞에서 발표했던 때인데, 그 발표를 하고 나서 디벨로퍼 애드보킷 활동이 적성에 맞다는 것을 알게 되었습니다.

사실 저는 발표하는 것을 좋아하지 않습니다. 사람들 앞에서 발표를 잘 못하고, 누군가 앞에서 발표하는 것을 좋아해 본 적이 없습니다. 고등학교와 대학교 시절에도 사람들 앞에서 발표하는 것을 꺼려했습니다. 한 순간도 즐겨본 적이 없었죠.

예전에 컨설팅 회사를 대상으로 저희가 하고 있는 프로젝트에 대한 발표를 했던 적이 있습니다. 그 때 제가 발표 전까지 대본을 외우고 있던 것이 기억나네요. 2주동안 연습을 했지만, 발표 당일에 20명의 사람들이 회의실 안에 들어온 것을 보니 일어서 있기 힘들었습니다. 온갖 힘을 다 쥐어짜내면서 겨우 버티면서 발표를 해야했던 터라, 저에게는 무시무시한 경험이었습니다.

히예르탄 빌렌가 : 사람들 앞에서 발표하는 것을 무서워했다니까 신기하네요. 어떻게 편하게 발표하는 방법을 터득했나요?

레이 창 : 시간이 지날수록, 사람들 앞에서 발표하는 법을 터득하게 된 것 같습니다. 그렇다고 매 순간을 즐긴 것은 아닙니다. 발표는 여전히 무서운 일이지만, 어느 정도의 공포는 극복할 수 있게 변한 것이죠.

히예르탄 빌렌가 : 어떤 점이 무서우셨나요?

레이 창 : 실수해서 어떤 말을 해야 할지 모르는 상황이 무서웠습니다. 영어는 제 모국어가 아니니까요. 제 생각의 흐름이 빠르지 않다 보니, 가령 이 다음에 어떤 말을 해야 하는지, 혹은 특정 단어가 생각나지 않는 것과 같은 경우들이 걱정됐습니다.

또 제가 발표하는 모든 내용들이 잘못 되었거나, 발표 내용의 구조를 잘못 잡은 것은 아닐지도 걱정했습니다. "내가 이 주제로 발표해도 되는걸까?"하는 생각을 한거죠.

히예르탄 빌렌가 : IT 분야를 전공하셨나요? 원래 학교에서 어떤 것을 배우셨나요?

레이 창 : 컴퓨터 과학을 전공했는데, 아주 어렸을 때부터 컴퓨터를 사용할 수 있는 기회가 있었습니다. 그래서 이 분야에서 컴퓨터를 가지고 무언가를 하거나 프로그래밍을 하는 엔지니어로 일할 것을 알고 있었습니다.

그리고 나서 시간이 지난 뒤, 대학교 시절에는 컨설턴트가 되고 싶었습니다.

캠퍼스 인터뷰라고 기업들이 대학교 캠퍼스를 방문해 지원자들을 대상으로 면접을 보는 행사가 있었습니다. 그 때 최종 면접까지 봤는데, 회사의 임원이 제게 "왜 컨설턴트가 되고 싶나요?"라고 물었습니다.

"여행하면서 때로는 해변가에서 코드를 짜는 것이 정말 멋질 것 같거든요"라고 답을 해버려서, 뻔한 결과였지만 불합격했습니다.

결과적으로, 레드햇에 입사해서 개발자들이 문제를 해결하기 위해 레드햇의 기술을 사용할 수 있게 도와주는 역할을 맡았습니다. 그 때부터 이 일을 시작한거죠.

히예르탄 빌렌가 : 지금은 회사의 공식적인 디벨로퍼 애드보킷으로 일하고 계시죠?

레이 창 : 네, 그렇습니다. 특히 소프트웨어 개발을 중심으로 하는 회사에서 일할 수 있어서 정말 운이 좋았죠. 제가 하는 대부분의 일은 개발에 초점이 맞춰진 것들이기 때문입니다.

저는 개발자들의 이야기와 그들이 겪는 문제점에 집중하려고 합니다. 그리고 개발자들의 목소리를 대변하는 일을 합니다. 가능하면 개발자들이 저희 제품들을 사용하면서 긍정적인 경험을 받을 수 있게 만들고 싶어요. 사람들에게 새로운 것을 가르쳐 주면서 정보를 활용할 수 있게 해주는 것 뿐만 아니라, 개발자들의 이야기를 들으려고 합니다.

디벨로퍼 애드보킷 활동의 매력

히예르탄 빌렌가 : 프로그래밍만 하는 일과 이 역할을 놓고 봤을 때, 이전에는 어떤 일을 하셨고 각각의 매력적인 부분은 어떤 것이 있나요? 왜 프로그래밍 일을 계속 하지 않고 디벨로퍼 애드보킷 일을 하게 되었나요?

레이 창 : 저도 프로그래밍하는 것을 즐기긴 하지만, 사람들과 관계를 맺고 함께 일하는 쪽도 좋아합니다. 여행을 다니면서 좋은 사람을 만날 행운의 기회

를 얻을 수 있거든요.

사람들과 이야기 하면서 많은 것을 배웁니다. 다양한 사람들을 만나면서 이야기하면 새로운 아이디어들이 튀어 나오기 때문에, 제 시야를 넓히고 더 많은 것들을 배울 수 있거든요.
커뮤니티의 존재를 알지 못했다면 이런 기회를 얻을 수 없었을 것입니다. 물론, 프로그래밍 업무를 하면서도 이런 이득을 얻을 수 있습니다. 제게 영감을 주는 엔지니어들은 멋진 기술을 만들어 내는 것 뿐만 아니라, 커뮤니티를 활성화하는 역할도 하거든요. 대신 제가 회사의 프로젝트에서 맡는 역할은 인간적인 면모가 더 강조됩니다.

히예르탄 빌렌가 : 출장이 때로는 문제가 될 수 있는데 출장을 다니면서 경험하신 특별한 일들이 있나요?

레이 창 : 저에게 있어서 출장은 제가 원해서 가는 것입니다. 출장을 다니고 싶지 않다면 다니지 않고, 블로그나 영상처럼 다른 방식으로 정보를 공유하면서 디벨로퍼 애드보킷 활동을 했을 것입니다. 그러나 바깥의 정보들을 얻기 위해서는, 그리고 커뮤니티의 사람들과 연결 고리를 유지하기 위해서는, 사람들을 직접 만나는 것이 가장 좋은 방법이라고 생각합니다.

저는 사람들과 직접 관계를 맺는 것을 좋아하지만, 어떤 사람들은 라이브 코딩하거나 혹은 방송을 하면서 소통하는 것을 선호할 수도 있습니다. 애드보킷 활동은 다양한 형태로 나타날 수 있기에 출장은 꼭 필요하다고 생각하지 않습니다.

출장 계획을 짤 때는 타야할 비행편들을 알아보고, 몇 시에 도착할지, 컨퍼런스에 몇 시간동안 있을 수 있는지 파악해 둡니다. 그리고 컨퍼런스에서 다른 사람들과 네트워킹을 하지 않고, 제 발표만 하고 떠나지 않습니다. 어딜 가던 간에, 컨퍼런스에서 가능한 전체 일정을 보내려고 하거나 혹은 더 길게 머무르면서 지역 커뮤니티와 고객들과 사용자들을 만나려고 합니다. 그 곳의 자바 사용자 모임이나 다른 개발자 그룹에서 발표하려고 하고요.

길어지는 출장 스케줄에 힘들어 할 수도 있지만, 한편으론 각자의 건강을 염두해야 한다고 봅니다. 제 일정은 제가 책임져야 하기 때문에, 어떤 식으로든 일정을 관리하려고 노력합니다. 만약 제가 일정을 소화하기 힘들 정도가 된다면, 조절을 해야겠죠.

히예르탄 빌렌가 : 발표 시작 시간을 못 맞춘 경우도 있나요? 혹은 발표를 하지 못한 적도 있나요?

레이 창 : 없습니다. 운영진들과 발표자 사이에는 암묵적인 신뢰가 형성되어 있습니다. 제가 청중들의 기대 수준에 만족하는 발표 내용을 준비해서 발표하러 와 줄 것이라는 것을 알고 있죠.

지금까지 문제를 겪은 적은 없습니다. 어쩌다가 이메일을 받지 못하거나 실수로 지워 버려서, 제가 어디 가서 발표를 하기로 했다는 사실을 다시 기억해내기 전까지 새까맣게 잊을 때가 있긴 합니다. 딱 한 번은 발표자로 선정됐다는 메일을 받지 못해서 일정이 겹쳤던 적이 있었습니다.

히예르탄 빌렌가 : 시차 적응은 어떻게 하시나요?

시차 적응을 하는 방법

레이 창 : 동쪽으로 가는 비행의 경우, 잠들기 어려워 주로 비행기 안에서 밤을 샙니다. 그리고 도착해서 하루 종일 깨어 있다가 저녁 시간에 맞춰서 잠에 듭니다. 깨어 있을 수 있는 한 늦게까지 깨어있으려고 한다면, 그 다음 날과 3일차에는 컨디션이 훨씬 좋아집니다. 4일차와 5일차에는, 시차 때문에 다시 한 번 정신 못 차리는데, 그 때는 커피나 차를 마시면서 깨어 있으려고 합니다.

집으로 돌아갈 때는 훨씬 쉽습니다. 집에 돌아오면 보통 저녁 시간이라서 바로 잠에 듭니다. 하지만 개인적으로 시차 적응 때문에 힘들었던 적은 드뭅니다. 깨어 있거나 혹은 잠에 들기 위해서 멜라토닌이나 다른 것들을 복용해본 적은 없습니다.

끼니를 제 때 챙겨먹는 것이 시차 적응을 하는데 도움이 될 수 있습니다. 항상 제 시간에 밥을 먹으려고 하는데 회사에서도 항상 제 시간에 밥을 먹기 때문에, 점심 미팅을 싫어합니다. 제 시간에 밥을 먹으면 제 하루 일정을 제가 원하는대로 세울 수 있고, 일을 너무 많이 하지 않게 해줍니다. 다른 시간대로 이동하는 경우, 이렇게 규칙적으로 생활하는 것이 시차적응을 하는데 도움이 됩니다.

히예르탄 빌렌가 : 테크 에반젤리즘과 디벨로퍼 애드보킷에 대한 논쟁은 끊이질 않습니다. 이 두 개의 차이가 무엇이라고 생각하시나요?

레이 창 : 그 둘이 꼭 달라야 하나요? 전 그 둘 사이의 차이를 모르겠습니다. 직함이 중요한 것이 아니라, 실제로 무슨 일을 하는지가 더 중요하다고 봅니다.

엔지니어들도 그들이 하고 있는 일과 배운 것들을 토대로 훌륭한 디벨로퍼 애드보킷이 될 수 있습니다. 당사자가 그 역할을 좋아하냐 마느냐는 별개의 문제지만요.

제가 생각하기에 무대에서 발표하는 것에 대해 공포를 느끼는 사람들이 있지만, 실제로 본인이 일하는 것에 대해서 발표하는 엔지니어들이 좋은 발표를 한다고 봅니다. 그들은 청중들로부터 배우고 본인이 하는 일에 대한 다른 사람들의 의견을 들으면서 더 발전합니다. 이런 경우 외에도, 제품 사용자들이 좋은 글을 공유해줘서 정말 어려운 문제들을 해결하기 위한 본인만의 해결책이나, 프로젝트에 필요한 개선점들을 알려주기도 합니다.

애드보킷과 에반젤리스트를 비교하는 문제에 대해서는 저는 정말 둘의 차이를 잘 모르겠습니다.

히예르탄 빌렌가 : 여전히 당신이 발표를 무서워하면서도 항상 발표를 하는 것이 신기합니다. 어떻게 그럴 수 있나요?

레이가 발표를 준비하는 방법

레이 창 : 아까 말했듯이 요즈음에는 발표하는 것을 그렇게 무서워 하진 않지만, 무대에 오르기 전에는 항상 두려움을 느낍니다. 발표는 제가 해야 할 일을 하고 사람들과 연결될 수 있는 하나의 방법이지만 다른 방식을 선택할 수도 있습니다. 하지만 제가 가진 공포에 정면돌파하고 싶었기 때문에 발표를 많이 해보기로 결정했습니다. 제가 진짜 해낼 수 있는지를 알고 싶거든요.
반복적으로 연습을 하는 것이 도움이 됩니다. 제가 말하고 싶은 것을 되풀이

하면서, 되도록이면 재밌고 유익한 발표로 만들어 내기 위해 이야기의 흐름을 만들어내는 것이죠.

연습을 할 때마다 처음부터 해봅니다. 어떤 이야기를 발표할지에 대해서 발표 자료가 그 이야기의 흐름을 잘 보여주는지 확인하고 싶거든요. 연습하다가 어떤 부분에서 실수하면, 처음으로 돌아가서 다시 연습을 합니다.

이 과정을 발표의 처음부터 끝까지 편안하게 이야기할 수 있을 때까지 반복합니다. 어떨 때는 연습하는 모습을 녹화해서, 빨리 말하는 부분이 있는지도 확인합니다. 가끔 너무 빠르게 말할 때가 있거든요. 고쳐야 하는 발음이 있는지, 발음이 맞는지 등을 확인하면서, 발표할 때 자신감을 얻을 때까지 가능한 많이 연습합니다.

히예르탄 빌렌가 : 컨퍼런스에서 발표를 할 때마다 이 과정을 반복하시나요?

레이 창 : 네, 새로운 주제에 대해서 발표할 때마다 반복합니다. 같은 내용을 12번쯤 발표하더라도, 똑같이 준비할 것입니다.

제가 발표하기 전까지는 저를 컨퍼런스에서 볼 수 없을 겁니다. 왜냐하면 항상 방 안에서 발표 준비를 하거든요. 같은 발표를 전에 해봤어도 처음부터 끝까지 리허설을 해봅니다. 특히나 발표하면서 직접 시연을 해야하는 것이 있을 때는 더 신경쓰고요.

히예르탄 빌렌가 : 최근 몇 년 동안 어떤 주제에 대해서 발표하셨나요? 지금까지 발표한 주제들에 대해서 공통점이 있나요?

레이 창 : 줄곧 자바를 이용해서 대기업의 백엔드 시스템을 구성하는 일을 해 봤습니다. EJB와 서비스 중심의 아키텍처와 같은 것들을 다뤄본 적이 있어서, 제 자신을 자바 백엔드 개발자라고 봅니다.

오늘 발표할 내용도 자바를 이용한 백엔드 시스템에 대한 내용이고 그 중에서도 클라우드에 관한 이야기를 할 겁니다. 클라우드 환경은 최근 몇 년동안 많은 사람들이 관심을 가지고 있기 때문입니다. 대신 유행의 속도가 제가 생각하는 것보다 조금 빠르지만요.

클라우드 환경에 관한 이야기 말고도, 소프트웨어 아키텍처에도 관심을 가지고 있습니다. 제가 하고 있는 많은 것들이 자바의 마이크로서비스 아키텍처와 관련있거든요. 쿠버네티스를 활용한 컨테이너 오케스트레이션(역자 주: 여러 컨테이너의 배포와 관리를 자동화하는 것)이나, gRPC를 활용한 마이크로서비스 커뮤니케이션, 마이크로서비스들의 모니터링과 지표 측정과 같은 것들을 관심있게 보고 있습니다.

최근 몇 년 동안 발표해왔던 다양한 주제들을 다시 보니, 발표했던 내용들이 자바의 마이크로서비스 아키텍처의 모든 것들을 다루고 있다는 것을 알게 되었습니다. 마이크로서비스 시스템을 만드는 방법, 그에 필요한 의사소통 방식, 컨테이너 오케스트레이션, 장애를 복구하고 오류를 추적하는 방법 그리고 시스템 모니터링에 대한 내용들을 발표했는데, 이 모든 것이 마이크로서비스 아키텍처라는 주제로 모두 연결되더라고요.

히예르탄 빌렌가 : 앞으로 어떻게 될 것 같나요? 나중에는 컨퍼런스에서는 어떤 주제를 다룰 것 같으신가요?

레이 창 : 유행하는 주제들을 발표하는 편은 아니지만, 정말 활용도가 높은 특정 새로운 기술이 있다면, 사람들이 그 기술을 알아줬으면 합니다.

최신의 혹은 멋있는 주제들보다는, 개발자들이 지금 겪고 있는 문제를 해결하기에 도움을 줄 수 있고, 더 관련이 있는 내용들을 발표하고 싶습니다. 어떤 사람들은 좀 더 미래 지향적인 문제들을 다룰 수 있겠지만, 저는 실용적인 내용들을 다루고 싶습니다.

미래에 어떤 주제들이 필요하게 될지 모르니까요. 지금은 운 좋게도 제가 알맞은 주제를 인기 있을 때 관심을 가질 수 있었지만, 그렇다고 해서 제가 인기 있는 주제를 콕 집어서 관심가진다는 뜻은 아닙니다.

히예르탄 빌렌가 : 개발과 관련된 최신 정보들을 어떻게 따라 잡고 계신가요? 소셜 미디어를 이용하거나 다른 온라인 사이트를 참고하시나요?

정보를 얻는 방법

레이 창 : 대부분 트위터를 이용합니다. 해커 뉴스나 다른 메일링 리스트를 사용하기도 하지만요. 자바 챔피언들이 모여있는 메일링 리스트 확인하기도 하고, 자바와 관련된 다른 메일링 리스트를 확인하면서 어떤 새로운 정보들이 있는지, 그리고 그 정보들이 유용한지 확인해봅니다.

개인적으로는 개발자 설문조사들도 개발자 생태계를 이해하기에 좋다고 생각합니다.

물론, 약간씩은 다를 수 있겠지만, 넓은 시야에서 보면 현재 어떤 것들이 유행하는지를 이해할 수 있습니다.

서버리스나 기계학습처럼 점점 더 많은 인기를 얻는 것들도 있지만, 결국에는 항상 그랬듯이 각자가 해결해야 하는 실질적인 문제들은 따로 있겠죠.

예전에 브루노 보르헤스와 사람들이 잊고 있지만 꼭 지켜야하는 기본기들을 다시 강조해야한다는 것에 대해서 이야기 했습니다. 최신 유행하는 것들만 쫓아가는 것을 넘어서고, 엔지니어링 활동의 근간을 새기고 있어야 우리가 하는 일들이 더 빛이 납니다.

히예르탄 빌렌가 : 본인이 컨퍼런스에서, 조쉬롱이나 맷 레이블과 같이 매우 활발하고 즐거움을 주는 연사로 알려져있습니다. 원래 그렇게 태어나셨나요, 아니면 이렇게 되기까지 연습해오신건가요?

레이 창 : 컨퍼런스에 가서 발표 자료들만 보고 온 적이 있는데, 그 때 사람들은 각자 다양한 방식으로 정보를 소비한다는 것을 깨달았습니다. 저에게는 발표 자료를 사용하는 것은 좋은 방식이 아니었습니다.

개발자들이 대부분인 청중들을 상대로 새로운 개념이나 주제에 대해서 이야기 할 때, 코드를 보여주는 것이 가장 좋은 방법이라는 것을 깨달았습니다.

라이브 코딩을 하며 결과물을 보여줄 때, 사람들은 보일러 플레이트 코드가 문제가 아니라는 점을 발견할 수 있습니다. 제가 라이브 코딩을 할 때는, 코드 한 줄 한 줄이 중요하다는 것을 보여주면서 제가 강조하고 싶은 핵심을 보여주고 왜 이렇게 해야하는지 설명을 곁들입니다.

히예르탄 빌렌가 : 답을 모르는 질문을 받으면 어떻게 행동하시나요? 이런 일을 경험해보셨나요? 어떻게 해결하셨어요?

레이 창 : 어느 누가 컨퍼런스나 세션에서 이런 경험이 없겠어요? 그럴 때 "잘 모르겠어요"라고 답합니다. 모든 것을 아는 것은 불가능하고, 어떨 때는 질문이 굉장히 자세하고 깊은 내용을 다루는 좋은 질문인 경우도 있습니다.

중요한 건 이 질문이 어디서 나왔는지, 그리고 어떤 문제를 해결하려는지를 이해하고 나서 질문에 대한 답변을 하려고 합니다. 정말 제가 어떻게 답해야 할지 모를 때가 있지만, 그래도 답을 아는 척을 하면 안 됩니다.

히예르탄 빌렌가 : 그러면 어떻게 하시나요?

레이 창 : 트위터를 통해 메시지를 주고 받거나, 아니면 그 사람에게 답변을 정리해서 보내죠. 질문 받는 것을 좋아합니다. 질문들과 질문들 속에 담긴 속뜻을 통해 많이 배웠죠.

히예르탄 빌렌가 : 컨퍼런스에 갔는데 노트북이 프로젝터에 연결되지 않거나 다른 기술적인 문제를 겪을 땐 어떻게 대처하시나요? 이런 적이 있으셨나요?

기술적인 문제들을 해결해 나가는 것

레이 창 : 네. 한 번은 20분 동안 원인을 모르고 헤맸는데, 어댑터에 문제가 있었습니다. 프로젝트에 화면이 나타났다가 갑자기 꺼지고, 5분 뒤에 다시 켜졌습니다. 왜 그런 일이 일어났는지 아무도 몰랐죠. 제가 할 수 있는 것은 아무것

도 없었습니다. 발표를 중간에 그만둘 수는 없기 때문에, 제가 할 수 있는 만큼 발표를 계속 했습니다.

아시다시피, 실시간 시연을 많이 합니다. 만약 제가 시연을 할 수 없다면, 특정 개념을 더 자세하게 다뤄야하는데, 그렇게 설명하는 것은 어렵습니다.

또 한 번은 무대에서 화면 연결이 안 돼서 발표를 청중들 뒤에서 했던 적이 있었습니다. 10분 정도의 소개를 끝낸 뒤 강당 뒤편으로 가서 영상 담당자 옆에 앉아서 발표를 계속 했습니다.

인터넷이 끊긴다면 어떻게 할 수 있겠어요? 그런 일도 있는거고, 제가 어찌할 수 없는 일입니다. 다행히도 아직 그런 일은 일어난 적이 없지만요. 제가 하는 시연들의 대부분은 클라우드에 저장되어 있기 때문에 발표하는 동안 계속 인터넷을 사용해야 합니다. 만약 인터넷 연결이 안 된다면, 제가 준비한 시연을 보여줄 수 없습니다.

히예르탄 빌렌가 : 디벨로퍼 애드보킷으로 하셨던 발표 활동들과 관련해서 주로 이야기를 나눴는데, 디벨로퍼 애드보킷은 이 밖에도 많은 업무를 하시잖아요. 어떤 다른 일들을 하시나요?

레이 창 : 고쳐야 할 버그나 개선될 수 있는 제품의 사용 경험, 혹은 특정 커뮤니티에서 더 유용하게 사용될 수 있는 제품 등 개발자들에게 필요하다고 생각하는 것과 관련된 개발자들의 목소리를 대변하는 일도 합니다. 발표하러 다니지 않을 때는, 이런 모든 것들이 이해하기 쉽고 사용하기 편하게 만들려고 합니다.

제품에 대한 의견은 컨퍼런스에서만 나오는 것이 아닙니다. 다른 회사들의 사용자들도 의견을 줄 수 있습니다. 다른 회사의 개발자들을 만나 그들이 우리 기술을 어떻게 생각하는지, 어떤 문제를 해결하고 있는지, 어떤 기능이 추가되길 원하는지에 대해서 의견을 듣습니다.

디벨로퍼 애드보킷으로서 의사소통의 구심점을 가지는 것이 중요한 것 같습니다. 결과적으로, 어떤 요구를 수용하고 어떤 일을 할지는 제품 개발팀에게 달려있지만요.

히예르탄 빌렌가 : 정해진 일과가 있으신가요?

레이 창 : 딱히 없습니다. 출장 중에는 컨퍼런스 일정에 따라 움직입니다. 해야 할 발표가 있다면, 제 일정은 리허설과 연습으로 채워지겠죠. 발표가 끝나면 살짝 쉬었다가 커뮤니티의 동료들과 친구들을 만나러 갑니다.

컨퍼런스에 가 있지 않을 때는 회의에 참석하거나 동료들과 만나 대화를 나눕니다. 그러다보니 제 일정은 유동적이고 변화가 많은 편입니다. 그래서 어떤 사람들은 하루 일과 중 공부하는 시간이나 실험 시간을 따로 잡아두곤 하는데, 저는 고정된 일정을 잡지 않습니다.

히예르탄 빌렌가 : 일하면서 가장 재미있는 부분과 가장 지루한 부분은 어떤 것인가요?

레이 창 : 운이 좋아서 팀 내의 신뢰관계가 돈독한 곳에서 일하고 있습니다. 제가 하는 일은 전부 제가 원해서 하는 일이라 제가 컨퍼런스에 가거나 혹은 영상을 만들기를 원한다면, 제가 결정하면 됩니다.

"애드보킷으로서 무엇이 좋고 무엇이 안 좋은 것인지를 말할 때는 솔직하게 이야기해야 합니다." - 레이 창

특히 자바 개발자 커뮤니티에 많은 관심을 가지고 있기에, 커뮤니티를 위한 활동이나 커뮤니티에게 도움이 될 일들을 하고 있죠. 예를 들어서, 커뮤니티 사람들에게 자바와 관련해서 사용하면 안 될 것들과 잘못된 행동을 말해주기도 합니다. 어떨 때 그 반대로 좋은 것들을 말해주기도 하죠. 이렇게 애드보킷으로서 무엇이 좋고 무엇이 안 좋은 것인지를 말할 때는 솔직하게 이야기해야 합니다. 제가 좋다고 생각하는 것이 있거나 혹은 좋지 않다고 생각하는 것이 있다면, 그 느낌들을 솔직하게 이야기할 것입니다.

솔직하게 시연을 하는 것

히예르탄 빌렌가 : 발표를 하면서 실시간으로 시연을 할 때, 잘 작동하지 않는 부분은 그냥 넘기는 편인가요 아니면 그런 부분들도 솔직하게 이야기하는 편인가요?

레이 창 : 잘 작동하지 않는 부분까지 말해야 한다고 생각합니다. 그래서 잘 작동하지 않는 게 있다면 의견을 남겨 두는 편입니다. 그래야 그 문제를 해결할 수 있으니까요.

어떤 것이 되고, 되지 않는지 명백하게 말하는 것은 중요합니다. 가능한 한 많은 의견들을 전달하려고 합니다. "지금은 그 기능을 사용하지 마세요"라고 말할 수 있겠죠. 데이터베이스의 경우를 생각해봅시다. 만약 어떤 상황에서 ORM을 사용하려고 한다면, 서로 복잡한 관계를 맺고 있는 객체들을 다루게 될 것입니다. 그렇다면 ORM을 사용하는게 적절할까요? 정답은 어떻게 사용할지에 따라 다를 것입니다. 예/아니오를 논하기보다는 충분한 시간을 가지고 ORM이 어떻게 사용되려고 하는지, 그리고 그런 상황에서 코드가 잘 동작할지 살펴보려고 합니다.

히예르탄 빌렌가 : 회사에 소속된 디벨로퍼 애드보킷이라서, 회사에서 돈을 받으니까 진정성 없이 디벨로퍼 애드보킷 활동을 한다는 의심을 받을 수도 있습니다. 이에 대해 어떻게 생각하시나요?

레이 창 : 대부분의 멋진 디벨로퍼 애드보킷들이 자신들이 속한 회사의 기술에 대해 반드시 이야기 할 필요는 없다고 생각합니다.

저 또한 오픈소스와 관련된 많은 활동을 하고 있고, 서로 다른 환경에서 발생할 수 있는 일들에 대해서도 소개하는 것을 좋아합니다. 옛날에 286 컴퓨터를 가지고 있었던 시절이 생각나네요. 책을 읽고 몇 개의 프로그램을 짜봤는데, 별 문제없이 잘 작동했습니다. 그런 유년 시절의 기억들을 모든 개발자들은 가지고 있고, 저 또한 그런 기억이 저를 디벨로퍼 애드보킷으로 만들어 준 것이겠죠.

만약 대기업에서 일한다면, 회사의 간섭이나 다른 걱정거리들이 있을 겁니다. 그럴 때는 회사 안의 팀들과 연결 고리를 만들고, 누구와 이야기할지 파악하면서, 개발자들이 좋아할 방향으로 제품을 만들 수 있게 의견을 전달할 수 있도록 체계를 만들어야 합니다. 물론, 회사 안에서 이렇게 하는 것은 누구에게나 스트레스가 될 수 있습니다.
열정이 없다면 빨리 포기하고 싶겠지만, 제가 아는 대부분의 애드보킷들은 본인들이 말하고 싶은 것과 이루고 싶은 것에 대해 강한 열망이 있습니다. 사용자들에게 좋은 것들을 가져다 주기 위해서 우리는 계속해서 일을 할 것입니다.

히예르탄 빌렌가 : 디벨로퍼 애드보킷을 하기 위해 꼭 가져야 할 성격이나 특성은 무엇이 있을까요?

레이 창 : 커뮤니티나 기술에 열정이 있다면 누구나 할 수 있다고 생각합니다. 정보를 공유하는 일이니까요. 전 세계의 사람들은 각자 다른 성격을 가지고 있습니다. 그래서 어떤 종류의 자질이 필요하다고 말하지 않겠습니다. 디벨로퍼 애드보킷은 기술을 더 나은 방향으로 만드는 일을 합니다. 그게 전부라고 봅니다.

스콧 헨젤만
Scott Hanselman

—

스콧 헨젤만은 마이크로소프트에서 오픈소스 프로젝트들을 다루며 일하는 개발자, 선생님이자 연사이며, 개인 블로그인 hanselman.com을 15년동안 운영해오고 있다. 그는 다수의 책을 집필하였고, 최근 700회를 돌파한 Hanselminutes를 포함해 다양한 팟캐스트를 진행하고 있다. 스콧은 기술, 다양한 나라의 문화와 각종 전자기기, 다양성, 그리고 개방형 웹에 대해서 이야기한다. 열정적인 연사자인 그는 50만 명 이상의 개발자들에게 직접 기술과 개발 활동에 대한 이야기를 하고 있다. (트위터: @shanselman)

히예르탄 빌렌가 : 자기 자신을 디벨로퍼 애드보킷으로 보시나요?

스콧 헨젤만 : 아마도요. 하지만 세대에 따라 디벨로퍼 애드보킷에 대한 인식 차이가 있다고 봅니다. 지금 20대 초반인 사람들은 이 직함의 의미를 다르게 인식할거에요. 저는 20년 넘게 개발을 해왔고 지금도 개발하고 있지만, 제가 디벨로퍼 애드보킷이라고 얘기하는 것이 완전히 마음이 편하지는 않습니다. 어떤 사람들은 디벨로퍼 애드보킷들이 컨퍼런스에서 발표만하고 다른 일은 하지 않는다고 생각하거든요.

히예르탄 빌렌가 : 그게 해야할 일 아닌가요?

스콧 헨젤만 : 문제는 수많은 젊은 사람들이 직접 뭘 만들어보지 않았다는 것입니다. 아무것도 만들어보지 않았다면 어떻게 개발자들을 대변할 수 있을까요? 저는 보통 무언가를 만들기 위해 몇 달 동안 사라졌다가 다시 나타나서 제가 만든 것을 발표하곤 합니다.

디벨로퍼 애드보킷은 실무와 발표의 균형을 찾아야 합니다. 그 둘의 중간 지점이 애드보킷 활동이라고 생각합니다.

제가 걱정하는 것은 디벨로퍼 애드보킷으로 활동하고 있는 20대 초반의 친구들이 아무것도 만들어보지 않았다는 것입니다. 그러다가 소프트웨어 개발 경험 없이 30대나 40대에 접어들 수도 있어요. 그렇다면 그들은 컨퍼런스에서 어떤 이야기를 할 수 있을까요? 그냥 겉멋만 든 장사꾼 아닌가요?

저는 켈시 하이타워를 존경하는데, 그가 직접 뭔가를 만들고 그것에 대해서 발표하기 때문에 그것을 본받으려고 하고 있습니다. 디벨로퍼 애드보킷들이 그들의 시간 전부를 발표를 하는데 투자해야할까요? 어떤 때는 고객들로부터 피드백을 받아서 각자의 팀에 전달해야하는 것도 필요한 것처럼, '애드보킷 활동'을 나눠서 볼 필요가 있습니다.

만약 오라클이 뭔가를 잘못하고 있지만 제 의견을 듣지 않는다면, 저는 그것을 문제 삼을 수 있을 것입니다. 마이크로소프트에는 13만 명의 직원들이 있고, 저는 트위터에 많은 팔로워들이 있습니다. 제 팔로워들이 "마이크로소프트에 헨젤만이라는 사람이 있는데, 아마 우리를 도와줄거야"라고 얘기할 수 있게 노력합니다. 모든 팔로워들이 제가 실제로 아는 사람은 아니지만, 그들을 대신해 목소리를 내줄 것이라는 점은 알게 하는 거죠.

히예르탄 빌렌가 : 개발쪽에서 어떤 것에 초점을 두고 있나요?

스콧 헨젤만 : 닷넷(역자 주: 마이크로소프트에서 공개한 프로그램 개발 및 실행 환경들의 집합) 생태계를 오픈 소스화하는 일을 주로 하고 있습니다. 특히 저희 팀이 오픈 소스화하는 것을 전체적으로 제대로 하고 있는지 확실히 하려고 합니다. 닷넷은 원래 오픈 소스가 아니었고, 특허 문제가 있었어요. 저희 팀에서는 닷넷 코어(.NET Core, 역자 주: 기존 닷넷 프레임워크의 오픈 소스 버전), 모노(Mono, 역자 주: 닷넷 프레임워크를 이용해 개발하는 것을 더 수월하게 해주는 라이브러리), 그리고 닷넷 프레임워크(.NET Framework, 역자 주: 마이크로소프트에서 개발한 윈도우 프로그램 개발 및 실행 환경)를 하나로 합치고 있고, 저희가 내세운 라이선스와 규칙들을 일관성 있게 하려고 합니다.

그래서 전 모든 사람들의 의견을 들어야해요. 몇 주 전에 어떤 사람은 리눅스 컨테이너에서 작업 하고 싶었는데, 라이선스가 맞지 않았서 그 문제를 해결해야 했습니다.

히예르탄 빌렌가 : 어떻게 해서 마이크로소프트에 입사하게 되었나요?

마이크로소프트에 오게 된 과정

스콧 헨젤만 : 기업 온라인 뱅킹 소프트웨어를 만드는 코릴리안(Corillian)이라는 회사에서 수석 아키텍트로 일했습니다. 그 때 미국의 기업 온라인 뱅킹의 4분의 1을 담당하고 있는 보이저(Voyager)라는 프로그램을 만들어서 납품했어요.

C++로 만들었고 윈도우 OS에서 실행됐지만, 쿠버네티스(역자 주: 컨테이너화된 애플리케이션을 자동으로 관리해주는 오픈 소스 시스템)같은 대형 분산 시스템도 만들었습니다. 그러면서 이 프로그램의 닷넷 기반 SDK 래퍼(Wrapper, 역자 주: 다른 소프트웨어의 호환성을 위해 제공하는 소프트웨어)도 만들어서, 일찍부터 오픈 소스 닷넷 커뮤니티에 발을 담갔습니다.

그리고 나서 은행들이 오픈 소스를 도입하는 것을 도와줬습니다. 하지만 은행들이 오픈 소스를 사용하는 것을 꺼려해서 힘든 일이었습니다. 그러면서 GPL(역자 주: 자유 소프트웨어 재단에서 만든 자유 소프트웨어 라이선스)과 같은 라이선스들과 씨름을 했습니다. 이 때가 2000년 대 초반이어서, 당시에는 오픈 소스 소프트웨어와 자유-오픈 소프트웨어 사이의 치열한 논쟁이 벌어지고 있었습니다. 은행에 가서 이러한 점들을 이야기하면, 은행의 소프트웨어들을 모두 공개해야하기 때문에 오픈 소스 소프트웨어를 쓰지 않겠다고 했습니다. 그래서 이 문제를 해결하려고 했습니다. 당시에는 풀 리퀘스트의 개념이 없었고, 모두 CVS(역자 주: 클라이언트-서버 구조의 소스 코드 버전 관리 시스템)나 SVN(역자 주: CVS의 한계점을 해결하기 위해 개발된 버전 관리 시스템)들로 작업해야했지만, log4net(역자 주: 자바 애플리케이션의 로깅 도구인 log4j를 닷넷 환경에서 사용할 수 있게 수정한 도구)과 같은 프로젝트들을 수정하면서 해결했습니다.

어느 날은 O'Reilly Conference의 'Foo Camp'라는 언컨퍼런스에 있었는데, 마이크로소프트 직원으로 윈도우 8 개발에 참여하고 있던 스티브 시노프스키(역자 주: 당시 마이크로소프트의 윈도우 부문 부서장)와 스콧 거스리(역자 주: 당시 윈도우의 다양한 개발 라이브러리 및 도구들 개발하는 팀의 상무)를 만나서 이야기했고, 거스리는 당시 MVC 모델(역자 주: 웹 애플리케이션의 내부를 논리적으로 나누는 방법 중 하나)에 관심이 있어서 루비 온 레일즈(역자 주: 루비 프로그래밍 언어에 기반한 웹 서버 프레임워크)를 다루고 있었어요.

저는 루비 온 레일즈가 흥미로웠고, 오픈 소스 웹을 다루고 있던 중이라, 루비 온 레일즈 같이 '닷넷 온 네일즈(.NET on Nails)'를 만들어보자고 했습니다. 이름은 그렇게 짓고 싶었는데, 결국엔 ASP.NET MVC(역자 주: ASP.NET 애플리케이션에 MVC 모델을 적용한 웹 사이트를 만들 수 있게 해주는 프레임워크)로 짓기로 했습니다. 처음에 오픈 소스 웹 프레임워크를 만드는 것부터 시작해서, C# 컴파일러와 같이 다른 것들을 오픈 소스화 했습니다. 양파 껍질 벗겨내듯이 결국엔 모든 것들을 오픈 소스화했고, 그 결과 어느 시스템에서나 실행될 수 있는 닷넷 코어(.NET Core)가 만들어지게 됐어요.

히예르탄 빌렌가 : 그럼 컨퍼런스에 가서 그런 개발 비화들을 이야기했나요?

스콧 헨젤만 : 네, 이미 몇몇 지역의 사용자 모임에서 발표했습니다. 저는 스탠드업 코미디언들처럼 활동하는 디벨로퍼 애드보킷들을 좋아합니다. 스탠드업

코미디언들은 작은 바에서 오픈 마이크(Open Mic, 역자 주: 따로 정해진 발표자 없이, 원하는 사람이 무대에서 하고 싶은 이야기를 하는 공연의 형태)를 하다가, 더 큰 무대로 진출하곤 합니다.

디벨로퍼 애드보킷 활동도 이처럼 비슷하게 되어야한다고 생각합니다. 물론, 발표 경험이 없다가 갑자기 큰 행사에서 발표하게 된다면 좋겠습니다. 하지만, 모든 사람들이 그렇게 할 수는 없으니까, 회사에서 발표하는 것부터 시작해서 작은 행사들에서 발표해보고, 규모 있는 행사에서 발표한 다음 그 후에 큰 행사들에서 발표하는 것이 좋다고 생각합니다.

저는 열정적이었습니다. 사실 제 자신을 디벨로퍼 애드보킷이라고 하기보다는 본격적인 열혈팬에 가깝다고 봅니다. 저는 제가 소프트웨어에 완전히 빠졌다고 생각합니다. 지금 앉아서 이야기하고 있으면서도, 주변에 제가 작업하고 있는 로봇이 있고, 닷넷 프로그램을 실행하고 있는 마이크로 컨트롤러가 있습니다. 제 책상에는 라즈베리 파이(역자 주: 교육용 목적의 싱글 보드 컴퓨터)로 만든 쿠버네티스 클러스터도 있고요. 이런 건 애드보킷 활동으로보다는, 괴짜의 특징에 가깝죠.

그리고 이런 일들을 하기 위해선 괴짜가 되어야하는 것 같습니다. 제 책상 위에는 대여섯 대의 노트북들이 있고, 3D 프린터 2대가 있어요. 이런 환경에서 프로그램 개발에 흥미를 가지지 않는다는게 어렵지 않을까요? 이렇게 할 수 있는 시대에 살고 있어서 좋다고 생각합니다. 저는 프로그램 개발에 대한 열정이 넘쳐난다고 생각해요. 닷넷 재단(.NET Foundation)을 운영하고, 닷넷을 오픈 소스답게 운영하고 있는지 점검하지만, 이 일을 하면서 돈을 받지는 않습니다. 발표하는 것은 부가적인 일이고요. 대신에 마이크로소프트에서는 컨퍼런스에서 주로 발표를 담당하는 클라우드 디벨로퍼 애드보킷들이 있습니다.

히예르탄 빌렌가 : 그 분들과 어떤 관계이신가요?

스콧 헨젤만 : 그 분들과 함께 일하고, 그들을 가르치기는 하지만, 그 팀에 소속되서 일하지는 않습니다. 일찍이 여기에서 일하고 있어서, 그 분들이 커뮤니티와 진정성 있게 소통하도록 도와주고 있습니다. 최근에 저희들끼리 발표를 하면서 돈을 받아야하는지에 대한 이야기를 한 적이 있습니다. 다른 곳에서는 어떤지 모르겠지만, 저는 돈을 받는다는 이유로 마이크로소프트라는 회사에 대한 발표를 하지는 않습니다. 적절하지도 않을 뿐더러 도덕적이지도 않으니까요. 만약 자신이 컨설턴트라면 돈을 받아도 되겠지만, 직원은 그러면 안 된다고 생각합니다.

히예르탄 빌렌가 : 대기업에서 일하시면서 무대에 오르곤 하시는데, 그러다보니 사람들이 당신같은 사람을 장사치로 보거나 대변인으로 생각합니다. 어느쪽이 적합한 표현이라고 생각하세요?

스콧 헨젤만 : 실제로 제가 했던 발표들 때문에 '마이크로소프트에서 나온 장사꾼'이라는 이야기를 들었습니다. 그리고 나서는 청중들이 예상하는 것과는 반대로 발표해서 제가 장사치가 아니라는 것을 보여줍니다.

히예르탄 빌렌가 : 그럼 마케팅 부서 사람으로 보여지기 시작하면, 자신의 커리어는 끝나는 거라고 생각하나요?

스콧 헨젤만 : 네, 저는 그렇게 생각합니다. 예전에 가면 증후군을 앓았던 적이 있어요. 그러다가 3~4년 정도 지나서 익숙해졌습니다. 제가 그래도 실력이 있다는 자신감을 갖게 됐거든요. 사람들이 제가 장사치처럼 이야기하지 않을 것이라는 것을 알고 있으니까, 제 평판이 좋다는 것을 확실히 알 수 있어요.

제가 지키려고 했던 원칙들이 있었는데, 그 원칙들을 지키면서 점차 신뢰를 얻게 되었죠. 중요하지 않다고 생각하는 것들을 이야기하는 것은 제 스타일이 아니라서, 무대에 올라가서 제가 중요하다고 생각하는 것들만 이야기했어요.

히예르탄 빌렌가 : 사람들이 대기업에서 활동하는 디벨로퍼 애드보킷들은 다양한 프로젝트들 중에서 자신이 다루고 싶은 것을 선택할 수 있다는 것을 잘 모르는 것 같습니다. 회사에서 어느 정도 방향을 잡아주는 것이 있겠지만, 결국은 각자가 매력을 느끼는 프로젝트를 선택하나요?

스콧 헨젤만 : 맞습니다. 어쩌면 사람들이 대기업들이 얼마나 큰지 감이 잘 안 와서 그런 것 같습니다. 최근에는 회사 직원이 믿기지 않는 글을 올려서 뉴스에서 화제가 되고 있어서 내부적으로 문제가 있어요. 아까 얘기했듯이, 마이크로소프트에서는 13만 명이 일하고 있어요. 그러다보면 인종차별주의자나 성차별주의자가 입사하기도 하고요. (역자 주: 2019년에 마이크로소프트의 일부 여성 직원들이 차별을 당하고 있다는 사실이 공개되어 논란이 되었고, 회사는 이 사실을 확인 후 조치를 취했다.)

마이크로소프트에는 분명히 멍청한 사람들이 존재하지만, 그런 멍청이들은 어느 회사에나 다 있어요.

히예르탄 빌렌가 : 만약 당신이 월요일 아침에 발표를 하는데, 그 바로 전 주에 자신의 회사가 어떤 잘못을 하거나 의문을 가질만한 일을 했어요. 하지만 당

신은 여전히 회사를 대표하는 사람이고요. 그런 경험이 있나요?

스콧 헨젤만 : 네, 있습니다. 지금만 해도 제가 발표를 하기 전에 어떤 사람이 멍청한 일을 벌여놓으면 그건 제 잘못이 될 수 있습니다. 저희는 오픈 소스로 좋은 일을 하고 있는데, 어떤 사람이 안드로이드 OS의 특허 관련해서 이상한 일을 벌여놓으면, 저희가 추궁을 받습니다. 저희와는 아무 상관없는 일인데, 저희가 대응을 해야해서 굉장히 힘듭니다.

부정적인 기사들에 대응하는 것

히예르탄 빌렌가 : 발표하는 도중에, 기사에 나온 일들에 관해서 예상 가능한 질문들을 받으면 어떻게 답변하나요?

스콧 헨젤만 : 사람들에게 직접적으로 "어느 회사에나 멍청한 사람들이 있어요. 마이크로소프트에서도 그런 일들이 벌어져도, 회사 전체적으로는 항상 옳은 일을 하려고 합니다."라고 얘기합니다.

그리고 마이크로포스트가 악마가 될 수 없게 체계가 잡혀있다는 점을 이야기하고 싶습니다. 11년 넘게 마이크로소프트에서 일하면서, 수염을 쓰다듬으면서 사악한 목소리를 내며 회의에 참석한 사람은 아무도 없습니다! 가끔 바보같이 굴 때가 있긴 하지만, 그렇다고 사악하게 굴려고 하지 않습니다. 그 둘에는 분명히 차이가 있죠. 저는 사람들에게 "무능함은 악이 아니다"라고 이야기합니다.

히예르탄 빌렌가 : 사람들이 대기업은 치밀하게 모든 사람들의 역할이 정해져

있어서 크기가 큰 단일체로 움직인다고 생각하는 것 같습니다. 그렇지만 대기업 안에 있는 사람이라고 하더라도 바로 옆 방에 있는 사람이 어떤 일을 하는지 모른다고 하고요. 이런 경험을 해본 적이 있나요?

스콧 헨젤만 : 네, 그런 적이 있습니다. 트위터에는 @msdev라는 유명한 트위터 계정이 있습니다. 이 계정은 저희가 아니라 회사에서 운영하는 계정입니다. 한 번은 2016년에 있었던 러시아의 미국 대선 개입에 관한 특검 수사 결과가 나온 직후였어요.

회사에서는 그 소식이 나온 후에 한 트윗을 올렸는데, VS Code(역자 주: 마이크로소프트에서 오픈 소스로 내놓은 소스 코드 편집기)의 테마가 갑자기 편집기에 열린 코드를 모두 사라지게 하고, 검은 줄로 채우는 사진을 올렸어요. 재미는 있었지만 정치적으로 민감한 시기에 올라온거라 걱정이 되었습니다. 그래서 저는 그 계정에 메시지를 보내서 그 트윗이 적절해보이지 않는다고 얘기했습니다.

그렇게 해서 회사 내부에서 논의가 되었고, 트윗을 올린 사람이 내용을 검토해본 적이 없었다면서 문제가 있다는 것을 수긍했습니다. 그 후 그 트윗은 올라간지 1시간 만에 삭제됐습니다. 사람들이 생각하는 것만큼 마이크로소프트가 체계적이지 않다는 완벽한 예죠.

어디에선가 문제가 튀어나오면, 저희는 그걸을 해결합니다. 마치 두더지 잡기 게임처럼요. 라이선스 관련 문제이거나, 이상한 풀 리퀘스트, 심지어 유출 건을 해결하려고 할 때 그런 식으로 해결하곤 합니다. 어떨 때는 다른 회사의 기밀 내용들이 풀 리퀘스트나 토론장에 올라오곤 해요. 물론, 저희들의 해결책은 항상 모든 것을 공개된 곳에서 하자는 것이고요.

저는 제가 오픈 소스 활동을 최대한 많이 해서 마이크로포스트가 더 이상 오픈 소스 활동을 멈추지 못하게 하는 것을 목표로 하고 있어요.

회사가 저를 내쫓기 전까지 많은 것들을 오픈 소스화 할 거에요. 그러면서 분기마다 두어 번 정도는 "내가 이걸로 해고를 당할까? 이것때문에 회사를 그만둬야하나?"라고 생각합니다.

"퇴사하는 것은 쉽긴 하지만, 동시에 퇴사할 수 있다는 것은 특권이기도 합니다."
– 스콧 핸젤만

만약 제가 그만둬야 한다면, 쉽게 할 수 있을 것입니다. 대신에 제가 그만둔다는 소식이 화제가 될테니까 신중하게 결정해야겠죠. 물론 도덕성을 지키는 것은 중요하니까 제가 이상한 짓을 한다면 그만둬야 할겁니다. 반면, 제가 중간 직책자 역할을 맡고 있어서, 까다로운 업무를 맡아 잘못됐다고 생각되는 것들을 고치려고 노력해야죠. 요즘에는 제가 부사장처럼 힘 있는 사람이 되어서 잘못된 일들이 애당초 일어나지 않게 해야겠다고 생각합니다. 퇴사하는 것은 쉽긴 하지만, 동시에 퇴사할 수 있다는 것은 특권이기도 합니다. 디벨로퍼 애드보킷들 중에서 힘든 환경 때문에 그만두는 사람들을 많이 볼텐데, 한편으론 그 환경을 고치는 것도 필요해요.

히예르탄 빌렌가 : 만약 자신이 그만둔다면, 그 여파는 몇 주 동안만 지속되지 않을까요? 시간이 지나면 다들 적응할 것이고, 그렇다면 결국엔 아무 영향을 주지 못하게 되는 것이고, 회사로 돌아가는 것은 더 힘들 것 같습니다. 이와 비슷한 사례를 본 적이 있나요?

스콧 핸젤만 : 맞습니다. 그게 제일 큰 문제점이죠. 마이크로소프트의 초창기

에 중요한 역할을 했던 사람들이 이제는 없는데, 그들이 지금은 무엇을 하고 있는지 저는 모릅니다.

히예르탄 빌렌가 : 그럼 사람들이 그러한 일들에 굉장히 걱정스러워 한다고 생각하나요?

스콧 헨젤만 : 네, 그렇다고 봅니다. 그럼 사람들이 자신이 잘못됐다고 생각하는 것을 고치려고 하지 않을까 싶습니다. 오픈 소스 커뮤니티에서 일어나는 일들은 사람들끼리 직접 이야기하면서 해결될 수 있어요.

제 블로그에 '소프트웨어와 신생아(Software and Saving Babies)'라는 글을 쓴 적이 있습니다. 만약 자신이 소프트웨어를 개발하고 있다면, 내가 신생아의 생명을 구하려는 정도의 중요한 일을 하고 있는지 생각해봐야 합니다. 만약 그만큼 중요하다면, 자신이 만드는 소프트웨어를 진지하게 생각해야겠죠. 하지만 그런게 아니라면 진정하고 한숨 돌리는게 좋습니다.

사람들은 어떤 것들이 레딧이나 해커 뉴스에 올라가면 문제라고 생각하는데, 결국엔 몇 천명, 많아봐야 몇 만명 정도가 보는 것 밖에 안 됩니다. 전 세계에는 약 80억 명이 살고 있는데, 그 중에서 자신의 소프트웨어에 신경 쓰는 사람은 몇 안 될 것입니다. 자신이 엄청 대단한 것을 만드는 것이 아니라면 조금은 긴장을 늦춰도 좋습니다.

히예르탄 빌렌가 : 저도 사내 정치에 대해서는 신경쓰지 않으려고 하다가, 결국 몇 개월이 지나고 나면 제가 예전에 했던 것처럼 똑같이 하지 않을까 생각하게 되었습니다. 이런 점에 대해서는 어떻게 생각하세요?

스콧 헨젤만 : 사람들은 자신이 5년 안에 어떻게 시니어 엔지니어가 될 것인지 이야기하지만, 실제로 시니어 엔지니어들이 이 직함을 달기 위해 10~15년을 투자해야 합니다. 어떤 사람들의 링크드인 프로필을 보면 대개 한 회사에서 9개월 내지 1년 정도 다녔습니다. 9개월 밖에 안 되는 기간동안 어떻게 중요한 일을 할 수 있을까요? 이건 논쟁의 여지가 있겠지만, 저는 9개월 만에 조직 차원에서 큰 변화를 볼 수 없다고 생각해요.

오랫동안 버텨내야해요. 저는 한 회사를 가능하면 3년에서 5년 정도 다니는 것을 목표로 삼아서, 실제로 9년동안 뱅킹 소프트웨어를 만들었습니다. 아마 그 중 3년동안은 3개의 버전을 출시했던 것 같습니다. 윈도우 OS는 한 버전 자체만 개발에 18개월에서 2년이 걸려서 3개월에서 6개월 정도 참여한 것으로 윈도우를 개발했다고 할 수 없습니다.

윈도우 7을 만들었던 사람들을 생각해보세요. 윈도우 7은 가장 인기가 있었지만 윈도우 8은 비판을 받았고, 이제 윈도우 10은 다시 호평을 받고 있습니다. 그 3가지 버전을 모두 거쳤던 사람들은 대단하다고 할 수 있습니다. 그것을 통해서 많은 것을 배웠을테니까요.

히예르탄 빌렌가 : 성공적인 디벨로퍼 애드보킷이 되기 위해서는 어떤 자질이 필요할까요?

스콧 헨젤만 : 제가 지금 이 자리에 있을 수 있게 된 것은, 무엇이든 진정성 있게 대하려고 하기 때문입니다. 들어오는 문제들을 끊임없이 분류하다보면, 맞춤법 문제, 혹은 문서의 링크가 잘못된 것과 같은 단순한 것들도 있습니다. 그러면 사람들은 왜 그런 것까지 신경쓰냐고 물어보지만, 저는 마이크로소프트가 잘 되길 바라거든요. 만약 자신이 작은 부분들까지 신경쓰려고 한다면 훌륭한 디벨로퍼 애드보킷이 될 수 있어요.

워라밸 찾기

히예르탄 빌렌가 : 회사에서 일어나는 일들이 집안 환경에 미치는 경우도 있나요?

스콧 헨젤만 : 균형을 맞춰야죠. 자신이 언제 하던 일을 멈춰야하는지 알아야 합니다. 제 아내는 간호사인데, 퇴근하면 머리를 식혀야 한다고 합니다. 모든 사람들을 신경쓸 수 없고, 모든 사람들의 생명을 구할 수는 없잖아요. 그런 점을 생각하면 저는 균형을 잘 맞추고 있습니다.

제 팀원 중 한 명이 하던 일 때문에 스트 레스를 많이 받았고, 멘탈 회복을 위해서 하루 쉬어야 했습니다. 당사자는 쉬고 싶어하지 않았지만, 저는 업무는 어디 도망가지 않으니 너무 신경 안 써도 된다고 조언했습니다.

> *"원격 근무자들은 자신들이 아무것도 안 한다는 착각을 할 수도 있어서,*
> *더 열심히 일하기도 합니다." - 스콧 핸젤맨*

저희 아버지가 저한테 "죽으면 아무것도 소용없어"라고 자주 이야기하셨습니다. 어쩌면 이상하게 들릴 수 있겠지만, 결국 며칠 쉬는 것도 필요하다는 뜻이었어요. 꼭 필요하니까 잠은 자야 합니다. 안 그러면 자기가 미쳐버릴 테니까요.

히예르탄 빌렌가 : 출장을 많이 다니시나요?

스콧 헨젤만 : 네, 아마 한 달에 1주일 정도는 출장 나가있는 것 같습니다. 때에

따라 엄청 바쁠 때도 있지만, 그럴 때는 한 지역에 오랫동안 있지 않습니다. 그 원칙은 철저하게 지키려고 합니다. 한 주에 5일동안 출장 나가있다가, 금요일 저녁에 집에 도착하는 식이죠. 차라리 집에 있는 것을 더 좋아해서, 출장을 10일 동안 나가있고 그러지는 않습니다.

히예르탄 빌렌가 : 출장을 위한 팁들이나, 시차 적응을 위해서 어떻게 하시나요?

스콧 헨젤만 : 멜라토닌을 복용합니다. 저에게는 잘 맞거든요. 그리고 비행기에 올라타는 순간부터 도착지의 시간대에 맞춰서 생활합니다. 이렇게 하면 적응할 수 있는 시간이 생기거든요. 많은 사람들이 비행기를 지루한 공간으로 생각하는데, 그런 사람들은 시간을 잘 쓰는 방법을 모르는 거라고 봅니다.

비행기가 착륙하고 나서야 시간에 대해서 신경쓰게 되는 거죠. 비행기에 타서 11시간동안 준비를 하는 것은 심리학적인 착각처럼 보이지만 중요한 점이라고 생각해요.

히예르탄 빌렌가 : 가령 머나먼 곳으로 출장을 왔는데, 기술적인 문제가 발생했어요. 어떻게 해결하시나요?

스콧 헨젤만 : 저는 발표를 할 때 헤매본 적이 없습니다. 많은 준비를 하는 것뿐만 아니라, 어떤 것이 말썽을 일으킬지 아는 것도 한 몫 했어요. 만약 제 잘못이 아니라면, 청중들에게 그 위기를 어떻게 해결하는지를 보여주는 기회로 삼습니다.

알고 보면, 저는 무대 체질인 것 같아요. 아마 제가 무슨 일이 벌어지고 있는지 몰라 쩔쩔 매는 모습을 보지 못했을 것입니다. 경험을 통해 무엇이 잘못될 수 있는지 아니까요. 어떤 것들이 말썽을 일으킬지 알고 있습니다. 지금도 제가 마지막으로 무언가를 잘못 건드렸지만 원인을 알지 못한 적을 기억해보려고 하는데, 매우 오래된 것 같네요. 자화자찬을 하려는 것은 아니고, 누구나 여러 번 겪어봤다면 어디선가 잘못되는 것을 봤을 법 합니다.

몇 주 뒤에 저는 Microsoft Build에 가서 기조 연설에 오를 예정이라서 머리를 맞대어 있을 법한 모든 문제들을 대비해야 합니다. 그래서 저는 보여주려고 하는 것들이 망가지는 모든 경우를 고려하려고 합니다. 마치 보안 분야에서 위협을 분석하는 것과 같이 어떤 것이 잘못될 수 있을지, 네트워크에 문제가 생긴다던지, 하드디스크에 문제가 생긴다던지, 소스 코드가 컴파일이 안 된다던지 등의 것들이 있을 것입니다.

히예르탄 빌렌가 : 자신이 시연하려는 예제에 사용된 기술에 버그가 있을 때 어떻게 하시나요? 대충 넘어가시나요, 아니면 직접 언급하시나요? 어떤 것이 맞는 방법일까요?

스콧 헨젤만 : 버그가 있다면 솔직히 말해야 한다고 생각합니다. 만약 제가 베타 버전의 프로그램을 시연하려는데 해결 중인 버그가 있다는 것을 알고 있다면, 그 버그를 피해서 시연을 할 수 있을 것입니다. 제가 시연을 하면서 해봤던 거짓말은 '시간 관계상 중간 절차가 생략되었다'고 말한 것 밖에 없습니다. 그것도 거짓말이라고 할 수 있을지 모르겠지만요.

미국에는 줄리아 차일드라는 유명한 제빵사가 있습니다. 그녀는 파이를 만들 때는 오븐의 아래쪽에 먼저 넣어요. 그런 다음 오븐의 위쪽에 옮기고 더 구워서 파이를 완성 시켜요. (역자 주: 오븐의 위치에 따라 잘 구워지는 부분이 다른 점을 이용한 방법) 저도 줄리아 차일드가 파이를 구워내는 것과 같은 방법을 사용하는 것이고, 그렇게 하는 것이 시연을 준비하는 과정 중 하나인거죠. 그건 거짓말이 아니고 청중도 알고 있는 부분입니다.

히예르탄 빌렌가 : 요즘 어떤 기술을 가장 관심있게 보고 있나요?

스콧의 관심사

스콧 헨젤만 : 타입스크립트가 인기를 끌고 있는데, 공교롭게도 마이크로소프트에서 만든 것입니다. 타입스크립트가 중요하다고 여겨지기 전까지 이런 이야기를 하는 것이 조심스러웠지만, 이제는 많은 사람들이 인정해주니 자신있게 이야기할 수 있습니다.

또 다른 기술은 웹어셈블리(역자 주: 실행형 파일을 서로 다른 환경에서 실행할 수 있게 하는 표준. 주로 웹 페이지에서 실행형 파일을 사용하기 위해 사용됨)에요. 저희가 블레이저(Blazor)라고, ASP.NET 페이지를 웹페이지를 웹어셈블리로 바꿔주는 것을 만들었는데, 블레이저가 멋지고 큰 변화를 만들어낼 것이라고 생각합니다. 블레이저가 차세대 루비 온 레일즈처럼 되지는 못하겠지만, 매우 중요하다고 생각합니다.

웹어셈블리는 근간이 될 것이라고 생각합니다. 가령, "자바스크립트로 만들어진 라이브러리가 있어요."라고 말하는 것이랑 "당신이 들어보지 못한 새로운 언어로 만든 것이 있어요"라고 이야기하는 것은 완전 다른 뜻이거든요.

마치 어떤 라이브러리를 쓸 지 결정하려고 할 때 꼭 자바스크립트로 만들어진 것일 필요는 없는 것입니다. 다른 예시는 C# 코드를 JVM 위에서 동작하게 만드는 것으로, 한 기술을 다른 기술을 활용하기 위한 연결점으로 사용할 수 있는 것이죠.

브라우저에서 온갖 가상 런타임들을 실행하곤 했던 시절을 기억하나요? 자바 애플릿(역자 주: JVM을 이용하여 웹 페이지를 표시하는 기술), 플래쉬(역자 주:어도비에서 개발한 멀티미디어 플랫폼), 실버라이트 모두 당시 인터넷의 한계를 극복하기 위한 각기 다른 방법입니다. HTML 자체만으로는 우리가 원하는 것을 할 수 없었고, 자바스크립트는 아직 미성숙한 반면, 사람들은 제대로 된 툴을 원했습니다. 자바로 자바 애플릿이 만들어지고, C#으로 실버라이트가 만들어지고, 플래쉬는 애니메이션을 위해 만들어졌다가, 나중에는 유튜브에 적용이 됐죠. (역자 주: 유튜브는 플래시에서 벗어나 현재 HTML5 기반 미디어 플레이어를 활용한다.) 플래시는 비디오 코덱 분야에서 진전을 만드는 데 기여했고, 실버라이트는 더 좋은 그래픽을 제공할 수 있게 해줬고, 자바는 기존의 자바 애플릿을 브라우저에서도 실행할 수 있게 해줬죠.

저희는 물리학 개념이 들어간 예제를 시연하곤 했는데, 그러면 사람들이 다들 왜 마이크로소프트가 실버라이트를 없앴냐고 물어봅니다. 어느 누구도 그런 플러그인들을 없애지 않았습니다. 인터넷이 그런 플러그인들을 없앤 대신, 이제는 브라우저 안에 자바스크립트라는 가상 런타임이 들어있게 된거죠. 브라우저에서 사용자들이 보는 화면을 다른 런타임에 대신 실행하는 것에서, 브라우저에서 직접 그 화면을 동작하게 하는 코드를 처리하게 된 것 뿐입니다. 동시에 자바스크립트가 바이트코드가 되고, 브라우저가 그 바이트코드를 처리하는 단말기가 된 것이죠.

어떤 사람이 15년에서 20년 동안 업계에서 C#만 다뤄왔다고 하면, 그들은 자신들이 C# 코드만 다룰 줄 안다고, 자바스크립트를 새로 배우고 싶지는 않다고 할 것입니다.

그러면 저희는 "웹어셈블리 안에서는 이런 비결이 있어요."라고 할 수도 있고, "이 플러그인도 사용해볼 수 있지만, 안에 내용들은 비밀이고 오픈 소스가 아니에요."라고 할 수도 있을 것입니다. 후자는 저희가 실버라이트에서 했던 방법이지만, 그렇게 하면 모든 기술 스택들이 오픈소스가 아니게 됩니다. 하지만 같은 기술이라도 전체 스택을 오픈소스화하는 것이 매력적인 건 자명합니다.

블레이저는 C# 코드로 웹 페이지의 DOM을 조작하고 완벽한 SPA(Single Page Application, 역자 주: 전체 웹 페이지를 새로 받아오지 않으며 동작하는 웹 애플리케이션의 형태)를 만드는 동시에, 15년 된 DLL(역자 주: 마이크로소프트의 윈도우 운영체제의 공유 라이브러리 파일)을 가져다가 브라우저에서 사용할 수 있도록 해줍니다. 저는 이 점이 굉장히 중요하다고 생각해요.

소형 기기들에도 관심을 가지고 있습니다. 제가 아까 보여드린 기기는 라즈베리 파이는 아니에요. 라즈베리파이는 마이크로컴퓨터(역자 주: 크기가 작고 값싼 컴퓨터들을 통칭)지만, 저건 마이크로컨트롤러(역자 주: 마이크로프로세서와 입출력 모듈을 하나의 칩으로 만들어 정해진 기능을 수행하는 컴퓨터)입니다. 5~6MB의 메모리를 가지고 있고, 닷넷을 실행시킬 수 있어요. 그러면 닷넷 프로그램을 마이크로컨트롤러 위에서 실행시켜서 센서들이나 사물 인터넷(IoT, Internet of Things) 기기들과 통신할 수 있고, 한 번 충전하면 몇 주 동안 계속 쓰는 것이 가능해집니다.

마이크로컨트롤러는 마이크로컴퓨터가 아니라는 점이 중요합니다. 이렇게 큰 닷넷 런타임을 마이크로컨트롤러에서 실행할 수 있다면, 64KB의 메모리를 가진 초소형 기기들에서도 실행할 수 있고 아파치 스파크와 같이 규모가 큰 환경에서도 실행할 수 있겠죠. 그만큼 닷넷이 확장성이 있다는 것을 의미합니다.

히예르탄 빌렌가 : 컨퍼런스에 가면 이런 주제들로 발표를 하시나요?

스콧 헨젤만 : 네, 물론입니다.

히예르탄 빌렌가 : 최근에 어떤 발표들을 하셨나요?

스콧 헨젤만 : 2주 전 쯤에 네덜란드에 다녀왔습니다. 거기서 브레다의 스헤르토헨보스에 갔습니다. 제 친구 몇 명에게 연락해서 그 동네에 왔다고 얘기했더니, 친구들이 스헤르토헨보스의 극장을 빌리고선 행사를 준비했습니다. 그렇게 3개의 사용자 그룹들이 모였고, 대략 750명 정도 되더라고요.

그 때 행사 이름이 ".NET Everywhere: Is It Possible and Is It Cool?(닷넷 에브리웨어: 가능하고 멋진 일인가?)"였을 것입니다. 행사는 저 혼자서 앞에 나와 2시간 30분동안 쉬지 않고 라즈베리 파이에 대해서 이야기하는 것이었습니다. 발표하면서 윈도우와 맥 OS에서 실행한 가상환경의 리눅스에서 도커로 웹 서비스를 배포하는 것을 보여주며 닷넷 생태계를 훑어주는 내용이었고, 불가능해보이는 것들이 가능한지 도전해보려고 한 의도도 있었습니다. (역자 주: 닷넷은 원래 윈도우에서만 실행할 수 있었으나, 닷넷이 오픈 소스화 되면서 리눅스에서도 실행할 수 있게 되었다.)
저는 에듀테인먼트(Edutainment)를 제공하려고 합니다. 교육(Education)과 엔터테인먼트(Entertainment)를 합쳐놓은 것이죠. 재미도 있지만 동시에 정보를 전달해야 합니다. 제가 많은 사람들을 기분 좋게 만들고 영화관을 꽉 채울 수 있는 것은 대단한 일이라고 생각합니다. 그런 것들은 제 직업에서 낼 수 있는 최고의 성과거든요. 하지만 그건 저라는 사람에 관한 것이 아닙니다. 사람들은 저와 관련된 것이라고 생각하지만요. 사람들이 "스콧 핸젤만이 왔다던데 그 사람 발표 들으러 가자"라고 하지만, 보통 교회를 갈 때 목사님을 보러가기보다는, 그 공동체, 혹은 커뮤니티가 있어서 가는 것이잖아요. 제 목표는 사람들을 그렇게 모으는 것입니다.

> *"어쩌면 제가 특별히 사람들을 다룰 줄 아는 사람이라고 생각하겠지만,*
> *우리 모두 다 같은 커뮤니티의 멤버들입니다." - 스콧 핸젤만*

서커스를 보러가면, 서커스 단장을 보러 가는 것은 아니잖아요. 코끼리들을 보러 가는 것이죠. 저는 제가 닷넷 커뮤니티의 단장과 같다고 생각합니다. 어쩌면 제가 특별히 사람들을 다룰 줄 아는 사람이라고 생각하겠지만, 우리 모두 다 같은 커뮤니티의 멤버들입니다. 사람들이 제 발표를 듣고 나서 "와, 닷넷에는 좋은 점들이 많이 있구나!"라고 이야기할 수 있다면 성공했다고 봅니다. 차이점이 느껴지시나요? 이런 것이 이상적인 애드보킷 활동이라고 생각합니다.

답변을 알지 못한다는 것

히예르탄 빌렌가 : 디벨로퍼 애드보킷이 되고 싶어하는 사람들을 위해서 질문을 하자면, 무대 위에 오르기 위해 모든 것을 알아야한다고 생각하나요?

스콧 헨젤만 : 몇 주 전에 스위스를 간 적이 있는데, 사람들과 스위스 군용 칼에 관해서 이야기하면서 스위스 군용 칼 때문에 스위스 군대가 무섭다고 알려졌는지, 스위스 군용 칼의 어떤 점이 대단한지 물어봤습니다.

칼, 가위, 핀셋들이 특출나서가 아니라, 각각의 것들이 꽤 사용할만 해서 그런 것이에요. 그래서 사람은 스위스 군용 칼과 같은 사람이 되어야한다고 생각합니다. 완벽한 전문가가 아니더라도 많은 것들에 대해 85% 정도를 아는 것은 중요하다고 생각합니다.

저는 운좋게 좋은 대우를 받으면서 발표를 하고 있다고 느낍니다. 제가 무대에서 발표를 하고 질문을 받았을 때 모른다고 이야기할 수 있다는 것이 특별하다고 생각하거든요. 제가 다른 사람이었고, 경력이 얼마 없었다고 한다면 그렇게 답변하기 힘들었을 것입니다. 커뮤니티의 모든 사람들이 저를 알고, 20년 동안 활동을 했기 때문에 제가 모른다고 얘기할 수 있다고 생각합니다. 대신 나중에 알아보고 알려주겠다고 하죠.

나이가 들어갈수록, 그런 질문들을 답변하기 위해 의지할 수 있는 네트워크들을 더 많이 알게 되었습니다. 최근에 50명 정도의 아키텍트들이 모이는 그룹에 갔는데, 연차 대비 부끄럽지 않은 모습을 보여주기 위해 노력하다 보니 꽤 스트레스를 받았습니다. 하지만 제가 업무 중에 받은 질문에 대한 답변을 찾기 위해 채팅 프로그램을 이용해서 그 사람들과 실시간으로 이야기를 나눌 수 있었습니다. 이 모든 것들이 제가 가지고 있는 네트워크 덕분이라고 생각합니다.

히예르탄 빌렌가 : 디벨로퍼 애드보킷 활동 때문에 가질 수 있는 단점은 무엇이 있을까요?

스콧 헨젤만 : 제 와이프는 제가 항상 온라인에 접속해있는 것에 불만을 가집니다. 최근에는 항상 트위터만 한다고, 트위터를 그만하라고 했습니다. 제 개인적인 용도로 트위터를 하는 것이 아니라, 많은 커뮤니티들 안에서 제가 해야할 일들을 하는 것이지만요. 모든 사람들이 SNS를 통해서 커뮤니티에서 소

통하는 것의 즐거움을 알아주지는 않습니다.

히예르탄 빌렌가 : 20대의 자신이 지금의 자신을 보면 어떻게 생각할까요?

스콧 헨젤만 : 어렸을 때의 저는 커서 배우가 되고 싶었습니다. 무대에 올라간다는 점을 생각하면 거의 비슷하네요. 대신 컴퓨터와 함께 무대 위에 올라가지만요. 저는 제가 열정적인 교수이고, 쇼맨십을 가진 선생님이라고 생각합니다.

헤더 밴큐라
Heather VanCura

—

헤더 밴큐라는 JCP의 이사진이자 의장으로 세계적으로 유명한 기조 연설자이면서 발표자로 활동하며, 자바 사용자 모임의 대표들과 함께하는 Global Java Adoption Program의 대표이다. 또한 리플웍스(Rippleworks)에서 비영리 단체인 메딕모바일(MedicMobile)의 자문을 담당하고 있으며 전 세계에서 열리는 Hackergartens의 운영진이다. 그녀는 커뮤니티를 만들고, 여성들을 포함한 IT 분야의 약자들이 성장할 수 있도록 도와주고 있으며, 전 세계의 학생들을 위한 의미있는 STEM (역자주: 과학, 기술, 공학 및 수학) 교육을 받을 수 있도록 노력하고 있다. 헤더는 자바 IT 분야의 리더십, 활성화 그리고 커뮤니티 개발에 15년 이상의 경험을 가지고 있다. (트위터: @heathervc)

히예르탄 빌렌가 : 무슨 일을 하시는지 설명해주시겠습니까?

헤더 밴큐라 : 저는 오라클에서 JCP 파트의 의장을 맡고 있습니다. 많은 일들에 관여하기 때문에 굉장히 넓은 영역을 소화하는 직책이라고 말씀드릴 수 있습니다. JCP는 자바의 표준 기관으로, 자바 플랫폼에서 일어나는 모든 일과 플랫폼 자체의 발전을 관리, 감독하고 있습니다.

JCP 자체와 웹사이트 운영을 감독하고 JSR들을 관리하는 내부 모임을 운영하고 있습니다. 또한 자바 사용자 모임들을 도와 자바 기술의 보편화와 자바 기술의 혁신을 만들기 위해 협력하고 있습니다. 그러기 위해서 전 세계를 돌아다니면서 발표를 하고 디벨로퍼 애드보킷 활동을 합니다. 그러면서 전 세계의 자바 개발 커뮤니티와 일하고 있습니다.

히예르탄 빌렌가 : 자바의 어떤 부분에 관해 더 깊게 일을 하고 계십니까?

헤더 밴큐라 : 처음에 자바를 접했을 때, 자바라는 언어가 개발된 방식이 굉장히 독특해서 관심이 갔습니다. 그리고 자바를 중심으로 커뮤니티들이 존재하고, 커뮤니티들에서 일어나는 인간적인 면모들에도 흥미를 느꼈습니다. 자바를 이용하는 방식에 대한 매력적인 이야기는 정말 다양하지만, 우리는 그 각각의 이야기를 충분히 귀담아 듣고 있지 못하고 있습니다.

헤더가 IT 업계에 들어오게 된 과정

히예르탄 빌렌가 : 당신의 배경과 어떻게 소프트웨어 산업에서 처음 일을 시작하게 되었는지 궁금합니다.

헤더 밴큐라 : 대학 시절부터 소프트웨어 개발에 관심이 많았지만, 학교의 담당 상담 선생님이 막아서 어쩔 수 없이 포기했습니다. 저는 경영을 전공하고, 그 중에서도 마케팅에 집중했었으나 통계학이나 정량적 방식의 측정에 관심이 있었습니다. 그래서 제가 시장 조사 혹은 인간의 행동과 사람들이 어떻게 상호작용하는 지에 대해서 연구하는 분야로 나아갈 것이라고 생각했습니다.

대학을 졸업하고, 기술 분야에 좀 더 집중하고 싶다는 것을 깨달았습니다. 트리아드 시스템즈(Triad Systems)라는 회사에서 인턴십을 하고 나서, 광고 대행사에서 마이크로소프트와 같이 유명한 기술 회사들의 광고들을 관리하는 일을 했습니다. 결과적으로는 제 자신이 광고에 그다지 흥미가 없고, 좀 더 고객들과 가까이 일하고 싶다는 것을 알게 되었습니다. 대부분의 기술 회사에서 고객 중심의 업무들이 더 흥미롭거든요.

그래서 산타 크루즈 오퍼레이션(Santa Cruz Operation)이라는 회사의 사업 개발 일을 했고, 2000년부터 썬 마이크로시스템즈에서 자바와 관련된 일을 할 수 있어서 매우 즐거웠습니다.

히예르탄 빌렌가 : 썬 마이크로시스템즈에서 무슨 일을 하셨습니까?

헤더 밴큐라 : 그 당시 막 시작된 JCP를 관리하는 마케팅 프로그램 매니저 역할이었습니다. JCP에는 단지 100명의 회원들이 있었고, 운영진들도 막 꾸려진 상황이었습니다.

더 많은 회원들을 모집하는 게 첫 목표였기 때문에, 가장 먼저 진행한 일은 웹사이트를 만드는 일이었습니다. 회원들을 위한 연례 행사도 만들어야겠다고 생각을 해서 연간 JCP 파티도 시작했습니다. 그리고 JCP 운영진 선출 과정을 만드는 것도 담당했습니다.

히예르탄 빌렌가 : 많은 사람들이 당신을 디벨로퍼 애드보킷이나 에반젤리스트로 알 것 같습니다. 그것에 동의하시나요? 당신이 최초의 자바 에반젤리스트 같이 느껴지거든요!

헤더 밴큐라 : 네, 본질적으로 제가 하는 일의 대부분은 디벨로퍼 애드보킷 활동입니다. JCP의 의장이 되는 것은 그 자체만으로 존경받는 일이기 때문에 자바 커뮤니티에서는 가장 영광스러운 일이라고 말할 수 있습니다. 그래서 내 자신을 애드보킷이라고 말할 수 있습니다.

자바의 발전에 커뮤니티가 함께하도록 하는 일도 하고 있어서, 커뮤니티에 초점을 많이 둬야합니다. 저는 자바를 널리 알리려고 하기 때문에 자바 생태계에 대한 일반적인 질문들을 포함해 굉장히 다양한 주제와 질문들을 받습니다.

최근에는 개발자로서 성공하기 위해서 어떤 스킬을 갖춰야 하고, 어떤 프로젝트를 진행해야 하는지에 대해서 이야기 하기 시작했습니다. 저는 커뮤니티에서 많은 사람들을 알게 됨에 따라, 컨퍼런스에서 종종 토론 패널로 참여하거나 인터뷰를 직접 진행하기도 했습니다.

"더 많은 여성들이 컨퍼런스에서 발표하고, 참석하기를 원합니다" - 헤더 벤큐라

프로그래밍 생태계의 다양성에도 굉장히 깊은 관심을 가지고 있습니다. 제가 이 일을 시작했던 2000년에는 더 심했지만, 이 업계에는 굉장히 소수의 여성들만 활동하고 있어서 더 많은 여성들이 컨퍼런스에서 발표하고, 참석하기를 원합니다. 오랜 기간동안 극소수의 여성 발표자로 활동하면서, 어떻게 하면 여성들을 IT 업계로 이끌 수 있을지 고민했습니다. 특히나 자바 개발자 커뮤니티의 경우 오래 되었고, 많은 하위 카테고리가 생겨서 더 고민이 됐습니다.

개발자들은 주위를 둘러보면서 "제 딸과 비슷한 또래의 사람들은 이 컨퍼런스에 없네요"라고 말합니다. 그들은 어떻게 세상을 바꿔나갈 수 있는지 알고 싶어합니다. 지난 5년간, 이 고민은 좀 더 많은 사람들이 공감하는 고민이 되었습니다. 우리가 어떻게 남녀의 참여 비율을 바꿀 수 있고, 커뮤니티에 변화를 몰고 올 수 있는지에 대해 발표하고 싶습니다.

'에반젤리스트'라는 단어의 함의

히예르탄 빌렌가 : '에반젤리스트'가 주는 정치적인 어감 때문에 이 용어의 사용에 대한 논쟁이 있습니다. 어떻게 생각하십니까?

헤더 밴큐라 : '에반젤리스트'라는 단어는 결국 '애드보킷'이라는 단어와 의미가 비슷하다고 생각합니다. 그러나 두 용어 다 어떤 면에서는 정치적인 느낌을 준다는 것에 동의합니다.

'에반젤리스트'는 어떤 사람에게는 종교적으로 다가 올 수 있고, '애드보킷'이라는 단어는 정치적으로 느껴질 수 있습니다. 둘 중에서 딱히 선호하는 표현은 없습니다. 두 단어 모두 특정 지지층을 대변하여 목소리 낸다는 점에서 서로 관련이 있습니다. 저는 자바 개발자 커뮤니티의 열성적인 추종자이며, 제 역할은 커뮤니티에서 나온 의견들이 JCP에 전달될 수 있게 하는 것입니다. 그래서 두 단어 모두 저를 표현한다고 볼 수 있습니다.

히예르탄 빌렌가 : 본인 스스로를 회사의 대변인이라고 생각하십니까?

헤더 밴큐라 : 아니오, 그런 식으로 생각하지 않습니다. 왜냐하면 JCP는 좋은 의도를 가지고 운영되기 때문입니다. JCP는 썬 마이크로시스템즈가 자바를 직접 사용하는 개발자들의 의견을 얻기 위해 일찍부터 해오던 과정들이 형식화된 것이고, 지금까지도 그 목적을 가지고 운영되어 오는 것이라고 봅니다. 그래서 제 직업은 회사의 대변인이라기보다는 설명해 주는 사람에 더 가깝습니다.

대다수의 개발자들은 어떻게 자바가 개발되었는지 모릅니다. 어떤 개발자들은 그런 비화들을 신경쓰지 않을 수 있고, 혹은 굳이 알 필요가 없다고 여길 수도 있습니다. 그래서 저같은 애드보킷들은 세상에 있는 개발자 중 그런 비화들에 열성적으로 관심이 있거나, 자바가 어떻게 개발되었는지에 관한 아주 사소하고 복잡한 속사정마저 아는 특정 개발자들에 집중했습니다. 1,200만 자바 개발자들의 대부분은 그렇지 않지만요. 18년이 지나도 저는 변함없이 자바가 어떻게 개발되어졌는지에 대해 설명하고, 사람들이 자바를 더 발전시키는 과정에 어떻게 참여할 수 있는지를 알리는 것입니다.

그래서 더 많은 개발자들을 만나야 합니다. 대부분의 경우, 컨퍼런스에 가는 것보다 자바 사용자 모임에 참여하면서 더 많은 개발자들을 효과적으로 만나볼 수 있습니다.

컨퍼런스에서, 매번 같은 사람들만 만나 볼 수 있지만 자바 사용자 모임에서는 더 많은 개발자를 만나면서 인맥을 넓힐 수 있습니다.

히예르탄 빌렌가 : 오라클이 아주 논란이 없는 조직은 아닙니다. 본인과 회사 동료들이 내린 결정이 다를 때, 그런 상황을 어떻게 대처합니까?

헤더 밴큐라 : 썬 마이크로시스템즈에서 일할 때도 비슷한 상황들이 있었습니다. 운이 좋게도 회사를 대표하는 역할을 하진 않지만, 회사의 입장과 커뮤니티의 요구 사이에서 균형을 맞출 필요가 있었습니다.

"디벨로퍼 애드보킷이 되는 것은 외줄 타기를 하는 것과 같습니다" - 헤더 벤큐라

오라클에서 자바의 기준을 담당하는 조직에 있었기 때문에, 더 넓은 시야를 가질 수 있었습니다. 항상 모든 결정사항들에 대해 제가 동의할 수는 없겠지만, 그런 상황을 마주쳤을 때, 제 의견을 조금 더 객관적으로 전달하려고 합니다. 가령, 제가 어떤 결정을 내리는데 관여하지 않았지만, 더 좋은 의견이 있는지 다른 사람들에게 물어볼 수 있을 것입니다. 이미 결정이 내려졌다고 그 결정이 항상 옳은 것만은 아니니까요.

썬 마이크로시스템즈가 오라클에 인수된지 벌써 8년이 지났지만, 초창기에는 많은 사람들이 저에게 이 인수에 대해서 어떻게 생각하는지를 물어봤습니다. 그때는 답하기 어려웠지만, 결국에는 오라클의 인수는 자바에게 좋은 일이 되었습니다.

오라클이 자바의 길잡이가 된 것은 자바를 다시 활성화시키는 측면에서 좋았습니다. 오라클이 과거에는 개발자들과 일한 적이 많지 않지만, 그들은 기꺼이 배우는 것을 선택했습니다.

어떤 점에서 애드보킷 활동은 문제점을 파악하는 예리함과 해결 방안을 찾아내는 유연한 마음이 필요합니다. 보통의 사람들이 느끼지 못하는 불편함을 먼저 파악하고 우리가 하는 일이 무엇인지, 어떤 영향을 끼칠 수 있는지, 커뮤니티에 좋은 영향을 주기 위해서 어떻게 자신이 가진 영향력을 가질 수 있는지 등 모든 것을 고려해야 합니다.

헤더가 청년 시절 가졌던 야망

히예르탄 빌렌가 : 지금 하고 있는 일과, 지금의 당신에 대해 20살의 당신은 어떻게 생각할까요?

헤더 밴큐라 : 항상 제 자신을 성공적인 사람이자 역동적인 사람으로 바라봤습니다. 20살의 제가 지금의 저를 본다면, 지금까지 성공적인 일들을 많이 해왔기 때문에 기뻐할 듯 합니다.

저는 항상 전 세계적으로 영향력을 발휘할 수 있는 역할을 맡기를 원했습니다. 어떤 사람들은 이를 부담스러워 할 수 있고 원하지 않을 수도 있지만, 저는 늘 그런 역할을 갈망했습니다. 전 세계를 상대로 일하고 싶었고, 지금 그 일을 하고 있습니다. 여행은 제가 어렸을 때부터 늘 흥미로워했던 일입니다.

전 예리한 관찰자이지만, 제 자신이 사람들 앞에서 발표를 할 수 있을 것이라고 생각한 적은 없습니다. 제가 극복해야 할 두려움이었습니다. 하지만 사람들과 제가 아는 것을 공유하고 싶었기에 제가 가진 두려움을 극복했습니다.

히예르탄 빌렌가 : 그 말은, 사람들 스스로가 남들 앞에서 발표할 수 없을 것이라 생각하지만, 그런 역량을 갖춘 사람으로 발전해나갈 수 있다는 말입니까?

헤더 밴큐라 : 네! 핵심은 의사소통 능력이기 때문에 요즘에는 SNS, 블로그, 그리고 기고문 등을 통해서도 발전해나갈 수 있습니다. 사람들 앞에서 직접 발

표하지 않아도, 오디오 인터뷰나 팟캐스트를 진행할 수도 있습니다. 결국에는 사람들 앞에서 발표할 수 있다는 것은 최고의 능력이기 때문에, 그 두려움을 넘는 것은 꼭 필요합니다. 그래서 제 업무를 위해 그 어려움을 극복해낼 수 있어서 정말 기쁩니다.

히예르탄 빌렌가 : 사람들 앞에서 발표하는 것에 대한 불안감을 어떻게 이겨냈는지 더 자세하게 설명해주시겠습니까?

헤더 밴큐라 : 컨퍼런스에서 처음 발표를 하는 건 정말 겁이 나는 일입니다. 제 첫 발표는 아마 JavaOne이라는 정말 큰 컨퍼런스에서 했습니다. 그 때 당시, 대략 15,000명의 사람들이 컨퍼런스에 참여했습니다.

발표를 진행해야 할 지에 대해 고민을 했지만, 사람들이 꼭 알아야 하는 정보를 제가 가지고 있다고 제 자신을 다독였습니다. 발표의 어려움에 대해서 고민하고 자신을 설득하는 과정을 여러 차례 반복하면서 커뮤니케이션 강사에게 강습 받아본 적도 있습니다.

히예르탄 빌렌가 : 그런 과정에서 배운 점은 무엇입니까?

헤더 밴큐라 : 첫 번째로 배운 점은, 다른 사람을 교육시킨다는 관점으로 본인의 마음가짐을 변화시키는 것입니다. 두 번째로, 전달하고 싶은 주요한 부분들로 발표 내용을 압축하고, 내용을 구성해서 사람들이 이해하기 쉽게 만드는 것입니다. 슬라이드에 글자를 많이 넣는 대신 시각적 요소를 넣어야 합니다. 가령 JCP와 같이, 많은 사전 정보가 요구되는 개념을 설명할 때 글이 많은 발표 자료는 좋지 않습니다.

다른 중요한 점으로는 컨퍼런스의 종류와 청중들을 생각해서 발표를 준비하는 것입니다. 저는 항상 청중들을 위해서 발표 내용을 수정하고, 사람들의 참여를 유도하기 위해 상호작용 할 수 있는 방법들을 시도합니다. 초반에 몇 가지 질문을 던져, 사람들이 손을 들면서 참여하게 해 청중들의 지식수준을 확인합니다.

히예르탄 빌렌가 : 맡고 계신 업무가 정말 다양하네요. 본인이 하는 일을 사랑하시나요?

디벨로퍼 애드보킷 활동의 다양성

헤더 밴큐라 : 네, 저는 쉽게 질려하는 성격이라 여러 가지 다양한 일을 하는 것을 좋아합니다. 이 일을 하면서 기술적인 측면에서의 도전을 해야한다는 점이 마음에 듭니다. 저는 기술과 관련된 배경지식이 없으나, 각종 기술들을 대략적으로 이해하고 공부해 왔습니다. 사람들이 자바를 사용하는 방식과 그들로부터 항상 새로운 것들을 배울 수 있습니다.

IT 업계 내에는 매우 다양한 직업들이 있습니다. 종종 사람들은 본인이 개발자가 아니란 이유로 그들의 업무와 기술이 상관 없다고 생각합니다. 세상엔 다양한 직업이 있고, 디벨로퍼 애드보킷이 되는 것도 그 중 하나입니다. 우리가 논의한 것처럼, 디벨로퍼 애드보킷이 실제로 하는 일 또한 다양합니다. JCP의 의장직이 꼭 디벨로퍼 애드보킷이라고 할 수는 없지만, 디벨로퍼 애드보킷 업무의 일부는 할 수 있습니다.

히예르탄 빌렌가 : 초반에, 소프트웨어 개발 산업 내의 여성들에 대해서 언급

하셨습니다. 이에 대해 더 자세하게 말해 주시겠습니까?

헤더 밴큐라 : 저는 IT 업계에 종사하는 여성들과 이야기 하고, IT 업계에서 일하는 것에 대한 조언을 드리기도 합니다.

본인의 커리어를 한 단계 더 발전하고 싶은 여성들이나 IT 분야에 새롭게 들어온 여성들이 많은 것을 배울 수 있어서 특히 더 그런 이야기를 좋아한다는 것을 깨달았습니다.

자신과 비슷한 사람들에게 끌리는 건 굉장히 자연스러운 현상이라서, 여성분들은 종종 다른 여성으로부터 조언받고 싶어합니다. 하지만 저는 그들에게 제게는 여성 멘토가 없었다고 말합니다. 주변의 다른 여성들이 없이도, 이 일을 해나갈 수 있습니다.

IT 업계는 능력주의가 기본이기 때문에 본인이 누군지, 무엇을 하는 사람인지는 중요하지 않다는 인식이 존재합니다. 본인이 맡은 일을 잘해낸다면, 인정받게 된다는 뜻입니다. 하지만 저는 그에 동의하지 않습니다. 자신의 일을 잘하고, 일을 끝내고, 성공하기 위해서 노력하는 일련의 행동들은 본인의 일을 계속 해나가기 위한 기본적인 것입니다.

IT 업계에서 더 성공하고 싶다면, 자신이 가진 인맥을 확장할 수 있는 기회도 잡아야 합니다. 다른 사람들의 도움이 필요하다는 겁니다. 그냥 본인의 일만 하고, 다른 것들에 대해 생각하지 않는다면 역량을 키울 수 없습니다. 그리고 본인의 영향력을 확장시킬 수 있는 방법들도 고민해야 합니다. 만약 고개 숙인 채로 본인의 일만 하고 퇴근한다면, 본인의 경력에서 성공할 기회는 없을 것입니다. 성별에 상관없이 모두에게 해당하는 내용입니다.

히예르탄 빌렌가 : 열심히 일하는 것만으로는 성공하는데 충분하지 않다는 말씀이신가요?

헤더 밴큐라 : 일을 열심히 하는 것은 필요하지만, 그게 전부는 아니라는 말입니다. 더 해야 할 것들이 있다는 것입니다. 제가 이야기를 나누는 여성분들의 경우, 자기 홍보나 협상같은 것들에 익숙하지 않습니다. 이런 행동들은 어딘가에 확실하게 적혀있지는 않지만, 꼭 해야만 하는 것들이라고 생각합니다. 뿐만 아니라, 자신의 멘토와 아군을 만드는 것도 필요합니다. 사람들과 나가서 함께 점심을 먹는 등의 업무 이외의 활동 등에도 참여를 해야합니다. 특히나 자신과 다른 생각을 가진 사람들에 대해서 알아가는 시간도 필요합니다.

"이목을 끄는 프로젝트나 과업을 따내기 위한 협상을 할 줄 알아야 합니다" - 헤더 벤큐라

자기 홍보는 본인이 얼마나 잘났는지에 대해 이야기하라는 것이 아니라, 지금까지 해온 일들을 더 명확하게 드러내는 것을 의미합니다. 그런 점에서 이목을 끄는 프로젝트나 과업을 따내기 위한 협상을 할 줄 알아야 합니다. 자신에게 떨어지는 아무 일이나 닥치는 대로 해서는 안됩니다. 상황을 보고 분석할 시간이 필요합니다. 매니저가 어떤 것을 중요하게 여기는지, 회사의 이사가 무엇을 중요하게 여기는지, 회사의 전체적인 방향성이 어디로 가는지, 자신이 하는 일이 그 일에 기여할 수 있는지 등을 생각해봐야 합니다.

협상은 승진을 요구할 때도 활용할 수 있습니다. 승진은 먼저 요구해야 할 수 있는 것이지, 누군가 물어봐주는 것은 아닙니다. 단순히 일을 열심히 한다는 이유로 승진이 되거나, 연봉 인상을 얻어낼 수 없습니다. 더 많이 요구하는 사람일수록 원하는 것을 가져갈 확률이 높습니다.

히예르탄 빌렌가 : 여성의 경우 다른 업계보다 기술 업계에 대한 흥미가 떨어

져 IT 업계에서 여성들의 활동이 잘 드러나지 않는다는 의견에 대해서 어떻게 생각하십니까?

IT 업계의 여성들이 직면한 어려움들

헤더 밴큐라 : 제 생각에 많은 여성분들이 IT 분야에 관심이 있으나, 오랜 시간 IT 분야에 몸담지는 않는 것 같습니다. 10년 내에 IT 업계의 여성들이 직장을 그만두는 비율은 40% 이상인데, 반면 남성은 16%입니다. 남성보다 거의 3배 정도 더 많이 떠납니다.

여성들은 그들이 중요 프로젝트에서 배제되고, 환영받지 못한다는 느낌을 받고, 성차별을 당해서 IT 업계를 떠난다고 합니다. 위 3가지 요인이 그 주요 이유들입니다.

히예르탄 빌렌가 : 남성들에게 "테크 분야의 여성들을 지지하기 위한 10가지 방법(Top 10 Ways to Ally for Women in Tech)"이라는 내용의 강연을 발표한 것을 보았습니다 간단하게 10가지 방법에 대해서 말씀 해주시겠습니까?

헤더 밴큐라 : 이러한 형태의 발표는 원래 제가 하는 일이 아니지만, 현실을 바꾸고 싶어서 하게 되었습니다. 모든 사람이 다양성에 대한 내용을 발표하지만, 실제로 현실을 바꾸기 위해서는 직접 행동을 해야 합니다.

제 원래 생각은 남성들에게 그들이 도울 수 있는 10가지 방법에 대해 말해주는 것이었습니다. 현실을 바꿔나가기 위해서는 남성들의 참여도 필요하기 때문입니다. 가장 먼저 IT 업계의 여성들에 관심을 가지는 방법을 바꾸는 것입니다. "나는 너희와 함께해"라고 말하지만 말고, 행동으로 할 수 있는 것들에 대해서 먼저 생각해보는 것입니다.

둘째로, 이런 주제에 대해 여성과 이야기를 나눌 때는 말을 많이 하는 것보다 많이 들어야 합니다. 질문을 하고, 자신이 항상 옳지 않다는 것에 대해서 인지하고, 열린 마음을 가져야 합니다.

세 번째로는 업무를 분담하는 방식에 대해서 생각해보는 것입니다. 서로 다른 팀원들이 프로젝트를 어떻게 할당받았는지 생각해봐야 합니다. 남성들이 주요한 과제들을 할당받나요? 남성들이 그 프로젝트에서 모든 비중을 차지하고 있나요? 아니면 다른 사람들에게도 프로젝트의 업무들을 잘 배분해서 줍니까?

회사에서 맡은 업무를 집안일에 빗대어 생각해보면 쉽습니다. 회사 업무에서도 자료 정리, 발표자료 검토와 같이 집안일처럼 항상 해야하는 일들이 있습니다. 이 일들은 서로 돌아가면서 해야 합니다. 여자들이 주방을 치우는 것처럼 회의실을 치워야 한다고 생각하면 안 됩니다.

"여성들은 편하다고 느끼지 못하기에, IT 업계를 종종 떠납니다" - 헤더 벤큐라

네 번째로 친근한 분위기를 조성해야 합니다. 이것은 여성들이 IT 업계를 떠나게 되는 문제와 관련이 있는데, 여성들은 편하다고 느끼지 못하기에 IT 업계를 종종 떠나곤 합니다. 채용 공고를 다시 보고, 어떠한 가치들을 강조하고 있는지 확인해 보십시오. 서로 다른 요구나 관심을 가지고 있는 사람들을 반기지 않는 사내 문화가 남아있을 수 있습니다. 여성들에 대해서 선입견을 가지지 않고, 모든 사람들을 독자적인 개인으로 보는 것이 필요합니다.

저는 겪은 적이 거의 없지만, 어떤 사람들은 여성들이 컨퍼런스에 오면 마케팅 활동을 하러 왔거나, 지인을 따라왔다고 생각하는 경우가 있는데 잘못된 생각입니다.

여성들과 대화를 할 때 "당신이 컨퍼런스에 오면, 누가 아이들을 돌봐주나요? 어떻게 일과 가정을 병행하시나요"와 같은 질문을 하지 마세요. 그녀가 컨퍼런스에 오지 말고 집에 있어야 한다는 의미로 들릴 수 있습니다.

다음으로는 목소리를 내야하는 것입니다. 종종 여성이 말을 하고 있을 때 그녀의 발언 중간에 누군가 끼어드는 일이 많은데, 남성보다 여성이 3배 더 발언 중에 방해를 받습니다. 이런 상황에서는 목소리를 내야 합니다. "아직 그녀의 말이 끝나지 않은 것 같습니다"라고 말해야 합니다.

여섯번째는 당연해보이지만 잘 실천되지 않는 것입니다. 무언가 적절하지 않은 일이 일어나는 것처럼 보이면 개입해야 합니다. 누군가 불편해보이면, 도움을 주어야 합니다. 침묵하는 것은 좋은 해결책이 아닙니다. 적극적으로 행동해야 하고, 이러한 상황에서는 목소리를 내야 합니다.

그 다음으로 성격의 특성을 이해해야 합니다. 여성들이 특정 행동을 했을 때 "거칠다", "공격적이다" 혹은 "권위적이다"처럼 부정적으로 받아들여지는 경우가 있습니다. 그런 경우에는 성별을 배제하고 생각해보세요. "만약 남자들이 똑같이 행동했다면, 내가 그를 거칠다고 말했을까?" 그런 표현들은 보통 남성들에게는 사용하지 않습니다. 보통 남성이 똑같은 행동을 했을 때, 사람들은 그를 오히려 강한 리더라고 표현합니다.

여덟 번째는 자기 홍보와 협상입니다. 본인이 하는 행동들에 대해 확신을 가지지 못하는 여성들을 그렇게 느끼지 않게끔 응원해야 합니다.

아홉번째는, 무의식적인 편견에 관한 것입니다. 남성이건 여성이건 간에, 모든 사람은 편견을 가지고 있다는 것을 알아야 합니다. 그런 편견들은 본인과 다른 사람을 멘토링하면서 깨달을 수 있습니다.

만약 본인이 여자라면, 같은 여자를 가르칠 필요가 없고, 본인이 남자라면 같은 남자를 가르칠 필요가 없습니다. 오히려 차이점을 통해서 각자에 대해서 더 많은 것을 배울 수 있습니다.

마지막으로, 컨퍼런스와 같이 발표할 수 있는 기회에 여성들을 초대하고 그들이 말할 수 있게끔 하는 것입니다. 여성들에게 먼저 제안해주세요. 토론 패널로 참석할 수 있게 초대하고, 격려해주세요. 종종 사람들은 컨퍼런스가 모든 사람들에게 열려있지만, 여성 발표자를 본 적이 없다고 말합니다.

그러면 저는 여성들을 더 신경써서 초대해서, 발표를 시작해볼 수 있게 해야 한다고 합니다. 처음엔 이에 대한 반발이 있겠지만, 신경쓰기 시작해야 변화가 일어날 수 있습니다. 한 컨퍼런스에서 발표하기 시작하면, 다른 컨퍼런스에서 본인을 초대할 것입니다. 그러다 보면 어느 순간 여러 컨퍼런스에서 발표를 하고 여행 준비를 하고 있을 것입니다.

모든 것을 알지 못한다는 두려움

히예르탄 빌렌가 : 제 생각에 많은 사람들이 특히나 여성분들이, 대중들 앞에서 발표를 한다거나, 특정 부분에 대해서 이야기를 해야 할 때, 발표하기 전이나 초안을 작성하기도 전에 본인들이 모든 것을 알아야 한다고 생각합니다. 이에 대해서 어떻게 생각하십니까?

헤더 밴큐라 : 지난 DevNexus라는 행사에서 제가 주최한 Women Who Code in Atlanta의 조찬 모임 주제와 정확하게 일치합니다. 그 때 컨퍼런스에 발표할 주제를 제출하는 것과 관련된 이야기를 했습니다. 참석한 여성분들이 아직 자신들은 주제에 대해서 충분히 모르고, 누군가 그들이 알고 있는 것에 의문을 제기할까봐 걱정했습니다.

남성이건 여성이건 간에, 본인이 모든 질문에 대한 답을 알 수 없는 것은 어쩔 수 없으니 받아들여야 합니다. 답을 알지 못하는 상황을 해결하는 방법은 여러 가지가 있습니다. 지금 당장은 답을 할 수 없지만, 더 알아보고 답해줄 수 있다고 말할 수 있고, 청중들에게 물어봐서 그 질문에 대한 답변을 공유할 수도 있습니다. 두 번째 방법은 참가자들과 더 소통을 할 수 있다는 차이점이 있지만요. 토론 방식으로 진행되는 경우라면, 다른 패널에게 물어볼 수도 있습니다.

"사용자 모임이나 작은 모임이 당신의 첫 발표를 하기에 최적의 대상일 수 있습니다"
- 헤더 벤큐라

사용자 모임 회원들과 점심시간에 모여서 발표를 하고, 그 다음엔 작은 지역 컨퍼런스에 참여하고, 더 많은 청중들을 대상으로 발표해보면서 경험을 키워 보십시오.

히예르탄 빌렌가 : 최근에 해외의 다른 컨퍼런스를 가본 경험이 있습니까?

헤더 밴큐라 : L.A.에서 열린 첫 Oracle Code Day에서 방금 막 돌아왔습니다. 이미 한 해의 대부분은 출장을 다니고 있는 듯 합니다. 아직은 어딘가에 정착해서 무언가를 깊이 생각해볼 시간은 가지지 못했습니다. 한 행사가 끝나면 그 다음 행사에 참석하기 위해 계속 출장을 다니고 있기 때문입니다. 그렇

게 인도, 호주, 일본, 케냐 그리고 불가리아에 다녀왔습니다. 지금까지도 많은 출장을 다니고 있지만, 다른 목적들 보다는 커뮤니티 컨퍼런스에 일정에 따라 출장을 다니는 것이 이상적이라고 생각합니다. 참여해야 할 커뮤니티 행사들이 너무 많이 열리기 때문입니다.

히예르탄 빌렌가 : 시차나 비행기를 놓치는 것과 같이 출장 다니면서 겪는 어려움에 대해서 말씀해주시겠습니까?

헤더 밴큐라 : 시행 착오를 겪으면서 배워왔습니다. 출장 다니는 것을 좋아하지만, 몇 가지 팁들이 있습니다. 일단 항상 들고 다닐 수 있는 짐만 가지고 다닙니다. 공항에서 보내는 시간을 줄이는데 효과적입니다. 그래서 전 가방을 메고, 기내용 트렁크만 끌고 다니기 때문에 무거운 짐 때문에 고생하지 않습니다.

어떤 사람들은 비행기에서 자면 되니까 비행 전 날에 밤을 새서 할 일을 하면 되겠다고 하지만, 전 그 방법이 효과적이지 않아서 추천하지 않습니다. 제 규칙적인 수면 습관을 지키려고 노력합니다. 비행기에 오르면, 그 시간에 해야 할 일을 생각하고 행동합니다. 만약 그 때가 도착지에서 낮 시간대라면, 출발할 때 늦은 밤이더라도 도착지의 시간에 적응하기 위해 자지 않고 깨있으려고 합니다.

운동도 중요합니다. 혈액 순환이 잘 되도록 간단한 걷기 운동이라도 하려고 합니다. 그리고 되도록이면 비행기에서는 음식을 먹지 않습니다. 물론, 물을 마시는 것은 필요합니다. 여행을 다닐 때 수분 보충은 꼭 필요하기 때문입니다.

히예르탄 빌렌가 : 번아웃은 위험한가요? 본인이 번아웃 상태임을 어떻게 알

고, 어떻게 피합니까?

업무에 대한 부담감

헤더 밴큐라 : 어떤 직업이라도 번아웃은 위험하지만, 특히나 IT 업계에서는 더욱 위험합니다. 더 열심히 일해야 한다는 일정한 압박이 있습니다. 만약 본인이 너무 많은 일을 한다면, 몸에서 신호를 보낼 것이기 때문에 제가 얼마나 스트레스를 받고 있는지 의식적으로 항상 확인합니다.

사람들이 제 컨디션에 대해서 하는 말들을 잘 받아들여야 합니다. 만약 피곤해 보인다는 이야기를 들으면, 그 말을 가볍게 여기면 안 됩니다. 도저히 손 하나 까딱할 수 없는 상태였던 적은 없지만, 다른 사람들이 그러한 경험을 했다는 것은 들어본 적이 있습니다.

그리고 무엇이 진짜 중요한지를 알고, 그 외의 것들은 신경쓰지 않을 줄도 알아야 합니다. 왜냐하면 특히나 애드보킷으로 일할 때는 모든 사람에게 긍정적인 대답을 주려고 하기 때문입니다. 하지만 현실적으로는 모든 사람의 이야기를 들어줄 수 없습니다. 그렇기에 내가 한 사람으로써 어느 정도로 일을 해낼수 있는 지에 대해서 알아야 합니다. 커뮤니티의 일부가 되는 것은 사람들에게 도움을 구할 줄도 알아야 한다는 것입니다.

저는 휴가를 거의 가져본 적이 없지만, 휴가 기간의 대부분은 가족과 함께하거나, 때로는 그냥 집에 있습니다. 그래서 이번 여름에는 대부분의 시간을 집에서 보내기로 마음 먹었습니다. 다만 항상 생각치 못한 일들이 일어나기 때문에, 잘 지켜질지는 두고봐야 합니다. 어떤 활동인지에 따라 무조건 하겠다고 할지도 모르지만요.

히예르탄 빌렌가 : 컨퍼런스에 참여하기 위해 다른 나라로 떠나왔을 때, 발표 장소에서 맞닥뜨리는 예상치 못한 기술적 문제에 어떻게 대응합니까?

헤더 밴큐라 : 불가피하게 예상치 못한 상황들은 간혹 일어나기에, 그런 상황에 대비하려고 합니다. 저는 항상 노트북 화면 어댑터들을 들고 다니고, 혹시 몰라 하나 더 여분을 챙겨 다닙니다. 만약 부득이하게 챙겨오지 못했다면, 호텔에 빌려달라고 하거나 혹은 컨퍼런스 운영진에게 빌려달라고 말할 수 있습니다. 컨퍼런스 현장에서 갑작스럽게 기술적 문제가 일어났을 땐, 보통 그런 문제에 도움을 주기 위한 사람이 대기하고 있기 때문에 겁먹을 필요는 없습니다.

작년에 코트디부아르에서 웃긴 일이 있었는데, 여성 개발자들을 위한 부트 캠프에서 갑작스럽게 기조연설 발표를 하게 되었습니다. 원래는 부트캠프에 방문하기로만 했는데, 참가자들은 제가 기조연설 발표를 해주기를 원했습니다.

그래서 예전에 했던 발표를 가져다가 조금 고친 내용을 가지고 발표를 시작했지만 그 당시 전력이 나갔기 때문에 냉방이 제대로 되지 않았고 엎친데 덮친격으로 발표자료를 보여줄 수도 없었고, 청중들은 프랑스어를 사용해서 영어를 알아듣지 못하지만 저는 프랑스어를 할 줄 몰랐습니다.

"참가자들은 단지 제가 그 곳에 있고,
제가 아는 것들을 공유하는 것만으로도 기뻐했습니다" - 헤더 벤큐라

냉방이 되지 않는 탓에 엄청 땀을 흘리고 있었고, 그 상황에 빨리 적응하고 싶었습니다. 그럼에도 발표 마지막에는, 함께 사진을 찍어달라는 요청을 아주 많이 받았습니다. 참가자들은 단지 제가 그 곳에 있고, 제가 아는 것들을 공유해준 것만으로도 기뻐했기 때문입니다.

히예르탄 빌렌가 : 지금까지의 경험들을 되돌아 봤을 때, 청중들과의 소통이 잘 이뤄지는 문화와 그렇지 않은 문화가 있나요?

헤더 밴큐라 : 유럽에서 청중들과의 소통이 잘 일어나며, 미국도 오히려 참가자들이 먼저 다가와 질문을 하고 대화를 하려고 합니다.

일본이나 인도의 경우에는 질문을 잘 하지 않아 소통이 더 어려운 것 같습니다. 지난 일본 방문에서는 발표 후에 몇 가지 질문을 받긴 했지만요.

저는 보통 질의응답 시간을 따로 두는데, 질문해줬던 사람들이 발표 중간에는 아무 말도 하지 않았다가, 발표가 끝난 뒤 제게 찾아와서 했습니다. 그렇게 시간이 지나면서 청중들이 변해가는 점이 기쁩니다.

히예르탄 빌렌가 : 무엇이 변화를 만들어낸 것인가요? 문화가 변한 것인가요? 아니면 본인이 변화를 만들어낸 것인가요?

헤더 밴큐라 : 청중들이 질문을 많이 하게끔 하려고 다양한 시도를 해보는데, 몇 년 전 Java Days라는 행사에 참여하기 위해서 도쿄를 방문했습니다. 그 행사에서는 보통 외국 연사들을 몇몇 초청하는데, 요즘은 의사소통의 어려움이 조금 있더라도 청중들이 먼저 다가와서 질문을 하는 모습이 흔해졌습니다.

히예르탄 빌렌가 : 출장을 많이 다니시는데, 보통은 어떤 하루를 보내십니까?

헤더 밴큐라 : 제게는 보통의 하루는 없는 것 같습니다. 일 년의 20~25%는 출장을 다녀서요. 출장을 가지 않을 때는 행사를 열거나, 사람들을 만나고, 글을 쓰고, 인터뷰를 합니다. 출장을 가지 않을 때는 일주일에 1~2번은 대부분의

자바 개발 팀이 모여있는 산타 클라라나 레드우드 시티에 있는 사무실로 가서 회의에 참석합니다.

그리고 일주일의 1~2번은 부사장님을 만납니다. 제가 꼭 해야 하는 업무를 다 끝내면, 남은 날은 재택 근무를 합니다.

만약 지구 반대편에 있는 사람과 회의를 해야한다면, 저는 직접 만나기보다는, 집에서 이른 아침에 회의를 진행합니다. 유럽, 브라질 혹은 아시아에 있는 사람과 회의를 해야하는 날은 이른 시간부터 하루가 시작됩니다.

그런 일이 아니면, 회의 자료나 발표 초안을 만들거나 JCP 내 다양한 협의체와 관련된 업무들을 봅니다. 이메일에 답장하거나 소셜 미디어에서 사람들과 소통하는데도 많은 시간이 쓰고요.

히예르탄 빌렌가 : 회사에서는 소셜 미디어를 어떻게 사용하십니까?

소셜 미디어를 통해서 소통하기

헤더 밴큐라 : 다양한 종류의 소셜 미디어를 사용하는데, 소셜 미디어는 시간을 많이 뺐습니다. 그래서 개발자들이 어떤 서비스를 주로 이용하는지를 파악해서, 그 소셜 미디어만 주로 사용하고 있습니다.

개발자들은 보통 트위터를 사용합니다. 아프리카의 일부 지역에서는 페이스북을 더 많이 사용하곤 합니다. 그래서 저는 트위터를 주로 사용하고, 링크드인도 어느 정도 사용합니다.

사람들과 소통하기 위해서 슬랙, 스냅챗, 인스타그램도 시도해보았습니다. 하지만 그 모든 것들을 활용하는 것은 과하다고 생각했기 때문에 제 시간을 가장 잘 활용할 수 있는 트위터에 집중하기로 했고, 그곳에서 각종 의견들을 얻거나 아니면 새로 나온 소식들을 공유합니다. 다양한 소셜 미디어를 사용하고는 싶으나 동시에 매일 많은 시간을 글을 올려야 한다는 강박을 느끼고 싶지 않기에 그렇게 하진 않습니다.

히예르탄 빌렌가 : 다른 디벨로퍼 애드보킷을 어떻게 보시나요? 그들이 무대에 올라 발표하는 것을 보고 어떻게 생각하십니까?

헤더 밴큐라 : 그 사람들이 특정 주제에서 살짝 벗어난 이야기를 하는 것을 좋아합니다. 보통 발표들에는 핵심 주제들이 있지만, 이걸 더 흥미롭게 만들거나 혹은 다른 생각과 아이디어를 더하는 것이 좋다고 생각합니다. 그런 맥락에서 저는 대본을 쓰지 않는 디벨로퍼 애드보킷을 존경합니다. 청중들과의 진정한 상호작용을 하는 것은 많은 노력을 필요로 하기 때문입니다.

히예르탄 빌렌가 : 이 일을 평생 하실 건가요? 디벨로퍼 애드보킷으로서 본인의 커리어는 어떻게 될 것 같습니까?

헤더 밴큐라 : 이 일을 평생하지는 않을 것 같습니다. 비록 이 일이 제 인생의 많은 영역을 차지해도 말입니다. 이 직무가 점점 더 보편화되면서, 리크루터들로부터 많은 연락을 받게 되었습니다. 디벨로퍼 애드보킷 활동의 비중이 점점 더 커지면서, 회사에서 더 많은 리더십을 요구하는 직책으로도 변화될 것 같습니다.

히예르탄 빌렌가 : 이 일에 대한 수요가 많아질까요?

헤더 밴큐라 : 네, 디벨로퍼 릴레이션에 대한 수요는 높아지고 있습니다. 지금 당장은 아니지만, 제 자신이 후에 최고 경험 책임자(Chief Experience Officer)와 같은 직함을 달고 일을 할 수 있을 것이라고 봅니다.

히예르탄 빌렌가 : 이 일의 전문성을 올리기 위해 어떤 일들을 해야 합니까?

헤더 밴큐라 : 제가 아는 디벨로퍼 애드보킷분들을 제외하고 다른 사람들이 디벨로퍼 애드보킷 활동에 대해 언급하는 것을 거의 보지 못했습니다. 때때로 디벨로퍼 애드보킷 당사자들이 본인의 직업이 다른 사람들에겐 흥미롭지 않다고 생각할 때가 있습니다. 디벨로퍼 애드보킷 개개인은 정말 독특하고, 독특한 각자만의 캐릭터를 가지고 있지만요.

아무래도 디벨로퍼 애드보킷은 실질적으로 개발하지 않고, 좀 더 순수한 기술과 이를 다루는 직업에 대해서만 이야기 나누고 싶다고 생각해서 사람들이 자주 언급하지 않는 것 같습니다. 하지만, 디벨로퍼 애드보킷은 최고의 직업이고 저는 이 일을 좋아합니다.

트레이시 리
Tracy Lee

—

트레이시 리는 Google Developer Expert (역자주: Google Inc.에서 하나 이상의 Google Developers 제품에 대한 전문 지식을 보유한 것으로 인정받은 사람)이자, 자바스크립트 개발자로, 멋진 애플리케이션을 만들기 위한 팀빌딩을 도와주는 에이전시인 닷랩스(Dot Labs)의 창업자이다. 허핑턴 포스트부터 푸드 네트워크까지 다양한 언론에서 소개된 창업가인 트레이시는 그녀가 창업한 디쉬크롤(Dischrawl)이라는 스타트업을 매각하고 나서 자바스크립트를 접했다. 트레이시는 워크샵, 팟캐스트 그리고 온라인 이벤트들을 통해 자바스크립트 커뮤니티를 만들면서 계속 개발을 하고 있다. (트위터: @ladyleet)

히예르탄 빌렌가 : 무슨 일을 하시는지 설명 부탁 드립니다.

트레이시 리 : 저는 디스 닷(This Dot)이라는 스타트업의 창업자입니다. 몇 년 전에 회사를 만들었고요. 저희 회사는 디벨로퍼 릴레이션과 관련된 서비스를 제공하고 자바스크립트에 대한 컨설팅을 진행합니다. 주로 이제 막 시작하려는 회사들을 돕거나, 회사들이 개발자 커뮤니티에 잘 융화되도록 도와주고 있습니다. 자바스크립트를 예로 들자면, 고객사 측에서 "자바스크립트 업계에 입문하기 위한 가장 좋은 방법은 무엇입니까? 어떤 컨퍼런스에 참석해야 합니까? 어떻게 저희 브랜드 이미지를 만들어 나가야 할까요? 우리의 존재감을 어떻게 드러낼 수 있을까요?"라는 질문에 대답합니다.

히예르탄 빌렌가 : 이런 행위들을 마케팅이라고 생각하시나요?

트레이시 리 : 네, 이건 마케팅입니다. 그게 디벨로퍼 릴레이션 분야의 일입니다. 디벨로퍼 릴레이션은 마케팅의 연장선상에 있지만, 개발자들 대상으로 영업을 하는 것과는 또 다릅니다. 왜냐하면 개발자들은 영업 당하는 것을 싫어하기 때문입니다.

가장 좋은 디벨로퍼 릴레이션 활동은 자연스럽고 진정성이 느껴져야 합니다. 마케팅의 경우, 전통적인 마케팅 팀은 "이런 유형의 사람들과 이런 집단이 있으니 그들을 겨냥해서 영업한 다음에 X, Y, Z 단계의 일을 하자"라고 생각합니다. 반면 개발자 세계에서의 마케팅은 보다 한 걸음씩 해나가야 합니다. "나이 일을 하는 사람을 알고 있어"하는 식으로 마케팅은 이뤄집니다.

인스타그램과 같은 소셜 마케팅에서도 1대 1 관계를 지향합니다. 개발자들 사이에서는 입소문을 통해서 의사소통이 이뤄지고, 누가 어떤 것을 사용하는지가 중요합니다.

히예르탄 빌렌가 : 소프트웨어와 관련된 사업을 하는 회사가 본인의 회사에 "우리의 기술을 개발자들에게 전달할 전략이 필요합니다"라고 일을 맡기는 편인가요?

트레이시 리 : 네, 그러면 우리는 그 일을 돕습니다. 많은 기업에서 저희 회사에 의뢰합니다. 자신들 회사에서 진행하는 프로젝트를 오픈소스로 만들고 싶다는 요청을 합니다. 그러나 고객사들은 '오픈 소스'라는 말이 유행을 해서 하고 싶다고 하는 것이지, 정확하게 어떤 내용인지 모르는 경우가 있습니다. 많은 기업에서 오픈 소스의 개념은 이해하지 못한 채, 그들의 최종 목표는 (특히나 마케팅과 영업 분야에서는) 어떻게 수익을 만들어내고 어떻게 이 제품을 팔 것인지에 맞춰져 있습니다.

많은 디벨로퍼 릴레이션 팀은 개발자 경험에 대해서 연구하고 일하기도 합니다. "우리가 어떻게하면 새로운 사람을 데려올 수 있을까요? 우리의 오픈소스 전략은 무엇일까요? 이게 실제로 행해지는 일인가요? 장기적인 관점에서 효과가 있을까요? 너무 기업에서 하는 일처럼 보이진 않나요? 개발자들이 이런 것들을 좋아하나요?" 등의 질문에 대해 답을 찾습니다.

이런 질문들에 대한 답을 얻기 위해서 여러 가지 일들을 해볼 수 있습니다. 유명한 사람들에게 가서, 그들이 직접 회사의 제품을 소문을 내게끔 하는 것입니다. 그렇다고 무작정 "우리 회사 제품을 홍보하고 싶어!"라고만 말한다면 아무도 그 말에 귀기울이지 않을 것입니다. 회사만의 진정한 존재감을 만들어 나가야 합니다.

좋은 예로는, 최근 저희 고객 중 한 곳은 굉장히 좋은 기업용 제품을 보유하고 있고, 그것을 오픈 소스화 하려고 했습니다. 문제는 누가 이 제품을 사용할 것인가였습니다. 무작정 다른 오픈소스 프로젝트 메인테이너(Maintainer)들에게 가서 "저희 제품이 진짜 좋으니까 여러분들 프로젝트에 연동해주세요"라고 말할 수는 없습니다.

디벨로퍼 릴레이션을 아우르는 전체 개념, 혹은 개발자들을 대상으로 하는 시장에서의 일반적인 마케팅은, 본인이 먼저 손을 내밀어야 한다는 것입니다. 본인의 제품을 무작정 사라고 사람들에게 말할 수는 없습니다. 그래서 고객사들과 상담을 할 때 "자바스크립트 업계에 들어가고 싶으면, 자바스크립트 업계에 기여할 수 있는 이러이러한 것들을 해야 합니다"라는 방식으로 이야기합니다. 고객사들에게 권하는 행동들로는 블로그 글을 올린다거나, 팟캐스트에 주요한 인물을 초대해서 인터뷰를 한다거나, 컨퍼런스에서 발표하는 것 등이 될 수 있습니다.

하지만 만약 디벨로퍼 릴레이션 팀의 주된 목표가 마케팅이라면, 그 팀이 영업 활동에 얼마나 신경써야 하는지에 대해선 아직 뚜렷한 답은 없습니다. 기업들은 종종 "디벨로퍼 릴레이션 활동을 하면서 얻을 수 있는 가치는 무엇인가요? 이게 영업과 어떤 관련이 있는 건가요?" 등의 질문을 묻습니다. 디벨로퍼 애드보킷 활동은 영업과 완전히 분리할 수는 없지만, 디벨로퍼 애드보킷은 특정 영업 할당량을 채우기 위해 존재하는 것이 아니라는 것을 염두해둬야 합니다. 왜냐하면 만약 디벨로퍼 애드보킷들에게 영업 활동을 강제하게 된다면, 디벨로퍼 애드보킷들은 영업 실적을 가장 우선적으로 생각하게 되기 때문에 가장 우선적으로 진행하는 것은 영업이 될 수 있기 때문입니다. 이는 디벨로퍼 애드보킷 활동을 덜 진정성있게 만들뿐만 아니라, 결과적으로는 그들의 활동의 파급력을 떨어뜨리기 때문입니다.

기업은 시장에서 그들이 어떻게 하면 그들의 진정성이 돋보이게 만들 수 있는지에 대해서 고민해야 합니다. 어떻게 보면 인간적인 마케팅이 필요하다는 것을 깨닫게 되는 순간이기도 합니다. 회사가 더 인간적으로 보이게 만들수록, 개발자들을 대상으로 일을 진행하기 쉬워집니다.

히예르탄 빌렌가 : 기업들에게 인간적인 면모가 왜 필요합니까? 디벨로퍼 릴레이션에서 진정성은 왜 중요한 요소입니까? 디벨로퍼 릴레이션이라는 개념이 생기기 전에도, 마케팅에서 진정성은 중요했나요?

트레이시 리 : 소프트웨어를 서비스로 제공하는 회사가 늘어남에 따라, 경쟁이 가열되었습니다. 또한 컨퍼런스의 수도 점차 증가했고, 이 또한 산업의 주요 부분으로 자리잡게 되었습니다.

Angular를 예로 들자면, NG-Conf라는 컨퍼런스가 있습니다. 미국에서 열리는 유일한 Angular 컨퍼런스였습니다. 그리고 나서, London's Angular-Connect가 생겼습니다. 갑자기, 갈 수 있는 다른 컨퍼런스가 생겼고, 그 다음엔 8개의 새로운 컨퍼런스가 생겼고, 계속 새로운 컨퍼런스가 생겨 납니다. 우리가 사는 세계가 좁다고 느껴질수록, 우리는 더 글로벌화 되어가고 있습니다.

개발에 대해 일반적으로 생각한다면, 오랜시간 동안 이는 굉장히 특정 지역에서 중심이 되어 진행되는 것이라고 느껴졌습니다 – 예를 들어, 미국의 실리콘밸리와 같이 말입니다. 그러나 트위터와 같은 플랫폼이 생겨남에 따라, 기업들은 가령 말레이시아와 같은 곳에서도 컨퍼런스가 열리고, 전세계에서 기술이 중심이 되는 지역들이 생겨나는 것을 깨달았습니다. 이윽고 기업들은 "우리가 유럽과 미국 시장에 집중하고 있었지만, 다른 나라에서도 거대한 컨퍼런스들이 열리고 있음을 확인할 수 있습니다. 우린 그 사람들에게도 마케팅을 진행해야 합니다"라고 생각하게 되었습니다.

트위터가 지금 기업들에게 공개하고 있지만, 아프리카에도 굉장히 큰 테크 커뮤니티가 있습니다.

세계가 점점 더 많이 배울 수 있는 환경에 놓이고, 소셜 미디어에 대한 접근이 더 쉬워짐에 따라, 기업들은 마케팅에 들이는 노력을 다른 곳에도 적절하게 배분해야 합니다. 어떻게 하면 효과적으로 배분할 수 있을까요? 여기서 디벨로퍼 릴레이션이 등장합니다. 이런 시장을 이해하는 사람을 말레이시아건, 인도건 혹은 아프리카에서 고용해야 합니다. 사람과 연결되는 것이 왜 중요한지를 알 수 있는 대목입니다.

많은 디벨로퍼 릴레이션 팀은 "우리의 일은 프로덕트를 사용하는 유저들이 있는 시장으로부터 받은 피드백을 정리하는 것입니다"라고 말합니다. 어떻게 이런 일을 하는 것일까요? 현대의 디벨로퍼 릴레이션 전략은 사람들이 단지 미국 시장이나 서방국가만을 목표로 하지 않고, 더욱 전략적으로 행해집니다. 동시에, 미국에 사는 사람을 아프리카로 보내 시장을 이해하기를 기대할 수 없습니다. 진짜 그 커뮤니티에 살아 숨쉬는 사람을 고용해야 합니다.

히예르탄 빌렌가 : 디벨로퍼 애드보킷이 있는 조직과 일을 하나요, 아니면 당신을 용역으로 생각하는 기업과 함께 일을 하나요?

트레이시 리 : 다양한 방식으로 협업을 제안합니다. 디벨로퍼 릴레이션 팀이 당장 없는 회사면서 시장 진입을 원하는 경우, 우리는 그 부분을 도와줍니다. 예를 들어, 클라우드 커뮤니티에 속해있는 사람을 알지 못한다면, 클라우드 시장에 진입하는 것은 어렵습니다.
우리 회사는 기업과 좋은 관계를 형성해, 시장에 진입할 수 있는 진정성 있는 방법을 제안드립니다.

우선 시장에 기업이 진입하게 된다면 "누가 우리 브랜드를 대표할 수 있는 사람입니까?"라는 질문을 할 수 있습니다. 이런 경우, 그 특수한 시장에 대해서 잘 알고, 연결고리가 있는 다른 디벨로퍼 애드보킷을 추천합니다.

디벨로퍼 릴레이션 전략, 마케팅 전략 혹은 잘 설계된 PR 구조를 이미 보유한 회사와 일하는 경우, 저희는 시장에서 차지하는 비율을 높이는 것을 도와주고 그들의 전략이 잘 이행되게끔 합니다. 기업이 처해있는 현 상황을 분석하고, 어떻게 하면 효과를 3배 이상 낼 수 있는지에 대해서 연구합니다.

"디벨로퍼 애드보킷이 방 안에 걸어들어올 때, 그들은 이미 답을 알고 있어야 합니다"
- 트레이시 리

컨퍼런스를 예로들면, 컨퍼런스에 가서, 그 속에서 이야기를 하고, 그 안에서 특정 사람을 만나게 됩니다. 그러나 만약 저희 팀이 함께한다면, 당신이 만나야 하는 모든 인플루언서들을 찾아 내서 그들과 관계를 맺게끔 해줍니다. 디벨로퍼 애드보킷이 방 안에 걸어들어올 때, 그들은 이미 답을 알고 있습니다. 그냥 가서 "저는 컨퍼런스에 이야기를 나누러 왔고, 저는 디벨로퍼 릴레이션 일을 하고 있습니다"라고 말해서는 안됩니다. 디벨로퍼 릴레이션이라면 이렇게 말해야 합니다. "제가 이 방안에 걸어 들어왔을 때, 모든 사람들은 제 브랜드를 알고, 제가 이미 누군지 모든 사람은 알고 있습니다". 이것이 디벨로퍼 릴레이션이 어떤 컨퍼런스에 참여했을 때 그들이 가져야 할 임팩트 입니다.

히예르탄 빌렌가 : 정말 많은 일을 하는 것 같습니다; 이건 그냥 단순하게 얻어지는 일이 아닙니다. 컨퍼런스에서 모든 사람들에게 알려지는 건 몇 년 간의 진심어린 몰입과 참여를 의미하는 것이니까요. 어떻게 이러한 부분을 다른 사람에게 전달합니까? 유기적으로 몇 년에 걸쳐서 전달되는 것은 아니라고 생각이 됩니다.

트레이시 리 : 아니오, 저는 그렇게 생각하지 않습니다. 제가 아마존에 대해 아는 것이 없지만, 컨퍼런스 전에 충분히 조사하고 온라인으로 관계를 맺으면, 제가 컨퍼런스에 갔을 때 이미 다른 사람들은 저를 알고, 제가 어떤 회사에서 일을 하는지 알 수 있습니다. 그들이 속한 커뮤니티에 이미 온라인 상으로 제가 참여를 했기 때문에, 그들이 저에 대해서 궁금해 하겠지요.

어떤 산업에서 유명해지는 것은 10년동안 어떤 것을 쌓아올릴 필요가 있는 것과는 다릅니다. 대부분의 기업들은 어떻게 원하는 것을 얻는지에 대해 배울 필요가 있습니다. 다른 한편으로, 영업적인 부분에 중심을 온전히 두는 사람을 진정성있게 바꾸는 건 어렵습니다. 많은 기업에서 그냥 누군가를 고용하면 되는 문제라고 생각하지만, 제가 말씀드렸다시피 전통적인 마케팅과 개발자들을 대상으로 마케팅하는 것에는 큰 차이가 있습니다.

컨퍼런스에 가보면, 당신에게 어떤 것을 팔려고만 하는 사람과 당신에게 어떤 것을 가르쳐 주려고 시도하는 사람 사이에는 아주 큰 차이가 있습니다. 디벨로퍼 릴레이션은 당신의 회사가 어떤 곳인지를 개발자들에게 알려주는 역할입니다. 그들로 하여금 당신 회사의 제품을 사게끔 하는 것이 아니라, 어떤 제품이 있는지 설명해주는 역할입니다.

히예르탄 빌렌가 : 이 직업에서 성공하기 위해선 개발과 관련된 경험이나 지식이 필요합니까?

트레이시 리 : 다른 배경을 가진 사람도 디벨로퍼 애드보킷이 될 수 있다고 믿습니다.

저는 많은 디벨로퍼 릴레이션 팀에서 한사람 정도는 밖에 나가지 않고 글만 쓰는 사람이 포함된 것을 볼 수 있었습니다. 그들은 많은 정보를 온라인에서 얻고, 그건 정말 놀라운 일입니다. 또 어떤 디벨로퍼 릴레이션은 컨퍼런스에 나가 다른 사람들과 대화를 나누고, 그러한 방식으로 본인들의 영향력을 펼치는 경우도 있습니다.

저는 굉장히 효과적인 디벨로퍼 애드보킷이라고 제 자신을 말할 수 있는데, 왜냐하면 제 타고난 성격과 배우고 싶고, 가르쳐 주고 싶고, 사람들과 연결되고 싶은 열망을 가지고 있기 때문입니다. 전 브랜드를 만드는 것과 커뮤니티에 나가서 활동하는 것을 사랑합니다.

> *"저는 여전히 주니어 개발자입니다. 저는 시니어 개발자가 절대 될 수 없고,*
> *그러고 싶은 생각도 없습니다" - 트레이시 리*

저는 새로운 기술을 배우는 것을 좋아해 항상 아직 확실하지 않은 것이나, 양산되기 전의 것들을 활용합니다. 새로 나오는 것들에 대해 사람들에게 가르치는 것을 좋아하는데, 왜냐하면 그런 부분에서 저는 흥미를 느끼기 때문입니다. 제 스타트업을 매각한 후 잠시 쉬는 동안, 저는 3주짜리 자바스크립트 코스를 듣기로 결정했습니다. 저는 한 주에 40시간 씩 코딩에 쏟기 싫었는데, 이는 전혀 제게 흥미로운 일이 아니었기 때문입니다. 저는 여전히 주니어 개발자입니다. 저는 시니어 개발자가 절대 될 수 없고, 그러고 싶은 생각도 없습니다.

히예르탄 빌렌가 : 컨퍼런스에 가서 발표한다고 말씀해주셨는데 어떤 주제에 대해서 발표를 하십니까?

트레이시 리 : 저는 RxJS 팀에 속해 있고, Angular 부분의 GDE이자, 웹에 대해서도 발표합니다. 컨퍼런스에서 대부분 RxJS나 반응형 프로그래밍에 대해서 발표하고 Angular, React, Ember 혹은 React Native에 대해서도 발표합

니다. 기본적으로 자바스크립트에 대한 대부분의 것도 말이죠.

작년에는 반응형 프로그래밍 (역자주: 비동기적 데이터 흐름을 다루는 프로그래밍)에 대해서 전반적으로 말했습니다. 반응형 프로그래밍은 아주 새로운 것은 아니지만, 많은 사람들이 여전히 배워야 할 것 중에 하나입니다. 저는 더 높은 수준에서 반응형 프로그래밍이 무엇인지 사람들이 이해할 수 있도록 돕습니다. 또는 그들의 애플리케이션에서 반응형 프로그래밍 패러다임을 사용하는 쉬운 방법에 대해서 이야기도 합니다.

히예르탄 빌렌가 : 말씀하신 쉬운 방식은 무엇인가요?

트레이시 리 : 이건 굉장히 특정 부분인데, 주로, 제가 반응형 프로그래밍에 대해서 말을 할 때, 특정 언어에서 어떻게 할 수 있는지에 대해서 말합니다. 종종 여러 이벤트들을 한꺼번에 처리해야 하거나, 이런 암묵적인 변화의 전파와 어떻게 코드에 드러낼 수 있는지 등의 관점에서 반응형 프로그래밍을 사용하는 방식을 설명합니다.

간단한 엑셀 예제를 이용해서 사람들로 하여금 흐름을 이해하도록 돕습니다. 가령 "만약 제가 이런 프로그래밍을 했고, 이게 암묵적일 때와 드러났을 때의 차이가 무엇인 것 같나요?" 등의 질문을 합니다.

다른 스탠다드 바디에서 반응형 프로그래밍에 대해서 말하기도 합니다. 또한 어떻게 참여하는지에 대해서 사람들을 교육하고, 그들에게 반응형 프로그래밍이 개발을 얼마나 쉽게 만들어 줄 수 있는지 코드 예제를 사람들에게 보여줍니다. 만약 abstraction(예를들어, RxJS)을 사용한다면, 드래그앤드롭 예제를 보여줄 것입니다. 어떻게 하면 적은 줄의 코드를 추가하면서 완성할 수 있는지를 보여줍니다.

히예르탄 빌렌가 : 최근 특별히 흥미를 가지고 있는 것들이 있습니까?

트레이시 리 : 현재는, 다양성과 포용성에 대해 관심을 가지고 있습니다. 포괄적인 아키텍쳐와 모드를 포용할 수 있는 팀을 구성하는 것에 대해서 말합니다. 이건 디자이너, 주니어 개발자, 프로젝트 매니저 그리고 다른 사람들 모두를 포함하는 것입니다. 그리고 이를 행할 수 있는 옳은 방식들에 대해서도 함께 말합니다.

히예르탄 빌렌가 : 다양하고 포용성이 있는 팀을 만들기 위한 핵심은 무엇입니까?

트레이시 리 : 많은 회사들이 그들의 프로젝트가 주니어들이 성장하는데 도움을 줄 수 없다고 생각합니다. 코드나 애플리케이션이 너무 중요하거나, 혹은 사용 방법이 너무 복잡하거나, 혹은 기술이 너무 모호하다고 생각합니다. 주니어 개발자들이 왜 일을 할 수 없는지에 대한 많은 이유들을 나열합니다.

테크 회사들에게 사람들에게 더 단순화된 인터페이스를 사용할 수 있는 권한을 주는 방식으로 복잡한 부분을 해결할 수 있는지 가르쳐주고 싶습니다. 이는 그들이 시니어가 아니더라도, 생산성을 올릴 수 있게 도울 것입니다.

사람들에게 멘토쉽, 디자인 리뷰, 코드 리뷰, 그리고 의도를 명확하게 파악할 수 있는 좋은 구조의 문서를 만드는 법 등에 대해서도 가르칩니다. 이를 통해 경험이 많지 않은 사람도 프로젝트를 빨리 파악하고 따라 잡을 수 있습니다.

멘토쉽 문화를 만드는 것은 이직률에 대해서 걱정하지 않게 만들어 줄 수 있는 하나의 장치입니다. 회사에게 다른 방법들을 보여주는 것입니다. 또한 다른 사람들을 어떻게 통합할 수 있는지에 대해서 설명하고, Angular View나 Accelerated Mobile Pages(AMP)를 사용하는 방법에 대해서 말하면서, 더 쉽게 사람들을 고용할 수 있습니다.

"만약 시니어만 고용하게된다면, 점점 더 비용이 높아질 것입니다" - 트레이시 리

"우리는 시니어만 고용하는데 왜냐하면 우리는 X, Y 그리고 Z 일들을 하며 이는 본인이 무엇을 하는지 정말 아는 사람들만이 필요하기 때문입니다"라고 말하는 회사들이 있습니다. 그러나, 만약 시니어만 고용하게된다면, 점점 더 비용이 높아질 것입니다. 프레임워크를 사용하고, 멘토쉽 계획이 있고, 문서를 생성하고, abstraction을 만든다면, 이는 개발 비용을 줄이고, 더 많은 사람을 고용할 수 있습니다.

히예르탄 빌렌가 : 디벨로퍼 애드보킷와도 관련된 질문인데요, 제가 디벨로퍼 애드보킷을 볼 때, 그들은 대부분 시니어이고, 이런 디벨로퍼 릴레이션 팀에 함께하게 되었을 때나 혹은 디벨로퍼 애드보킷으로 무대에 올랐을 때의 기대치가 있기 때문에, 특정 주제에 대한 모든 것을 알아야 할 것 같습니다. 이 영역에 주니어인 사람이 들어오기는 어렵습니까?

트레이시 리 : 저는 디벨로퍼 애드보킷 일을 하는 많은 주니어들을 보았기 때문에, 디벨로퍼 애드보킷 일을 하기 위해서 시니어가 되어야 한다고는 생각하지 않습니다.

히예르탄 빌렌가 : 디벨로퍼 애드보킷이 필요로 하는 성격이나 능력은 어떤 것

이 있습니까?

트레이시 리 : 사람들과 이야기를 잘 하는 능력이 있어야 합니다. 사람들을 잘 가르쳐줘야 하구요. 앞서 말했듯이 그냥 글만 잘 쓰는 디벨로퍼 릴레이션 일을 하는 사람들도 많습니다. 온라인에서의 당신만의 존재감만 잘 쌓는다면, 항상 컨퍼런스에 갈 필요는 없습니다. 하지만, 가장 잘 드러나는 디벨로퍼 릴레이션들은 컨퍼런스에 있습니다.

히예르탄 빌렌가 : This Dot에는 몇 명의 디벨로퍼 애드보킷이 근무하고 있습니까? 조직의 규모가 어떻게 됩니까?

트레이시 리 : 우리 회사에는, 50명 정도가 있고 대부분이 높은 수준의 아키텍쳐 컨설팅을 할 수 있는 사람들입니다. 우리는 프레임워크 불가지론자로 자바스크립트에 대한 전문가이자, 직원 고용, 멘토링, 개발 측면에서의 페어링 등의 서비스를 제공하고 있습니다. 그리고, 다른 한편으로는 디벨로퍼 릴레이션 업무도 진행합니다.

디벨로퍼 애드보킷 팀에서는, 10명의 사람들이 각자 다른 분야에서 일을 합니다. Node.js 연합과 관련된 커뮤니티 활동을 하거나, 특정 프로덕트를 골라 일을 진행합니다.

현재는 사람들을 교육할 수 있는 AMP 코스를 구글과 함께 만들고 있습니다. 제가 구글의 AMP 프로젝트를 좋아하는 이유는 이는 개발에 대한 진입 장벽이 굉장히 낮기 때문입니다. 이는 저희 회사의 비전과 굉장히 잘 맞는 부분입니다.
또 자바스크립트 커뮤니티와 함께 일을 합니다. 사람들이 This Dot을 아는 이유중 하나는, 저희가 미디어 회사이기도 하기 때문입니다. This Dot Labs 라는 컨설팅 업무를 담당하는 곳이 있고, This Dot Media라고 자바스크립트 생태계를 더 크게 만드는 일을 하는 곳이 있습니다. 생태계에 영향을 줄 수 있는 인플루언서를 조명하고, 이벤트를 만들고, 백서를 편찬하고, 글을 기고하는 등의 주요한 일들을 합니다. 저희는 이 일의 중요성을 믿기 때문에 이 일을 합니다.

히예르탄 빌렌가 : 이전에 말씀해주셨듯, 세상이 정말 달라지고 있습니다. 디벨로퍼 릴레이션 업무는 이런 시기를 나타내는 증표 중에 하나입니다. 현재 회사들이 디벨로퍼 릴레이션에 대해 더 잘 이해하고 있다고 생각하십니까?

트레이시 리 : 흥미로운 질문입니다. 제가 주로 전통적인 마케팅 업무를 하는 사람과 이야기를 할 때, 이는 대부분 창업자나 CTO가 "우리는 디벨로퍼 릴레이션이 필요합니다" 등의 말을 해서 이기 때문입니다. 마케팅팀은 애드보킷 업무에 돈을 더 쓰고 싶어하지만, 사실 저희 입장에서는 이해가 되지 않습니다. 왜냐하면 그들은 디벨로퍼 릴레이션이 무엇인지도 모르기 때문입니다. 결과적으로 그들은 "당신들의 업무는 PR과 비슷한거잖아요. PR업무를 하는 사람들이 하는 일과 같지만, 그 대상이 개발자인 것 아닌가요?"라고 말합니다.

우리의 업무는 PR이 아니기 때문에 그런 식으로 생각해 본적이 없지만, 종종 회사들은 우리와 그 일이 연관되어있다고 생각합니다. 그런 부분을 보는 것은 흥미롭습니다. 디벨로퍼 애드보킷들에게 이 이야기를 했다면, 그들이 이 이야기를 별로 달가워하지 않았을 것입니다.

히예르탄 빌렌가 : 자주 여행을 하는데, 이와 관련된 이야기가 있습니까?

트레이시 리 : 누군가 회사에 새롭게 들어오면, 그들은 항상 말합니다. "당신이 매번 여행을 하는 것을 보았습니다. 너무 멋있어요. 제가 하고 싶은 일이네요" 그들은 제가 컨퍼런스에 없을 때 어떤 일을 하는지에 대해서 모릅니다! 저는 때때로 굉장히 이른 아침에 미팅이 있기도 합니다.

컨퍼런스의 문제는 여전히 제가 풀타임으로 일하고 있다는 점입니다. 제 직업은 컨퍼런스에 가는 것이 아닙니다. 제가 만약 원한다면 그건 제 직업이 될 수도 있지만, 아닙니다. 디벨로퍼 릴레이션은 정말 멋있어 보이지만, 많은 사람들이 외로움과 싸우고 있습니다. 잠깐 동안은 여행을 하는 것이 멋지고 재밌지만, 그 사람들의 가족들은 어떨까요? 집은요? 그러한 점들에 대해서 사람들은 생각하지 않습니다.

이 산업에 속해있는 대부분의 사람들이 그러하듯, 저도 명예를 원합니다. 하지만 이 지위를 갖기 위해 많은 시간을 여행에 쏟는다면, 너무 지쳐서 이 명예에 대해서 생각하지 않게 될 것입니다. 정말 웃긴 부분이죠.

히예르탄 빌렌가 : 그럼 무엇이 당신으로 하여금 이 일을 계속 하게 만듭니까?

트레이시 리 : 저는 사람들을 돕는 것을 좋아합니다. 저는 커뮤니티에 기여한 만큼, 당신이 살면서 좋은 일을 하고, 진실되게 산다면, 나중에 이 모든 것이 좋게 돌아올 것임을 믿습니다.

사이먼 리터
Simon Ritter

—

사이먼 리터는 아줄 시스템즈(Azul Systems)에서 부CTO(Deputy CTO)를 맡고 있으며, 이전에는 오라클에서 자바 테크 에반젤리즘 부서장이었다. 사이먼은 20년동안 자바 기술을 다뤄왔으며, 새로운 사람들이 디벨로퍼 애드보킷 분야로 들어오게 하기 위해 열정을 쏟고 쏟고 있다. 자바의 핵심 플랫폼과 JVM의 성능을 집중해서 다루며 자바 챔피언이며, JCP의 EC, 자바 플랫폼 및 자바 SE의 JSR 전문가 모임에서 아줄 시스템즈를 대변하고 있다. (트위터: @speakjava)

히에르탄 빌렌가 : 디벨로퍼 애드보킷이라는 직업이 잘 알려지지 않았고, 되기 힘든 직업인 것에 동의하시나요?

디벨로퍼 애드보킷 분야에 발을 딛는 것

사이먼 리터 : 예전보다는 이 분야에서 일하기 어려워진게 처음 이 일을 시작했을 때를 생각해보면, 디벨로퍼 애드보킷 일을 하고 있는 사람이 많지 않았습니다. 지금만큼 컨퍼런스나 소프트웨어 개발과 관련된 이야기를 하는 사람들의 모임도 흔치 않았고요. 당시에는 그런 간극을 쉽게 찾을 수 있었기 때문에 디벨로퍼 애드보킷 일을 시작하는 것이 어렵지 않았습니다.

하지만 요즘에는 점점 더 많은 사람들이 이 일을 하기 때문에 오히려 디벨로퍼 애드보킷이 되기 힘들어졌습니다. 컨퍼런스들을 가보시면 알겠지만 오랫동안 발표를 해오던 똑같은 사람들을 마주치곤 해요. 그 말인 즉슨, 컨퍼런스를 위해 선택되는 소수의 사람들이 있다는 것이죠.

심지어는 컨퍼런스 운영자들이 직접 컨퍼런스에서 발표하려는 경우도 있어서 더 어려워졌습니다.

벤캇 수브라마니암을 예시로 들 수 있는데, 그는 대단한 능력의 발표자입니다. 저는 벤캇을 매우 좋아하지만 그의 의견에 반하는 발표를 해보려고 컨퍼런스에 발표 제안을 하면 보통은 받아들여지지 못합니다. 대신 제가 비슷한 내용으로 발표 제안을 하면, 다른 사람보다 운이 좋게 선발될 가능성이 있긴 하지만요. 아직도 몇몇 컨퍼런스에서는 거절을 당하긴 하지만, 최근에는 운영자들이 저에게 먼저 연락을 해오곤 해요. 그런 점들이 많이 바뀌었습니다.

히예르탄 빌렌가 : 그런 변화가 일어나게 된 이유가 무엇일까요?

사이먼 리터 : 컨퍼런스와 각종 정보들을 전파하는 것에 대한 전반적인 인식이 성장해서 그런 것 같습니다. 요즘에 열리는 컨퍼런스의 수를 보면, 제가 2000년 즈음에 썬 마이크로시스템즈에서 에반젤리즘 활동을 시작할 때보다 훨씬 많습니다.

당시에 대부분의 행사들은 썬 마이크로시스템즈에서 열었습니다. 제3자들이 직접 여는 행사들은 없었는데, 시간이 지나면서 바뀌었죠. JavaPolis가 Devoxx로 바뀌었고, Devoxx가 4~5개의 새로운 다른 Devoxx로 태어나기도 했습니다. 또 Voxxed 행사가 좀 더 작은 장소에서 종일 행사로 열리기도 하고요. Jfokus, JavaZone, 그리고 DevNexus 같은 컨퍼런스들도 더 성장을 했습니다.

최근에 런던에서 QCon 행사에 참여했는데, QCon은 다양한 기술들을 다루는 행사였습니다. 이제는 특정 기술만 이야기하는 컨퍼런스들만 있는 것이 아니라, 좀 더 기술 전반적인 내용들을 다루는 행사들도 생기기 시작한거죠.

히예르탄 빌렌가 : 그렇다면 더 많은 사람들이 디벨로퍼 애드보킷 활동에 더 쉽게 참여할 수 있게 발표자의 수요가 더 늘어날 것이라고 생각하시나요?

사이먼 리터 : 그렇게 생각할 수 있겠지만, 닭이 먼저냐, 달걀이 먼저냐의 문제입니다. 컨퍼런스 운영자들은 자신들이 준비하는 컨퍼런스에 많은 사람들이 오게 하려고 발표 경력이 확실한 사람을 원합니다.

대부분의 경우 행사를 참여하기 위해 참가비를 내야합니다. 그리고 컨퍼런스에서 발표자로 선정되기 위해서는 발표 경력이 필요합니다. 하지만, 발표 경력을 만들기 위해서는 컨퍼런스에서 발표자로 선정이 되어야 해요! 그래서 닭이 먼저냐, 달걀이 먼저냐라는 모순에 빠지게 됩니다.

그래서 무엇이 우선인지 결정을 내리는 건 어려워요. 이 분야에 들어오기 위해 좋은 방법은 서로 다른 주제를 가지고 이야기할만한 흥미로운 내용을 생각해 보는 것입니다. 처음에는 라이트닝 토크와 같이 대형 컨퍼런스가 아닌 곳에서부터 시작해볼 수 있겠고 대형 컨퍼런스라고 하면 Devoxx를 들 수 있겠네요. 만약 발표 경력이 없다면 정말 흥미로운 주제가 아니라면 발표자로 선정되기 어렵겠지만 반면에 라이트닝 토크는 쉬운 시작점이 될 수 있다고 생각합니다.

> *"줄곧 발표를 해오던 사람들이 점점 나이가 들어가기 때문에*
> *커뮤니티에서도 새로운 발표자가 정말 필요합니다." - 사이먼 리터*

발표를 하고 평가를 받아가면서 자신만의 발표 경력을 점점 쌓아가야 해요. 주변을 둘러보면 줄곧 발표를 해오던 사람들이 점점 나이가 들어가기 때문에 커뮤니티에서도 새로운 발표자가 정말 필요합니다.

디벨로퍼 애드보킷 업계에서의 경쟁

히예르탄 빌렌가 : 주변에 있는 디벨로퍼 애드보킷들을 어떻게 생각하시나요? 트위터에서 서로 소통하기도 하고 컨퍼런스에서도 마주치곤 하는데 서로를 어떤 관계라고 생각하시나요? 라이벌이라고 볼 수 있을까요?

사이먼 리터 : 아니요, 정확히 표현하자면 '선의의 라이벌'이라고 볼 수 있습

니다.

대부분의 경우, 제가 발표하는 주제(JVM, 자바 SE)들은 다른 많은 사람들이
이야기하려는 내용이 아니에요. 컨퍼런스에서 가서 보면 대부분의 사람들은
스프링과 같은 프레임워크나 기업에 필요한 것들 혹은 마이크로서비스 아키
텍처, 임베디드 등의 내용을 다룹니다. 서로 다른 각도에서 바라보며 발표를
합니다. 컨퍼런스에서 제가 경쟁자로 생각하는 사람들은 오라클에서 온 사람
들입니다.

Devoxx와 같이 더 큰 행사들에서는 스튜어트 마크스나 브라이언 고츠 같은
사람들이 등장합니다. 만약 그들이 자바의 미래에 대해서 발표를 한다고 하
면 저보다는 당연히 두 사람이 발표자로 선정될 가능성이 높을 것입니다. 그
들이 그 분야의 전문가니까요. 저도 자바 SE 전문가 그룹에 속해 있지만, 브라
이언에게 자바 SE에서 어떤 변화가 일어나고 있는지와 같은 내부 지식을 전
해 듣곤 합니다.

작은 행사들에서는 사람들 사이에 경쟁심리는 없는 편입니다. 주로 오라클
을 대신해 자바가 어디까지 왔는지, 그리고 어떻게 변할 것인지를 이야기합
니다. 다양한 컨퍼런스에서 만나는 디벨로퍼 애드보킷들과 잘 어울리기에 여
기서 적대감은 찾아보기 힘듭니다. 대부분의 사람들은 우리끼리의 만남을 즐
거워하는데 그도 그런 것이 큰 자바 커뮤니티에 함께 속해있고 잘 어울릴 수
있으니까요.

히예르탄 빌렌가 : 머리를 식힐 겸 다른 주제로 넘어가보죠. 어떻게 해서 디벨
로퍼 애드보킷 분야에 발을 들이게 됐나요?

사이먼 리터 : 1992년에 AT&T에서 일할 때 상사가 저에게 와서 "회사에서 행사를 준비하고 있는데, 30분 정도 발표를 해줘야겠다"고 이야기해서 발표를 처음 하게 되었습니다.

저는 대외 발표에 전혀 관심이 없고 발표하는 자체가 무서워서 절대 하기 싫다고 거절했습니다.

그랬더니 상사는 저를 발표하는 법을 가르치는 강의를 보내서라도 발표를 시키겠다고 했습니다. 그래서 강제로 발표의 기본을 가르쳐주는 강의에 참여했는데 듣다 보니 재밌더라구요.

그 후 사람들 앞에서 30분동안 발표를 했는데, 첫 번째 발표는 정말 최악이었습니다. 그럴 수 밖에 없는 것이, 가장 유익했던 발표를 뽑는 설문조사에서 0표를 받았거든요.

발표보다는 코드를 짜는 게 좋았기에, 그때의 설문조사 결과를 제 사무실 벽에 오랫동안 붙여놨어요. 더 이상의 발표는 하기 싫었고, 관심도 가지지 않았습니다.

그러다 나중에 상사가 저에게 교육 프로그램을 운영해줬으면 한다고 제안했습니다. 교육 프로그램은 발표와 다르고 쉬울 거라고 생각했는데, 결국엔 그 이후에 발표들을 더 했고 제가 발표를 좋아한다는 걸 깨달았죠.

이후에 1996년에 썬 마이크로시스템즈에 합류하고, 발표를 하기 위해 출장도 다녀왔습니다. 자바를 주제로 발표를 하게 되면서, 자바 업계에 발을 들이게 되었습니다. 자바에 관한 발표를 한 적이 있으니 또 다른 발표를 할 수 있냐고 제안이 들어오고 눈덩이를 굴리듯이 일이 커지게 되더군요. 썬 마이크로시스템즈에서 소프트웨어 엔지니어로 들어와서 일하다가 MDE(Market Development Engineering, 역자 주: 기존에 있던 시장에서 새로운 기회를 발굴해내는 전략을 담당하는 역할) 조직에서 일하게 되었고, 결국 에반젤리즘 팀에 합류하게 되었습니다. 디벨로퍼 애드보킷으로 일하기까지 직무가 계속 바뀌었죠.

애드보킷 활동과 에반젤리즘 활동을 비교하기

히예르탄 빌렌가 : 그럼 '테크 에반젤리스트'라는 단어와 '디벨로퍼 애드보킷'이라는 단어의 차이점에 대해서는 어떻게 생각하시나요?

사이먼 리터 : 지난 몇 년동안 '테크 에반젤리스트'라는 표현을 상대적으로 덜 사용하는 쪽으로 바뀌었고 디벨로퍼 애드보킷을 더 많이 사용하는 게 느껴집니다. 다만, 똑같은 직업이지만 다른 이름을 가진 거라서 상관 없다고 생각합니다.

디벨로퍼 애드보킷이라는 단어의 어조가 덜 강하다고 생각해요. 에반젤리즘이 사람들이 어떤 기술을 사용하도록 만드는 것을 의미하는 반면, 디벨로퍼 애드보킷은 사람들에게 기술에 대해 이야기하고 소개하는 것이 더 크다고 느낍니다.

"애드보킷 활동은 사람들에게 행동을 바꾸기를 강요하지는 않습니다." - 사이먼 리터

에반젤리즘은 일종의 믿음이 존재하고 사람들이 그 믿음에 함께하도록 하는 것이라고 보지만, 애드보킷 활동은 좀 더 넓은 의미에서 그런 아이디어에 이미 공감하는 사람들에게 자신들의 기술이 어떤 점이 좋은지를 알리는 것 같습니다. 기술을 더 잘 이해할 수 있도록 도와주고, 더 잘 쓸 수 있게 해주는 것이죠. 그러다보니 애드보킷 활동은 사람들에게 행동을 바꾸기를 강요하지는 않습니다.

히예르탄 빌렌가 : 이런 활동을 오랫동안 해오셨는데 어떻게 긴 시간동안 열정을 계속 가질 수 있으셨나요?

사이먼 리터 : 모든 것들이 계속 변화한다는 점에서 디벨로퍼 애드보킷으로 활동하는 것을 좋아합니다. 항상 새로운 기술들이 있기에 20여 년 동안 계속해서 일해올 수 있었다고 생각합니다.

히예르탄 빌렌가 : 디벨로퍼 애드보킷 일을 하기 위해 사람들이 꼭 가져야 할 기술이 있을까요?

사이먼 리터 : 열정이 가장 중요하다고 생각합니다. 자신이 발표하는 것에 대한 열정을 가지고 있다면 청중들도 그 열정을 일부라도 알아봐 줄 것입니다.

그리고 어느 정도 기술적인 경쟁력을 가지고 있어야 한다고 봅니다. 무대에 올라가 청중들 앞에서 어떤 것을 설명해야 한다면 적어도 그 기술에 대해 알고 있다는 인상을 주어야 합니다. 기술과 관련된 경력을 가지고 있으면 굉장히 유용할 것입니다. 질문에 대한 답변을 할 때도 도움이 되고요.

한 번은 브루노 보르게스가 #speakerfail이라는 해시태그가 달린 트윗을 리트윗했습니다. 그 해시태그는 사람들이 어떤 발표가 정말 안 좋았을 때 사용하는 데, 브루노는 본인이 했던 발표가 별로였다고 생각해서 리트윗한 것이었습니다.

히예르탄 빌렌가 : 민망함을 느끼거나 두 번 다시는 발표자로 초청받지 못하는 상황을 면하기 위해 어떻게 대처하시나요?

사이먼 리터 : 많은 사람들이 발표자가 모든 질문에 다 답변해줄 수 없다는 것을 이해합니다. 특정 분야의 전문가가 될 수는 있어도 모든 것에 대한 답변을 알 수는 없습니다. 자신이 제임스 고슬링이나 브라이언 고츠가 아닌 이상 자바에 대한 모든 것을 알 순 없겠죠.

만약 질문을 받고서 질문들에 대답할 수 있다면 어느 정도의 신뢰감을 보여줄 수 있습니다. 질문들에 답하지 못하더라도 사람들은 별로 신경쓰지 않을 것입니다. 대신 질문했던 사람에게 이메일 주소를 받아서 나중에 찾아보고 답변주겠다고 할 수 있겠죠.

하지만 들어오는 질문을 하나도 답변하지 못하는 상황에 처한다면 사람들이 언짢아 할 것입니다.

발표자로서, 자신이 새로운 주제를 골라 발표를 하겠죠. 그러다가 어떤 내용에 대해서 이야기하다가 무언가 머리에 스치면서 "아, 이게 이렇게 동작하는 것이구나! 이런 것을 의미하는거구나!"라고 생각할 수 있어요. 그럼 발표를 하면서 자기 자신에게 설명할 수 있는 것이에요.

기술적 오류들을 해결하기

히예르탄 빌렌가 : 디벨로퍼 애드보킷에게 가장 골치 아픈 상황은 노트북과 프로젝터가 연결되지 않을 때일듯 한데, 이렇게 예상치 못한 상황에서는 어떻게 하시나요?

사이먼 리터 : 예전에 비슷한 경험을 한 적이 있습니다. 아까 이야기했던 트위터의 #speakerfail 이야기로 돌아가면, 스튜어트 마크스가 발표를 하기 위해 발표 장소에 도착했는데, 아무도 들으러 오지 않았다고 합니다.

사실 제 커리어 초반에도 비슷한 경험이 있는데, 아무도 제 발표를 들으러 오지 않은 적이 있습니다. 어느 날은 단 한 명만 제 발표를 들으러 온 적도 있죠. 이때는 그래도 괜찮았던 게 그분과 주제에 대해서 이야기를 나눌 수 있었거든요. 그런 상황에 처했을 때 가장 중요한 것은 불안해 하지 않는 것입니다. 다만 발표할 때마다 계속 불안해한다면, 발표가 자신과 맞지 않는다는 걸 알려주는 신호일 것입니다.

발표를 시작한지 얼마 되지 않았고 처음 겪는 거라면 너무 걱정하지 않아도 됩니다.

기기 오작동에 관해서는, 발표를 하려고 노트북을 연결해서 준비를 다 끝냈을 때 갑자기 정전이 일어났습니다. 그때 배운 중요한 교훈 중 하나는 발표자료 없이 발표를 할 수 있어야 한다는 것이었습니다. 모든 상황을 고려했을 때 발표자료는 순전히 요약집 정도여야만 합니다.
또 다른 발표에서는 다른 연사자가 갑자기 아파 제게 대신 발표를 해줄 수 있냐고 물어봤던 적이 있습니다.

그 사람이 발표하려던 주제는 알고 있었지만, 발표 자료 안에는 어떤 내용들이 들어있는지 전혀 몰랐기에 발표자료를 청중과 같이 넘겨보는 새로운 경험을 했습니다. 제가 했던 발표 중 최고의 발표는 아니겠지만, 그렇다고 아주 못한 것은 아니었습니다.

발표에 관해서 사람들에게 2가지 조언을 합니다. 먼저 발표 자료를 단순히 읽지 말라고 조언하는데, 그냥 서서 책 읽듯이 발표하는 것은 최악이거든요. 듣는 사람들도 발표자료를 읽을 수 있어서 그냥 읽기만 하는 것은 사람들에게 또다른 가치를 주지 못하기 때문입니다. 저는 대본이 짜여진 발표를 싫어하는 편인데, 대본이 있는 발표는 아무리 대본이 좋다고 하더라도 대본을 읽는 것인지를 구분해낼 수 있습니다. 발표자료는 관심을 끌기 위한 수단, 혹은 중요한 부분들을 짚어내는 용도로만 사용하면서 내용을 설명해야 합니다.

히예르탄 빌렌가 : 그렇다면 발표 자료 없이 오직 코드만으로 발표하는 방법은 어떻게 생각하나요?

사이먼 리터 : 할 수 있다면 굉장히 좋은 방법인 것 같습니다. 하지만 저한테는 맞지 않는 게, 종종 제가 발표하는 중에 라이브 코딩을 하지만 라이브 코딩을 많이 강조하지 않습니다. 어떤 것을 보여줄 것인지 미리 연습을 해야 하는데, 저는 타자를 잘 치지 못하는 편이고 청중들 앞에서 서면 더 못하기 때문에 제가 라이브 코딩을 하는 데는 어려움이 있습니다.

히예르탄 빌렌가 : 디벨로퍼 애드보킷으로 활동하면서 알아둬야할 것들이나, 단점들로 뭐가 있을까요?

사이먼 리터 : 발표를 많이 하게 될 수도 있는데, 어떨 때는 그 정도가 심해질 수 있어서 조심해야 합니다.

작년 중반기부터 "JDK 9의 55가지 새로운 기능들"이라는 발표들을 해오고 있는데, 지겹게 한 것 같습니다. 전 세계적으로 컨퍼런스들이 많아지기도 하고 이 내용으로 발표를 많이 하다보니 발표하기가 쉬워졌습니다. 그래서 발표자료를 최신으로 업데이트를 하면서 달라진 점들이 있는지 확인하는 것이 필요합니다. 그렇게 주기적으로 업데이트를 하지 않으면 발표자로서 뒤처지거든요.

> *"발표를 마음에 들어하지 않는 사람들도 있을 거라서*
> *그런 부분을 감수할 수 있어야 합니다." -사이먼 리터*

단점이라고 한다면 당연한 이야기겠지만, 대중 앞에서 발표하는 것에 대한 결과가 따른다는 것입니다. 발표를 마음에 들어하지 않는 사람들도 있을 거라서 그런 부분을 감수 할 수 있어야 합니다.
아무리 열심히 준비했다고 해도 사람들이 의견에 동의하지 않을 때가 있습니다. 발표 경험이 없는 때라면 사람들이 나서서 저에게 틀렸다고 직접 이야기할 수 있기 때문에 더 스트레스를 더 많이 받을 수도 있습니다.

경력이 어느 정도 있는 사람에 비해 발표 경험이 별로 없는 사람이라면 이런 상황을 해결하기 힘들어요. 어떤 사람이 나서서 제가 틀렸다고 이야기한다면 그냥 그러려니 해요.

히예르탄 빌렌가 : 20살의 자신이 지금의 자신을 보고 어떻게 생각할까요?

사이먼 리터 : 가끔 이런걸 생각해보곤 합니다. 중년이 되고 나서 앞을 보듯이 뒤도 돌아보기 시작하는 것입니다. 그러면 어렸을 때의 저는 지금의 저를 보고 "와! 이건 생각도 못했는데!"라고 생각하며 "정말 전 세계를 돌아다니면서 수천 명의 사람들 앞에서 발표하는 것을 계속 하고 있다고?"라고 물어볼 것 같습니다.

히예르탄 빌렌가 : 그때는 프로그래머가 될거라고 예상했나요?

사이먼 리터 : 대학교를 졸업하고 IT 업계에서 일하기 시작했을 때, 로우 레벨단(Low-level, 역자 주: 운영체제와 같이 컴퓨터의 근간이 되는 수준의 프로그래밍을 칭함)의 것들을 다루는 진성 프로그래머가 되고 싶었어요. 마케팅이나 영업은 생각을 하고 있지 않았어요.

히예르탄 빌렌가 : 디벨로퍼 애드보킷 분야와 관련해 학생들이나 아직 어린 사람들에게 어떤 조언을 해줄 수 있을까요?

학생들을 위한 조언

사이먼 리터 : 본인이 관심을 가질 수 있고, 열정을 불태울 수 있는 기술을 찾아야 합니다. 그러고 나서 그 기술에 대해 배울 수 있는 만큼 배우고 경험을 쌓아야 합니다.

특히 제가 학생들에게 항상 하는 이야기 중 하나가, 오픈소스 프로젝트를 통해서 (전에 말한 닭과 달걀의 딜레마처럼) 직장을 가지지 않아도 경험을 쌓을 수 있다고 합니다.

오픈 소스 프로젝트들에 기여하고 커뮤니티에 참여하세요. 이 두 가지가 미래의 자신이 컨퍼런스에서 발표할 기회를 주는 가장 좋은 방법입니다. 만약 특정 주제에 관심이 있고 발표를 해보고 싶다면 오픈 소스 프로젝트에 참여하는 것을 추천합니다. 프로젝트에 기여하고 프로젝트 안에서 인지도를 쌓다보면, 컨퍼런스에 발표 제안을 할 때 경력을 인정받을 수 있습니다.

그다음으로 개발자들에게 매력을 보여줄 방법을 생각해보면 됩니다. "이런 기술을 가졌고, 이런 내용들을 알아야 해요"라고 말할 수 있을 정도가 돼야 하고요.

히예르탄 빌렌가 : 대외적으로 발표하는 것 이외에 어떤 업무들을 하시나요?

사이먼 리터 : 오라클을 퇴사하고 아줄 시스템즈에 입사하고 나서부터는 블로그 글과 기사들을 더 많이 쓰는 중입니다.

마케팅 부서를 위해 백서를 쓰기도 하고, 영업 사원들이 내부적으로 활용할 수 있도록 기술 관련 설명서를 작성하기도 합니다. 오라클이나 썬 마이크로 시스템즈에 있었을 때보다 더 많이 글을 쓰고 있어서 가장 큰 변화라고 생각합니다.

그 이외의 일들도 이런 것들과 비슷해요. 스택 오버플로우도 또 다른 활동에 포함돼요. 스택 오버플로우에서 특정 기술이나 분야에 대한 답변을 작성하는 것이 이력서 뿐만 아니라 발표 기회를 얻는데 도움이 돼요. 디벨로퍼 애드보킷이 활동할 수 있는 방법은 다양해요.

히예르탄 빌렌가 : 이 일을 하고 난 이후에는 어떤 일을 하게 되나요?

사이먼 리터 : 최근에 지인들과 함께 치열하게 이야기했던 기억이 납니다. 그때 저희는 디벨로퍼 애드보킷 일을 하고 난 이후에 어떤 일을 할 수 있는지에 대해서 토론하고 있었습니다.

한 가지 이야기 나온 것 중 하나가 CTO가 되는 것이었습니다. 모두 괜찮다고 생각했어요. 기술적인 역량과 의사소통 기술을 모두 가지고 있으니 CTO의 역할에 딱 맞거든요. 그래서 미래의 저희들이 될 모습 중 하나가 되겠다고 생각했어요.

히예르탄 빌렌가 : 소셜 미디어들을 어떻게 사용하시고 어떤 서비스를 주로 사용하나요?

사이먼 리터 : 일하면서 가장 많이 쓰는 것은 트위터로, 참여하고 있는 활동이나 작성한 블로그 글을 알리는데 사용합니다.

10,000명 조금 넘는 팔로워들이 있어서 꽤 많은 사람들에게 알릴 수 있습니다. 올린 글이 리트윗되기도 하고요.
웹 사이트 중에서는 디존(DZone)을 자주 이용합니다. 블로그 글을 보시면 아실 수 있을 건데, 간간히 JAXenter에 글을 올리기도 하고요. 페이스북은 저와 안 맞는 것 같아서 사용하지 않습니다. 사람들이 링크드인에도 글을 많이 올리는 것으로 알고 있는데 링크드인도 잘 쓰지 않습니다.

> *"사람들이 무언가를 잘못 알고 있다는 것이 보이면, 대화에 참여해서 제대로 된 정보를 알려주는 것을 좋아합니다." - 사이먼 리터*

정보를 찾을 때는 레딧을 주로 사용해요. 레딧에 직접 글을 올리기도 하고, 대부분 다른 사람들이 올린 글에 댓글을 달아요. 사람들이 무언가를 잘못 알고 있다는 것이 보이면, 대화에 참여해서 제대로 된 정보를 알려주는 것을 좋아해요.

히예르탄 빌렌가 : 트위터의 가장 큰 단점은 전혀 다른 것들을 접할 수 없다는 것 같아요. 본인이 익숙한 사람들만 팔로우를 해서 그런 것 같은데, 동의하시나요?

사이먼 리터 : 그런 것 같지는 않은게, 저는 많은 사람들을 팔로우하지 않습니다. 받아들이는 실질적인 정보의 양을 조절하고 다양한 정보들을 접하기 위해 제가 팔로우하는 사람들을 고릅니다. 자바 업계에 있는 사람이라고 그냥 팔로우하지 않고 IT업계 전반에 있는 사람들을 고루 팔로우합니다.

그래서 꽤 다양한 분야에서 접하면서 양질의 정보를 얻는 것 같아요.

회사에서 일하며 진정성을 가지기

히예르탄 빌렌가 : 컨퍼런스에 가면 어떤 사람이 특정 회사를 대표하기에, 사람들이 무의식적으로 숨은 의도를 가지고 컨퍼런스에 왔다는 의심을 할 수 있을 것 같습니다. 회사의 목소리와 본인의 진정성 간의 균형을 어떻게 유지하나요?

사이먼 리터 : 처음 이 일을 시작했던 때를 돌아보면, 제가 맡았던 일들은 대부분 자바를 알리는 일이었어요. 일하면서 특정 제품을 알려야 하는 압박감이 없었고 제품보다는 기술에 더 많은 초점을 두었기 때문입니다. 그랬던 점이 저에

대한 신뢰감을 만들어준 것 같습니다. 사람들은 제가 특정 제품에 대해서만 이야기하지 않을 것을 아니까요.

근데 이 경계선이 애매모호하다고 생각하는 게, IT 업계 밖에서 보면 기술과 제품의 차이를 느끼지 못할 것입니다. 하지만 실질적으로 무료인 기술을 홍보한다고 하면, 제품을 홍보한다고 보기는 힘들겠죠.

개인적으로 저는 기술에 더 큰 비중을 둡니다. 제 발표를 본 사람들은 제가 갑자기 특정 제품 홍보를 하지 않을 것을 알거에요.

히예르탄 빌렌가 : 자바를 홍보하면서 윤리적 딜레마를 느끼나요?

사이먼 리터 : 아줄 시스템즈가 오라클과 직접적인 경쟁관계에 놓여 있기 때문에, 오라클과 함께 어떤 일을 하고 있는지를 이야기할 때 조심하곤 합니다.

오라클은 자바를 관리를 합니다. 저희 회사는 TCK와 소스 코드에 대한 접근이 가능하기에 오라클과 좋은 협력 관계를 유지하고 있습니다. 오라클의 엔지니어들과 함께 일하며 꽤 많은 일들을 같이 하고 있고요. 윤리적 딜레마라고 할 것이 없지만, 오라클과 연관지어서 제 회사를 대표할 때 어떻게 해야할지는 생각해 볼 필요가 있습니다.
새로운 JDK 출시 기조로 지금 일어나고 있는 변화들을 보면, 오라클에서 제공하는 JDK가 JDK 11부터는 더 이상 무료가 아니에요.(역자 주: 개인 용도로는 여전히 무료이며, OpenJDK를 통해 오픈소스 형태로 사용할 수 있다.) JDK 8 지원이 내년 1월(역자 주 : 2019년 1월)에 종료(역자 주: 오라클에서는 2019년 1월에 자바 SE 8에 대한 무료 업데이트 종료를 발표했으며, 이후 지속적인 업데이트를 받기 위해서는 비용을 지불해야한다고 발표했다.)되어서,

사람들이 자바를 계속 사용해야 할지 심각하게 고민하고 있습니다. 그런 사람들이 지원을 받기 위해 돈을 낼까요? 대안으로 여러 가지 방법이 있고, 아줄 시스템즈를 대안으로 내세울 때 오라클에 적대적으로 보이지 않게 하기 위해 조심할 필요가 있습니다.

히예르탄 빌렌가 : 자바에 관해서 어떤 이야기들을 했나요? 그리고 요즘에는 어떤 이야기들을 하고 계신가요?

사이먼 리터 : 발표 경력의 초반에는 자바를 다루기 전이어서 유닉스에 관한 발표들을 했습니다. 썬 마이크로시스템즈에 입사했을 때는 솔라리스에 대해 발표했습니다.

자바에 대해서 이야기하기 시작한 것은 1996년과 1997년 초반이라서 대부분의 사람들이 자바에 대해서는 들어보지 못했고, 그게 무엇인지도 몰랐습니다. 시간이 지나면서 어느 시점부터 자바의 많은 특징들에 대해서 이야기했습니다.

제가 에반젤리즘 팀에 합류했을 때가 JDK 1.4.2 버전이 막 나왔을 때 쯤이었을 거에요. JDK 1.4.2를 홍보하고 있었고, 곧바로 JDK 5가 나왔어요. JDK 5가 새로운 기능들을 많이 담고 있었고 많은 변화를 이끌어 냈기에 중요한 일이었습니다.

그 때부터 자바 SE 생태계의 변화들을 계속 따라 잡았어요. JavaFX를 스크립트 언어로 쓸 때와 라이브러리로 사용할 때 모두 다뤘고, 임베디드 자바(Embedded Java), SPOT(Sun Small Programmable Object Technology Devices, 역자 주: 썬 마이크로시스템즈에서 개발한 무선 센서 네트워크 기기), 자바 온 모바일(Java on mobile) 그리고 LWUIT(Lightweight User

Interface Toolkit, 역자 주: 모바일 기기에 탑재되는 자바 프로그램의 화면을 구성할 수 있게 도와주는 도구)까지 다뤘습니다. 다양한 것들을 이야기하고 싶었거든요. 그래서 자바 ME, 자바 SE, 그리고 자바 EE까지 다뤘습니다.

지금은 아줄에서 기업용 자바를 다루지 않아 제가 다루는 기술의 범위가 좁아졌고, 더 이상 기업용 자바에 대해서는 발표를 하지 않습니다. 핵심 플랫폼에 좀 더 집중하고 있습니다. "자바 SE의 55가지 새로운 기능들"과 같은 주제들을 다루는 이유기도 하지요. 그리고 좀 더 상업적인 측면의 내용들을 다뤄요. 저희 회사에서 만든 JVM인 징(Zing)이 가비지 컬렉션을 어떻게 하는지, 그리고 JIT 컴파일을 통해 어떤 것을 하는지와 같은 것들을 기술적인 단계에서 바라보는 것입니다. 무언가를 광고하려는 것이 아닙니다.

"컨퍼런스에 가면, 무대에 나와서 물건을 팔려고 하는 사람은 마주치기 싫을 것입니다."
- 사이먼 리터

발표자로 성공하고 싶다면, 자신의 발표에 담긴 기술적인 내용들의 수준을 좋게 유지하는 한편, 너무 세세한 내용들까지 다루지 않도록 하는 것이 중요합니다. 실제로 적절한 수준을 유지하는 건 꽤나 어려운 일이죠.

아줄 시스템즈에서는 임베디드 자바도 다루는데, 그 안에서도 들여다볼만한 흥미로운 내용들이 존재해요. 제가 했던 발표들 중에는 라즈베리파이 클러스터를 직접 만들어서 자바로 기계 학습을 하고 마인크래프트(Minecraft, 역자 주: Mojang사에서 개발한 오픈 월드 게임)를 하는 것이었습니다. 기능들을 그냥 보여주는 것보다 좀 더 실질적인 측면에서 자바가 어떻게 사용될 수 있는지 보여주고 싶었습니다.

이 일을 하면서 어떻게 흥미를 계속 가질 수 있는지에 대한 답을 한다면, 몇 년

동안 특이하고 믿기지 않을 시연들을 했기 때문인 것 같습니다. 제 역량이 된다면, 아직도 그렇게 하고 싶습니다.

히예르탄 빌렌가 : 어떤 형태의 시연이 가장 재밌나요?

사이먼의 시연 아이디어들

사이먼 리터 : 특이한 것들을 만드는게 항상 재밌습니다. 특히 나무를 이용해 만드는 것들이요. 기술을 좀 더 창의적으로 적용시키는 아이디어를 생각해내는 것이 좋습니다. 특이하면 특이할수록 더 좋아보이거든요!

많은 사람들이 자신의 업무에서 정해진 일들을 합니다.사용자 계정 혹은 웹페이지를 다루는 시스템을 만드는 것들 말이에요.

그런 것들은 재밌지 않습니다. 보통 사람들이 평소에 하는 것들과는 다른 방식으로 기술을 가지고 무언가를 하는 것을 보여주면 그거야말로 기술을 홍보하기 아주 좋은 방법이 됩니다. 사람들이 그 기술을 다른 시각에서 바라볼 수 있게 해주거든요.

히예르탄 빌렌가 : 실제로 발표 중에 사물들을 활용하고 납땜하는 것으로 잘 알려져 있더라고요. 구체적인 예시들을 들어줄 수 있나요?

사이먼 리터 : 제일 처음으로 시도했던 것은 제가 에반젤리즘 팀에 합류했을 때인데 그 때 마침 레고 마인드스톰(Lego Mindstorm, 역자 주: 직접 작성한 프로그램으로 레고 모형을 로봇처럼 사용할 수 있는 레고 제품군)이 나왔습니다.

어떤 사람이 레고 마인드스톰에서 작동하는 아주 작은 자바 런타임 구현체를 만들었습니다. 아주 작다고 강조하는 이유는 마인드스톰의 RAM 메모리가 32KB 밖에 안 되거든요. 가비지 컬렉터나 유사한 기능이 없기에 아주 조심해서 코드를 작성해야 합니다.

> *"다양한 기술들을 활용해서 블랙잭을 할 줄 아는 레고 로봇을 만들었습니다."*
> *- 사이먼 리터*

그 작은 자바 런타임 구현체를 사용해서 무언가를 만들 수 있지 않을까 생각해서 다양한 기술들을 활용해서 블랙잭을 할 줄 아는 레고 로봇을 만들었습니다. 회사에서 일하면서 레고를 만질 수 있으니까 좋았어요. 실제로 로봇이 패를 돌릴 수 있었고, FreeTTS(역자 주: 썬 마이크로시스템즈에서 제공한 자바의 TTS API)를 사용해서 노트북을 통해 이야기할 수 있도록 했습니다.

카드를 인식하면, 로봇이 패를 돌리고 "당신은 J 하트를 가지고 있네요"라고 이야기하는 식이었습니다. 그렇게 해서 특이한 시연들을 시작하게 된 것이에요.

그러다가 썬 랩스(Sun Labs, 역자 주: 썬 마이크로시스템즈의 연구 개발-R&D - 부서)에서 SPOT를 내면서 흥미로운 것들을 해볼 수 있는 기회들이 생겼습니다. 저희는 SPOT를 얹은 장갑을 만들기도 했습니다. JavaOne에서 했던 시연 중에서는 프로젝터와 적외선 LED가 달린 벽면 스크린을 준비한 적이 있습니다. 그리고 닌텐도 위(Wii)의 리모콘으로 스크린이 어디 있는지 인식하고 화면으로 카드 게임을 하는 것이었습니다. 만약 카드를 뒤집는 움직임을 하면, 카드의 뒷면을 볼 수 있게 하는 것이죠.

히예르탄 빌렌가 : 사람들이 실제로 이러한 아이디어의 어느 정도 수준까지

관심을 가진다고 생각하나요? 그리고 어느 정도 수준까지 재밌다고 생각하나요?

사이먼 리터 : 솔직하게 얘기하자면, 대부분의 아이디어들은 그저 즐기기 위한 것들이었습니다. 그래도 조금은 다른 아이디어에 대한 관심과 자극을 제공해 줄 수 있어서 사람들이 좋아했습니다.

히예르탄 빌렌가 : 앞으로 자바에서 어떤 것들이 새로 만들어질까요? 자바가 앞으로 어떤 분야에 더 집중해야한다고 생각하나요?

사이먼 리터 : 많은 사람들이 원하는 변화는 자바 언어를 쉽게 사용할 수 있도록 하는 것이라고 봅니다.

JVM 자체는 제대로 된 것이라고 생각합니다. 다양한 기능들을 제공하는 양질의 핵심 라이브러리들이 있거든요. 하지만 사람들은 자바의 언어가 매우 장황하다고 비판합니다.

앰버(Project Amber)와 같은 프로젝트들은 언어의 문법을 간소화하려는 노력의 결과물입니다. 코드를 작성할 때 간결한 문법을 가지는 것이 좋지만 바코드를 읽고 이해할 수 있을 정도인지 확인해야 하거든요. 어느 정도 완성도 있는 산출물이라면 많은 사람들이 그 코드를 작성하는 것보다 읽으려고 할 것입니다.

프로젝트 룸(Project Loom)도 생각해볼 만한 프로젝트입니다. 대규모 멀티 스레드 환경에 대한 요구를 하나의 운영체제 스레드 안에서 파이버(Fiber, 역자 주: 자바에서 동시성을 구현하기 위해 제안한 가상의 스레드)를 사용하며 해결하려는 시도도 인상적이거든요. 변수 타입을 대하는 프로젝트 발할라 (Project Valhalla, 역자 주: 자바의 자료형 구현체를 개선하는 프로젝트)도 사람들이 좋아하는 또 다른 분야이기도 합니다.

히예르탄 빌렌가 : 주제를 바꿔서, 최근에 했던 시베리아 탐험은 무엇인가요? 어떻게 해서 참여하게 됐고 무엇을 하신건가요?

출장 경험

사이먼 리터 : 러시아의 자바 사용자 모임이 몇 차례 컨퍼런스를 준비하면서 모스크바에서 하는 행사에 제가 와줬으면 좋겠다고 연락이 왔습니다.

제안해준 행사일에는 제가 일정을 비우기 힘들어서 다음에 컨퍼런스를 하게 되면 다시 연락달라고 했습니다. 그러고 나서 그 후에 시베리아에서 하는 행사에 참여가 가능한지 연락이 왔습니다. 주말동안 거기서 지내면서 시베리아 벌판에서 스노우 모빌을 타며 관광하는 아주 즐거운 시간을 보냈죠. 전세계를 다니면서 다양한 사람들을 만날 수 있다는 점이 이 일의 가장 큰 장점라고 생각합니다.

히예르탄 빌렌가 : 그렇게 출장을 다니면서 번아웃을 경험한 적이 있나요?

사이먼 리터 : 일에 너무 몰두하게 되면 문제가 생기는 것 같은 게, 출장을 다니는 것은 굉장히 피곤하거든요. 출장을 너무 많이 다녀서 어느 시점부터는 출장 다니는 것을 줄여야하기도 합니다.

이제는 굉장히 많은 컨퍼런스들이 있습니다. 그래서 돌아다닐 충분한 돈과 의지가 있다면 1년 내내 전세계를 돌아다니며 컨퍼런스들을 참가할 수도 있을 거에요.

트리샤 지
Trisha Gee

트리샤 지는 자바 챔피언이자 젯브레인즈에서 디벨로퍼 애드보킷으로 일하고 있다. 트리샤는 자바 고성능 시스템의 전문가이자 오픈 소스 개발에도 기여하고 있고, 개발자의 생산성을 높이는데 관심을 두고 있다. 또한, 세비야 지역의 자바 사용자 모임의 운영자로서, 아이디어를 공유하고, 실수로부터 배우고, 이를 통해 성공할 수 있는 건강한 개발자 커뮤니티 만들기 위해 활발한 활동들을 하고 있다. (트위터: @trisha_gee)

히예르탄 빌렌가 : 제 생각에는 많은 사람들이 실제적으로 전문가 디벨로퍼 애드보킷으로 일하는 것을 알지 못하는 것 같습니다. 이에 대해 어떻게 생각하시나요?

디벨로퍼 애드보킷 분야의 존재감 알리기

트리샤 지 : 네, 많은 사람들이 디벨로퍼 애드보킷 분야에 대해서 잘 모르기 때문에 존재감이라는 관점에서 우리는 그런 인식을 개선할 필요가 있습니다. 개발자들이나 이 분야에서 무슨 일을 하고 본인들이 그 분야에서 일을 할 수 있을지 흥미를 가진 사람들을 만납니다. 그래서 대학을 막 졸업한 사람이나 혹은 IT 업계의 신입들에게는 디벨로퍼 애드보킷 포지션을 알리고 이런 포지션이 존재한다는 것을 알려야 한다고 생각합니다.

디벨로퍼 애드보킷과 관련해서 제가 가장 좋아하는 점 중 하나는 제가 어렸을 때 선생님이 되고 싶어했다는 것 때문입니다. 왜냐하면 저희 부모님이 두 분 다 선생님이셨고, 제가 누군가를 가르친다는 것을 좋아했기 때문입니다.

만약 제가 개발자와 선생님 둘 다 동시에 될 수 있다는 것을 알았다면, 제가 꿈에 그리던 것이기 때문에 더 빨리 디벨로퍼 애드보킷으로 일하기 시작했을 것입니다. 프로그래밍처럼 창의적이면서도 논리적인 것을 하고, 그러면서 또 문서화 작업도 하고, 교육도 하며 사람들 앞에서 발표하는 일을 한 번에 할 수 있다는 것이 정말 좋았습니다. 그냥 보기에는 너무 제 각각의 일들이라 보통 사람들은 이 조합으로 무슨 일을 해낼 수 있는지 이해하지 못합니다.

학교에 다닐 때는 컴퓨터, 수학 그리고 물리 과목을 좋아했지만 아침 9시부터 오후 5시까지 컴퓨터 앞에 앉아있는 것은 싫어했습니다. 친구들과 어울리는 것을 엄청 좋아하는 것은 아니었지만, 적당히 활발했고 사람들과 이야기 나누는 것을 좋아했거든요. "컴퓨터 앞에 앉아서 하루 종일 아무 말도 않는 직업을 하긴 싫어. 이게 지옥이지 뭐야!"라고 생각했습니다.

히예르탄 빌렌가 : 어떤 시점에서 본인이 애드보킷이 되었다는 것을 깨달았나요? 아니면 의도적으로 이 일을 하기 위해 계획을 해둔 것인가요?

트리샤 지 : 이 일을 하기 위해 의도적으로 제 경력을 쌓아왔지만, 중간에 제가 어느 방향으로 가고 있는지에 대해서 몰라서 혼란스러워했던 적도 있었습니다. 대학교 때 컴퓨터 과학을 전공했기 때문에 개발자라고 볼 수 있죠. 2001년에 졸업했고, 그 때 당시에는 웹과 관련된 기술들이 인기를 얻기 시작했습니다. 저는 대학교에서 자바를 배웠기 때문에 평범한 자바 웹 개발자가 되었습니다.

"개발자들이 글을 잘 쓰는 경우는 흔하지 않았습니다." - 트리샤 지

사회 초년생 시절에는 글을 굉장히 많이 읽었습니다. 많은 블로그 글들, 책들을 읽어가며 조엘 스폴스키처럼 글 쓰는데 능한 개발자들이 있다는 것을 알게 되었습니다. 설명서를 작성하거나, 소프트웨어를 활용한 자신들의 경험을 설명하는 글이더라도, 개발자들이 글을 잘 쓰는 경우는 흔하지 않았습니다. 많은 개발자들은 글을 직접 쓰는 것보다는, 자신의 업무를 위해 정보를 찾는 것을 더 많이 하기 때문이죠. 그래서 유년 시절 저널리스트가 되고 싶었던 것을 떠올리며 초심자의 마음으로 글 쓰는 것을 시도해보았습니다.

일찍부터 제 블로그를 만들었고, 7~8년차에 접어들던 2006~7년 쯤 QCon

London이라는 컨퍼런스에 참여해 써트웍스에서 나온 사람들이 발표하는 것을 보았습니다. 그에 크게 영감을 받았고 컨퍼런스는 정말 멋진 것이라는 걸 깨달았죠.

자신의 아이디어를 공유하고, 본인이 작업하고 있는 것들에 대해서 사람들에게 말하고, 컨퍼런스에서 사람들 앞에서 발표한다는 것은 정말 놀라운 것이고 많은 영감을 줍니다. 제가 그런 것을 할 수 있을지는 의문이 들었지만, 그래도 그런 활동들에 대해서는 긍정적으로 생각했습니다. 그래서 그 이후로도 계속 블로그에 글을 썼습니다.

히예르탄 빌렌가 : 블로그를 하던 시점에 프리랜서로 일하셨나요?

트리샤 지 : 아뇨, 다른 회사에서 일하고 있었습니다. 자바 개발자로 일하다가 다른 일을 하게 되면서, 포드 자동차에서도 일했고, 신용카드 회사에서도 일했습니다.

처음으로 컨퍼런스에 갔을 때에는 자바 개발자들을 금융 회사에 연결시켜주는 작은 컨설팅 회사에서 컨설턴트로 일하고 있었습니다.

그때도 제 개인 시간에 블로그를 운영하고 있었습니다. 컨설턴트 회사에서 일했을 때 컨퍼런스에서 발표를 하고 있던 사이먼 브라운과 함께 일했습니다. 그를 보면서, 사이먼이 저보다 경험이 많긴 하지만, 그가 했던 것처럼 발표를 해볼 수 있겠다고 생각했습니다.

그리고 몇 년 후에, 써트웍스에서 일하게 되었습니다. 회사에서 마틴 파울러를 만나서 컨퍼런스들에서 여성 연사들이 부족하다는 점에 대해서 불만을 표출했습니다. 그는 제게 컨퍼런스에서 발표해보라고 말했지만, 준비가 되지 않앉다는 이유로 제안을 거절했습니다.

히예르탄 빌렌가 : 컨퍼런스의 연사들은 발표하는 주제에 대해서 모든 것들을 알아야 하는 천재들이어야만 한다는 인식에 대해서 어떻게 생각하시나요?

미래의 발표자들을 위한 트리샤의 조언

트리샤 지 : 보통 사람들은 그렇게 생각하지만, 사실은 이 일을 하다 보면 1시간 남짓한 발표는 자신이 가지고 있는 생각들을 발표하기에는 상대적으로 적은 시간임을 알 수 있습니다.

발표하는 1시간을 뭔가 흥미롭거나 유용한 것들로 가득 채우기 위해 어떤 분야를 깊이 알아야 한다는 생각은 하지 않아도 됩니다. 나쁜 의도로 이런 말을 하는 것은 아니고, 연사 분들을 깔보거나 비판하려는 것도 아닙니다. 제가 하고 싶은 말은 본인 스스로가 어떻게 기술을 배우는지 자신의 경험담을 발표를 하는 것이라도, 본인이 생각하는 것보다 발표가 더 쉽다는 것입니다. 저는 항상 이 이야기를 첫 발표를 시도하는 사람이나 혹은 발표를 하고 싶어하는 사람들에게 말해줍니다.

블로그를 운영하던 초기에 썼던 글들 중에서, 스프링 AOP에 대한 글이 가장 인기 있었습니다. 기능적으로는 아주 작은 부분이었지만, 제대로 된 문서가 없었습니다. 그래서 스프링 프레임워크나 어노테이션이나 캐싱에 대한 지식이 부족한 상태에서 스프링 AOP에 대한 글을 썼지만, 많은 사람들이 제 글을 봐줬습니다. 알고 보니 저처럼 AOP가 궁금하지만, 저처럼 별다른 정보 없이 밑바닥부터 시작하는 개발자들이 많아서 그랬던 것이었습니다.

사실 모든 개발자가 전문가 수준의 굉장히 고도화된 지식을 필요로 하지 않습니다. 오히려 입문 정도의 수준에서의 지식이 필요한 경우가 더 많습니다. 때때로 서로 다른 기술들을 어떻게 함께 사용할 수 있는지에 대한 문서화가 잘 되어 있지 않기도 합니다. 조금 숙련된 사람이라면 시행착오를 거치면서 깨우칠 수 있겠지만, 대부분의 경우 초심자들이 입문을 하기 위한 장치가 없습니다.

"만약이라도 제가 쓴 내용이 틀릴까 봐 블로그 글을 쓰는 것을 굉장히 어려워했습니다."
- 트리샤 지

IT 업계에 있는 사람이라면 자신의 의견을 블로그 글로 적어서 올리는 것이 더 쉽습니다. 하지만 블로그를 운영하던 초반에는 만약이라도 제가 쓴 내용이 틀릴까봐 블로그 글을 쓰는 것을 굉장히 어려워했습니다. 그래서 단순히 제 자신의 의견을 밝히는 글을 쓰는 것조차도 힘들어 했었습니다. 예를 들어서, 종종 IT 업계의 여성인으로서의 삶이나 아니면 여성 개발자로서 저의 경험에 대해서 쓰곤 했는데, 제가 말하고자 하는 주제에 대해 뒷받침할 거리들을 찾기 위해 많은 시간을 썼습니다. 왜냐면 누군가가 제게 그렇게 생각하는 근거를 제시하라고 하거나, 제가 틀렸다고 말할까 봐 무서웠기 때문입니다.

제가 먼저 충분히 알아봤다면, 제 글에 이의를 제기하는 사람에게 가서 제가 틀리지 않은 이유에 대해서 설명할 수가 있었을 것입니다. 하지만 사실 그런 일은 한 번도 일어나지 않았습니다. 사람들은 인터넷에 자신의 의견을 거리낌 없이 올리고, 아무런 뒷받침할 수 있는 근거를 제시하지도 않았고, 같은 주제에 대해서 말하고 있는 사람들과 엄청난 토론을 벌이기만 해서 제가 했던 연구는 다 의미가 없습니다. 하지만 긍정적으로 보면, 그러한 점이 이 산업에서는 좋은 영향을 주고 있다고 생각합니다. 특히나 여성들이나 혹은 본인의 의견을 드러내는 것에 미숙한 사람들을 응원해주고 싶습니다. 그들이 제가 걱정한 이유 때문에 블로그 글을 쓰는 것을 주저하지 않았으면 하니까요.

이번 주와 다음 주에는 "프로그래머들을 위한 커리어 조언" 행사를 진행할 예정입니다. 그래서 트위터에 프로그래머로서 어떤 조언을 듣고 싶은 지 물어봤습니다.

트윗을 올린 후에 초보 개발자들에게 이런 연락을 받았습니다. "어디서부터 어떻게 시작해야 할지 모르겠습니다. 무엇을 배워야 할지도, 어떻게 배워야 할지도 모르겠어요. 모든 일에서 기초에 머무르는 것 같습니다." 초심자들을 겨냥한 컨텐츠들을 만든다면, 그 시장은 분명 높은 수준의 전문가들을 대상으로 하는 것보다 더 넓은 시장이 될 것이라고 생각합니다.

히예르탄 빌렌가 : 초보자들에게 오픈소스는 좋은 시작점이라고 보십니까?

트리샤 지 : 당연하죠! 제가 몽고디비에서 일할 때 커뮤니티를 대상으로 일하실 분을 항상 찾았습니다. 심지어 그 조직의 누군가로부터 고용된 것이 아니더라도, 다른 사람들에게 포트폴리오를 보여줄 수 있었습니다.

오픈 소스 생태계에 참여하는 것

대부분의 디벨로퍼 애드보킷들은 채용 공고를 보고 이력서를 제출해서 채용되는 경우가 거의 없습니다. 제가 개발 직군을 위한 취업을 할 때는 그런 식으로 했지만, 디벨로퍼 애드보킷은 오히려 면접이나 이력서를 보지 않아도 지원자에 대해서 알 수 있습니다. 가령 컨퍼런스 발표나 블로그 글을 통해서도 그 사람을 알 수 있으니까요. 아직 공식적인 디벨로퍼 애드보킷 활동을 한 적이 없는 개발자이지만 사용자 모임에서 발표를 해본 경험이 있다거나, 블로그 글을 써본 경험이 있으면 누군가가 "당신이 우리가 찾던 바로 그 사람입니다. 저희와 함께 일해보는 건 어떠실까요?" 라고 제의할 가능성이 높아집니다.

히예르탄 빌렌가 : '테크 에반젤리스트'와 '디벨로퍼 애드보킷'이라는 용어를 가지고 많은 논쟁들이 있습니다. 둘 중에 어떤 것이 더 적합한 용어라고 생각하시고, 무엇이 차이점이라고 느끼시나요?

트리샤지 : 용어만 놓고 보자면 '디벨로퍼 애드보킷'이라고 부릅니다. 제가 다루는 제품들은 개발자에게 초점이 맞춰져 있기 때문이고, 또 제 자신이 개발자로서 발표하는 경우가 더 많기 때문입니다. 저는 개발자들에게 이야기를 전달하는 개발자니까요.

또한, '에반젤리스트'라는 단어는 의미 자체가 지나치게 열정적인 사람이나 혹은 종교적인 색채를 띠고 있어서 별로 좋아하지 않습니다. 애드보킷 역할은 2가지의 큰 부분으로 구성되어 있다고 봅니다. '에반젤리스트'는 사람들 앞에서 왜 우리의 제품이 우수한지에 대해 설명만 하는 사람이라는 인상을 줍니다. 애드보킷은 사용자와 회사 사이에 있는 사람을 의미합니다. 개발자들에게 다가가 제품의 새로운 기능이 무엇인지, 이 기능이 왜 유용한지, 어떻게 사용하는지 등에 대해서 말해야 합니다.

또한 사용자들로부터 제품에서 무엇이 더 필요하고, 어떤 부분에서 어려움을 겪고 있는지를 들어야 합니다. 역할의 명칭에 대해서 터놓고 이야기를 해본 적은 없지만 제가 하는 일들은 양방향으로 진행되는 일임에 초점을 둬야 합니다.

히예르탄 빌렌가 : 디벨로퍼 애드보킷 활동을 하는 사람들은 특정 회사에서 월급을 받으며 일하는 사람과 어떤 특정 회사나 제품을 대표하지 않는 쪽으로 나눌 수 있을 것 같습니다. 어떤 차이가 있을까요?

트리샤 지 : 제가 돈을 받지 않고 자바 관련 애드보킷 활동을 했을 때는 제 의견을 자유롭게 표출하거나 조직의 의견을 대표해야 하지 않아도 되므로 자유로웠습니다.

물론, 만약 본인이 프리랜서로 활동을 하는 것이라면, 자신의 명성을 알리는 것이 큰 목표일 것입니다. 비판하려는 것이 아니라, 그건 좋은 일이라고 생각합니다. 만약 프리랜서로 활동한다면, 유명해져야 자신에게 도움이 되니 더욱더 전문가처럼 보이고 싶어 할 것입니다.

> *"디벨로퍼 애드보킷들은 무엇보다 특정 제품에 대해서 굉장한 열성을 보이기 때문에 채용되었다는 것입니다."- 트리샤 지*

애드보킷이나 에반젤리스트를 생각했을 때 사람들이 의심하는 것이 본인에게 영업을 하는 것인지, 우리의 궁극적 목표가 무엇인지를 궁금해합니다. 프리랜서 애드보킷(혹은 에반젤리스트)의 경우, 한 가지 목적이 있습니다. 저처럼 회사에서 일하는 사람들은 우리 회사 제품을 사용했을 때 무엇이 얼마나 좋은지에 대해서 발표하고 돈을 받습니다. 흥미로운 사실은, 디벨로퍼 애드보킷들은 무엇보다 특정 제품에 대해서 굉장한 열성을 보이기 때문에 채용되었다는 것입니다.

이러한 분야에서 일하는 사람에게 당부하고 싶은 점은 글쓰기와 같은 능력은 다른 회사에서도 충분히 사용 가능한 스킬이라는 것입니다. 다만 본인이 이야기하는 제품에 대한 열정은 정말 중요하며, 이 열정은 꽤 넓은 의미로 받아들여질 수 있습니다. 예를 들어서, 자바에 많은 흥미가 있지만 그렇다고 해서 너무 기술적으로 접근하지는 않습니다. 오히려 자바에 대해서 "개발자로서, 어떤 언어가 우리의 삶을 더 편하게 만들어 줄 수 있을까요?" 등의 질문을 던집니다.

오라클에서 일하면서도 그런 질문들에 관한 이야기를 할 수도 있습니다. 물론 젯브레인즈에서 일하면서도 똑같은 이야기를 할 수도 있겠죠. 왜냐하면 회사의 주요 제품들은 자바 개발자들을 타겟으로 하고 있으니까요. 저는 자바를 활용하는 모든 곳에서 일할 수 있습니다. 하지만 회사로서의 젯브레인즈와 제 생각이 잘 맞다고 생각돼서, 젯브레인즈에서 일하겠다고 선택했습니다.

전에 다니던 회사에서는 디벨로퍼 애드보킷 활동에 대한 제 의견과 회사의 의견이 잘 맞지 않았습니다. 회사가 원했던 제품 개발 방향이나 제품 마케팅의 방향성이 저와 맞지 않았기 때문입니다. 그러다가 결국 NoSQL 데이터베이스 회사에서는 자바 디벨로퍼 애드보킷이 일하기는 어렵다는 것을 깨달았습니다.

디벨로퍼 애드보킷 활동과 일반적인 홍보 활동의 차이

히예르탄 빌렌가 : 그럼 본인을 회사 내의 대변인이라고 생각하시나요?

트리샤 지 : 마침 최근에 젯브레인즈의 애드보킷들과 함께 비슷한 대화를 나눈 적이 있습니다. 개별 제품들과 서로 다른 언어들에 맞춰 12명의 애드보킷들이 근무하고 있지만 서로 긴밀하게 일한 적은 없습니다. 왜냐하면 우리 모두가 독자적인 커뮤니티를 운영하고 있고, 서로 다른 언어를 사용하고 있기

때문입니다.

하지만 모두 본인들이 말하는 것에 대해서 솔직해야 한다는 공통점이 있습니다. 모든 것들을 긍정적으로 말하겠다는 것은 아니지만, 그렇다고 자바 12를 지원하지 않는 제품을 말하면서 자바 12를 적용했다고 말하지 않겠다는 것입니다.

"제품의 취약점에 대해서도 솔직하게 말할 줄 알아야합니다." - 트리샤 지

우리가 거짓말을 하기 시작한다면, 기능의 개선은 이루어지지 않을 것입니다. 이리저리 둘러대는 말을 하는 사람들은 결과적으로 이 직업과는 어울리지 않습니다. 사람들은 당신을 믿지 않을 것이고, 당신의 말을 듣지 않을 것이고, 이는 회사나 커뮤니티 양쪽에 어떤 이점을 가져다 줄 수 없을 것입니다.

개발자들은 판매를 당하거나 영업의 대상이 되는 감정을 매우 싫어하고, 그런 낌새를 굉장히 빨리 눈치 챕니다. 사실 디벨로퍼 애드보킷 활동은 기술 영업에 가깝긴 하지만, 개발자들은 우리가 가진 열정과 진정성을 느끼고 우리가 그들의 일부라고 생각하기 때문에 저희의 이야기를 듣습니다. 디벨로퍼 애드보킷은 무언가를 팔려고 하는 영업사원과는 다르니까요.

히예르탄 빌렌가 : 하루 일과가 보통 어떻게 되시나요?

트리샤 지 : 여행을 하지 않는 경우, 꽤 규칙적인 하루를 보내고 있습니다. 제 아이들을 돌봐야해서 그런 것도 있지만, 남편과 함께 시간을 보내야 하기 때문입니다.

아이들이 태어나기 전에도, 규칙적인 일상을 보냈습니다. 딱 그 시간은 아니지만, 9시에 출근하고 6시에 퇴근하는 규칙적인 삶을 보냈죠. 본격적인 업무는 11시 쯤에 시작했던 것 같습니다. 저는 아침형 인간이었지만, 지금 보면 아침에 그렇게 생산적인 사람은 아닌 것 같습니다. 일반적으로 이메일을 확인하거나 행정 업무를 처리하곤 합니다. 비용 처리를 할 때 그런 일들을 합니다. 아침이야말로 에너지를 사용하고, 창의적인 것들을 만들어 내는 힘을 쏟아야 할 때지만 아침에는 일이 잘 되지 않더라고요.

2시 정도에 점심 식사를 하고 돌아와 3시 정도에 일을 시작하고 6시 쯤 일을 끝냅니다. 저녁 시간에는 사람들을 잘 만나지 못합니다. 제 아이들과 시간을 보내야 하기 때문에 몇 시간 동안은 휴대폰을 보지 못하거든요.

히예르탄 빌렌가 : 이 일을 하면서 좋은 점들도 있지만 아쉬운 점들도 있습니다. 어떤 점들이 아쉽게 느껴지시나요?

원격 근무를 한다는 것

트리샤 지 : 사람마다 다르게 느낄 것 같습니다. 개인이나 회사의 차이뿐만 아니라 상황의 차이도 있으니까요. 제가 생각하는 이 직업의 가장 큰 장점은 원격 근무를 할 수 있다는 점입니다. 저는 젯브레인즈에서 세비야에 살고 있는 유일한 사람이고, 제 상사인 하디는 몇 시간 떨어진 말라가에서 살고 있습니다.

재택 근무를 하고 있는데 정말 좋습니다. 저한테 유동적으로 움직일 수 있는 권한을 주지만 조금 외롭긴 합니다.

재택 근무는 개인의 의지와 자기 관리가 필요한데, 괜찮은 것 같습니다. 하지만 당신이 스스로 알아서 일하기 힘든 사람이라면, 재택근무가 꽤 힘들 수도 있습니다.

"어떤 때는 반대로 창의적인 일들보다는
반복된 업무를 계속해 나가야 할 때도 있습니다." - 트리샤 지

다른 어려운 부분이라면 디벨로퍼 애드보킷은 한 번에 많은 일들을 수행해야 한다는 것입니다. 컨퍼런스에 나가서 발표를 하고, 블로그 글을 쓰기도 하면서 스크린캐스트(Screencast, 역자 주: 팟캐스트에 진행자의 컴퓨터 화면 공유가 더해진 형태의 컨텐츠), 트위터 팁 그리고 GIF 그림 파일들도 만들어 냅니다. 월간 뉴스레터를 쓰고, 업데이트해야 할 글들을 작성하고 컨텐츠를 발행합니다. 이런 업무들은 오히려 일할 의지나 기력이 없을 때 도움을 주고는 합니다. 정해진 마감일이 있고, 해야 할 특별한 업무들이 있으니까요. 그러나 때때로는 그냥 앉아서 제가 쓰고 싶은 글만 쓰고 있으면 안 되나 하는 생각이 들 때도 있습니다. 결국에는 앉아서 뉴스레터를 써야하는 일들도 있지만요. 어떨 때는 반대로 창의적인 일들보다는 반복된 업무를 계속해 나가야 할 때도 있습니다.

이메일이 딱 그런 일인데, 만들고 있는 컨텐츠를 완성하기 위해서 최근 3주 동안 이메일들을 쌓아놓고 읽지 않고 있습니다. 예전에 이메일들에 답장을 하는데 이틀하고 반나절이 걸렸던 적이 있는데, 애드보킷 업무의 특성상, 많은 이메일들이 오가며 굉장히 시간에 민감하기 때문입니다.

그것들은 컨퍼런스 초대장일 수도 있고, 써내야 하는 발표 소개글이나 발표 제목일 수도 있거든요.

하루 일과의 마무리를 할쯤에는 자잘한 많은 일을 했다고 느낄거고 체크리스트를 쓰는 사람이라면 본인이 하루에 얼마나 많은 일들을 했는지 체크한 개수를 보고 느낄 수 있을 것입니다. 문제는 이렇게 많은 일을 했음에도 불구하고 본인이 하고 싶어했던 자바 미래에 대해 스크린캐스트를 한다든가 혹은 다른 일들을 못하는 경우가 있다는 것입니다.

가장 큰 문제는 우선순위입니다. 젯브레인즈에 재직할 당시 팀에서도 트위터에 젯브레인즈의 제품들을 사용하는 팁들을 올리는게 제품을 더 많이 판매할 수 있는지에 대한 것이었습니다. 그저 사람들이 좋은 아이디어라고 생각만 하고 지나칠 수도 있으니까요.

개발을 할 때는 프로덕트 오너나 누군가가, 몇 명의 사용자들이 이 기능을 요청해서 개발팀이 이 기능을 꼭 만들어야 한다고 지시를 하며 일을 합니다. 디벨로퍼 애드보킷 업무는 그렇지 않습니다. 제일 먼저 다양한 종류의 컨텐츠 중에서 어떤 것이 좋을지 선택을 해야합니다. 가령, 자바 11에 있는 새로운 기능에 대한 블로그 글을 쓴다고 했을 때, 좋은 코드의 원칙을 웨비나에서 보여주는 것과 어떻게 비교할 수 있을까요? 2개의 다른 주제가 서로 다른 사람들을 대상으로 하기 때문에 기준을 정하기 어렵습니다. 저만 해도 두가지 일을 모두 다 하고 싶어할 것 같아서, 그런 컨텐츠들의 우선순위를 정하는 것이 어렵습니다. 그렇기 때문에 디벨로퍼 애드보킷들에게 우선순위를 잘 정하는 능력이 필요합니다.

해야 할 일들이 쌓여 있기 때문에 어떨 땐 이걸 다 어떻게 처리해야 하지 하는 생각이 들 때도 있습니다. 왜냐하면 어떤 기준을 바탕으로 일들의 우선순위를 정하고 싶은데 그렇게 하기 어려운 순간들이 있거든요. 그래도 이 부분에 대해서는 어느정도 경험이 쌓였기 때문에 제 경험과 감을 바탕으로 우선순위를 정해 일을 진행합니다.

이 일을 해야 할 때라고 생각이 들면 결정해서 진행하면 됩니다.

히예르탄 빌렌가 : 혹시 번아웃을 경험해본 적이 있으신가요?

일하면서 번아웃을 느끼는 것

트리샤 지 : 내외부적으로 자극을 받는 방법에 따라 다릅니다. 상사가 시간이 충분하지 않은데도 어떤 일을 다음 주까지 마무리 지으라고 하고, 그런 일이 계속해서 반복한다면 결국 번아웃을 경험할 것입니다.

그리고 본인의 목표를 추구하는 와중에 번아웃을 경험할 수도 있다고 생각합니다. 디벨로퍼 애드보킷이 굉장히 넓은 범위의 업무를 수행해야 한다는 점 때문에, 제 주변의 디벨로퍼 애드보킷들이 번아웃을 경험하는 것을 보았습니다. 저희같은 디벨로퍼 애드보킷들은 열정적이고 목표지향적이기 때문에 다음 스텝을 어떻게 진행해야 하는지를 항상 생각합니다.

디벨로퍼 애드보킷들이 번아웃을 경험하지 않는 것은, 디벨로퍼 애드보킷들은 보통 시니어인 경우가 많고 무엇이 본인들을 생산적이지 않게 만드는지에 대해서 잘 알기 때문입니다.

제가 번아웃을 겪지 않게 해주는 건 집에 있는 두 아이들을 위해 가끔은 일을 내려놓는 법을 안다는 것입니다. 만약 아이들이 없었다면 저는 더 오래, 열심히 일을 해야했을 것이지만, 제 아이들이 있어서 더 현명하게 일할 수 있도록 해주고 있습니다. 그래서 정해진 시간만큼 일을 하고 그 이후에는 일하지 않습니다. 주말과 휴가 기간도 챙기고요.

히예르탄 빌렌가 : 그렇지만 더 오랜 시간 일하면 더 생산적인 결과를 낼 수 있지 않을까요?

트리샤 지 : 아이들이 태어나기 전까지는 초과 근무를 하면서 업무 시간에 제때 끝내지 못한 일들을 더 하곤 했습니다. 더 열심히 일했지만 이는 생산적인 행동은 아니었어요.

그러다가, 더 이상 그렇게 시간을 낼 수 없게 되면, 엄청 중요한 일이 아니기 때문에 무리해서 일을 더 하지 않으려고 하게 됩니다. 가령 똑같은 주제의 발표를 5번 하기보다는, 3번 하는 대신 더 큰 컨퍼런스에서 많은 대중들을 대상으로 하겠다는 식으로 생각하는게 앞서 말한 우선순위를 정하는데 있어서 더욱 주요한 영향을 끼칠 수 있습니다.

저는 젯브레인즈에서 2번의 출산 휴가를 받았습니다. 몇몇 사람들은 눈치를 챘을지도 모르지만, 회사 사람들의 대부분은 제가 출산 휴가를 받았다는 사실을 알아차리지 못했을 것 같습니다. 핵심은 더 부족해진 시간에서 무엇을 할 수 있는지 깨닫는 것입니다. 어떻게 하면 더 효율적으로 일할 수 있을까요? 12개의 블로그 포스트를 쓸 수도 있겠지만, 내용이 좋은 좋은 글 3개만 쓰는 것도 방법이 될 수 있겠죠.

그리고 페어 프로그래밍을 했을 때가 제일 생산적이었다고 생각합니다. 8시간의 근무 시간 중 6시간 동안은 확실하게 모든 일들을 해낼 수 있었으니까요. 하지만 일반적인 사무실처럼 컴퓨터 앞에서 일할 때는 아마 제 업무 시간의 1/3은 친구들이랑 이야기를 나누거나, 페이스북을 들어가거나 고양이 사진을 찾아보는데 쓸거에요. 제가 '게으른 개발자'라고 말하긴 싫지만, 이게 대체적으로 사람들이 사무실 안에서 하는 일들이니까요. 일이 잘 풀리지 않을 때 어딘가로 떠날 수 없고 책상 앞에 붙어 앉아 있어야 하니까 그냥 컴퓨터로 딴 짓하게 되는 거죠.

그래서 사람들에게 집에서 일하라고 말합니다. 일을 하다 막혔을 때 잠시 멈추고 샤워를 하는 것입니다. 샤워를 할 때 보통 가장 창의적인 아이디어들이 튀어나오니까요. 개발자나, 애드보킷 업무를 하는 사람, 그리고 대부분의 사람들에게 컴퓨터 앞에 앉아 있는 것은 가장 생산적인 일을 할 수 있는 장소가 아닐 겁니다. 왜냐하면 일을 한다는 것이 그냥 타이핑을 하는 게 아니잖아요. 일을 한다는 것은 생각하고, 창의적인 방법을 동원해야 하는 것입니다. 새벽 3시라도 아이디어가 생각나면 일어날 수 있는 것이고, 언제까지 아이디어가 생각날 거라고 책상 앞에 앉아 있을 수는 없는 것입니다.

히예르탄 빌렌가 : 업무에서 출장을 다니는 것이 차지하는 비중은 어떻게 되나요?

트리샤 지 : 디벨로퍼 애드보킷 업무를 하다 보면 컨퍼런스에서 다른 디벨로퍼 애드보킷들을 만날 수 있습니다. 생각보다 이 분야에서 일하는 사람들이 많거든요. 그래서 다른 회사에서 일하는 다른 디벨로퍼 애드보킷들이 본인의 동료가 됩니다.

우리는 항상 같은 사무실에서 일하거나 매일 같은 일을 반복적으로 하지 않습니다. 경쟁사에서 일하더라도, 우리끼리는 잘 어울리고 떠들고 다른 직군의 사람들보다 더 서로에게 많은 공통점을 느끼죠. 이게 여행의 좋은 부분인 것 같습니다.

그리고 평소에 여행할 기회가 없다면 출장을 다니는 것이야 말로 이 직업에서 매력적인 부분 중 하나입니다. 많은 사람들이 "디벨로퍼 애드보킷은 이국적인 곳들을 많이 여행 다닐 수 있어서 좋을 것 같아"라고 말합니다. 꼭 맞는 말이라고 할 수는 없지만, 틀린 말도 아닙니다.

최근에는 출장을 다니는 것이 제 시간을 생산적으로 사용할 수 있는 방법인지에 대한 확신이 들지 않아서, 여행을 다니는 비중을 줄이기 시작했습니다. 제겐 아이들이 있고 아직 어립니다. 아이들이 학교에 들어가서 저를 아주 많이 그리워하지 않을 때쯤 다시 여행을 시작할 예정입니다.

여행을 다니면서 사용자들을 만나고 힘을 얻기 때문에 여행을 다니는 건 실제로 제가 맡은 업무 중 매우 중요합니다. 저는 에너지를 충전하기 위해 혼자 있는 시간이 필요한데 이런 부분은 내향적으로 보이지만, 사람들을 만나면서 에너지와 영감을 얻을 때도 있어서 외향적인 성격과 내향적인 성격을 모두 가지고 있습니다.

디벨로퍼 애드보킷들이 컨퍼런스에서 만난다고 꼭 자바 새로운 기능에 대해서 이야기 나누지 않습니다. "이번 년에 얼마나 많이 돌아다니셨나요? 힐튼 호텔이 예전보다 더 좋아지지 않았어요?" 등 출장과 관련된 이야기들을 나누고는 합니다.

히예르탄 빌렌가 : 시차 적응은 어떻게 하시나요? 비행기를 놓쳐 본적이 있으신가요? 뭔가 흥미로운 이야기가 있으면 말씀 부탁드립니다.

출장 다니는 것의 어려움

트리샤 지 : 저는 약간의 편집증이 있기 때문에 비행기를 놓쳐 본적은 없어요.

오히려 공항에 빨리 도착하는 편입니다. 세비야에는 국제공항이 있지만 크진 않아요.

한 번은 오레곤의 포틀랜드에서 열리는 OSCON에 참여하려고 했는데, 가는 방법이 꽤 까다로웠어요. 런던에서 출발해도 꽤나 힘든 비행이죠.

세비야에서 출발한다면 2시간 떨어진 말라가로 기차를 타고 가서, 말라가에서 뉴욕으로 가는 비행기를 타고 뉴욕에서 포틀랜드로 가는 비행기를 타면 됐습니다.

최악의 상황은 아니었지만, 세비야와 말라가 사이를 오가는 기차는 가끔 이상할 때가 있습니다. 기차 간격이 일정하지 않고, 하루에 특정 시간대에 뭉칠 때가 있거든요. 그래서 말라가에 도착할 수 있는 가장 빠른 기차를 탔지만 공항의 보안 검색대를 통과하느라 5분 늦은 적이 있었습니다. 비싼 비즈니스 클래스 항공권이 있었지만, 비행기를 탈 수가 없었습니다. 짐도 없었고 비행기는 45분 뒤에 출발했지만 탑승을 거절당했습니다.

그래서 2시간을 걸려 세비야로 다시 돌아가야만 했습니다. 하지만 말라가에서 뉴욕로 가는 비행기는 하루에 단 1편만 있기 때문에 새로 예약할 수는 없었습니다. 말라가는 런던이 아니니까요. 런던에서라면 다음 비행기를 바로 예약하면 됩니다. 만약 제가 말라가에서 다음 비행기를 타려고 했다면, 컨퍼런스에 이틀 늦을 뻔했습니다.

전 시차적응을 잘 못하는 편이었습니다. 그것 때문에 고생을 꽤나 했는데 잠시 뉴욕에서 일했을 때가 있어서 런던과 뉴욕을 계속 오가야 했거든요. 그래서 레드 와인을 조금 마시고 비행기 내에서 잠드는 방법을 발견했습니다. 2잔

이상은 마시면 안 되더라고요.

"영구적인 수면 부족 상태여서 시차적응을 겪지 않았던 것이었습니다." - 트리샤 지

제 아이 중 한 명은 이제 막 10개월이고, 한 명은 3살이 채 되지 않았습니다. 그 때문에 지난 3년간 제대로 자 본 적이 없는데, 알고 보니 영구적인 수면 부족 상태여서 시차적응을 겪지 않았던 것이었습니다. 그 사실을 알아차리진 못했는데 항상 그저 피곤했을 뿐입니다.

지난 번 여행의 경우 산 호세를 방문했는데 23시간 정도 걸렸습니다. "다시는 이러지 않겠어!"라고 생각했어요. 그땐 정말 끔찍한 여행이었지만 그다음 날 적당한 수준의 피곤함만 제게 남았죠. 그 당시에 임신을 한 상태였는데, 그래서 그냥 피곤했을 수도 있어요. 혹은 매일 피곤한 것이었을 수도 있습니다.

히예르탄 빌렌가 : 소셜 미디어 사용에 하루에 어느 정도의 시간을 사용하시고, 어떤 서비스를 주로 사용하시나요?

소셜 미디어를 사용하는 것

트리샤 지 : 저는 종종 트위터에 글을 씁니다. 대신 올라오는 글을 잘 읽진 않아요. 이렇게 말한다고 해서 제가 나쁜 사람으로 비춰지진 않았으면 하네요. 그냥 시간이 없을 뿐이에요. 만약 아기에게 밥을 주기 위해 새벽 3시에 일어나야 할 때가 있다면, 그때는 트위터에 올라온 글을 읽습니다. 그 시간대에 트위터 올라온 글을 읽기 시작하면 수면 시간을 뺏기는 것이라 정말 잘못된 행동이긴 하지만 그래도 사람들이 제게 트위터 질문을 하면 그에 대한 답변은 잘 해주

는 편입니다. 문의 요청들도 트위터를 통해 많이 받는 편이고요.

페이스북도 사용하고 많은 디벨로퍼 애드보킷들이 친구로 추가되어 있지만, 페이스북은 가족, 친지들과 소통하기 위해 사용하는 편이고 업무를 위해서 사용하지 않습니다.

월간 뉴스레터를 발행하면 좋은 점이 새로운 소식들을 자주 찾으러 다니게 되고, 지금 세상에 무슨 일이 일어나는지 어떤 흥미로운 일이 있는지 빨리 알 수 있다는 것입니다. 저는 인포큐(InfoQ)와 디존(DZone)을 그 용도로 사용합니다. 디존이 최근에 GDPR 때문에 메일링 서비스를 개편해서 그런지 더 이상 이메일을 받아보진 못하고 있습니다.

미디엄(Medium)은 휴대폰으로 알림을 받아보고 있고, 어떻게 관심 목록을 추천해주는지는 잘 모르지만 가끔은 흥미로운 글도 있고 아닐 때도 있습니다. 세상에는 너무나도 많은 소식이 있어서 모든 걸 전부 다 읽으려고 하지는 않습니다.

JDK랑 OpenJDK와 같은 메일링 리스트에 가입은 되어 있지만 대체적으로 친구나 동료들이 어떤 사항에 말할 때까지는 새롭게 일어나는 일들에 대해선 거리를 두다가, 제 지인들이 말하기 시작할 때 찾아보기 시작합니다. 실시간으로 소식을 받아보기엔 쓸데없는 내용들이 꽤 많기 때문입니다.

히예르탄 빌렌가 : 어떤 기술을 최근에 알리고 있습니까? 컨퍼런스에서 어떤 발표를 하셨나요?

트리샤 지 : 일반적으로는 라이브 코딩을 곁들이면서 자바와 관련된 최신 내

용들에 대한 발표를 합니다. 보통 반년 주기로 새롭게 갱신되는 내용이 있기 때문에 이 덕에 자바에 대한 업데이트를 지속적으로 따라잡으려고 합니다. 인텔리제이에 포함된 새로운 기능들을 소개하거나 실제 자바 코드를 구현하기도 합니다. 어떤 발표에서는 자바와 코틀린을 비교하기도 했는데, 지난 3월부터 출산 휴가에 돌입해서 지금은 다른 사람의 발표를 듣고 제 것으로 만들고 있습니다. 젯브레인의 많은 사람들이 코틀린을 다루고 있기 때문에 저도 일부 내용을 알고 있지만, 사실 다른 사람들만큼 코틀린에 대해서 잘 알지는 못합니다. 그래서 더 많은 것을 알고 싶어요.

제가 요새 관심있는 그루비를 포함해서 자바원 행사에서 발표할 자료를 최신화해 나갈 예정입니다. 비록 그루비 자체가 변화가 많고 때때로는 예상했던 것과 다르게 동작할 때도 있지만요. 지난 달 제 생애 처음으로 스칼라를 써봐서 스칼라에 대한 내용도 진행할 생각을 하고 있습니다.

"보일러플레이트 코드가 정말 나쁜 코드일까요?"라는 주제로 발표한 적이 있습니다. 전통적인 자바 개발자들에게 '보일러플레이트'라고 사람들이 부르는 건 의아할 수도 있습니다. 왜냐하면 그 코드들은 그들이 직접 만든 코드들이니까요. 최근 많은 사람들이 특히나 JVM을 다루는 사람들이 코틀린과 같은 언어에서 보일러플레이트를 최소화해서 사용하자는 내용으로 발표를 진행합니다. 변수 선언과 같은 자바 언어에서는 기존에 있었던 기능이 코틀린 새롭게 등장하는 것을 보고 흥미로웠습니다. 또한 자바에 새로운 기능을 담은 switch 구문도 곧 등장할 것입니다. (역자 주: 자바 13에서 추가되었다.)

"객관적으로 어떤 한 언어가 더 가독성이 있다고 말하는 것은 사실은 어떤 언어에 더 친숙한지에 따라 달라지는 일이기 때문에 어렵습니다." - 트리샤 지

자바 개발자인 제가 봤을 때 스칼라는 자바의 게터(getter)나 세터(setter) 메서드와 같이 보일러 플레이트 코드를 쓰지 않아도 기능들이 구현된다는 점에서 눈길이 갔습니다. 그런 점에서 착안해 인텔리제이의 기능들 중에서 보일러 플레이트 코드를 다시 집어넣어서, 코드들이 안 보이는 곳에서 어떤 일들을 했는지를 이해해보는 시연을 했어요. 이런 현상을 비교하고 대조하면서, 코드의 가독성과 이해도는 순전히 개인적 역량, 함께 일하는 팀, 그리고 어떤 코드 베이스에 친숙한지에 따라 달라질 수 있다는 것을 알 수 있었습니다.

트리샤가 관심을 가지고 있는 것

히예르탄 빌렌가 : 현재 IT 분야 중 어떤 부분에 관심이 많으신가요?

트리샤 지 : 전 사실 엄청나게 기술에 열정이 있거나 관심이 넘쳐나는 편이 아닙니다. 자바가 6개월 주기로 기능을 업데이트하면서 얼마나 빠르게 성장하고 있는지에 대해선 관심이 있습니다. 여러 방면에서 봤을 때, 새로운 버전이 나온다는 것은 새로운 기능들 때문에 기존의 기능들은 식상해보이다가, 시간이 지나면 원래 그랬던 것처럼 새로운 기능들이 평범해지게 된다는 점 때문에 멋지다고 생각합니다. 그 새로운 기능들이 일상적인 기능이 되는 것이라 좋습니다.

그리고 개발자들의 인간적인 면모에 관심을 많이 가지고 있습니다. 제가 알리는 제품인 업소스(Upsource)라는 코드 리뷰 도구를 위해 코드 리뷰 문화에 대한 글을 쓰지만, 업소스라는 도구에 대해서는 이야기를 많이 하지 않습니다. 대신 어떤 코드가 좋은 코드인지에 대해서도 말하는데, 궁극적으로 좋은 코드는 개발자들을 비롯해 자신을 둘러싼 사람들과 환경에 달려 있기 때문입니다. 그렇다고 무엇이 좋다 나쁘다에 대해 맹목적으로 말하라는 것은 아니고, 팀원들끼리 코드에 대해서 이야기를 하는 것이 필요하다는 것입니다. 대신, 제품이 어떻게 하면 더 좋아질지에 대해서 이야기를 나눠야지, 형식이 잘못되었네 세미콜론이 안 붙었네 등에 대해서 이야기 나누는 것은 의미 없습니다.

제가 최근에 관심있는 건 이전에 살짝 말했지만 "프로그래머들의 경력 관리를 위한 충고"입니다. 개발자, 프로그래머, IT 분야의 사람들에 대한 경력에는 사실 뚜렷한 정답이 없거든요.
보통은 프로그래머로 시작해서 팀의 리더가 되고, 그 다음에 매니저로 승진하게 됩니다. 만약 시니어 단계의 직급에 있다면, CTO나 그와 유사한 직책을 맡게 되겠죠. 문제는 이전부터 반복된 부분이긴 하지만, 우수한 프로그래머들은 굳이 그러고 싶지 않다는 것입니다. 누군가라도 중간 조직 관리 일을 하게 되면, 프로그래머로서 20년간 쌓아온 경험들이 의미가 없어지게 되기 때문입니다.

프로그래머들을 위한 커리어 코칭에 관한 정보는 여전히 아직 신생 단계라고 볼 수 있습니다. 사실 우리가 속한 산업 자체가 상대적으로 새로운 산업이긴 합니다. 우리가 어떤 일을 하는지, 어떤 일을 해야하는지에 대해서는 아직 자세히 알려진 것이 없습니다. 그래서 더 기술적으로 성장하려면 어떻게 해야하는지, 디벨로퍼 애드보킷이나 데브옵스, 혹은 풀스택 개발자처럼 프로그래밍 이외에 그들이 할 수 있는 다른 일들이 무엇이 있는지에 대한 정보는 많이 없습니다.

다양성의 문제를 다시 이야기하자면, 우리가 만날 수 있는 대부분의 개발자는 백인 남성입니다. 남아시아 쪽에도 관련 분야에 종사하는 사람이 많지만, 일반적으로 개발자라고 칭하는 사람은 백인 남성입니다. 유색 인종의 여성은 이 분야에서 굉장히 적은 수를 차지하고 있습니다.

사실 사람들은 LGBT 커뮤니티에게 이 업계가 얼마나 우호적인지, 안전한지에 대해서 알지 못합니다.

만약 우리가 어떤 일을 하는 사람인지, 어떤 역할을 수행해야 하는지, 개발자들과 팀으로 어떻게 일하는 게 좋은 지, 커리어 패스가 어떻게 될 수 있는지, 인간으로서 우리의 일이 얼마나 만족감을 가져다 줄 수 있는지 등을 조금 더 잘 이해한다면, 다양성 문제를 해결할 수 있는 실마리를 얻을 수 있을 것입니다.

히예르탄 빌렌가 : 각종 메신저들과 페어 프로그래밍 등의 등장으로 IT 분야에서 일하는 건 더 사회적인 활동들을 많이 요구하고 있습니다. 이것들 덕분에 다양한 배경을 가진 사람들이 더 쉽게 이 분야에서 일할 수 있는 기회를 가질 수 있게 되었다고 생각하시나요?

트리샤 지 : 네, 이 분야에 속해 있지 않은 사람들이 우리를 어떻게 생각하고 있는지 조명하는 것에 관심을 두고 있습니다. TV 프로그램에서 흔하게 볼 수 있는 혼자 일하는 고독한 프로그래머는 사실이 아니거든요.

실제로, 그런 사람과 함께 일하거나 그런 유형의 사람을 더 이상 고용하려 하지 않고 있습니다. 프로그래머와 달리, 개발자는 사용자와 대화를 나눌 수 있어야 합니다. 공감하고 의사소통을 할 줄 알아야 한다는 것을 의미합니다. 그래서 개발자들은 코드를 작성하는 것이 어려운 것이 아닙니다. 무엇이 필요한지 파악하고, 이 제품이 기술적으로 해결해줄 수 있는 애매모호한 부분을 사람들과 이야기를 나누면서 정형화하고, 결과물의 모습을 갖추어 나가게 하는 것이 어려운 것입니다.

여전히 테크 분야의 바깥에 있는 사람들은 컴퓨터 앞에 앉아 9시간을 보내는 개발자의 모습을 상상하는데 현실과 많이 다릅니다. 그런 방식으로 일하고 싶은 사람은 현재의 개발자들은 사교성이 있어야 하고, 다른 사람들과 이야기를 나누면서 상호 보완적으로 일할 수 있어야 하기 때문에 잘 맞지 않을 것입니다.

테크니컬 라이터로 일하는 친구가 있는데 그녀와 저의 일이 비슷하다는 것을 알게 되었습니다. 우리 둘 다 IT와 관련된 배경을 가지고 있고, IT 분야에 흥미를 가지고 있습니다. 둘 다 대학교 때 자바를 전공했지만 제가 디벨로퍼 애드보킷이 된 것보다 그녀가 더 빨리 테크니컬 라이팅 분야로 일을 시작했습니다. 이 두 직업 모두 커뮤니케이션과 아주 밀접한 관련이 있습니다.

사람들은 이 역할에 대해서 잘 모르지만, 우리가 지금 하고 있는 일들은 점점 더 중요해질 것입니다. 테크니컬 라이터, 디벨로퍼 애드보킷 그리고 테크 에반젤리스트에 대한 관심이 점점 더 늘어나고 있기도 하고요. 제가 애드보킷 업무를 LMAX에서 했을 때 디스트럽터(Disruptor)를 오픈소스로 작업하면서 시작했습니다. 많은 정보들이 깃허브에 있어 사람들이 원하는 정보를 찾아볼 수 있었지만, 사람들에게 가서 디스트럽터에 대해서 설명하고, 왜 이게 멋있는지, 그리고 어떻게 사용할 수 있는지에 대해 말할 수 있는 사람이 필요했습니다.

제 상사였던 마틴 톰슨은 그런 역할을 하는 사람이었고, 다른 상사였던 데이빗 팔리는 우리가 LMAX에서 하던 지속적 배포(CD) 관련 내용들에 대한 애드보킷 활동을 이끌어 나갔습니다. 그 둘을 돕고 싶었고, 그들은 제가 이 분야에서 시작할 수 있게 도와줬습니다.

마틴은 기술과 관련된 깊은 지식이 있었고, 저는 그런 지식이 없었습니다. 다행히도 마틴이 그런 부분에서 도움을 줄 수 있었기 때문에 제가 굳이 그에 대해서 알 필요는 없었습니다. 제가 해야 할 일은 그가 가진 전문 지식을 끌어내서, 저와 같은 다른 사람들이 그 정보를 알 수 있게 만들어 주는 것이었습니다. 그렇게 회사의 프로젝트를 어느 정도 구인과 마케팅 목적을 가지고 오픈 소스로 공개하면서, 디벨로퍼 애드보킷 일을 시작하게 되었습니다.

디벨로퍼 애드보킷이 되기 위한 경력 과정

히예르탄 빌렌가 : 디벨로퍼 애드보킷으로서 어떤 경력을 이어 나가고 싶으신가요? 이 일을 계속 하실건가요, 아니면 다른 쪽으로 전향하실 생각이 있으신가요?

트리샤 지 : 재밌는 질문이네요. 사실 다른 프로그래머들에게 커리어와 관련해서 여러 조언을 해주지만 실제로 제가 무엇을 할지는 아직 정하지 못했습니다. 젯브레인즈에서 약 4년을 보냈습니다. 제가 살면서 한 회사에서 가장 오랫동안 다닌 것입니다. 아직은 회사의 관심사와 제 관심사가 동일하기 때문에 더 오래 이곳에서 일할 것 같습니다. 지금의 회사에서 지금의 직책으로 일하지 않더라도, 제 생각에는 향후 5~10년 동안은 어떻게든 더 디벨로퍼 애드보킷 일을 할 것 같습니다. 개발자로서는 5년 후에 일을 생각하기 어렵지만요.

본인이 원하는 방향으로 가는 것도 상관없습니다. 더 이상 여행을 가고 싶지 않고 컨퍼런스에 참여하고 싶지 않으면 튜토리얼을 작성하는 일에 더 포커스를 맞출 수도 있을 것 같습니다. 캠타시아(역자 주: 영상 녹화 프로그램)를 더 이상 사용하고 싶지 않다면 다른 걸 사용하면 되구요.

디벨로퍼 애드보킷으로서 직면하는 문제 중 하나는 다른 종류의 기술들을 알아야 한다는 것입니다. 저는 코딩할 때 인텔리제이를 사용하지 않습니다. 스크린 캡쳐 기술이나 GIF 렌더링 기술을 사용해야 할 때가 있지만, 이 분야에 대한 전문가는 또 아닙니다. 만약 제가 이 분야에 더 이상 몸담지 않고 글 쓰는 일에 더 집중하고 싶다면, 그렇게 하면 됩니다. 변화를 추구할 수 있는 직업이기 때문에 향후 몇 년 더 이 일을 할 것 같다고 말씀드렸던 거고요.

"기술적이면서도 남을 가르칠 수 있는 만능인이 되고 싶습니다." - 트리샤 지?

나중에는 사람들을 교육하거나 아니면 책을 쓰고 싶습니다. 이 말만 10년째 하고 있지만요! 경력 관리에 대한 조언을 담은 책을 내고 싶습니다. 처음에는 그 주제에 대해 블로그 포스트를 써봤지만, 쓰다 보니까 어색하더라고요.

제가 만약 코드 리뷰와 관련된 글을 쓰게 된다면, 3,000 단어 정도의 글을 쓰고 싶습니다. 이렇게 사람들에게 무언가를 알려주는 일이라면 다 좋아서, 기술적이면서도 남을 가르칠 수 있는 만능인이 되고 싶습니다.

대부분의 경우, 만약 온라인에 자신의 코드를 올린다면, 어떤 사람이 자신의 코드를 사용하고 있는지 알기 어렵습니다. 반면에, 디벨로퍼 애드보킷의 가장 큰 장점은 사람들이 본인에게 다가와 그 글에 대한 칭찬을 직접적으로 하는 것입니다. 사람들의 즉각적인 반응을 알 수 있어서 좋습니다.

마크 헤클러

Mark Heckler

마크 헤클러는 자바 챔피언이자 책 저자, 컨퍼런스 발표자로 활동하고 있으며, 피보탈 (Pivotal, 역자 주: Pivotal사는 2019년 12월 30일에 VMWare 사에 인수가 완료되었다) 사의 스프링 프레임워크 개발자 겸 디벨로퍼 애드보킷으로 일하고 있다. 그는 클라우드와 IoT 애플리케이션을 위한 혁신적이고, 실제 환경에서 사용 가능한 소프트웨어를 빠르게 개발한다. 마크는 제조, 유통, 의학, 과학, 통신, 금융 업계 등 다양한 공공 분야의 주요 인물들과 함께 일한 경력이 있으며 필요한 기능들을 담은 소프트웨어를 예산에 맞게 제 시간 안에 전달하는 일을 했다. 마크는 오픈소스 소프트웨어 컨트리뷰터이며 개발과 관련된 글을 연재하는 블로그(https://www.thehecklers.com)의 저자이자 큐레이터이다. (트위터: @mkheck)

디벨로퍼 애드보킷이 되는 것

히예르탄 빌렌가 : 언제부터 자신이 디벨로퍼 애드보킷이라는 것을 깨달았나요? 이 일을 하기 위해서 특별히 하고 있던 것이 있었나요?

마크 헤클러 : 이 분야는 의도치 않게 들어가게 되는 경우가 대부분입니다. 치밀한 계획을 세운 뒤 그 길을 따르기보다는 우연히 맞닥뜨리는 경우가 더 많습니다.

소스 코드들에 둘러싸여 사는 사람들은 대인관계에 능숙하지 못하다는 오래된 고정관념이 있습니다. 하지만 중요한 것은 IT 분야는 굉장히 넓고, 어느 기준부터는 특정 직무를 분류하는 것이 어렵습니다. 어떤 사람들은 코드를 작성하는 것을 좋아하고 도전적인 일을 하면서 느끼는 짜릿함, 그리고 코드를 작성하면서 본능적으로 얻을 수 있는 지적인 자극을 즐깁니다. 또 어떤 사람들은 다른 사람들과 이야기하면서 그들이 하고 있는 일들에 대해 서로 공유하는 것을 더 즐기는 사람들도 있습니다. 그런 사람들은 나가서 사람들과 어울리며 서로의 경험으로부터 성장하고 싶어하죠.

코딩을 많이 하면서 제가 한 것들을 다른 사람들에게 공유하기 시작하면서 이 일을 하게 되었습니다. 좀 더 자세히 얘기하자면 주변 동료들에게 흥미롭다고 생각되는 기사나 그들에게 유용하다고 생각되는 기술을 알려주고 권해왔습니다. 어떨 때는 점심시간에 열리는 교육 프로그램에서 발표를 해달라는 요청을 받을 수 있고, 주니어 개발자들의 멘토가 되어 달라고 부탁 받을 수 있습니다.

그러다 어느 지역의 특정 사용자 모임이나 사내 모임에서 발표를 할 수도 있습니다. 그런 과정을 거치고 나면 컨퍼런스에 참여하는 것을 고려하게 되지만, 발표할 만한 내용이 없거나 혹은 더 얘기할 만한 내용이 없어서 고민하게 됩니다. 그리고 관심있을 사람들을 끌어들이기 위해 어떤 내용을 말해야 할지에 대해서도 생각합니다.

그러다 나중에는 사람들이 먼저 발표 내용이 정말 유용하기에 외부에 발표해 봐야 한다고 먼저 말해주는 경우도 생깁니다. 사람들이 가치를 알아 봐주기 시작하는 거죠.

"사람들에게 공유한 것 보다 더 많은 것을 깨달을 수 있습니다" - 마크 헤클러

그래도 한편으로는 사람들이 자신의 발표를 들으러 오지 않을 거고, 발표자 신청을 해도 승인이 되지 않을 수도 있겠지만, 한 번 시도해보자고 생각합니다. 그러다 발표 제안이 통과하게 됩니다. 그렇게 한 발표가 어떤 행사에서는 굉장히 스트레스로 느껴질 수도 있고, 그동안 경험했던 것과 너무 달라서 자신에게 맞지 않는 일이라고 느껴질 수 있습니다. 또 어떤 발표를 통해 좋은 피드백을 얻고 발표가 끝나고도 사람들과 좋은 논의를 이어 나갈 수 있습니다. 그렇게 하면 사람들에게 공유한 것보다 더 많은 것을 깨달을 수 있습니다. 제가 생각하기엔 발표가 가져다줄 수 있는 가장 큰 장점이라고 생각해요.

히예르탄 빌렌가 : 20년 전에는 컴퓨터와 프로그래머들은 있었지만 디벨로퍼 애드보킷이라는 직함은 없었습니다. 그 사이에 디벨로퍼 애드보킷이 탄생한 것 같은데 어떤 이유라고 생각하시나요?

마크 헤클러 : 개발자가 직접 만드는 소프트웨어에서 사용할 수 있는 더 많은 선택지, 더 많은 라이브러리, 더 많은 프레임워크 컴포넌트를 가진 회사의 수

가 늘어나서라고 봅니다.

지금은 필요 이상의 마케팅도 진행되고 있습니다. 어느 정도의 마케팅과 기술 영업 업무는 좋다고 생각해요. 소프트웨어 개발이나 엔지니어링 직군에 있는 사람들 모두 그 정도는 받아들일 수 있겠지만, 귀에 딱지가 앉을 정도로 지겹 게 된다면 이야기가 달라집니다.

간혹 관심 가는 제품에 대해 문의를 해서 추가 정보를 달라고 하면 막상 문의 에 답하는 사람은 영업부에 있어서 잘 모르겠다고 하는 경우가 있습니다. 그 런 상황을 접하게 되면 매우 민망한 관계가 됩니다. 디벨로퍼 애드보킷들이 그러한 간극을 메꾸는 역할을 할 수 있습니다. 대부분의 디벨로퍼 애드보킷들 은 아직도 열정적으로 프로그래밍을 하고 있거나, 열정적으로 프로그래밍 했 던 경험이 있는 사람들입니다.

디벨로퍼 애드보킷 활동을 하는 사람들은 자신들이 내세우는 도구들을 어떻 게 활용해야 하는지 알고 있어요. 그래서 사용자들에게 도움이 되는 측면과, 어떻게 사용해야 하는지를 알려줄 수 있습니다. 그런 점이 제가 생각하기엔 가장 가치 있는 부분입니다.

그저 개발 업무만 하고 애드보킷 활동을 아예 안 하고 있을 때, 제가 이 제품 을 사용해야 하는지, 혹은 사용 하지 않아야 하는지, 어떻게 해야 잘 활용할 수 있는지, 그리고 라이센스 제약사항들은 어떤 것인지를 알려줄 수 있는 사 람과 이야기할 수 있는 기회가 너무 고팠습니다. 마케팅이 매우 큰 비중을 차 지하기 시작하면서 디벨로퍼 애드보킷이라는 새로운 직군이 필요하게 된 것 같습니다.

엔지니어링 업무에서 애드보킷 업무로

히예르탄 빌렌가 : 당신의 경우에는, 이전에 엔지니어로 일했던 적이 있는데, 어떻게 해서 디벨로퍼 애드보킷으로 경력을 전환하게 되었나요?

마크 헤클러 : 원래는 엔지니어링 업무를 주로 하고, 발표하는 것은 간간이 했어요. 종종 행사와 컨퍼런스에 참석하기 위해 출장을 다니곤 했습니다. 많은 사람들이 저의 이런 외부 활동을 알아 봐준 것 같아요. 사람들이 제가 그 일을 직업으로 삼고 있다고 느낄 정도로 밖에서 활동을 많이 했습니다.

"제가 남는 시간에 하고 있던 일을 직업으로 삼게 되었습니다." - 마크 헤클러

어느 날은 제 친구가 연락해서, 제가 하고 있는 활동들을 제 업으로 삼으면 어떻겠냐고 물어봤어요. 그 생각에 동의해 면접을 보게 되었고, 제가 남는 시간에 하고 있던 일을 직업으로 삼게 되었습니다.

히예르탄 빌렌가 : 그럼 소프트웨어 엔지니어링 쪽으로 전공을 하셨나요? 아님 아예 다른 것을 전공했나요?

마크 헤클러 : 사실 저는 수학, 컴퓨터 공학 그리고 흥미롭게도 경영을 전공했어요. 심지어 MBA도 취득했습니다.

다른 사람들은 이런 사실에 놀랄 수 있지만 소프트웨어를 통해 만드는 가치는 근본적으로 소프트웨어 안에 있지 않습니다. 회사의 입장에서 고객, 사용자들 그리고 주주들에게 의미와 효용을 주는 일에 있습니다. MBA 학위는 제가 그런 사실들을 더 잘 이해하는데 도움이 될 것이라고 생각했습니다.

어떤 학위 프로그램이던 간에 다양한 강의들이 있는데, 저는 경제와 금융에 대한 강의에 더 비중을 뒀습니다. 이 분야들은 엔지니어링과 전혀 다른 것이 아닙니다. 수치적 규율들이 계산식으로 정의되어 있고, 특정 결과를 도출하기 위해 다양한 변수들을 활용합니다.

히예르탄 빌렌가 : 최근의 발표들에서 그런 경제학적 배경지식들을 사용하시지 않았나요?

마크 헤클러 : 맞아요! 지난 몇 년 동안 이런 아이디어를 고민해왔고 마침내 발표에 녹아냈고요. 제목은 "이 기술이 좋아 보이는데, 우리 회사에서 어떻게 써야 할까요?" 정도의 뉘앙스를 담고 있습니다. IT 업계에서 사람들이 컨퍼런스에 가서 어떤 내용을 듣거나, 무역 신문에서 무언가를 읽은 뒤 "우리 회사에서 딱 필요한 것이야!"라고 생각하는 것에서 착안했습니다. 문제는 그런 새로운 접근법을 수치화하고 정당화하는 것이 매우 어렵다는 것이에요. 경영진들에게 가서 이야기하면 가치와 비용에 관해 다시 질문을 받게 돼요. 그 질문들은 심지어 논리적인 질문인 반면, 좋은 답변을 하기 어렵습니다. 그저 "이게 미래를 위한 것이라서 해야 해요! 이렇게 개발이 진행되어야 해요!"라고 하겠죠.

그래서 가치와 비용을 재정적으로 평가하는 방법에 대해 발표했습니다. 재무 수식에 값들을 대입하는 것이었죠. 이 방법은 정성적 측정 결과를 정량적 측정값으로 바꿔야 하기 때문에 매우 어렵고, 부정확하지만, 어쨌든 필요한 것입니다.

히예르탄 빌렌가 : 이 접근법을 적용할 수 있는 실제적인 예시를 들어줄 수 있

나요?

마크 헤클러 : 만약 1년에 한 번 소프트웨어를 배포하던 주기를 1개월에 한 번 으로 바꾼다고 하면, 회사에게는 어떤 의미가 있을까요? 1개월에 한 번 배포 한다는 것은 1년에 12번 배포한다는 것을 의미합니다. 더 많은 기능들을 더 빨리 출시할 수 있을까요? 아마 가능할거에요. 적어도 1개월동안 12개월 걸 려서 할 수 있던 일의 일부를 해낼 수 있을테고 그 다음 배포는 12개월이 걸리 지 않고 2개월 안에 할 수 있을 것입니다.

이런 전략이 상호간의 신뢰를 높인다는 것은 분명한 사실이에요.

대다수의 경우 12개월 내에 주어진 문제를 해결하지 못하는 사람과 일을 할 것입니다. 요구사항이 바뀔 수 있고, 담당자가 회사를 그만둘 수 있을 거고요. 만약 요구되는 기능들의 일부를 4주 안에 만들어낸다면, 요구사항이 바뀌게 될 가능성은 적어질 것입니다. 만약 기한을 엄수하지 못한다 해도 12개월 분 을 놓치는 것이 아니라, 4주 분량을 놓치는 것이라 바로잡기 쉬워집니다. 이렇 게 하면 이해하기 쉬운 개념이에요.

"사람들에게 망한 아이디어를 포장하려 들지 말라고 합니다." - 마크 헤클러

만약에 누군가가 자신의 아이디어를 어떻게 수치화 할 수 있는지를 물어본 다면, 그 때부터는 몇몇 숫자들을 활용해야 합니다. 예를 들어서 요구사항의 80%를 만족하게 되었고 어느 정도의 일은 다시 할 필요가 없다면, 사람들이 얼마나 더 일해야 할까요? 일하는 사람들에게 평균적으로 얼만큼의 돈을 줘 야 할까요? 이런 질문들에 실제적인 수치들을 대입하면, 그럴듯한 결과들을 얻게 됩니다. 물론, 아이디어가 좋은 아이디어일 때만 적용되는 이야기입니다. 그런 의미에서 사람들에게 망한 아이디어를 포장하려 들지 말라고 합니다.

이러한 대화가 간극을 메워주는 역할을 합니다. 재무 쪽 사람들은 최대한 아끼려고 하기에 IT 분야에서는 재무 분야의 사람들을 적으로 취급하곤 합니다. 하지만, 현실적으로 생각하자면 그분들이 회사 안에서 일어나는 일들을 맞게 처리하지 않았다면 회사가 살아남지 못했을 것입니다. 더 많은 일을 같이 한다면 더 나아질 수 있습니다.

히예르탄 빌렌가 : 회사에 관해서 이야기해보자면, 어떤 조직이 당신에게 돈을 주고 소프트웨어 개발의 경제학을 이야기하게 하나요?

마크 헤클러 : 혜안이 있는 회사들이 제게 요청합니다. 회사가 전문가를 모셔와서 "여러분에게 도움이 될 만한 도구들에는 이런 것들이 있어요"라고 조직원들에게 말하는 것이 당연하다고 생각합니다.

히예르탄 빌렌가 : 그런 주제는 어느 회사에서나 해당되는 내용일까요?

마크 헤클러 : 네, 이건 보편적으로 적용되는 것이기 때문입니다. 어느 상황이든 간에, 한정된 자원을 두고 경쟁해야 합니다. 이 업계가 아니더라도, 어느 회사들이던 간에 소프트웨어 업그레이드나 기존의 시스템을 유지보수하는데 쓸 수 있는 한정된 금액을 가지고 있어요. 이런 고민은 항상 겪게 되는 것이거든요. 그래서 그런 주제가 넓게 적용될 수 있다고 생각해요.

마크의 발표 주제들

히예르탄 빌렌가 : 다른 주제들로는 어떤 것들이 있나요?

마크 헤클러 : 문제들을 어떻게 하면 잘 해결할 수 있는지에 대해서 발표합니다. 대부분의 내용들은 스프링이나 스프링 데이터, 스프링 부트 혹은 스프링 클라우드와 같이 하나의 프레임워크 안에서 활용될 수 있는 다른 컴포넌트들에 대한 것입니다

히예르탄 빌렌가 : 경제학에 관한 발표와 스프링에 관한 발표에 대해서 사람들이 어떤 반응들을 보이나요?

마크 헤클러 : 경제학에 대한 발표는 약간 예외적입니다. 회사 내 경영, 재무, 혹은 운영팀과 소통을 더 잘하기 위한 사람들이 대부분이거든요. 그런 분들한테서 좋은 의견을 많이 받습니다. 스프링에 대한 발표에서는 업계와 상관없이 사람들이 해결하려고 하는 많은 문제들이 존재합니다. 가령 협업을 원활하게 하는 방법이나 더 빠르게 동작하는 제품을 만든다거나 확장 가능한 프로그램을 만드는 등이요.

스프링에 대한 발표들이 그런 문제 의식들에 잘 맞아들어서 좋은 의견들을 들을 수 있습니다.

히예르탄 빌렌가 : 디벨로퍼 애드보킷로서 하는 업무로 하시는 다른 일들은 뭐가 있나요?

마크 헤클러 : 회사들마다 상황이 조금씩 다르겠지만, 피보탈에 매력을 느끼게 된 것 중 하나는 행사나 컨퍼런스에서 사람들 앞에 서서 발표하도록 강요받지 않는다는 것이었습니다. 회사의 소프트웨어를 진정으로 잘 활용하고 있는 고객들이나 회사들을 상대로 워크샵을 진행하는 기회도 있습니다.

이런 때가 자신이 도구를 사용할 수 있는 능력으로 평가받는 순간입니다. 단순히 90%의 사용 사례에 들지 않는다고 해서, 그 방법이 틀린 것은 아니에요. 어쩌면 개발할 때 그런 경우를 예상하지 못했겠지만, 고객들과 만나서 이야기하면 이해가 가는 경우가 있습니다. 그 때가 자신의 예상이 검증받는 때입니다. 그러면서 "와, 이 방법 대단한데! 조금 더 작업해서 많은 사람들이 쉽게 사용할 수 있게 해봐야겠다"라고 생각하게 됩니다.

> *"하지만 그런 다양성이 없다면,*
> *엄청난 양의 지식과 피드백들이 활용되지 못하고 버려지게됩니다." - 마크 헤클러*

안타깝게도 모든 회사들이 그렇게 할 수 있도록 하지 않습니다. 어떤 디벨로퍼 애드보킷들은 그저 글을 쓰고 올리거나, 혹은 사람들 앞에서 발표하는 것만을 원합니다. 하지만 그런 다양성이 없다면, 엄청난 양의 지식과 피드백들이 활용되지 못하고 버려지게 됩니다.

히예르탄 빌렌가 : 블로그나 SNS 계정들을 운영하는 것도 당신의 역할에 포함되나요?

마크 헤클러 : 제가 하고 싶은 만큼 블로그에 글을 쓰지는 못합니다. 글 쓰는 것을 좋아하기 때문에 좀 더 활발하게 운영하도록 노력해야합니다. 대신 제가 생각하는 것보다 트위터에 글을 더 많이 올립니다. 트위터에서 살다시피 해요.

트위터를 사용하는 것은 쉽습니다. 비행기 타러 가는 길에 무언가를 끄적이면서 올릴 수 있거든요. 반면에, 공항으로 가는 길에 블로그 글을 쓰는 것은 어렵습니다만 서로 다른 방법들은 나름의 특장점이 있는 법이죠.

업무의 다양성

히예르탄 빌렌가 : 그렇다면 다양한 활동을 할 수 있다는 점이 사람들이 디벨로퍼 애드보킷 직무에 지원하게 만든다고 생각하시나요?

마크 헤클러 : 네, 좋은 질문이에요. 색다른 예를 들자면 얼마 전에 크라우드펀딩 프로젝트로 키보드를 샀는데 개발자들에게 아주 좋은 키보드이고 아주 견고합니다.
문제는 키보드에 붙어있는 손목 패드를 분리하기가 어려운데 패드를 분리하기 위해서는 나사를 분리해야 합니다. 아예 붙어있거나 아니면 아예 분리해야 하는 형태라서 휴대성이 많이 떨어지지만 키 구성이 특별합니다. 다른 키보드에서는 찾기 힘들지만 특별한 기능을 할 수 있는 서로 다른 특수 키들이 있습니다.

만약 자리에 앉아서 8시간동안 일하는 개발자라면, 제가 그 키보드를 처음 봤을 때 대단한 키보드라고 생각할거에요. 키보드의 구성이 조금 다르다고 하더라도, 결국엔 어떤 일들을 하기 위해 그 특이점들을 잘 활용할 수 있습니다.

하지만 자신이 하루동안 자리를 넘나들면서 서로 다른 일들을 한다면 끔찍하겠죠. 어떤 경우엔 좋은 키보드겠지만 어떤 경우엔 쓸모가 없습니다. 디벨로퍼 애드보킷이라는 일도 흐름이 종종 끊기는 동시에 많은 변화를 요구합니다.

이 분야는 끊임없이 변화하거든요.

히예르탄 빌렌가 : 그 이면에는 번아웃이 있다고 봐요. 서로 다른 업무, 활동, 그리고 마감일 때문에 번아웃이 오는 것을 막는 나름의 노하우가 있나요?

마크 헤클러 : 옛 말에 이런 말이 있어요. "의사들이여, 자기 스스로를 고쳐라." 대부분의 문제에 대한 해답은 자신에게 어떤 것이 필요하고, 어떤 것이 혼돈 속에서 제정신을 유지할 수 있게 해주는지 아는 것에서부터 시작한다고 봅니다.

각자에게 무엇이 필요한지는 모두 다릅니다. 코드를 작성하는 것이 언제나 좋았기에 항상 기술과 함께 하는 삶을 살아왔습니다. 그런 와중에 몇 년 동안은 자제한 부분도 있습니다.

저녁 시간과 주말에는 저만의 시간을 보냈습니다. 지금도 모든 것에서 벗어나 하룻동안은 언플러그드(Unplugged, 역자 주: 전기 코드를 뽑고, 전자기기들을 사용하지 않는 상태) 생활을 지냅니다. 재밌는 점은 제가 코드를 작성하는 것을 좋아하기 때문에 언플러그드 생활을 하는 것이 그렇지 않는 것보다 스트레스 받을 가능성이 높다는 것입니다.

제가 생각하기엔 자신을 즐겁게 하는 서로 다른 관심사와 활동들을 만드는 것이 중요합니다. 하지만 만약 항상 코드를 작성하는 것이 편하다면, 코드를 작성하면서 시간을 보내세요. 어쩌면 기술을 좋아한다는 것은 최신 휴대폰을 가지는 것도 포함이 될 수 있습니다. 곧 있으면 새로운 아이폰이 나올텐데 몇몇 사람들에게는 기대되는 일이겠죠.

반면에 어떤 사람들에게는 전혀 기대되지 않을 수 있습니다. 하지만 자신이 디벨로퍼 애드보킷 분야에 있지 않다고 하더라도 만약 그것이 자신의 심장을 두근거리게 만든다면, 잘못된 것은 아닙니다.

재밌는 활동을 하면서 자신을 재충전할 수도 있어야 합니다. 소설을 읽는 것이 될 수도 있고, 야생 속에서 등반을 하는 것이 될 수도 있는데 어떤 것이던 간에 자신을 스트레스에서 벗어나게 하고 재충전할 수 있게 해주는 것은 항상 좋습니다.

스트레스는 속해 있는 분야나 직업에 상관없이 오는 것이라고 생각합니다. 만약 자신이 회계사이거나 마케팅 일을 하는 사람이라면 정치적인 상황에 휘말려 있기 마련입니다. 본인이 맡은 일을 해내고 긍정적인 성과를 얻어내기 위해서 그런 상황들을 떨쳐내는 것이 필요합니다.

> *"디벨로퍼 애드보킷 분야는 매우 창의적인 분야라고 이야기합니다.*
> *이미 정해진 것들이 존재하지만, 몇 분 전까지 없던 것을 만들어내기 때문입니다."*
> *- 마크 헤클러*

애드보킷 활동의 안 좋은 점

히예르탄 빌렌가 : 이제 많은 장점들에 대해서 이야기해봤으니 단점들에 대해서도 이야기해볼까 해요. 이 일을 하면서 겪는 단점들은 어떤 것이 있나요? 디벨로퍼 애드보킷 분야에 발을 들이기 전에 어떤 것을 주의해야하나요?

마크 헤클러 : 가장 큰 단점은 번아웃입니다. 그 이유가 더 이상 감당할 수 없

어서 일에서 벗어나야한다는 것만은 아니고 속도의 측면에서 번아웃이 오기도 해요.

어떨 때는 27가지의 다른 일을 할 수도 있습니다. 어떻게 보느냐에 따라 27가지 일을 해야 하는 점이 긍정적으로 보일 수도 있고, 부정적으로 보일 수도 있습니다. 디벨로퍼 애드보킷 분야에 있는 사람들에게 항상 이 일의 좋은 점은 절대로 지루해 할 틈이 없는 것이고 단점은 절대로 변화를 따라잡을 수 없다고 이야기합니다. 오히려 변화를 계속 따라잡으려고 하는 행동들이 나중에 지치게 만들 수 있습니다.

몇몇 사람들이 '인박스 제로'(Inbox Zero, 역자 주: 받은 편지함을 할 일 목록으로 여겨, 받은 편지함을 지워내는 것을 목표로 일하는 방법) 아이디어를 좋아합니다. 그 아이디어에 크게 동의하지 않는 편인데, 상황에 따라 메일함의 숫자에 압박을 받는 느낌이 들기 때문입니다. 지금 당장 제 앞에 열려있는 받은 편지함만 해도 2943개의 안 읽은 메일들이 있어요. 솔직히 말해서, 이 메일들 중 어떤 것들은 제가 출장 중일 때 온 메일들이고 보통 그런 메일들은 읽어보고 중요도를 판단합니다.

만약 메일들을 읽지 않고 그대로 두기 싫어 하는 타입이라면, 디벨로퍼 애드보킷 일은 맞지 않을 것입니다. 모든 것들을 절대로 따라잡을 수 없고 자신의 해야 할 일 목록을 절대로 깨끗하게 비울 수 없습니다.

만약 그게 자신을 불안하게 만든다면 자신의 스트레스만 늘어날 것이고 모든 것들에 대한 증오가 쌓일 거예요. 만약 디벨로퍼 애드보킷이라는 일이 자신을 항상 힘들게 하겠지만 새로운 시각과 배울 점들을 얻을 수 있다는 것을 안다면 모든 일을 다 해내기는 어려울지라도 지루하지는 않을 것입니다.

히예르탄 빌렌가 : 내향적인 사람들도 이 분야에서 일할 수 있다고 생각하시

나요?

마크 헤클러 : 네. 때때로 자기 자신이 담을 쌓고 혼자서 자신만의 생각을 해야 하는 때가 있습니다. 어떨 때는 목적을 달성하기 위해 다른 사람들과 함께 일해야 하는 때가 있습니다. 하나의 열쇠만으로 모든 문을 열 수는 없으니까요.

히예르탄 빌렌가 : 디벨로퍼 애드보킷 업무를 하면 본인은 항상 새로운 무언가를 좇고 있지만, 고객들은 이미 사용하고 있는 것에 만족하고 있을 때를 마주할 때가 있습니다. 사람들이 새로운 것을 받아들이도록 하는 것과 현재 상태에 만족하는 것 사이의 균형을 어떻게 맞추시나요?

마크 헤클러 : 어느 분야건 간에 맡은 일을 정말 잘하는 사람이 있고 적당히 하는 사람이 있습니다. 좋은 디벨로퍼 애드보킷의 기준은 사람들이 필요하지 않는 것을 강요하지 않는 것이라고 봅니다.

예를 들어 10년 전에 만들어진 굉장히 안정적이지만 꾸준히 업데이트되고 있는 소프트웨어가 있다고 가정해 봅시다. 오래된 버전을 밀어내고 싶어서 소프트웨어가 업데이트되는 것이 아니라, 어떤 개발자들은 특정 기능이 필요해 해당 기능을 구현하기 위해 업데이트합니다.

만약 그 기능이 실제로 개발이 되면, 그 때 디벨로퍼 애드보킷들이 개입해서 "여러분들이 이런 기능을 정말로 원해서 이제 개발이 되었고 기회가 되면 업데이트해서 한 번 써보고 어떻게 생각하는지 알려 달라"고 이야기하는 것이에요.

오픈소스가 이런 경우에서 도움이 됩니다. 많은 경우에 자신의 고객이나 사용자들이 "이런 것이 있었으면 좋겠고, 이렇게 할 수 있다고 생각하니, 우리의 코드를 받아주세요."라면서 올려주는 풀 리퀘스트를 통해 변화를 만들어냅니다.

새로운 것을 보여주는 것은 이전에 풀리지 않았던 문제들을 해결해주기에 가치가 있습니다. 고객 한 명, 혹은 여러 명이 요청한 몇몇 기능들을 추가하는 것이거든요. 그래서 만약 디벨로퍼 애드보킷이 맡은 일을 제대로 하는 사람이라면 사용자들이 도구를 다루는 능력을 탓하며 사용자들을 기분 나쁘게 하려는게 아니라 그저 사람들이 더 제대로 활용할 수 있는 기능들이 있다는 것을 보여주고자 하는 것입니다.

히예르탄 빌렌가 : 만약 자신의 회사가 지향하는 방향과 자기 자신이 맞다고 생각하는 의견 방향이 다르다면, 어떻게 하나요?

마크 헤클러 : 그랬던 경우가 없었습니다. 아마 모든 사람들의 기준이 조금씩은 다를 거에요. 만약 회사가 자신의 고객들을 등한시하기 시작한다고 느낀다면 그 때는 회사를 떠날 것 같아요.

회사를 그만두는 것

히예르탄 빌렌가 : 회사를 그만두기 전에 회사의 의견에 동의하지 않는다고 얼마나 표출해야 할까요? 회사를 그만두는 것은 최후의 단계잖아요.

마크 헤클러 : 제 고향 사람 중에 한 회사의 부사장으로 있는 사람이 있습니다. 몇 달 전에 그가 미디엄(Medium, 역자 주: 온라인 출판 플랫폼)에 글을

써서 올렸어요.

그가 일하면서 일찍이 얻은 커리어에 대한 조언이었어요. "만약 자신의 회사에서 무언가 잘못된 것을 봤고 자신의 회사를 바꿀 수 없다면, 다른 회사로 옮기세요."

저도 당신의 의견에 동의해요. 회사를 그만두는 것이 극단적인 선택이죠. 하지만 만약 무언가 잘못된 것을 봤다면, 자기 자신에게도 책임이 있습니다. 그 문제가 아주 작은 것이고 자기만 불편하다고 느끼더라도 그 문제를 제기해야 합니다.

> *"때로는 회사가 잘못된 방향으로 가고 있을 수 있고,*
> *그걸 고칠 수 있는 기회를 발견한 걸 수도 있습니다." - 마크 헤클러*

"이건 제가 봤을 때 좀 이상하다고 생각해요. 이것에 대해 이야기해보고 싶어요. 왜 이것이 좋은 선택이라고 설명해주실 수 있나요?" 이렇게 질문을 하고 문제를 제기해야 합니다. 때로는 회사가 잘못된 방향으로 가고 있을 수 있고, 그걸 고칠 수 있는 기회를 발견한 걸 수도 있습니다. 가끔씩 회사에서 잘못된 인식을 가진 것이고 고쳐질 수 있거든요. 하지만 그 정책이 정말 잘못됐고 고객들을 이용하려고 하거나 신뢰를 저버리는 일이라면, 그 시점에서는 결단을 내려야 해요.
"이 일을 하게 된다면 내 마음이 편할까?"라고 생각했을 때, 회사가 내린 결정에 자신이 편하다고 느끼지 않는다면 떠나야 합니다.

그렇게 하는 것이 자기 자신에게 좋은 선택이고, 다른 사람들 위해 옳은 일을 하는 것입니다. 최악의 경우에는 자기 자신을 부정해야 하거든요.

히예르탄 빌렌가 : 이 질문은 디벨로퍼 애드보킷들에게만 해당되는 것이라고 생각되네요. 디벨로퍼 애드보킷들은, 개발자들을 대상으로 회사를 대표하는 얼굴이 되기 때문이라서요. 만약 주말동안 모든 사람들이 아는 회사의 어떤 결정이 내려지고나서 월요일 아침에 무대에 선다면, 사람들은 그 회사에서 나온 사람들 중 당신을 제일 먼저 마주치게 되겠죠. 만약 피할 수 없는 질문이 들어온다면 어떻게 하시나요?

마크 헤클러 : 제가 지금 일하고 있는 곳보다 더 큰 회사에서 일한다면, 회사의 한 조직이 다른 조직들이 동의하지 않을 일들을 할 가능성이 높을 것입니다.

발표 무대에 올라섰는데, 어려운 질문들에 답을 알지 못하는 경우가 많이 있을 거예요. 그런 경우에는, 정직함이 제일 좋은 선택이라고 생각합니다. "저도 당신이 아는 것처럼 그 사실을 이틀 전에 알았습니다. 하지만 저는 이 결정이 저에게, 혹은 당신에게, 혹은 더 좋은 소프트웨어를 빠르게 배포하고 싶어하는 사람들에게 어떤 영향을 미칠지 알고 싶기에 이 문제에 대해 더 자세히 들여다보겠습니다"라고 말하는 게 모범 답안이라고 봅니다.

히예르탄 빌렌가 : 자신이 홍보하는 기술의 약점들에 대해서는 어떻게 대처하시나요? 약점들은 무시하고 강점들에만 초점을 두나요? 시연을 할 때 어느 단계에서 버그가 있다는 것을 안다면, 그 부분을 조심스럽게 넘어가려고 하나요?
아니면 잘못된 것이 있지만, 다음 배포에서는 해결이 될 것이라고 이야기하나요? 이런 경우들을 어떻게 대처하시나요?

마크 헤클러 : 저는 다른 사람들처럼 실력 있는 사람이 아닙니다. 보통 저는 실수로 버그를 마주치는 경우도 많습니다. 웃음기 쫙 빼고 얘기하자면, 사람들

로 가득 찬 발표장 안에서 버그를 발견했었거든요. 이런 일은 예상치 못하게 일어나곤 합니다. 소프트웨어를 할 수 있는 만큼 품질 테스트하고 엄격한 과정을 거친다고 해도, 어떤 문제들은 그 틈을 통과해버리는 거에요.

강점과 약점에 대한 질문으로 돌아오자면 특정 컴포넌트들이 어떤 일은 잘 하지만 어떤 일은 하지 못하거나, 컴포넌트가 다루는 일의 범위를 넘어서는 것들도 있습니다. 그런 것들은 미래에 더 개선될 수 있는 부분입니다. 아니면 사람들은 그런 변화가 있어야 하는지 확신을 하지 못할 수도 있습니다. 주로 제가 아는 것들을 모두 끄집어내서 언급하려고 해요.

디벨로퍼 애드보킷으로서 만약 약점들을 언급하지 않는다면 사람들의 신뢰를 얻을 수 없는 것은 물론이고, 무엇보다도 그런 약점들을 숨기는 것이 사람들을 돕는 일이라고 생각하지 않습니다. 그저 "사람들이 이걸 깊이 들여다보고 해결하기 전까지 몰랐으면 좋겠다"고 생각할 수 없습니다. 그건 말도 안 됩니다. 우리 모두 그런 상황들을 의도치 않게 마주하게 되고 되려 그런 마음가짐은 불편하기만 합니다. 누군가가 잘못된 부분을 발견하고 나서야 뒤늦게 해결하는 상황에 처하고 싶지는 않죠.

버그에 대한 솔직함

히예르탄 빌렌가 : 하지만, 자신이 알고 있는 모든 버그들이 보여지고 싶지는 않을 것 같아요. 발표 중에 실시간으로 제품의 모든 버그들을 끄집어 내고 싶지는 않을 것 같은데, 그런 것들은 어떻게 균형을 맞추시나요?

마크 헤클러 : 피보탈에서는 능력있는 사람들이 몇 년 동안 노력해서 잘 만들

어진 컴포넌트들을 가지고 있기에 짜증나는 버그들은 문제가 되지 않습니다. 최신 프로젝트들을 가지고 이야기하자면, 프로젝트 리프(Project Riff)와 Knative가 있어요. 이들을 사용하면 컨테이너들이 빠르게 만들어져요. (역자 주: 리프와 Knative는 쿠버네티스 환경을 운영하면서 신경 써야하는 특정 일들을 자동으로 처리해준다.) 그런 경우들에서는 거슬리는 버그들이 거의 없기를 바라죠. 만약 버그를 마주치게 된다면, 이런 경우에는 특정 문제들이 해결되기까지 사용하는 것을 재고해달라고 해요.

> *"누군가가 어떤 격차가 존재한다는 사실을 이야기해주지 않으면*
> *도움을 줄 수 없어요." - 마크 헤클러*

이런 프로젝트들은 아직 개발의 초기 단계에 있습니다. 물론 최대한 많은 진전을 내고 싶지만, 결과적으로 누군가가 어떤 어떤 기능이 아직 만족스럽지 못하다는 사실이나, 해결되어야할 문제가 있다거나, 우선 순위에 때문에 해결되지 않은 문제들을 이야기해주지 않으면 도움을 줄 수 없어요.

히예르탄 빌렌가 : 제가 보기엔 사람들이 디벨로퍼 애드보킷이 되려면 모든 것들을 확실하게 알아야 한다고 생각하는 것 같습니다. 디벨로퍼 애드보킷들이 모든 것을 알지 못해서 청중들 중 누군가가 그 점을 드러나게 하는 질문을 할 수도 있어서 걱정된다고 이야기해요.

500명의 사람들이 있는 발표장에서 누군가가 예상치 못한 질문을 하는 두려움은 디벨로퍼 애드보킷 분야로 들어오려는 사람들에게 장벽이 될 수 있다고 보는데, 어떻게 생각하시나요?

마크 헤클러 : 항상 자신이 답변하지 못하는 질문을 받을 가능성이 있다고 생

각하는데, 그런 가능성은 인생을 살면서 항상 있다고 생각합니다. 그런 일은 아내와 이야기할 때 있을 수도 있고, 자신의 상사와 이야기할 때도 가능하다고 생각해요. 모든 질문의 답변을 알 수는 없어요. 그럼 어떻게 해야할까요? 디벨로퍼 애드보킷 뿐만 아니라 IT 분야의 모든 사람들은 호기심이 많은 사람들이기 때문에 이런 일을 한다고 생각합니다. 디벨로퍼 애드보킷이 모든 것들을 알고 있다는 주장은 잘못되었습니다. 모든 것들을 알고 있지 않고, 가능하지도 않지만 대신 시도해보는 것을 좋아합니다.

"만약 누가 자신이 답변할 수 없는 질문을 한다면, 그건 좋은 것입니다." - 마크 헤클러

이건 제 아이들에게 몇 년 동안 이야기했던 말이에요. "오늘의 자신은 가장 덜 알고 있는 사람 일거야. 내일은 오늘의 너보다 더 많은 것을 알 것이고, 그 다음 날은 그 전보다 더 많은 것을 알 거야." 만약 누가 자신이 답변할 수 없는 질문을 한다면, 새로운 것을 배우고 그걸 공유할 수 있는 기회를 주기 때문에 좋은 것이에요.

스프링에는 많은 컴포넌트, 제품들 그리고 도구들이 있기 때문에 그 생태계가 방대합니다. 그 많은 것들을 다 아는 사람은 없지만. 운 좋게도 저에게는 좋은 팀원들이 있습니다.

그래서 "이거 이해가 잘 가지 않는데, 저한테 설명해줄 수 있어요?"라고 할 수 있습니다. 우리 모두 한 팀이고, 이것이 진정한 팀 스포츠에요.

히예르탄 빌렌가 : 그렇다면 말해주신 모든 것들을 종합해서 만약 자신이 발표를 하고 막바지에 누군가 질문을 하는데, 답을 모를 때 어떻게 이야기 하시나요?

마크 헤클러 : 질문한 사람들에게 저한테 연락처를 남겨주면 나중에 답변해주겠다고 해요. 질문한 사람들이 올바른 답을 얻기를 원하거든요. 만약 제가 전반적인 내용만 안다면, "저라면 이런 경우에 이렇게 하겠는데, 좀 더 도움이 될 만한 예시를 알려 줄게요."라고 말합니다.

누군가가 보안과 관련된 내용을 물어보지만 제가 개인적으로 익숙하지 않은 보안 시스템을 사용하는 경우도 있습니다. 그럴 때는 그 질문에 답변해줄 수 있는 사람을 연결해주겠다고도 해요.

예상치 못한 질문들에 답변하는 것

히예르탄 빌렌가 : 저 또한 종종 그런 생각을 해요. 만약 자신이 제대로 된 답변을 하지 못한다면, 그건 모르는 것이라고 생각해요. 동의하시나요?

마크 헤클러 : 네, 하지만 이 분야에 있던 사람들이라면 그 기간에 상관없이 처음에는 쉬워 보이는 질문에 대해 답해 본 경험들이 있을거에요. 그런 경우에 처음부터 끝까지 답을 안다고 자랑스러워 하면서 답변을 하지만 돌아오는 답변은 "그렇군요, 하지만 저희는 다른 것을 써요."라는 말이죠.

그럼 "어쩌지? 다른 것을 쓰는 사람이 있는 줄은 몰랐는데!"라고 생각할거에요. 정리하자면, 자신이 세운 가설이 곧 자신의 적이 된 격이죠.

완벽한 정답을 알고 있다고 생각해도, 바로 답을 내놓는 것은 좋지 않습니다. 본인이 생각하고 있던 모든 것들을 쓸모 없게 만드는 독특한 제약사항들이 존재할 수 있거든요. 문제점을 해결해 줄 방법을 선택하기 전에 다른 정보들을 더 얻어서 시야를 넓히는 것이 좋다고 봐요.

히에르탄 빌렌가 : 지금 이 인터뷰를 읽고 있는 사람들이 디벨로퍼 애드보킷 경력은 독특하다고 생각할 것 같은데 이 일을 하기 위해서 사람들이 어떤 성격이나 기술을 가지고 있어야 할까요?

마크 헤클러 : 배우는 것을 좋아해야 하고, 무언가를 어떻게 만들지 호기심을 가져야 하고, 그리고 코딩을 할 줄 알아야 합니다. 제가 코딩을 할 줄 알았기 때문에 필요하다고 하는 것도 있지만, 이 분야는 생각보다 넓어요. 만약 이 분야에서 특정한 무언가를 즐긴다면 그걸 계속 하세요. 무언가를 즐기고 공유하는 것을 즐기기 시작하면 디벨로퍼 애드보킷이 되기에 적절한 사람이 되어 있을 것입니다. 그런 과정은 회사에서 인정을 받으면서 거칠 수도 있고, 비공식적으로 경험할 수도 있어요. 많은 경우들을 보면, 디벨로퍼 애드보킷이 되는 것은 커리어 성장을 하면서 자연적으로 일어나는 현상이라고 봅니다. 결국엔 자신의 지식을 공유하는 것이 핵심이에요.

제니퍼 레이프

Jennifer Reif

———

제니퍼 레이프는 네오포제이(Neo4j)의 디벨로퍼 릴레이션 엔지니어로 일하고 있으며, 발표자, 블로거 그리고 뛰어난 문제 해결사이다. 그녀는 석사 과정 중 개발자로 일하면서, 졸업 후 바로 디벨로퍼 애드보킷 분야로 뛰어들었다. 제니퍼는 대기업이 가진 방대한 데이터들을 체계적으로 활용하여 최대의 이익을 만들어내는 기회를 만들어주는 것을 목표로 일한다. 컨퍼런스 발표자로서, 제니퍼의 창의적인 발표들은 청중들이 호기심을 가지고, 발표에 몰입하고, 끊임없이 배우도록 한다. (트위터: @JMHReif)

히예르탄 빌렌가 : 어떤 일을 하시는지 먼저 설명해주실 수 있나요?

제니퍼 레이프 : 그래프 데이터베이스 회사인 네오포제이에서 디벨로퍼 릴레이션 엔지니어로 일하고 있습니다. 개발자분들이 저희 기술에 익숙해지도록 저희 기술을 잘 사용하고, 데이터 입출력 효율을 높이고, 그와 관련된 도구들을 잘 사용할 수 있도록 도와주는 일을 해요. 만약 부족한 점이 있다면, 개발자들이 저희 제품에서 원하는 기능을 쉽게 사용할 수 있도록 직접 통합도구 혹은 프로그램을 만들어줍니다.

디벨로퍼 애드보킷 분야로의 첫 걸음

히예르탄 빌렌가 : 디벨로퍼 애드보킷 분야에 대해선 어떻게 알게 되었나요? 그리고 지금 일하고 있는 자리는 어떻게 지원하게 됐나요?

제니퍼 레이프 : 사실, 제 아버지(마크 헤클러)가 피보탈의 디벨로퍼 애드보킷이 되시면서부터 알게 되었습니다. 그래서 디벨로퍼 애드보킷 활동이 무엇인지 좀 더 익숙해질 수 있었고요. 아버지가 매일 어떤 일을 하는지 이야기해주고 직접 보여줬어요.

저는 무언가를 시연하고 코딩하는 것도 좋아하지만, 사람들과 어울리거나 발표하고 그리고 다른 개발자들과 정보를 공유하는 것도 좋아합니다. 그래서 이런 류의 일이 제가 좋아하는 것과 제 강점에 맞아떨어진다고 생각했어요.

제 아버지가 트위터에서 라이언 보이드(Ryan Boyd, 역자 주: Neo4j의 데브렐 부서장)과 서로 알게 되고, 네오포제이에서 제가 하고 싶은 일의 채용 공고가 올라왔다는 것도 알게 되었어요. 라이언과 저는 트위터에서 이야기하다가 스카이프와 구글 행아웃으로 넘어와서 비공식 면접을 봤습니다. 그리고 라이언을 만나고 제가 같이 일하게 될 몇몇 팀원들과 이야기를 나눴습니다. 그런 다음, 회사의 중역들을 만나 공식적인 면접을 봤어요. 결국 채용이 됐고, 2018년 2월 말부터 일하기 시작했습니다.

히예르탄 빌렌가 : 디벨로퍼 애드보킷으로 일하시는 것은 어떤가요? 특별히 느낀 점이 있나요?

제니퍼 레이프 : 제일 먼저 지루할 틈이 없습니다. 다양한 일들을 하게 되거든요. 코딩을 할 수도 있고, 커뮤니티와 함께 프로젝트를 진행해야 하고, 밋업에 가고, 사람들과 소통하는 일을 할 수도 있습니다.

디벨로퍼 애드보킷으로서 종종 제품 개발진과 마케팅 담당자와 가까이 일하면서 제품과 관련된 도구들을 사용하는 것에 대해 글을 씁니다.

그리고 개발자분들이 저희 제품을 쓰면서 어떤 어려움을 겪는지 파악을 해요. 개발자분들의 의견들은 제품 개발진들이 저희의 핵심 제품을 개발하는데 많은 도움이 됩니다.

그러면서 이런 도구들을 활용해서 할 수 있는 것들을 발표나 시연을 통해 공유합니다. "이런 방향으로 시작을 해보면 어떻게 될까?", "어떻게 하면 이 도구를 발전시킬 수 있을까?"와 같은 질문들을 하게 되면, 미래에는 어떤 것들이 더 필요한지 알 수 있고 그것들을 잘 써먹을 수 있습니다.

히예르탄 빌렌가 : 이 일을 하기 전에는 무엇을 했나요? 무엇을 공부했나요?

제니퍼 레이프 : 사실 음악 공연으로 학사 학위를 받았긴한데 경영학 강의도 들어서, 음악 전공에 경영을 부전공한 셈입니다. 그렇게 학교를 다니면서 프로그래밍 강의도 들었어요.

프로그래밍 강의를 들으면서 처음에는 IT 분야에서 무언가를 창조해내고 표현한다는 점 그리고 논리적이고 체계적이라는 특징이 저의 다른 관심 분야와 겹친다는 것을 깨달았습니다. 그런 점과 제가 프로그래밍을 정말 즐긴다는 점 때문에 경영학 부전공을 마치고 나서, 바로 컴퓨터 관리 및 정보 시스템(Computer Management and Information Systems)으로 석사 학위를 시작했습니다.

석사 과정을 지내는 동안, 에드워드 존스 투자자산운용에서 기업 시스템 개발자로 일했습니다. 회사의 금융 시스템을 다루게 되었는데 스크립트를 작성하고 전형적인 업무 프로세스와 업무에서 사용하는 도구들을 다뤄볼 수 있는 적당한 일들을 했습니다.

그렇게 기업 문화를 경험하고 첫 직장에 바로 일하면서 배울 수 있는 좋은 교훈들도 얻었기에 이 때가 제 커리어를 성장시킬 수 있는 가장 좋은 시점이었던 것 같습니다.

2~3년 차가 되었을 때 쯤 각종 기술들을 습득하고 나니, 발표에 관심이 가기 시작했고 발표한 내용으로 사이드 프로젝트(Side Project, 역자 주: 자신이 하고 싶어서 진행하는 프로젝트. 보통 본업과 거리가 멀다.)를 하고 싶었습니다. 그렇게 JavaOne 행사의 발표자로 지원을 했습니다. 학생 신분으로 2015년에 참여했을 때 정말 즐거웠거든요. 그래서 그 다음 해에 발표자로 지원을 했고 발표를 하게 되었습니다.

회사를 다니면서 시간을 낼 수 있는 때가 생기면 몇몇 다른 작은 규모의 발표들에도 지원했습니다. 발표를 하는 것은 제 업무에 포함이 되지 않아서 컨퍼런스들은 제 개인 시간을 이용해서 참가했습니다. 그렇게 했던 것들이 제가 디벨로퍼 애드보킷이라는 새로운 일을 할 수 있게 해줬다고 봐요.

디벨로퍼 애드보킷의 매력

히예르탄 빌렌가 : 사람들이 바라볼 때 디벨로퍼 애드보킷 일이 매력적이라고 느낄 만한 점이 무엇일까요?

제니퍼 레이프 : 모든 것들을 조금씩 해볼 수 있다는 점이 가장 큰 매력인 것 같습니다. 융통성이 있는 일이거든요. 자신이 해볼 수 있는 것이 꼭 제품과 관련되어야만 하는 것이 아니기 때문입니다. 기존의 개발자들의 역할에서는 제품의 다음 배포에 특정 기능이 들어가야 해서 그 특정 기능을 구현해야 합니다.

디벨로퍼 애드보킷으로 일하면서 일단 멋지고, 화려하고, 시연하면서 재밌는 도구들을 만들 수 있습니다. 그리고, 개발자들이 서로 다른 기술들을 통합할 수 있게 도와주는 도구를 만들 수 있습니다. 그 도구들은 굉장히 실용적인 것이 될 수도 있고, 취미로 만든 수준이 될 수도 있어요. 아니면 그 2가지를 모두 달성할 수 있도록 만드는 방법도 있고요.

다른 장점은 다양한 형식으로 사람들에게 정보를 공유할 수 있다는 것입니다. 블로그에 글을 쓸 수도 있고, 발표를 할 수도 있고, 깃허브 프로젝트에 자신이 원하는 것을 담아서 배포할 수도 있습니다. 어떤 서비스를 쓰든지 간에, SNS를 이용해서 자신의 의견을 알릴 수도 있고요. 그렇게 전반적으로 다른 개발자들과 커뮤니티 사람들에게 정보를 공유하면서 다른 사람들이 똑같이 하도록 동기부여를 해주기도 합니다.

히예르탄 빌렌가 : 왜 대학교 학생들이나 컴퓨터 과학 관련 교육을 이수한 사람들 중 소수만 디벨로퍼 애드보킷이라는 역할을 알까요?

제니퍼 레이프 : 제 생각에는 디벨로퍼 애드보킷이라는 직군이, 기존의 직군들보다 상대적으로 최근에 나타났기 때문입니다. 또 하나는, 이 직군이 전형적인 개발자의 역할들을 단순히 섞어 놓은 형태가 아니고, 좋은 의사소통 능력, 글쓰기 능력 그리고 대인관계 능력도 요구하기 때문입니다.

> *"아직 디벨로퍼 애드보킷 역할의 두가지 측면을 모두 가르치는*
> *학위 프로그램은 없습니다." - 제니퍼 레이프*

그리고 대학에서는 가르칠 수 있는 과목들이 너무 많기 때문에 오히려 어떤 컨텐츠에 집중해야 할지 선정하는 과정이 까다롭습니다. 코딩에만 집중해서도 안 되고, 소프트 스킬에만 집중해서 가르쳐도 안 됩니다. 이런 기술들을 골고루 가져야 디벨로퍼 애드보킷 일을 잘 할 수 있습니다. 아직 디벨로퍼 애드보킷 역할의 두 가지 측면을 모두 가르치는 학위 프로그램은 없습니다. 기술적 스킬만 얻거나, 소프트 스킬만 얻게 돼요.

히예르탄 빌렌가 : 이 직무에 대한 수요가 점점 늘어나고 있다는 것을 느껴요. 왜냐하면, 큰 의미에서 볼 때, 만약 어떤 회사들이 자신을 IT 회사라고 여긴다면, 그 회사들은 기술 직군의 사람들을 위한 대변인이 필요할 거예요. 동의하시나요?

제니퍼 레이프 : 네. 디벨로퍼 애드보킷으로 일하면서 많은 회사들의 도구를 접하게 되고, 다른 회사들의 많은 도구들을 어떻게 우리 회사의 도구와 통합시킬 수 있는지 배웁니다. 그러면서 실제로 자신의 제품을 어떻게 사용해야 할지 감을 얻습니다. 회사들은 네오포제이나 다른 제품들을 하나만 쓰지 않고 그것들을 다른 도구의 일부분들과 연결하고 통합을 하는 방식으로 사용합니다.

디벨로퍼 애드보킷 역할은 더욱 보편화 될 건데 우리가 접하는 많은 것들이 매우 잘 통합되어 있고, 소셜 미디어든 자체적인 애플리케이션을 구축하든 모든 기업들이 어떤 방식으로든 자신의 IT 제품을 밀고 있기 때문입니다. 기업들은 그들만의 플랫폼을 구축해나가고 있고 기술적인 역량이 있으면서도 사람들에게 이 제품에 대해서 말할 수 있는 사람이 회사 내에 있기를 더더욱 바랄 것입니다.

히예르탄 빌렌가 : 만약 파티에 가서 기술과 관련이 없는 사람과 이야기할 때, 자신을 어떻게 소개하시나요?

제니퍼 레이프 : 예전에는 제가 하는 일을 어떻게 설명해야 할지 몰랐는데, 이제는 감을 잡았습니다. 제가 사람들에게 더 많이 제 자신을 소개하니까, 어떻게 소개할지가 잘 정리되었습니다. 주로 사람들에게 개발자들과 일하고 개발자들에게 네오포제이의 도구들을 어떻게 사용하는지 보여준다고 합니다.

정보를 습득하는 방법

히예르탄 빌렌가 : 기술 개발에 대한 최신 정보들은 어떻게 따라잡나요? 특정 SNS 서비스를 사용하시나요?

제니퍼 레이프 : 다양한 채널을 이용하는 편입니다. 트위터를 통해 기술들에 관한 최신 소식들을 접합니다. 새로운 업데이트가 있거나 새로운 버전이 나오면 사람들이 빨리 글을 올려 줍니다. 블로그 글들도 읽어보고요.

네오포제이에는 사람들이 자신의 프로젝트와 블로그 글을 올릴 수 있는 커뮤니티 사이트가 있습니다. 만약 사람들이 네오포제이로 무엇을 하고 있는지나 어떤 도구들을 사용하는지 궁금하면 그런 종류의 글들을 커뮤니티 사이트에서 찾아봅니다. 그리고 주요한 프로젝트들에 대한 주간 뉴스레터도 제작합니다.

디존(DZone) 사이트에 들어가기도 하고, 다양한 플랫폼들에서 매일 보내주는 이메일들도 확인합니다. 특정 분야들에 대해서 제가 직접 골라 놓은 곳들이 있습니다. 물론 흥미로워 보이거나 제가 잘 알지 못하는 부분을 다루는 것들만 골라서 볼 시간 밖에 없지만요.

히예르탄 빌렌가 : 새로운 것들은 화수분처럼 끊임없이 나오고 있는데 제가 생각하는 트위터의 장점은 많은 사람들의 소식을 볼 수 있다는 것입니다. 팔로우하는 사람들이 올리는 내용들이 들여다볼만 한가요?

제니퍼 레이프 : 네, 몇몇 사람들은 다른 사람들도 그 사람들을 팔로우하기 때문에 자신의 피드(Feed, 역자 주: 자신이 트위터에서 팔로우한 사람들이 공유한 글들의 목록)에 자주 등장합니다. 아니면 그 사람들이 자신을 팔로우해줄 수도 있고요.

트위터에는 단문 형태의 글만 올릴 수 있어서 주로 굉장히 간결한 정보들을 접할 수 있고 더 많은 정보를 알 수 있도록 하는 링크들이 있습니다. 매일 제 피드에 뜨는 내용들을 확인하는데 트위터만의 글을 올리는 방식 덕분에 정보들을 따라잡는 게 매우 쉽습니다.

히예르탄 빌렌가 : 업무차 출장을 많이 다니는 편인가요?

제니퍼 레이프 : 작년에 출장을 많이 다녔습니다. 출장을 많이 다니는 것이 디벨로퍼 애드보킷의 특이점 중 하나인데 적어도 저희 회사에서는 출장을 많이 다닐 수 있거나 원격 근무를 할 수 있습니다. 실제로 저는 중서부 지방의 세인트 루이스에서 재택 근무를 합니다. (역자 주: Neo4j의 본사는 미국 서부 캘리포니아에 있다.)

> *"만약 제가 전문가가 되어 이 내용을 사람들 앞에서 발표하려면,*
> *더 빠르게 배워야합니다." - 제니퍼 레이프*

작년에는 제품, 커뮤니티, 도구들 그리고 저희와 같이 일하는 회사들에 대해서 알기 위해 열심히 노력하느라 발표에 많이 참여했습니다. 만약 제가 전문가가 되어 이 내용을 사람들 앞에서 발표하려면, 더 빠르게 배워야합니다.

작년에는 온 미국을 돌아다니고, 유럽의 몇몇 지역들도 다녔습니다. 올해에는 다른 몇몇 컨퍼런스에서 발표를 할 예정이기도 하지만 시간을 나눠서 특정 프로젝트에 좀 더 깊게 참여해보려고 합니다.

히예르탄 빌렌가 : 시차 적응을 힘들어했거나, 비행기를 놓쳤던 것처럼 일화가 있을까요?

제니퍼 레이프 : 비행기를 놓쳐서 발표를 하지 못했거나 하는 정도의 일은 없

었습니다. 하지만, 비행기가 지연이 돼서 계획이 어긋났던 적은 몇 번 있었습니다. 저녁 일정을 소화하기 위해 어느 도시에 시간을 맞춰서 도착을 해야 했는데, 그 날 저녁을 못 먹었습니다.

컨퍼런스를 마치고 돌아올 때 비행기를 놓쳤던 적은 있습니다. 그 때는 어느 시간에 꼭 어디에 있어야 한다는 압박감은 없었는데, 덴버에 늦게 도착했습니다. 공항이 넓어서 비행기를 타기 위해 터미널의 한 쪽 끝에서 반대쪽 끝까지 뛰어야 했어요. 하지만 집으로 가는 비행기를 놓쳐서 비행기 표를 다시 예매했어야 했습니다. 하지만 다행히도 아직까지는 발표 시간을 맞추지 못한 적은 없습니다.

스트레스를 받았던 적은 있어요. 어떨 때는 발표 연습을 하고 싶지만 비행기 안에서는 소리 내어 연습할 수가 없습니다. 그럴 때는 호텔에 가서 잠을 줄이고 발표 연습을 하는 경우도 있습니다.

제니퍼의 하루 일과

히예르탄 빌렌가 : 평소 하루 일과가 어떻게 되나요? 아니면 정해진 하루 일과가 없나요?

제니퍼 레이프 : 아직 평소 일과가 어떤건지 잘 모르겠지만 종종 집에서 출근을 하면 다음 발표에서 다룰 특정 프로그램이나 시연을 찾아봅니다.

새로운 인스턴스를 만들고, 데이터들을 집어 넣어보고, 쿼리를 작성하고, 무엇이 흥미로운지 그리고 이 데이터로 어떤 것을 뽑아내고 싶은지 찾아봅니다.

사람들이 어떤 부분을 흥미로워할지, 제가 할 수 있는 다른 일들은 어떤 것이 있는지, 플러그인을 추가할지, 데이터 알고리즘을 돌릴지 그리고 이 정보들을 다른 회사의 도구와 통합시켜서 데이터들을 보기 좋게 시각화를 하거나, 분석툴 같은 것들에 연결할 수 있을지 등의 질문들을 스스로에게 던집니다.

그런 다음에는 발표 자료를 만듭니다. 발표를 할 때 약간의 도입부로 시작하고, 기술 내용들을 이야기한 다음, 마지막에 듣는 사람들이 놀라움을 얻을 수 있도록 시연합니다.
발표를 하기 1주일 전부터는 리허설을 합니다. 보통 첫 며칠 동안은 슬라이드들을 검토하면서 조금씩 손을 봅니다. 어떤 때는 제가 준비한 시연을 바꾸는데, 몇 가지 명령들을 추가하기도 하고, 자연스러워 보이지 않는 부분도 고칩니다. 그런 다음에 제 깃허브 저장소에 제 시연 코드를 올립니다.

컨퍼런스에 갔을 때는 발표를 하고 거기서 만난 사람들과 어울립니다. 다른 발표들도 들으려고 하고요. 그런 다음에는 집으로 돌아오고, 다시 이 과정을 반복합니다.

히예르탄 빌렌가 : 본인의 업무 실적은 경영진들에게 어떻게 평가되나요?

제니퍼 레이프 : 그 해의 대략적인 목표들이 있습니다. 그리고 측정하기 쉽게 매 분기마다 규모가 작은 수치들부터 확인합니다. 문제는 디벨로퍼 릴레이션 직군들은 판매량이나 어떤 글을 얼마나 많은 사람들이 봤느냐로 판단하기 어려워서 까다롭다는 것입니다.

"딱 떨어지는 수치들로 디벨로퍼 애드보킷들의 성과를 평가하기는 어렵습니다."
– 제니퍼 레이프

개발자들이 얼마나 관심을 가지고 참여하는지, 개발자들의 일이 얼마나 더 편해졌는지, 그리고 제품에 대한 개발자들의 경험으로 평가받습니다. 그래서 딱 떨어지는 수치들로 디벨로퍼 애드보킷들의 성과를 평가하기는 어렵지만, 대부분은 얼마나 많은 사람들이 이 도구를 사용하고 있는지, 얼마나 쉽게 입문할 수 있는지, 좋은 교육 자료들이 있는지, 우리가 만든 다른 데이터 셋을 바탕으로 한 확장 가능한 인스턴스들이 있는지 등의 질문들을 물어보는 것으로 평가받습니다.

히예르탄 빌렌가 : 그럼 어딘가에서 발표할 때는 주로 네오포제이에 관해서 이야기하겠네요?

제니퍼 레이프 : 보통은 그렇습니다. 올해 제 목표는 좀 더 많은 것들을 보면서, 깊게 파고 드는 것입니다. 그러면서 제품의 내부를 들여다보고, 그래프 데이터베이스가 다른 종류의 데이터베이스들과 어떻게 다른지, 혹은 자바가 다른 데이터베이스들과 어떻게 다르게 상호작용하는지와 같은 질문들에 답을 찾아보려합니다. 지금 당장은 네오포제이의 도구에 좀 더 집중을 하고 있지만 좀 더 넓은 시야를 가져보고 싶습니다.

윤리적으로 고려해야할 것들

히예르탄 빌렌가 : 기술적인 내용이고 진정성 있게 이야기하더라도, 당신이 무대에 올라서 발표를 하는 것은 실질적으로 회사를 대표해서 제품을 알리는 것인 반면, 특정 회사에서 일하지 않으면서 흥미로운 프로젝트들에 대해 이야기하는 사람들도 있습니다. 이런 분들은 돈을 받지 않지만, 당신은 네오포제이에 대해서 이야기하면서 돈을 받아요. 여기서 윤리적인 갈등을 느끼나요?

제니퍼 레이프 : 네오포제이를 어떻게 하면 잘 사용할 수 있는지, 그리고 코드 예시들을 보여주는 것이 제 일이라고 생각합니다. 다른 사람들은 발표할 때 네오포제이를 제품으로 바라보지만, 저는 사용자들에게 네오포제이가 도구로서 무엇을 위해 만들어졌는지 보여주려고 합니다. 발표자로서 이야기하자면, 통합 도구들의 대부분은 저희가 직접 만들었기에 그 도구들의 코드가 어떻게 작동하는지는 저희가 정말 잘 알고 있습니다. 이런 점은 저희들이 발표를 할 때 도움을 줍니다.

도덕적인 면이 허락하는 한, 저희는 사람들이 저희 제품을 사용해보도록 만들고 싶습니다. 사람들이 이런 도구들을 활용해서 프로젝트나 자신들에게 필요한 기능들을 만들었으면 좋겠어요. 사람들이 무엇을 할 수 있는지를 보여주는 것이 목표입니다.

히예르탄 빌렌가 : 만약 제품에 버그가 있는 상태에서 발표를 해야 한다면 시연을 할 때 그 버그를 피하려고 하나요? 당연하겠지만, 제품의 모든 버그를 보여주려고 하진 않겠죠. 그런 상황에서 절충점은 어떤 것일까요? 그런 상황을 어떻게 대처하시나요?

제니퍼 레이프 : 그 때는 제품이 어떤 일을 하기 위해 만들어졌는지를 다시 생각해봐야합니다. 하지만, 세상에 나와있는 모든 제품들은 각자의 장점과 단점이 있고 강점과 약점이 있습니다.

사실 작년에 브라우저에서 어떤 것이 나타나지 않는 문제가 있었어요. 제가 확대하거나 축소를 하고 싶을 때 기능이 작동하지 않았습니다. 버그가 있다고 이야기를 하고, 개발팀에게 그 문제를 해결해달라고 얘기했습니다. 그런 식으로 대처해야 합니다.

물론, 만약 누군가 질문을 해서 약점이 무엇이냐고 물어보면 "아마 이 기능을 더 잘 구현하거나 많은 기능을 제공하는 제품이 있을 거예요. 다만 저희는 이런 부분에 더 집중하고 싶었기 때문에 이와 같은 기능을 구현했습니다" 정도로 이야기할 것 같습니다. 그런 질문은 대결구도의 문제로 생각하면 안 됩니다. 이 분야는 오픈 소스 커뮤니티와 오픈 소스 제품들로 이루어져 있기에 우리가 느끼기에 무엇을 만드는 것이 중요한지, 그리고 어떤 것을 발전시켜 나가는 것이 중요한지를 생각하는 것이 옳습니다.

히예르탄 빌렌가 : 발표를 하고 나서 질문 시간이 됐는데, 누군가가 답변하기 어려운 질문을 했어요. 어떻게 하시나요?

제니퍼 레이프 : 이런 경우는 많이 겪어 봤습니다. 새로운 직무로 일하면서, 이런 일을 꽤 여러 번 겪었어요. 한 번은 발표하고 있던 현장에 전문가가 있어서, 질문했던 분에게 그 질문에 답변을 더 잘해줄 전문가가 있다고 이야기했어요. 만약 제가 그 질문의 주제를 어느 정도 알고 있거나 혹은 적어도 기본적인 내용은 안다면, 주로 제가 아는 것들을 이야기합니다.

"제가 사람들에게 도움이 되지 못하는 것을 싫어합니다" - 제니퍼 레이프

어떨 때는 좋은 자료들을 추천해줘요. 제가 확답을 하지 못하는 질문에 대해서는 질문을 메모하면서 저희 팀 중 전문가에게 물어봐서 답변을 해준다고 합니다. 이런 경우는 거의 질문의 종류나 제가 답변해줄 수 있는 정도에 따라 다르게 대응합니다. 사람들이 먼 길을 와서 제 발표를 들으러 와줬는데, 제가 사람들에게 도움이 되지 못하는 것을 싫어합니다. 그 분들도 자신의 질문에 대한 답변을 원할테니까요.

제가 받는 질문들은 나중에도 받을 수 있는 질문일 것이고, 어떻게 생각하면 제가 코드를 작성하거나 일할 때 도움이 될 수 있는 내용입니다. 그래서 저 또한 배울 수 있는 기회를 얻게 되는 것이에요.

히예르탄 빌렌가 : 만약 자신이 회사에서 개발자로 일하고 있었다면, 디벨로퍼 애드보킷 일을 하고 싶지 않을 만한 이유가 무엇이 있을까요? 무대에 서서 발표를 하기 편해질 정도로 특정 내용에 대한 모든 것을 알아야 한다는 느낌을 받은 적이 있나요? 그런 걱정에 대해선 어떻게 생각하시나요?

제니퍼 레이프 : 어느 누구도 모든 것을 다 알 수 있지 않습니다. 어느 지역의 작은 회사에서 일하고 있건, 대기업에서 일하고 있건, 혹은 스타트업에서 일하고 있건 간에, 모든 것에 대해서 다 알지 못할 것입니다.

가장 최선의 방법은 자신이 아는 것을 공략하고, 연구하고 그리고 자신이 가능한 만큼 도와주는 것입니다. 만약 이런 질문들을 받았다면, 확신할 수는 없어서 무언가를 찾아보며 답변을 얻어야 할 거예요. 자신이 멍청해보이거나, 무식해보일까봐 두려워해서는 안 됩니다. 직접 뛰어 들어서 새로운 정보를 배우려고 하는지가 더 중요합니다. 힘든 일이겠지만, 꾸준히 배우려고 해야 해요.

히예르탄 빌렌가 : 컨퍼런스 참가자들이 느끼기에 발표 내용들이 굉장히 수준 높고 복잡한 내용을 발표한다고 생각하지만, 꼭 그렇지는 않잖아요. 그런 발표 내용들이 어느 개발자나 공유할 만한 내용들이라고 볼 수 있을까요?

제니퍼 레이프 : 네, 무대에서 자신이 배운 무언가를 발표하기 위해 완벽한 전문가가 될 필요는 없습니다. 자신이 배운 것을 공유하는 것, 그게 전부에요. 그게 모든 것을 알아야 한다는 것을 의미하지는 않습니다. 자신이 학생들에게 발

표, 혹은 강의하는 전문가가 아니라는 사실을 기억해야합니다.

내향적인 성격으로 활동하기

히예르탄 빌렌가 : 사람들 앞에서 발표하기 위해서 꼭 외향적이어야 할까요?

제니퍼 레이프 : 아뇨, 저는 사실 외향적인 성격이 아닙니다. 학교를 다니면서 반에서 발표를 하는데 힘들지는 않았지만, 아직도 발표를 할 때 긴장은 됩니다. 아직도 발표를 하기 전에는 계속 연습에 연습을 거듭합니다. 그래서 발표를 끝내고 나면, 집으로 돌아가서 저 혼자 재택근무를 하며 저만을 위한 시간을 보냅니다. 성격의 균형을 맞추는 것이죠.

히예르탄 빌렌가 : 많은 사람들이 앉아 있다고 해도, 발표장의 빛 때문에 간혹 사람들이 잘 보이지 않는 경우도 있습니다. 그렇게 본다면 내향적인 사람들도 발표하기 적절하다고 생각하나요?

제니퍼 레이프 : 네, 마치 아무도 없는 공간에서 저 혼자 말하고 있다고 느껴질 수 있습니다. 청중들이 그 자리에 없다고 상상하면 됩니다.

히예르탄 빌렌가 : 무대에 오른 자신을 사람들이 굉장히 날카롭게 쳐다보고 있다는 긴장되는 상황이 있을 수 있는데 그럴 때 긴장감을 낮추기 위해 준비를 어떻게 하시나요? 특히 그런 경험을 처음 접할 때는 어떻게 해야 할까요?

제니퍼 레이프 : 제 발표를 다듬는 노력을 합니다. 이건 제가 음악을 할 때부터 해왔던 것입니다. 연주자로서, 쉽고 편안하다는 느낌을 받을 때까지 하루

에 몇 시간씩 자신의 연주를 갈고 닦으면서 엄청 연습을 했습니다. 똑같은 방법을 발표할 때도 사용합니다. 몇 주 전부터 제가 할 수 있는 만큼 연습합니다. 집에서 일하면서 내용이 적당하다는 느낌을 받을 때까지 제 발표자료를 점검하고, 만약 내용이 많다고 생각하면 줄이려고 합니다.

발표날 아침에 일어나면 보통 제가 다시 한번 연습해야 하는지 아니면 그냥 바로 발표해도 되는지를 생각합니다. 일찍 일어나서 발표 자료 내용을 모두 보지는 못하더라도 어느 정도 준비를 하는 것이 제가 흐름을 유지하기에는 좋습니다. 발표를 할 때는 그렇게 준비했던 기억를 통해 진행합니다.

처음에는 아침부터 발표를 준비를 시작해서 계속 준비하는 것이 힘을 빼지 않을까 걱정했는데, 발표 직전까지 준비를 하면 발표 내용을 확실히 기억할 수 있게 해주더라고요.

히예르탄 빌렌가 : 같은 발표를 얼마나 더 하시나요? 다양한 발표들을 해보신 듯한 느낌이 들어서요.

제니퍼 레이프 : 맞아요, 작년에는 새로운 발표들을 많이 했습니다. 제가 봤을 때는 한 두 번 정도 똑같은 내용으로 발표했지만, 완전히 똑같은 내용은 아니었습니다. 이야깃거리가 계속 생기거든요. 올해 초에 제가 발표했던 내용이 있는데, 이번 여름에 이 내용으로 다시 발표했습니다. 그 내용을 다시 끄집어 꺼내 볼 수 있었습니다.
하지만 같은 발표를 하는 경우에도, 몇 주 전부터 발표자료를 보고 모든 내용들이 자연스러운지 맞춰봅니다. 그동안 업데이트는 없었는지, 시연에서 보여주는 자료에도 문제가 없는지 확인합니다.

기술적 문제들을 대응하는 것

히예르탄 빌렌가 : 기술적인 문제들을 겪었던 적이 있나요?

제니퍼 레이프 : 네, 특히 제가 발표나 시연을 해본 경험이 적었을 때 그랬습니다. 제가 한 번 발표했을 때는 기술 문제를 도와주는 분이 있었고, 무대 바로 앞에 발표자용 모니터가 있었습니다. 그래서 제 노트북 모니터, 프로젝터, 그리고 발표자용 모니터를 최대한 활용하려고 했습니다.

발표할때는 프로젝터에 발표 자료를 띄워놓고, 발표자용 모니터에는 발표자 노트를 띄워 놨습니다. 그렇게 발표를 하다가 시연을 할 때가 되면, 제가 시연을 조작하는 노트북 화면을 프로젝터에 그대로 띄워서 무대 화면을 보지 않고도 코드를 작성할 수 있게 하려고 했습니다. 약간 불안하긴 했지만, 잘 넘어갔습니다.

또 다른 발표에서는 발표 자료를 화면에 연결하는데 문제가 있었습니다. 어떻게 된 일인지 계속 지켜보면서 사람들이 나가지 않게 하려고 노력했습니다. 문제가 해결되는 동안 제 소개를 먼저 하고, 어디서 왔는지와 같은 질문들을 청중들에게 하면서 지루하지 않게 하려고 했습니다.

다른 한 번은 제가 뉴욕에서 아주 큰 컨퍼런스에서 반나절 정도 하는 교육 프로그램을 운영할 때였는데, 인터넷이 안 되는 아주 큰 문제가 있었습니다. 결국에는 사람들이 교육 프로그램이 끝나고 나서 실습해볼 수 있게 소프트웨어를 다운 받게 했습니다.

> *"아무리 연습하고 리허설을 했더라도, 여러 상황에 대해서 유연성을 가지고,*
> *필요하다면 방법을 바꾸는 것이 필요합니다." - 제니퍼 레이프*

그 때 저와 함께 발표했던 사람들이 있었는데, 그 중 한 사람이 준비물, 이론, 그리고 어떻게 동작하는지를 먼저 설명하게 했습니다. 그렇게 설명이 진행되는 동안, 저와 다른 2명은 교육장을 돌아다니면서 사람들이 실습할 수 있는 환경을 준비할 수 있도록 도왔습니다. 발표는 잘 끝났습니다. 항상 문제에 유연하게 대응할 준비를 해야 합니다. 아무리 연습하고 리허설을 했더라도, 여러 상황에 대해서 유연성을 가지고, 필요하다면 방법을 바꾸는 것이 필요합니다.

히예르탄 빌렌가 : 디벨로퍼 애드보킷의 단점이 있다면 무엇이 있을까요?

제니퍼 레이프 : 사람마다 다르지만 만약 자신이 끊임없이 돌아다녀야 하는 것을 즐기지 않는 사람이라면, 출장을 많이 다니는 것이 단점이 될 수 있습니다. 일이 끊임없이 생긴다는 점도 있습니다. 블로그 글을 써서 올리는 것이나 깃 저장소를 최신화하는 것부터 두 달 뒤에 있을 출장을 위해 비행기표를 예약하는 것까지 많은 일들을 해야 합니다. 이런 건 지루한 행정에 필요한 업무들이지만 가만히 있거나 일을 적게 하는 때는 없습니다. 자신의 시간을 쪼개서, 가장 중요하거나 가장 급하다고 생각하는 일들을 정해야 합니다.

히예르탄 빌렌가 : 앞으로 10년 뒤에는 자신의 역할이 어떻게 될 것이라고 생각하세요? 자신이 이 일을 오랫동안 할 것이라고 생각하나요?

제니퍼 레이프 : 네, 이 일을 하는 것이 재밌기 때문에 계속 하고 싶고 그게 제가 원하는 것입니다. 제 목표는 IT 업계의 디벨로퍼 애드보킷 분야에서 전문가가 되는 것입니다.

저는 더 많은 통합 도구들을 만들고, 제품을 만드는데 더 적극적으로 참여하고 싶습니다. 제품의 내부에 대해서 더 많은 이해를 해서, 저희 제품이 어떻게 동작하는지에 대한 감을 얻고 싶습니다. 목표는 제가 할 수 있는 만큼 기술적인 능력을 가지는 것이에요.

히예르탄 빌렌가 : 아버지가 자신의 지금의 직무, 그리고 미래의 커리어에 대해서 어떤 조언을 해주셨나요? 아버지가 거쳐왔던 길을 뒤따르고 싶나요?

제니퍼 레이프 : 처음부터, 아버지는 좋은 디벨로퍼 애드보킷은 회사뿐만 아니라, 개발자 커뮤니티들에도 가치를 더해준다고 항상 이야기하셨습니다. (커뮤니티가 회사의 커뮤니티이거나, 혹은 그보다 더 넓은 의미에서의 커뮤니티이건 간에요.)

좋은 개발자가 되거나 좋은 발표자가 되는 것은 쉽지만, 둘 다 되는 것은 어렵습니다. 두 가지 측면을 잘 섞어서 함께 달성하는 것이 힘들지만, 만약 자신이 성공하면 성취감은 높을 것입니다. 인생에서 가장 좋은 것은 쉽게 얻어지지 않기에 도전할 때 최선을 다해야 합니다.

> *"이 분야에서 살아남기 위해서는 꽤 많은 양의 공부가 필요합니다." - 제니퍼 레이프*

이 분야에서 살아남기 위해서는 공부를 꽤 많이 해야 합니다. 아버지는 배우는 것과 실험하는 것이 모든 상황에서 성공하는 가장 좋은 방법이라고, 그 둘을 항상 멈추지 말라고 하셨습니다. 부담감을 느끼기 쉽고, 이 업계에서 따라잡을 가능성이 없다고 생각하겠지만, 매번 새로운 것을 배운다면 다음 목표를 달성할 수 있게 도와줄 것입니다.

아버지가 밟았던 길을 뒤따르는 것과 관련해서는 큰 틀에서 봤을 때 당연히 뒤따르고 싶습니다. 세세한 부분들까지 들여다보면, 서로 다른 어려움과 기회들을 겪어왔기에 각자에게 독특한 길을 걷게 될 것입니다. 어떻게 보면, 이미 제 아버지가 겪은 단계들을 따르고 있습니다. 저희 둘 다 모두 기업 시스템 개발자로 일했고, 컨퍼런스에서 발표하기 시작했고, 결국엔 스타트업의 디벨로퍼 애드보킷으로 일하고 있습니다. 저랑 아버지 앞에 모두 같은 선택지가 놓였다고 하더라도, 각자 서로 다른 선택을 했을 것입니다. 아버지가 겪은 모든 단계를 그대로 따라가는 것이 아니라, 아버지가 겪은 경험들 중에서 저에게 도움이 된다고 생각하는 것들을 제 경력에 담으면서 동시에 아버지가 저에게 주의를 줬던 것들을 피하고 싶습니다!

또 다른 관점에서는 그가 이뤄낸 업적들을 큰 틀에서 따르고 싶어요. 아버지는 IT 분야뿐만 아니라 다양한 분야에서 제게 중요하고 긍정적인 영향을 주었고, 지금 제 지식의 좋은 근원이 되어 주셨습니다. 분야 내에서 전문가가 되는 것, 항상 배움에 뜻을 둬야 하는 것, 실험과 질문은 아버지가 달성한 것들이고 저도 그렇게 하고 싶습니다.

아버지는 자신의 높은 동기부여와 능력만으로, 많은 사람들이 알아볼 수 있을 정도의 업적과 명성을 매우 빠르게 쌓아 올렸습니다. 아버지가 가지고 있는 기술에 대한 흥미와 관중들로부터 얻어내는 관심 그리고 개발자 커뮤니티에게 주는 영향력은 제가 똑같이 하도록 마음을 먹게 합니다. 아버지는 자신이 선택한 무언가를 이루고, 다른 사람들도 각자 최선을 다하도록 영감을 주세요. 그런 점은 제가 아버지의 딸이라서 그런 것이 아니라, 모든 개발자들이 이루고 싶어하는 것입니다.

히에르탄 빌렌가 : 자신이 다루고 있는 제품이나, 회사에서 배우고 있는 것과 관련해서, 지금 당장 가장 관심을 가지고 있는 것은 어떤 것인가요?

제니퍼 레이프 : 네오포제이가 제품과 경영 모두 잘해서 좋은 생태계를 만들 수 있다는 점이 좋습니다. 저희 도구들과 주요 프로젝트들에 도움을 주는 아주 활발한 개발자 커뮤니티들이 있습니다. 동시에 저는 제 팀이 다양한 회사의 도구들과 함께 쓸 수 있는 좋은 통합 도구들을 아주 많이 만들었다고 느낍니다. 좋은 파트너와 멋진 개발자 커뮤니티가 있고 환상적인 도구들도 만들어 왔습니다.

제가 이야기했던 것처럼, 사람들은 그래프 데이터베이스만 쓰지 않습니다. 사람들은 그래프 데이터베이스를 통해 최대한의 가치를 만들어내기 위해서 다양한 도구들과 함께 사용합니다. 그렇기 때문에 제 회사와 저희 제품의 생태계에 더 정이 드는 것 같습니다. 네오포제이 사람들뿐만 아니라, 전 세계의 다양한 사람들이 제품에 기여를 하고, 제품으로 멋진 무언가를 할 수 있는지 보여주기 때문에 이 생태계에 기여하는 것이 매우 재밌고 흥미로우며 네오포제이와 생태계가 매력적으로 느껴집니다.

초심자들을 위한 제니퍼의 조언

히예르탄 빌렌가 : 만약 20대인 누군가가 디벨로퍼 애드보킷 분야에 관심이 있다고 하면, 이 분야에 들어오는데 어떤 조언을 줄 것인가요?

제니퍼 레이프 : 디벨로퍼 릴레이션 부서에서 일하는 사람들이 다양한 일들을 생각한다면, 다양한 능력들을 가지는 것이 필요하다고 생각합니다. 자신이 관심있는 기술을 깊게 공부하는 것이 필요하고, 그 기술로 자신이 원하는 프로그램을 만들 수 있고, 그 기술의 내부를 이해할 수 있어야 합니다.

그러고나서는 오픈 소스 프로젝트에 의견을 제공하거나, 자신의 결과물을 공유할 수 있어야 합니다. 기본적으로, 이 분야에서 일하려면 기술적인 존재감을 가지고 있어야 해요. 그게 깃허브에서 활동하거나, 사이드 프로젝트를 하거나, 트위터에서 활동하거나, 자신이 어떤 코드에 관심을 쏟고 있다는 사실을 알리는 것이 되건 간에요.

좋은 방법은 사람들과 교류하는 것입니다. 컨퍼런스에 갈 수 있는, 혹은 다른 기술적인 자료들에 접근할 수 있는 기회가 생기면, 그 기회를 잡으세요. 지역 단위로 열리는 작은 밋업들이 그런 교류를 시작하기 좋은 곳입니다. 그러다가 밋업에서 어떤 주제에 대해서 발표해달라고 제안할 수도 있고 만약 발표에 관심이 있다면, 그 기회를 잡으면 됩니다.

> *"코드 기여자가 된 다음 발표한 경험, 함께했던 사람들,*
> *자신이 참여했던 프로젝트들을 가지고 이력을 쌓아가야 합니다."*
> *- 제니퍼 레이프*

만약 자신의 이름을 알리고 싶고 자신이 발표하는 모습을 녹화할 수 있다면, 그걸 유튜브에 올리세요. 컨퍼런스에 발표 제안을 제출할 때, 많은 경우에 운영진들이 참고하기 위해서 이전에 발표했던 녹화본 혹은 발표자료를 볼 수 있는지 물어봅니다. 정리하자면, 코드 기여자가 된 다음 발표한 경험, 함께했던 사람들, 그리고 참여했던 프로젝트들을 가지고 이력을 쌓아가야 합니다.

히예르탄 빌렌가 : 디벨로퍼 애드보킷이 되는 것과 관련해서 더 하실 말이 있을까요?

제니퍼 레이프 : 저는 이 일이 즐겁고, 흥미롭고, 이 일을 계속 하고 싶습니다.

자신이 할 수 있는 것의 종류와 정도에 제한이 없고 유연성이 높습니다. 여행을 다닐 수 있고, 집에서 일할 수 있고, 회사가 제공하는 범위 안에서 유연하게 일하는 것과 같이 부가적인 장점들도 있습니다. 사람들이 어떻게 정의하고 싶던 간에, 이건 꿈의 직업입니다.

팀 버그룬드

Tim Berglund

팀 버그룬드는 선생님이자 저자이며 컨플루언트(Confluent)에서 개발자 경험과 관련해 수석 담당자의 역할인 테크리더로 활약하고 있다. 발표자로서 깃에서부터 분산시스템까지의 다양한 주제를 오라일리(O'Reilly)의 교육용 영상에서 다뤘다. 팀은 미국뿐만 아니라 세계 전역의 컨퍼런스에서 발표하고 있다. (트위터: @tlberglund)

히예르탄 빌렌가 : 어떤 일을 하고 계시는지 설명 부탁 드려도 될까요?

팀 버그룬드 : 컨플루언트에서 일하고 있고, '개발자 경험(DevX) 팀'이라고 불리는 팀을 이끌고 있습니다. 디벨로퍼 릴레이션 업무를 하는 팀인데, 'DevX'라고 부르는 이유는 그게 더 멋있게 들리기 때문입니다. 풀스택 자바 개발자이자 교육자 그리고 발표자 경험을 가지고 있습니다.

히예르탄 빌렌가 : 이 분야에 있는 사람들은 자신들을 '테크 에반젤리스트' 혹은 '디벨로퍼 애드보킷' 중 어떤 쪽으로 불리울지에 대해 토론을 벌이곤 합니다. 어떤 쪽을 지지하시며, 왜 그렇게 생각하시나요?

직함에 대한 논란

팀 버그룬드 : 이건 아주 오랫동안 지속되어온 토론거리입니다. 항상 이 주제로 사람들과 이야기를 나누죠. 10년 전에 소프트웨어 아키텍트와 관련된 밋업에 참여한 적이 있습니다.

밋업의 50%정도의 시간은 아키텍트가 무엇을 의미하는지에 대해서 이야기했고 나머지 50%는 유용한 정보들을 나누는 시간이었습니다.

우리의 일도 마찬가지입니다. 만약 모든 사람들이 어떤 일을 하는지에 따라 분류하고 직업이 어떻게 불리는지에 따라 사람들을 나눈다고 가정하면, 디벨로퍼 애드보킷과 디벨로퍼 에반젤리스트에는 차이가 없다고 보는 편입니다. 직함에 대해서 이야기 할 때 어떤 사람들은 "디벨로퍼 애드보킷이 개발자들을 위해 일한다면 에반젤리스트는 그저 멋져 보이려고 지은 이름이니까 그 두 개는 달라요"라고 말하지만, 이건 사실이 아닙니다.

이 토론은 디벨로퍼 애드보킷이 하는 일들의 흥미로운 부분들을 보여줍니다. 가령 "우리는 누구를 위해 이 일을 하는가?"라는 질문과 같이 윤리적인 관점에서 바라보면 직함의 차이점에는 하나도 관심이 없습니다. 저는 제 자신을 '테크 에반젤리스트'라고 소개하며, 우리 회사에서는 '에반젤리스트'라는 용어를 사용합니다.

어떤 사람들은 "에반젤리스트라는 용어가 주는 종교적인 색채가 별로라고 생각해서 에반젤리스트라고 불리길 원치 않아요"라고 말합니다. 당연히 그런 의견은 존중하지만, (굳이 일부러 다른 사람들의 기분을 상하게 할 생각은 없지만) 어쨌거나 우리가 하는 일은 같다고 생각합니다.

히예르탄 빌렌가 : '대변인'이라는 용어에 대해서는 어떻게 생각하시나요?

팀 버그룬드 : 어떤 컨퍼런스에서는 '에반젤리스트'나 '디벨로퍼 애드보킷'이라는 직함을 가진 사람을 받지 않는 경우도 있습니다. 솔직하게 말하자면 그런 컨퍼런스는 정말 저를 화나게 합니다.

디벨로퍼 애드보킷 업무를 하는 사람을 무작정 대변인이라고 비난하는 건 정말 기가 차는 일인데 왜냐하면 제 친한 친구들 중 몇 명은 정말 전문적으로 그 일을 하는 사람이기 때문입니다. 그들은 진실되게 행동한다는 것을 저는 알고 있습니다.

그들은 사람들에게 거짓된 정보를 주는 것이 잘못된 일임을 알고, 잘못된 일을 하고 싶지 않기 때문에 거짓을 말하지 않습니다.

제품 마케터들은 개발자도 아니고, 디벨로퍼 애드보킷도 아닙니다. 그들은 그냥 마케터일 뿐입니다. 그들은 자신들이 만들어내는 사실과 논리구조에 너무 목매는 경우가 있습니다. 마케팅 일을 하는 사람은 다소 본인의 주장을 과도하게 설파하는 경향이 있습니다.

IT 업계에서는 마케팅 일을 하는 사람들은 거짓말하고 왜곡한다고 생각합니다. 비도덕적인 사람들이 많다는 것을 알 수도 있지만, 실제로 마케팅 일을 하는 사람을 접해보면 그들이 언론을 대하는 자세는 정말 조심스럽고 많은 생각을 거쳐서 한다는 것도 알 수 있습니다.

컴퓨터 프로그래머들은 사람들을 비난하는 경우가 있습니다. 소프트웨어 개발 문화 중에는 손을 들고 "넌 멍청하고 난 네 의견에 동의하지 않아"라고 말해도 되는 문화가 있거든요. 어떻게 보면 그정도는 참을만 합니다. 온라인에서 서로를 비난하는 것처럼, IT 분야에서는 약간 무례함을 느낄 수 있는 경우가 많습니다.

"우리가 하는 일에 대한 논란은 예상보다
사람들에게 크게 주목받지는 않는다고 생각합니다." - 팀 버그룬드

어떤 기술에 대해서 이야기할 때 어떻게 해야 대변인의 느낌이 들지 않을 수 있는지 의문입니다. 아무래도 제가 발표를 많이 하기 때문에 제 자신이 대변인으로 비춰지는 것이 싫어서 하는 자기합리화일 수 있겠지만, 솔직히 제가 하는 일이 무언가를 항상 대표한다는 생각이 안 듭니다. 실제로, 우리가 하는 일에 대한 논란은 예상하는 것보다 크게 주목받지는 않아서 그런 것 같습니다.

디벨로퍼 애드보킷의 평판은 커뮤니티와 연결되어 있기 때문에 사람들에게 거짓말해서는 안됩니다. 또한, 항상 사람들과 이야기하기 때문에 의사소통 전문가라고 볼 수 있습니다. 그래서 디벨로퍼 애드보킷의 활동을 부정적으로 보진 않습니다.

디벨로퍼 애드보킷으로서의 첫 시작

히예르탄 빌렌가 : 어떻게 디벨로퍼 애드보킷 업무를 시작하셨나요?

팀 버그룬드 : 펌웨어 개발자로 첫 커리어를 시작했고, 그 일을 좋아했습니다. 그 이후 자바와 웹에 관심이 생겼을 때 처음 닷컴 버블이 터졌습니다. 정말 엄청난 타이밍이었죠. 웹 시장이 붕괴될 때 웹으로 분야를 옮기다니 말이에요!

그 이후에 제가 사람들 앞에 나서는 것과 가르치는 것을 좋아한다는 것을 알게 되었습니다. 남을 가르치는데 재능이 있었고, 가르치면서 에너지를 얻고 보람을 느꼈습니다. 이 때는 프리랜서 컨설턴트로 일했던 중이라, 회사에 들어가기 전까지는 사람들을 마음껏 가르칠 수 있었습니다.

원래는 맞춤형 소프트웨어 개발을 주로 했지만, 이 때부터 교육 현장과 컨퍼런스에서 발표하는 것을 주로 하게 되었습니다. 발표의 매력에 빠진 시기가 이때쯤이죠. 제가 발표한 첫 번째 밋업을 아직도 잊지 못하고 있습니다. 좋은 의미로 불타올랐고, 더 발표하고 싶다는 열망을 느꼈습니다.

히예르탄 빌렌가 : 바로 발표와 사랑에 빠진 것 같은데요?

팀 버그룬드 : 네, 사람들 앞에서 발표한 게 처음은 아니지만 발표를 더 많이 해

야겠다고 느낀 시기였습니다.

전문적인 디벨로퍼 애드보킷이나 테크 에반젤리스트는 아니었지만, 이 일들을 하면서 제 정체성을 찾고 싶었습니다. 커뮤니티 사람들에게 도움이 될 수 있는 중요한 기술을 터득해서 사람들이 그 기술을 사용하는 데 익숙해지도록 돕고 싶었습니다. 무언가를 가져와, 배우고, 가르치는 일을 하고 싶었죠. 그래서 이 흐름에 몸을 맡기기 시작했습니다.

밋업에서 발표를 시작한 이래로 "더 큰 컨퍼런스에서 발표해야 한다"고 생각했습니다. 그리고 그 목표를 이뤄내고 싶었기 때문에, 열심히 했습니다. 조금 휴식을 취하고 다시 발표를 시작했습니다. 처음의 제 자신이 그저 발표를 하고 싶어하는 한 남자였다면, 그 이후에는 이를 제 업으로 삼게 되었죠. 어떻게 하면 팀을 구성하고, 회사의 우선순위에 맞게 일을 배분할 수 있는지를 알게 되었습니다.

히예르탄 빌렌가 : 어떤 조직에서 일해봤고, 그 때마다 어떤 걸 홍보하셨나요?

팀 버그룬드 : 처음 정규직으로서 이 일을 했던 것은 깃허브입니다. 제 직함은 '트레이너'였어요. 깃허브 그때 당시 수평적인 조직을 표방했었고, 소수의 트레이너들이 존재하였습니다. 이 때가 2012년이었으니, 아직 사람들이 깃에 대한 두려움을 가지고 있던 때에 깃허브는 사람들이 자신들 회사의 핵심 기술을 사용하는 데 익숙해지도록 돕는 전략을 사용했습니다.

사람들을 교육하고, 컨퍼런스에 나가는 등의 활동을 하면서도 에반젤리즘 활동은 형식에 얽매이지 않았습니다. 트레이너로서 사람들 앞에 나서는 것을 좋아하였고, 우리가 하는 일을 사랑했고 담당하는 커뮤니티에서 우정을 나누는 친구들도 있었습니다. 나가서 우리가 어떤 일을 하는지 말하고 싶었습니다. 플랫폼과 기술에 대해 열심히 홍보 활동을 하였습니다.

"상업적인 제품을 어떻게 하면 사람들에게 알릴 수 있는지 알아보기 시작했습니다"
- 팀 버그룬드

그 이후 데이터스택스(DataStax)에서 교육 부문의 업무를 맡았습니다. 커리큘럼 팀을 운영하면서 온라인 교육 컨텐츠를 만들었습니다. 오픈소스인 아파치 카산드라, 스파크 그리고 이 둘을 적절하게 사용하는 방법을 사람들에게 알려주었습니다. 그리고 상업적인 제품을 어떻게 하면 사람들에게 알릴 수 있는지를 알아보고 그 경계에 대해 탐구했습니다.

데이터스택스에서 일하는 동안, 이것을 실천하는 일련의 과정을 정하는 일들을 했습니다. "우리의 고객들을 어떻게 교육 시키는지, 어떻게 기술에 대해서 알리는지, 그 일들을 하기 위해서 문서화를 어떻게 작업하는지"등을 체계적으로 잡았습니다. 그래서 이런 항목들을 우리가 내세울 수 있는 하나의 일관된 목표로 정리해내려고 했습니다.

컨플루언트에서는 에반젤리스트 역할을 하는 사람들이 있습니다. 제가 모든 에반젤리스트들을 직접 관리하지는 않지만, 이렇게 큰 규모의 디벨로퍼 릴레이션 업무를 지휘하곤 합니다.

히예르탄 빌렌가 : 지금 계신 조직 내에서는 디벨로퍼 애드보킷이 중요하다고 인식되어 있나요?

팀 버그룬드 : 네, 회사 사람들은 디벨로퍼 애드보킷이 주는 중요성을 인정해주

고 있습니다. 오픈소스 프로젝트에서 대중들과 공식적으로 커뮤니케이션 해 본 경험이 있는 CEO가 있기 때문에 가능했던 것 같습니다. 그는 이 일의 가치를 알고, 사내 문화적으로 디벨로퍼 애드보킷 커뮤니티를 이해하고 있습니다.

히예르탄 빌렌가 : 이 모든 것에 대해 열정이 넘치는 것으로 보이네요. 어떻게 이 일을 계속할 수 있으신거죠?

팀 버그룬드 : 이 일은 제게 숨쉬는 것과 마찬가지입니다. 사람들 앞에서 말하는 활동을 해야 직성이 풀립니다.

히예르탄 빌렌가 : 발표를 좋아하지 않는 사람들도 디벨로퍼 애드보킷 업무를 할 수 있나요?

컨퍼런스의 발표자가 되고 싶지 않다면

팀 버그룬드 : 네, 당연합니다. 저희 팀에는 발표하는 것을 좋아하지 않고 사람들 앞에 나서는 것을 선호하지 않는 팀원도 있습니다. 그럼에도 불구하고 그녀는 엄청난 일들을 합니다.

에반젤리스트 역할에는 밋업과 컨퍼런스에 나가는 외향적인 측면도 있지만, 유용한 컨텐츠를 전달할 줄도 알아야 합니다. 우리 팀에는 컨텐츠를 만드는 사람이 따로 있습니다. 예를 들어, 우리가 만든 오픈소스 스택에서 여러 부분을 가져오고, 심지어는 기업용 제품의 일부도 가져와서 "이 컴포넌트들은 원래대로라면 함께 사용할 수 있어야하고, 제품 마케팅팀은 무엇이 어떻게 작동되어야 한다고 했으니, 이 컴포넌트들을 사용해서 요구사항에 맞는 기능을 구현해볼게요"라고 말하는 팀원이죠.

이건 어떤 제품이 안 되는지 확인하고, 어떻게 고칠지 알 수 있기 때문에 엄청 나게 가치 있는 일입니다. 역으로 제품이 잘 된다는 것을 확인하고, 그것을 가 지고 제품에 대한 새로운 컨텐츠를 만들수도 있고요.

히예르탄 빌렌가 : 다양한 일을 할 수 있다는 점에서 디벨로퍼 애드보킷 업무 를 좋아하시나요?

팀 버그룬드 : 네, 저는 외향적인 측면의 활동을 더 좋아하지만, 다양한 일을 할 수 있다는 점은 여전히 저에게 중요합니다.

문서화 관련 업무들도 제가 관리합니다. 디벨로퍼 애드보킷 업무들 중에서 중 요한 부분을 차지하는 일이기 때문입니다. 개발자들과 저희가 소통하는 다양 한 방식들 중 한 방법이거든요.

"다양한 일을 할 수 있다는 것이 제게 중요합니다" - 팀 버그룬드

팀을 이끄는 중요한 일도 합니다. 단지 돌아다니며 발표만 해도 되겠지만, 사 람들을 관리하고 그들에게 맞는 목표를 설정해 주는 일에서 큰 보람을 느낍니 다. 팀원들에게 성장할 수 있는 환경을 마련해주고, 그들이 다음 단계에서는 어떤 일을 더 수행하면 되는지 고민을 합니다.

히예르탄 빌렌가 : 팀원들에게 어떤 조언을 해주시나요?

팀 버그룬드 : 제 팀은 디벨로퍼 애드보킷 업무 이상의 일을 해내는 팀입니다. 성장하고 있는 테크 라이팅 팀도 있고, 운영 위주의 업무를 하는 커뮤니티 팀

도 있습니다. 전담 영상 편집자도 있고요. 그리고 디벨로퍼 애드보킷을 겸하고 있는 직원들이 있습니다. 아까 얘기했듯이, 디벨로퍼 애드보킷 업무를 하는 사람들은 다양하게 나뉘어져 있습니다. 그래서 이런 직원들은 솔루션 엔지니어와 같은 직함을 달고 다른 팀에서 일하고 있습니다.

팀원들에게 조언을 해줄 때는, 팀원이 새롭게 구상한 발표의 내용 흐름을 잡아주면서 발표 자료에 대한 의견을 주고, 기본적인 일들을 어떻게 해야하는지에 대한 노하우를 알려주기도 합니다.

그리고 발표를 방해하는 사람이 나타나는 것과 같이, 무대 위에서 발표할 때 맞닥뜨릴 수 있는 상황들에 어떻게 대처해야 하는지도 알려줍니다. 자주 일어나는 일은 아니지만, 일어날 가능성은 있으니까요.

"제가 여기서 발표를 해야 할까요? 컨퍼런스 측에서 연락이 왔는데, 우리가 나갈만한 좋은 자리일까요?"라는 질문을 팀원들에게 가장 많이 듣습니다. 이런 경우에는 커뮤니티에게 주는 효과와 상업적인 효과를 판단하며, 회사에게 도움이 되는 방향으로 결정을 내립니다.

히예르탄 빌렌가 : 본인이 발표하는 내용들을 얼마나 자주 업데이트를 하시나요?

팀 버그룬드 : 가령 카프카 입문을 주제로 하는 경우라면 자주 업데이트 하지 않습니다. 주제 자체의 내용이 자주 바뀌는 것이 아니라면, 오랜 기간 동안 같은 내용으로 발표합니다. 하지만 2년 이상 업데이트 없이 사용하는 경우는 드뭅니다. 그 정도 되면 발표하는 제가 질려서 다른 내용으로 발표를 해야겠다는 생각이 들거든요.

디벨로퍼 애드보킷이 되기 위한 조건들

히예르탄 빌렌가 : 디벨로퍼 애드보킷 역할을 해내는 데 필요한 최소한의 능력은 어떤 것들이 있을까요? 성격적인 측면에서 요구되는 것들이 있나요?

팀 버그룬드 : 제 상사는 저희 팀이 특이하고 흔치 않은 동물들을 모아놓은 동물원 같다고 했습니다. 팀 구성원 모두 다른 성격을 가지고 있기 때문입니다.

디벨로퍼 애드보킷 업무를 하기 위해서는 기술에 대한 배경지식이 있어야 한다고 봅니다. 이 역할은 컴퓨터 프로그래머들과 대화하고, 그들의 의견에 공감을 하며 관계를 쌓아나가고, 그들을 돕는 일이기 때문입니다. 그게 제일 중요하다고 봅니다.

개발자들은 생계를 유지하기 위해 코드를 짜는 사람들입니다. 생계를 유지한다는 것은 굉장히 어렵고 냉혹한 일이죠. 개발자들은 일이 어떻게 해결되고 있는지를 잘 모를 수 있고 매번 모든 것이 새롭게 느껴질 수 있습니다. 그런 사람들을 돕는 것이 디벨로퍼 애드보킷의 역할입니다. 기술에 대한 배경지식이 없는 사람이 디벨로퍼 애드보킷 업무를 잘 할 수 있을 것이라고 말하는 것은 현실적이지 않습니다.

히예르탄 빌렌가 : 기술적인 역량이 필요하다고 말씀하셨는데, 다른 경력을 쌓아오다가 이 일을 하고 싶어하는 사람도 있습니다. 이런 경우에도 디벨로퍼 애드보킷으로 일하는 것이 가능한가요?

팀 버그룬드 : 군이 디벨로퍼 애드보킷이 아니더라도 개발자라는 직업만 놓고

생각해봅시다. 많은 사람들이 컴퓨터 과학 관련 학위가 없어도 이미 전문적으로 소프트웨어 개발 분야에서 일하고 있습니다. 정말 대단한거죠.

누군가 IT 업계에 들어오기 전에 어떤 길을 걸어왔는지를 따질 필요는 없다고 봅니다. 꼭 대학교를 나오지 않아도 된다고 생각하고요. 대학교를 나와도 되지만, 나오지 않아도 상관 없습니다. 하지만, 제 의견을 굳이 말하자면 디벨로퍼 애드보킷 업무를 하기 위해서는 개발자로 일한 경험이 있어야 된다고 생각합니다.

10살 때 제 첫 프로그램을 만들었고, 그 이후로는 개발자의 길을 걸어온 것을 후회한 적이 없습니다. 다른 사람들은 또 다른 경험을 쌓아왔을 수 있겠지만 개발자들의 삶을 이해하기 위해서는 개발자로 보낸 시간이 있어야 합니다.

기술적인 부분에 능통한 프로덕트 마케터들은 똑똑하며, 기술에 대해 이야기할 수 있는 사람들입니다. 그럼에도 불구하고 디벨로퍼 애드보킷의 역할을 수행할 때는 매우 조심해야 하는데, 만약 일반적인 마케팅을 하는 방식으로 개발자들에게 접근한다면 실패할 것이기 때문입니다.

코딩을 하는 행위가 전부는 아니기에 인문학적으로 접근해야합니다. 사람들 사이에는 공통된 전통, 가치, 언어, 심지어는 미신들이 존재합니다. 예를 들어서, 덴버 출신의 미국인인 제가 유럽에 간다면, 그런 점들이 확연하게 들어납니다. 그 특징들이 제가 미국인이라는 것을 사람들이 알 수 있게 만들어주기 때문에, 대화를 할 때 그런 특징들을 숨기려고 하지 않습니다.

"전 세계적으로 공유된 소프트웨어 개발 문화가 있습니다" - 팀 버그룬드

개발자들 사이에는 공통점들이 많습니다. 전 세계적으로 공유된 소프트웨어 개발 문화가 있고, 사람들 앞에 서서 발표할 때 신뢰를 얻기 위해서는 그 문화에 익숙해야 합니다. 그렇기 때문에 개발자로 일하며 코드를 작성해보는 경험이 있어야 합니다.

보통의 에반젤리스트나 애드보킷의 경우, 사람들 앞에서 긴장하지 않고 이야기하는 능력이 필요합니다. 앞서 말했듯 퍼포먼스 측면의 역할을 수행해야 하고, 이는 에반젤리스트나 애드보킷 일을 하는 사람이 가져야 할 핵심 역량이기 때문입니다.

어쩌면 벤캇 수브라마니암과 같은 전문가들이 하는 것처럼, 청중들로 가득찬 방에서 1시간 동안 라이브 코딩을 하고 농담을 곁들이며 발표를 해야 한다고 생각할 수 있습니다. 하지만 사실 그렇게 하는 것은 매우 힘듭니다. 아마 평생 그렇게 할 수 없겠지만, 그런 사람이 되고 싶다고는 생각해야 합니다. 그만큼 사람들과 상호작용하는 것을 좋아해야 합니다. 그렇다고 반드시 외향적이거나, 사람들을 좋아할 필요는 없습니다.

모든 발표자들이 외향적인 것은 아니지만, 무대에 올라선 이상 떨지 않고 즐길 줄 알아야 합니다.

애드보킷 분야로 향하는 사람들을 위한 팀의 조언

히예르탄 빌렌가 : 본인의 경험에 빗대어 보자면, 개발자에서 디벨로퍼 애드보킷으로 커리어를 전환하는 가장 최적의 방법은 무엇인가요?

팀 버그룬드 : 개발자에서 디벨로퍼 애드보킷으로 가는 커리어 패스가 좋다면, 그렇게 하면 됩니다. 디벨로퍼 애드보킷 분야의 좋은 점이죠. "사람들 앞에서 발표하는 건 괜찮은데, 그 일을 업으로 삼는 것은 끔찍한 것 같아요"라고 생각하는 개발자들을 커뮤니티들에서 볼 수 있습니다. 하지만 누구라도 디벨로퍼 애드보킷으로 일하고 싶다면, 그렇게 해야 합니다. 그들은 그럴만한 자격이 있을 것입니다.

이 일을 시작하는 방법은 첫 번째로 어떤 주제에 대해서 발표하는 것입니다. 만약 발표하고자 하는 주제가 굉장히 기초적인 기술 내용이라면, "이건 좋은 기술이지만, 최신 기술이 아닌 것 같아. 조쉬 롱이 이미 스프링에 대해서는 꽉 잡고 있는데, 밤을 새면서 그를 따라 잡을 수도 없는 거고. 내가 하고 있는 일을 어떻게 하면 더 흥미롭게 보이게 할 수 있을까?"라고 생각할 수도 있습니다.

제가 하고 싶은 말은 본인이 짠 코드가 별로라면, 본인이 생각하기에 멋진 기술을 찾아서 그에 대해 공부하라는 것입니다. 그 다음에 발표를 구성합니다. 이렇게 하는게 정직하지 못한 것도 아니고, 거짓을 말하는 것도 아닙니다. 기술에 대해서 알기 위해서 공부했었고, 밋업에서 45-60분 내외의 발표를 할 수 있기까지의 지식을 충분하게 쌓았습니다.

다시 한 번 강조할게요. 본인이 흥미를 느끼는 기술을 찾고, 발표를 구성하고, 본인이 사는 지역에서 해당 기술을 주제로 하는 밋업을 찾습니다. 4~6개월 정도 걸릴 수 있지만, 발표를 할 수 있을 것입니다.

좋은 발표를 구성하는 방법과 어떻게 하면 발표를 잘 할 수 있는지에 대해서는 추천하고 싶은 방법이 있습니다. 빠져들면 됩니다. 하나의 밋업이 끝난 후, 다른 밋업에서 또 발표합니다. 4~5번 정도 밋업에서 발표한 뒤, 컨퍼런스에 발표자로 지원하세요. 5개 정도 제출한다면 그 중 하나에서는 선택받을 것입니다.

히예르탄 빌렌가 : 특정 기술에 대해서 홍보하기 전에 모든 것을 다 알아야 한다고 생각하시나요?

팀 버그룬드 : 그럴 필요 없습니다. 기술에 대해서 이야기 하다보면 사람들이 묻는 질문에 어떻게 대답해야 할지 모르는 경우를 마주하게 됩니다. 모든 질문에 대해서 대답할 수 없다는 것에 불안함을 느끼지 않아야 한다는 것을 배웠습니다. 무엇이 되었던 간에, 내가 생각하지 못한 부분에 대해 어떤 사람은 질문할 수 있습니다.

히예르탄 빌렌가 : 그런 상황에서 어떻게 대처하시나요?

팀 버그룬드 : 모른다고 말합니다. 작년부터 카프카를 다뤄야해서 새로 배우며 쓰고 있는데, 그 전까지는 카프카에 대해서 아무것도 몰랐습니다. 때로는 이렇게 당황스러운 순간을 마주하고는 하죠. 몰랐던 기술에 대해 기본적인 내용들을 미리 알아두고 있었으면 좋았겠지만, 극복해내야 합니다! 그래서 질문을 받을 때도 종종 아무도 예상하지 못했던 매우 생각해볼만한 좋은 질문을 받을 때가 있습니다. 그럴 때는 나중에 이에 대한 답변을 하겠다고 말하면 됩니다.

히예르탄 빌렌가 : 회사의 방향과 동의할 수 없는 상황에서 무대에 올랐는데, 그에 대한 질문을 받는 경우 어떻게 대처하시나요?

팀 버그룬드 : 첫째로, 운 좋게도 제가 이런 상황에 놓여본 적은 없지만 이런 상황에서는 다양한 관점으로 봐야합니다. 회사를 대표해서 나갔을 때는 물

론, 프로젝트에 기여한 개인의 신분으로 갔을 때도 그 순간만큼은 회사를 대표한다는 것입니다. 그러면서 질문을 던지고 있는 한 무리의 사람들 앞에 서 있는 것입니다.

회사의 방향에 대한 발언권이 있는지 없는지도 잘 모르겠지만 있다고 가정한다면, 적어도 회사가 가고자 하는 방향과 이해관계에 대해 공유된 부분에 대해서만 말해야 한다고 봅니다. 본인이 여전히 동의하지 않지만 팀원들끼리 어느 정도 의견 합의를 봤다면, 그 결정에 따라야 합니다.

> *"회사의 결정에 윤리 원칙을 위배하는 것들이 있다고 생각된다면*
> *일을 그만둬야 합니다" - 팀 버그룬드*

사람들 앞에 서서 "제 회사는 이런 멍청한 짓을 하고 있지만 저는 대신 이렇게 하고 있습니다"라고 말하는 것은 잘못된 리더십을 보이는 행동입니다. 이렇게 하고 싶다고 강하게 느끼거나, 회사의 결정에 윤리 원칙을 위배하는 것들이 있다고 생각된다면 일을 그만둬야 합니다.

결정 사항에 동의하고 대변해서 말할 수 있다면 좋겠지만, 여전히 본인만의 의견이 있을 수 있습니다. 사적인 대화를 나누는 자리에서는 본인의 의견을 내는 것도 괜찮지만, 특히나 큰 커뮤니티 행사 혹은 오픈소스와 상업적인 부분과 관련이 있다면, 공적인 자리에서는 회사와 본인이 가지고 있는 합의된 결정사항을 대변해야 합니다.

회사에 디벨로퍼 애드보킷이 있다면, 개발 도구나 API와 같이 회사 제품을 매개로 회사와 고객 사이에 접점이 있다고 볼 수 있습니다. 저희 회사의 경우, 카프카를 운영할 수 있는 인프라가 될 것입니다. 무엇보다 카프카를 사용하는 개발자들 중에는 커뮤니티에서 활동하는 사람들도 있기 때문에, 회사는 디벨로퍼 애드보킷의 도움을 받아 그런 접점들을 통해 커뮤니티의 개발자들이 회사를 어떻게 생각하고 있는지 파악하는 것이 필요합니다.

버그에 대해 솔직해지기

히예르탄 빌렌가 : 본인이 홍보하는 기술에 버그가 있다는 사실에 대해 얼마만큼 솔직하게 행동하시나요?

팀 버그룬드 : 100% 버그에 대한 책임을 질 수 있습니다. 사실 모든 소프트웨어에는 버그가 있기 마련이긴 하지만요.

히예르탄 빌렌가 : 어떤 종류의 버그라도 잡아낼 수 있으신가요?

팀 버그룬드 : 경우에 따라 다릅니다. "여기에 버그들이 있습니다!"라고 나서서 말하지 않을 건데 아무도 그걸 알고 싶어하지 않을 것이기 때문입니다. 사람들은 그저 "버그를 어떻게 해결할 수 있을까?"라고 생각하고 있을 뿐입니다.

히예르탄 빌렌가 : 디벨로퍼 애드보킷으로서 기술과 그에 관련한 커뮤니티에 대한 애정을 키울 수 있습니다. 다만 이에 너무 집착하게 될 수도 있을 것 같은데 이런 경험은 해보셨나요?

팀 버그룬드 : 아니요, 기술을 좋아하고 기술이 없는 제 삶을 상상할 수는 없지만, 그래도 공과 사를 분리할 수 있습니다.

커뮤니티에서 뭔가 잘못 되고 있거나, 기업이 오픈소스를 어떻게 다룰지에 대해 잘못된 사업적인 결정을 내릴 때, 제가 감당할 수 있는 정도 내에서 감정을 억제합니다.

그렇다고 해서 직장에서 벌어지는 일이 제게 영향을 미치지 않는다는 것은 아닙니다. 저만의 선호가 있어서 어떤 기술이 제 마음에 들지 않을 수 있습니다. 하지만 그럴 때는 그 기술의 그런 모습을 받아들일 줄 알아야합니다. 제가 가진 여러 약점들이 있지만 특정 기술에 목매어 본 적은 없습니다.

"설령 기술이 잘못된다고 해도, 본인의 삶이 망해버리면 안됩니다" - 팀 버그룬드

몇 년 전 그냥 멋진 회사를 넘어서 아주 혁신적인 것을 만들어 내는 회사에서 일한 적이 있습니다. 그저 좋은 스타트업이 아니었습니다. 최고의 기회로 가득하다고 믿고 있는 사람들이 있는 곳이었죠.

그러한 사람들의 태도를 보고 "언젠가 당신들이 믿고 있던 신은 망할 것이고, 좋지 않은 일들도 일어날 수 있습니다"라고 생각했습니다. 정말로 그런 날이 왔고, 그 일은 사람들을 망가뜨렸습니다. 삶에서 이런 상황에 대비할 수 있는 다른 것들도 준비되어 있어야 합니다. 그리고 본인의 마지노선이 어디까지 인지도 미리 알아야 합니다. 설령 기술이 잘못된다고 해도, 본인의 삶이 망해버리면 안됩니다.

히예르탄 빌렌가 : 평소에는 주로 어떤 일을 하시나요?

디벨로퍼 애드보킷의 일반적인 하루

팀 버그룬드 : 디벨로퍼 릴레이션 팀의 리더로 일하고 있기 때문에, 개인적으로 활동하는 디벨로퍼 애드보킷들의 답변과는 조금 다를 것 같습니다.

출장을 다닐 때는 낮에는 컨퍼런스에서 발표하고, 저녁에는 컨퍼런스가 열리는 다른 곳으로 이동을 하기도 합니다. 완전 다른 기술 분야에서 일하는 사람이나, 제가 속한 커뮤니티의 사람들과 만날 때도 있구요. 이런 사람들은 일 년에 볼 수 있는 기회가 2번 정도 밖에 없어서, 짧은 시간 안에 많은 사람들을 만나야 합니다.

동시에, 전화 통화에 응대하거나 이메일이나 메신저를 확인하기도 합니다. 외부에서 일한다고 해서 사무실에서 해야 하는 일들이 사라지진 않으니까요. 제가 팀의 리더이기 때문에 팀원들을 계속해서 관리해야 합니다.

출장에서 복귀를 해도 다시 이메일이나 메신저 확인, 혹은 전화 응대 등을 하며 하루를 보냅니다. 이따금 새로운 발표를 위한 컨텐츠를 만들기도 합니다. 컨텐츠를 작성하고, 수정하는데 시간을 보냅니다. 회사 블로그도 운영해야 합니다. 튜토리얼 영상도 만들어야해서 한 달에 두어 번, 스튜디오에서 영상 녹화를 합니다. 하지만 보통의 평범한 하루는 대부분의 관리 직군의 사람들이 보내는 것처럼 보내겠죠.

히예르탄 빌렌가 : 집에서 일하는 편을 선호하시나요?

팀 버그룬드 : 네, 제게 집에서 일할 수 있는 시간은 매우 중요합니다. 제 업무

시간의 50% 정도를 출장에 쏟고 있기 때문에 여행하지 않아도 될 때 제 생활 방식과 가족을 위해서 집에서 시간을 보내고 싶습니다.

특별히 사무실에 갈 이유도 없는 것이 제가 맡은 역할은, 바깥을 돌아 다니며 일을 해야 하기 때문에 집에 있을 수 있을 때 집에서 일하는 것에 대한 선호도가 높습니다.

히예르탄 빌렌가 : 일주일 중에서 오전에 일하는 경우는 얼마나 되나요?

팀 버그룬드 : 아침형 인간이라 평소 5시 정도에 일어나고, 늦으면 6시나 6시 30분에 일어납니다. 저라서 그렇게 하는겁니다. 전 일찍 일어나거든요. 겨울철에는 가끔 어디에 나갈 일이 없을 땐 잠옷 차림으로 하루 종일 집에서 시간을 보냅니다.

히예르탄 빌렌가 : 시차 적응이나, 비행기를 놓친다거나, 출장을 다니면서 경험할 수 있는 문제들에 대해 어떻게 대처하시나요?

팀 버그룬드 : 미국에서는 멜라토닌을 처방전 없이 살 수 있습니다. 이상한 소리로 들릴 수 있지만, 자러가기 전에 멜라토닌을 챙겨 먹으면 일시적으로 더 푹 잘 수 있습니다.

대체적으로 시차 적응은 힘듭니다. 유럽에 오면 첫 3일차까지는 새벽 3시에 잠이 깨기도 합니다. 그래서 점심시간에 엄청 피곤해집니다. 발표까지 해야 한다면 정말 지칩니다.

히예르탄 빌렌가 : 시차에 적응하려고 일정이 시작되기 전에 도착하시는 편인

가요?

팀 버그룬드 : 딱히 그런 편은 아닙니다. 첫째 날은 비즈니스 미팅이나 혹은 발표 일정을 잡지 않습니다. 한 번은 비행기가 지연된 적이 있었고, 그 때 정말 끔찍한 경험을 했었거든요.

일요일에 일정을 마치는 편이지만, 일정이 지연될 수 있는 점을 고려해 월요일에 비행기를 잡습니다. 한번은 런던에 새벽 6시에 도착해 9시에 교육 세션을 진행해야 했습니다. 기침을 해대는 남자와 우는 아기가 비행기에 있어서, 통 잠을 잘 수가 없어서 정말 최악이었죠.

히예르탄 빌렌가 : 지구 반대편으로 날아간 곳에서 이벤트를 진행하는데 이상하게도 노트북과 프로젝터가 연결되지 않고 2명만 발표를 들으러 왔다고 가정해봅시다. 어떻게 이런 상황에 대처할 것인가요?

팀 버그룬드 : 1년 좀 더 된 이야기인데, 맥북에 프로젝터를 연결했지만 작동되지 않은 경험이 있었습니다. 그 때 발표는 캘리포니아에서 있었는데, 다행히도 발표자료가 굉장히 단순하게 구성이 되어 있어서, 키노트(Keynote) 대신 다른 사람의 윈도우 PC에서 파워포인트를 사용해 발표할 수 있었습니다.

"몇 명이 세션에 들어오는지에 대해 걱정하지 말고 본인이 맡은 일만 하면 됩니다"
- 팀 버그룬드

두 번째 경우에 있어선, 참석한 두 사람을 위해 멋진 발표를 진행하면 됩니다. 참석자의 수에 대해서는 걱정할 필요가 없습니다. 물론 저도 2,000명의 사람들이 제 세션에 들어오면 좋겠죠. 모든 사람들이 본인의 세션에 많은 사람들이 들어오기를 바랍니다. 하지만 몇 명이 세션에 들어오는지에 대해 걱정하지 말고 본인이 맡은 일만 하면 됩니다.

히예르탄 빌렌가 : 번아웃을 경험한 적이 있으신가요? 언제 본인이 번아웃이라는 것을 알게 되었고, 이를 해결하기 위해 어떻게 하셨나요?

휴식을 취하는 것

팀 버그룬드 : 번아웃을 어떻게 정의해야 할지 모르겠네요. 몇 년 동안 제 업무에 대한 열정이 딱히 변한 적이 없어서 만약 제가 번아웃이라고 말한 적이 있었다고 해도, 저에게 큰 영향을 주진 않은 것 같습니다.

하지만 모든 사람들이 자신의 능력에 한계가 있다는 것에 대해서 인식할 필요가 있습니다. 육체적이나 혹은 정서적 건강의 측면에서요. 누구라도 어떤 일을 하면서 "이 일이 나한테 잘 맞는지 모르겠다"는 생각은 할 수 있겠지만, 번아웃은 다르다고 생각합니다.

"이 일을 더 이상 할 수 없어. 내 몸과 마음이 내가 이 일을 하는 것을 거부해서 이 일을 하기 싫어"라는 생각이 들 때 이는 번아웃입니다. 감사히도 제게 그런 일은 일어난 적 없지만요.

그렇기 때문에 쉬는 시간을 가져야 합니다. 지난 8~9년 동안 12월에는 출장을 가지 않기 위해 노력했습니다. 그리고 그에 대해 작은 예외를 두고 있습니다. 남쪽 플로리다에서 열리는 컨퍼런스 중 12월에 열리는 게 있습니다. 아내와 가끔 다 큰 아이들과 함께 참석합니다. 아내와 저는 플로리다에 살았던 적이 있어서 친구들을 만나고 따뜻한 날씨를 즐기다 보면 출장 온 기분이 들지 않아 좋습니다. 그런 경우가 아니라면, 출장을 너무 많이 다녔으니 한 달 정도는 출장 나가는 것을 자제하려고 합니다.

히예르탄 빌렌가 : 당신의 이력에 대해서 한 가지 특별한 점은 DevRel Radio라는 팟캐스트를 해오셨다는 건데 어떻게 시작하게 되었나요?

팀 버그룬드 : 실제로 작년 초에 몇 회 분량을 녹화한 뒤로 세 명의 공동 진행자들 각자의 사정으로 인해 잠시 멈춘 상황이었으나 이제 막 다시 시작하게 되었습니다. 빅터 가모브, 바룩 사도구르스키 그리고 제가 진행하는데, "팟캐스트를 한 번 해보자"라는 말로 시작되었죠. 우리 모두는 친구고, 빅터와 바룩은 이미 러시아에서 유명한 팟캐스터입니다.

저는 꽤 괜찮은 라디오 진행자입니다. 그리고 저희 세명 모두 이 직업과 관련해서 커뮤니티가 필요하다고 느꼈구요. 저희 셋은 모두 커뮤니티 빌더로 다양한 커뮤니티를 위해 봉사하고, 우리의 일을 하면서, 사람들을 돕고, 새로운 사람들에게 조언해줍니다. 팟캐스트는 오랜 시간 동안 무언가를 만들고, 쌓아온 사람들의 지혜라고 볼 수 있습니다.

히예르탄 빌렌가 : 팟캐스트를 어디서 들을 수 있고, 새로운 에피소드들도 올라와있나요?

팀 버그룬드 : 아이튠즈에서 찾을 수도 있지만 devrelrad.io에서 가장 쉽게 만나볼 수 있습니다. 한 달에 2개 정도의 에피소드를 녹음합니다. 야심만만한 계획이죠. 이 목표를 이루지 않아도 괜찮습니다. 그렇다고해서 저희가 죄책감을 느끼지 않으니까요.

히예르탄 빌렌가 : 최신 기술 동향을 어떻게 따라잡고 계신가요?

팀 버그룬드 : 똑똑한 사람들과 일하고 있어 그들과 자주 대화하는 편입니다. 약간 놀라울 수도 있지만 매일 아침에 해커 뉴스에 들어갑니다. 선택사항이지만 댓글들은 읽지 않고 넘어갑니다.

제 트위터 피드 또한 각종 전문 지식으로 넘쳐나서 그 곳에서 정보를 얻습니다. 옛날 스타일이긴 하지만 메일링 리스트에 등록해둔 커뮤니티도 있구요. 정보의 원천이라고 말하기 어렵지만, 사람들을 통해서도 얻습니다.

히예르탄 빌렌가 : 본인이 하는 업무를 기술적인 배경지식이 없는 사람들에게 어떻게 설명하시나요?

팀 버그룬드 : 사람들에게 하루의 대부분을 이메일을 작성하고, 영상통화를 하며, 가끔 출장을 떠나는 직업이라고 말합니다. 제가 하는 일의 기능을 따져봤을 때는 비교적 쉽게 설명할 수 있습니다. 마케팅과 엔지니어링의 교집합인 일을 하고 있다고 말하는 게 가장 쉽게 설명하는 방법입니다. 기술자들로만 구성된 팀에게 어떤 기술을 설명하려고 할 때, 저희 팀원들은 그것을 재미있고 매력적인 방법으로 설명을 하고 있다고 말합니다.

히예르탄 빌렌가 : 왜 사람들은 우리가 하는 일을 아직 잘 모를까요?

팀 버그룬드 : 아주 새로운 일이기 때문인 것 같습니다. '에반젤리스트'라는 단어는 1984년에 가이 카와사키(Guy Kawasaki)가 했던 일에서 비롯됐습니다. 그는 약간 다른 종류의 일을 했는데, 독립 소프트웨어 판매사들에 전화해 매킨토시를 위한 프로그램을 만들어달라고 했습니다. 매킨토시라는 플랫폼

을 전파한거죠.

"디벨로퍼 릴레이션은 하나의 분야로서 이제 막 생겨났습니다" - 팀 버그룬드

디벨로퍼 릴레이션은 하나의 분야로서 이제 막 생겨났습니다. 이는 오픈소스 사업이 발달하고, 오픈소스를 중심으로 비즈니스들이 생겨나 만들어진 결과물입니다. 이 모든 활동들은 이제 막 일어나고 있고 지난 5~10년 동안, 더 많은 사람들이 디벨로퍼 릴레이션이라는 일이 있음을 깨달았습니다.

제가 생각나는 말은 '시작단계'입니다. 디벨로퍼 애드보킷 활동은 완전히 정형화된 분야는 아닙니다. 그렇기에 모든 사람들이 디벨로퍼 애드보킷 활동의 중요성을 못 느낍니다. 하지만, 다들 컨퍼런스에 참여하고, 밋업이라는 것이 있다는 것을 알고, 디벨로퍼 애드보킷들이 만드는 각종 예제들을 찾아봅니다. 사람들이 이미 디벨로퍼 애드보킷 활동을 알게 모르게 접하고 있지만, 디벨로퍼 애드보킷이라는 직무는 아직 잘 안 알려져 있습니다.

히예르탄 빌렌가 : 가이 카와사키에 대해서 언급하셨는데, 업계에서 본인에게 영감을 주거나, 배울점을 느꼈던 다른 사람이 있나요?

팀 버그룬드 : 네 꽤 많습니다. 전 스콧 데이비스의 팬이기도 합니다. 볼 때마다 항상 "와 이 사람은 어딜가든 있구나. 그는 진짜 멋진 발표자야."라고 생각합니다. 재미있는 무대를 만드는 것을 동경하거든요.
켄 사이프, 스투 할러웨이 그리고 닐 포드도 제가 동경하는 사람들입니다. 닐에게서 발표 구조와 이야기를 풀어내는 방법에 대해 많은 것을 배웠습니다.

그는 굉장히 혁신적인 생각을 하고, 이는 제게 많은 영향을 주었습니다. 제가

2010년 초반에 함께 일한 매튜 맥컬러도 마찬가지구요. 이런 사람들을 통해서 저라는 사람이 완성되어 갑니다.

히예르탄 빌렌가 : 지금까지 많은 긍정적인 부분들에 대해서 이야기를 해봤는데, 이 일을 오랫동안 하면서 느끼셨던 단점은 무엇이 있을까요?

팀 버그룬드 : 출장을 많이 다니지 않을 수는 있지만 어쩔 수 없이 많은 시간을 길가에서 보내고는 합니다. 만약 가정이 있다면 이 일을 하는게 맞는지 생각해봐야 합니다. 저는 제 막내가 10살 정도일때 이 일을 시작해서, 아이들이 그렇게 어느정도 다 컸을 때라서 크게 문제가 되진 않았습니다. 그리고 출장을 자주 다녀야 한다는 사실을 받아들여야 합니다.

항상 디벨로퍼 애드보킷 일이란 무엇인지, 이 산업군에서 커리어를 어떻게 가져가야 할지에 대해 고민했습니다. 중년의 나이에 외벌이를 하고 있는 처지의 사람으로서 불안감이 있었으니까요. 나이와 기술에 대해서 솔직하게 말하자면, 30대 중반쯤 되었을 때 개발자들로 가득찬 사무실을 보고 문득 느꼈습니다.

대다수의 개발자들이 매우 젊지만 에반젤리스트나 디벨로퍼 애드보킷들의 평균연령은 그렇게 낮진 않았습니다. 디벨로퍼 애드보킷 일을 하기 위해선 나이가 많아야 한다는 뜻이 아니라, 더 많은 경력을 가진 사람들에게 적합하다고 봅니다.

미국에서는 35살을 넘어가면 더 이상 현업 개발을 하지 않는다는 암묵적인 규칙이 있습니다. 그렇게 된다면 경영이나 혹은 제품 기획과 관련된 다른 역할을 하게 되겠지요. 진짜 그렇게 될지는 모르겠고 사실 여부를 확인하고 싶습니다. 어떤 유명 인사들의 경우 나이가 들었어도 활발하게 개발을 하고 있습니다. 그래서 다른 사람들은 어떨지 궁금합니다.

우리의 커리어 패스는 어떻게 될까요? 무엇을 해야 할까요? 젊은 사람들을 어떻게 대처해야 할까요? 저는 장기적으로 디벨로퍼 애드보킷으로 일하다가 은퇴하는 것도 생각합니다. 실제로 그럴 수도 있고, 아닐 수도 있어서 제가 어떻게 커리어를 마무리 할지는 사실 미지수입니다.

히예르탄 빌렌가 : 다른 역할을 하고 싶다면 어떤 일을 하고 싶으신가요?

디벨로퍼 애드보킷들이 선택할 수 있는 직무들

팀 버그룬드 : 디벨로퍼 애드보킷 일을 하는 조직의 리더십 팀에 있을 수도 있습니다. 디벨로퍼 애드보킷으로 현재 일하고 있다면, 출장을 다니고, 가르치고, 발표를 하겠죠. 그런 과정을 통해 결과를 만들어 내고 있고, 사람들은 혜택을 받고 있으며, 자신의 명성은 높아질 것입니다. 그렇기에 같은 일을 하는 사람들을 이끌어 가는 역할을 맡을수도 있습니다.
문제는 모든 사람이 그렇게 되기를 원하지 않는다는 것입니다. 제가 방금 설명한 모든 일에 재능이 있으나, 누군가를 이끄는 데는 재능이 없을 수도 있습니다. 사람들이 자신이 잘하는 일을 하게 해야 하는데, 누군가를 이끄는 데 의욕이 있다면, 본인의 경험을 응용해 다른 사람이 그 역할을 할 수 있도록 도울 수 있습니다.

마케팅도 하나의 선택지가 될 수 있습니다. 사람들에게 디벨로퍼 애드보킷가 엔지니어링과 마케팅이 만나는 부분이라고 말해왔습니다. 개발자들에게는 무섭게 들릴 수 있겠지만, 그렇게 느껴서는 안된다고 생각합니다.

히예르탄 빌렌가 : 현재, 회사에서 일하시지만, 처음에는 본인의 재미를 위해서 발표를 하셨잖아요. 두 개의 경험을 비교하시면 어떤가요?

팀 버그룬드 : 제가 가진 특별한 능력들로 보았을 때, 혼자 일하는 것보다는 회사 내에서 더 많은 가치를 만들 수 있다고 생각합니다. 혼자 일했을 때 가장 그리운 부분은 어떤 것을 만들어 나갈지 제가 자유롭게 결정할 수 있었던 점입니다. 제가 멋지다고 생각하는 것들에 대한 이야기를 원하는대로 쓸 수 있었으니까요.

히예르탄 빌렌가 : 지금도 본인이 생각하는 멋진 것들을 취합해서 지금 하고 있는 일에 녹여낼 수 있나요?

팀 버그룬드 : 그럴 수도 있지만, 문제는 정규직으로서 제가 하는 업무량에 있어 창의적인 것들을 만들어 낼 수 있는 시간이 부족하다는 것입니다. 새로운 기술들을 우리의 시장 진출과 어떻게 연결짓고, 커뮤니티 내에서 발표할 수 있는지에 대해선 생각해보지 못했습니다. 이론적으로는 가능하지만, 잘 모르겠습니다.

히예르탄 빌렌가 : 그럼 회사 내에서 평생 일하실 것 같은가요?

팀 버그룬드 : 확실히 단기적으로는 저희 CEO를 위해 계속 일할 것입니다. 지금 꽤 만족하거든요. 수입이 더 이상 필요하지 않은 시기가 올 수도 있습니다. 제가 어떤 것을 좋아할지, 혹은 무엇에 관심을 둘지, 그 시점에 무엇을 하고 있을지는 모르겠습니다.

만약 제 인생에서 은퇴를 생각하는 시기가 있다면, 은퇴하고 재미있는 것들을 창의적으로 탐구하고 여전히 그에 대해 발표할 수 있는 플랫폼을 찾아나설 것입니다. 정말 멋진 은퇴 계획이죠!

개인적으로 애드보킷 일을 계속할 것 같지만, 지금 당장 그렇게 하지 않을 것 같습니다. 제가 속해 있는 회사에서 좋은 일들을 많이 하고 있으니까요.

히예르탄 빌렌가 : 디벨로퍼 애드보킷 업무를 하는 사람 중 기업에서 일하지 않는 사람들도 컨퍼런스 참여가 필요하다고 말할 수 있을까요? 왜냐하면 컨퍼런스에는 주로 업계의 사람들이 마주치는 곳이잖아요.

팀 버그룬드 : 네, 여러 유형의 동료들이 있기에 컨퍼런스에 가서 프리랜서로 일하는 동료들을 만나는 데 시간을 보내는 것은 좋습니다. 그들도 우리를 필요로 하니까요.

히예르탄 빌렌가 : 20살의 당신이 지금의 당신을 어떻게 생각할까요?

팀 버그룬드 : 제가 이런 일을 하고 있을거라고 전혀 상상할 수 없었을 것입니다. 제가 20살 때, 코드를 짜고, 회로를 만들거나, 혹은 신호 분석과 관련된 일들을 할 것이라고 생각했으니까요.

앞서 말한대로 대학생일 때 펌웨어 소프트웨어를 만드는 일을 했습니다. 전문적으로 코딩했고, 그 일이 제게 맞는 일이라고 생각했습니다. 임베디드 시스템을 만들고 싶었고, 펌웨어를 작성하고 싶었어요. 이 보다 더 멋진 일이 있을거라고 상상하지 않았습니다.

그때 당시에는 지금처럼 디벨로퍼 애드보킷와 같은 문화가 없었습니다. 제가 알던 유일한 컨퍼런스는 대규모 네트워킹 행사와 가전제품 컨퍼런스인 COMDEX뿐이었고, 지금과 같은 디벨로퍼 애드보킷 역할을 하나도 상상할 수 없었습니다.

조언을 하자면, 어린 시절의 저에게 이 일을 더 빨리 시작하라고 말했을지도 모릅니다. 때를 놓친 적이 있다고 생각하지는 않습니다만, 이 일은 너무 멋지기 때문에 더 일찍 시작했으면 할 때가 있습니다. "지금 당장 시작해"라는 조언이 제가 줄 수 있는 최고의 조언입니다.

아룬 굽타

Arun Gupta

아룬 굽타는 AWS의 선임 테크놀로지스트로, AWS에서 클라우드 네이티브 컴퓨팅 전략에 관해서 일하고 있으며 CNCF 재단의 이사회, 그리고 재단의 각종 활동에 활발하게 참여하고 있다. 아룬은 개발자 커뮤니티를 만들고 운영해오고 있으며 45개 이상의 나라에서 다양한 주제로 발표했고, Devoxx4Kids 챕터를 미국에서 처음 만들었다. 여러 책을 집필 했으며 세계를 돌아다니며 여행하고 있고 도커 캡틴(Docker Captain,역자 주: 도커 기술에 관해 공식적으로 인정받은 전문가)이자 자바 챔피언으로 자바 사용자 모임을 이끌고 있다. (트위터: @arungupta)

히예르탄 빌렌가 : 어떤 일을 하고 계시는지 설명을 부탁드려도 될까요?

아룬 굽타 : AWS 안의 조직들이 오픈소스 커뮤니티와 원활히 협력할 수 있도록 돕고 있고, 오픈소스 생태계에 대한 회사의 메시지를 결정하고 방향성을 제시하며, 결정된 내용을 AWS 외부의 커뮤니티에 공유하는 일을 합니다.

여러 회사에서 디벨로퍼 릴레이션 업무를 13년 이상 해왔습니다. 썬 마이크로시스템즈에서 오라클, 레드햇 그리고 카우치베이스 순으로 일했습니다. 또한, 개인적으로 오픈소스 프로젝트에 기여해왔고, 디벨로퍼 릴레이션 프로그램을 만들어 나가며 그 일을 함께 할 팀을 꾸리고 현재 함께 하는 팀과 같이 많은 일들을 효율적으로 수행하려고 노력중입니다.

히예르탄 빌렌가 : '테크 에반젤리스트' 또는 '디벨로퍼 애드보킷' 또는 '디벨로퍼 릴레이션 담당자' 중 본인은 어떤 쪽에 가까우신가요?

아룬 굽타 : 제 생각에 모든 명칭이 다 맞는 것 같습니다. 어떤 사람들은 '에반젤리스트'라는 단어에 거부감을 느끼는데, 에반젤리즘이 단방향적이고 애드보킷라는 단어는 양방향이라는 느낌이 들어서 그런 것 같습니다. 저는 '테크놀로지스트', '디벨로퍼 애드보킷', '테크 에반젤리스트' , '디벨로퍼 에반젤리스트' 그리고 '디벨로퍼 릴레이션 담당자' 등의 다양한 직함들을 달고 일해봤습니다. 직함은 다르지만 모든 역할에서 제가 수행하는 역할과 스킬들은 다 같았습니다.

제 생각에는 이러한 일을 하는 사람을 뭐라고 부르던 간에 공통적으로 해야 할 일은 본인의 제품을 믿으며, 다른 사람들이 본인의 제품을 믿게끔 만들며, 항상 주변에 기민하게 반응해야 한다는 것입니다. 긍정적이건, 부정적이건 혹은 건설적이건 어쨌든 모든 피드백을 겸허히 수용할 줄 알아야 합니다. 그리고 그런 피드백을 팀 내에 공유하고 문제점은 개선해 나가야합니다. 제품을 사용하는 사람들이 느끼기 전에 어떤 부분이 문제인지 먼저 파악해야 합니다. 그리고 제품이 가진 문제들도 이해해야 하구요. 사용자들로부터 그런 부분을 숨기면 안됩니다. 문제점마저도 수용하고 인정해야만 신뢰도를 쌓는데 도움이 됩니다.

히예르탄 빌렌가 : 본인이 회사의 대변인이라고 생각하실 때가 있나요?

대변인과의 차이점

아룬 굽타 : 아니오, 제 자신을 대변인이라고는 생각한 적은 없습니다. 물론 제가 홍보하는 제품에 문제점들이 있을 수도 있다고 생각합니다. 디벨로퍼 릴레이션으로써 그런 한계점들을 알고 그에 관한 제 경험을 솔직하게 공유하려고 합니다. 모든 소프트웨어에는 한계가 있지만, 중요한 것은 고객들의 피드백을 듣고 지속적으로 개선해야 한다는 점입니다.

그렇게 문제를 개선해나가는 과정을 통해 교육과 판매가 일어난다고 믿습니다. 제품 판매만을 더 중요하게 생각하지 않았습니다.

히예르탄 빌렌가 : 하고 계시는 일에 대해서는 어떻게 생각하시나요?

아룬 굽타 : 제가 썬 마이크로시스템즈에 있었을 때, 제 스스로 디벨로퍼 릴레이션 직무를 만들어 냈습니다. 제 경력 초반에는, 코드를 짜고, 무언가 만들어 내고, 버그를 고치는 데 집중했습니다. 그게 흥미로웠거든요. 하지만 고

객들과 더 많이 이야기를 나누면서, 어떻게 하면 우리 제품을 효율적으로 사용할 수 있는지에 대해서 고객들과 말하는 게 더 흥미롭다고 느꼈습니다. 그래서 엔지니어로 일하다가 차차 디벨로퍼 릴레이션 업무를 맡게 되었습니다.

2005년 썬 마이크로시스템즈 재직 당시, 고객들에게 자연스러운 경험을 제공하기 위해 자바와 닷넷끼리의 호환성을 높이는 프로젝트를 진행했습니다. 시애틀에 있는 마이크로소프트 캠퍼스에서 웹 서비스 기술 언어(Web Services Description Language)와 단순 객체 접근 프로토콜(Simple Object Access Protocol)에 관한 호환성 테스트를 설계하고 수행했습니다. 실제 호환성을 테스트하고, 코드를 수정하면서 개선해 나갔습니다. 그러면서 블로그에 자바, 닷넷과 관련해 어떤 일을 지금 하고 있는지, 고객들에게 어떤 도움을 줄 수 있는지 보여주면서, 둘 사이의 호환성을 쉽게 제공해주려고 하고 있다는 글을 써서 올렸습니다. 블로그 글은 온라인에서 유명해졌습니다. 그 때 당시, 블로그에 글을 쓰는 것과 소셜 미디어를 사용하는 건 흔하지 않았거든요. 그래서 제 블로그 글이 유명해져서 개인적으로도 흥미로웠고, 무엇보다 제가 속한 회사의 경영진들이 관심을 가지게 되었습니다. 그리고 "고객들은 우리가 무엇을 하고 있고, 어떤 점을 알리고 싶은지에 대해서 관심이 있다"라는 것을 깨달았습니다.

제가 제품을 더 많이 테스트하고 개선해나가기 시작하면서 말할 수 있는 것들이 점점 더 늘었습니다. 경영진들은 제가 쓰는 블로그 글들이 제품에 대한 고객들의 인식에 도움이 된다는 점에 기뻐했습니다. 그러다가 컨퍼런스 운영진들이 저를 찾아와 "우리 행사에서 발표해보는 것은 어떠세요?"라고 묻기 시작했습니다. 제가 제품을 만드는 것 보다 외부에서 활동하며 고객들과 소통하는 것에 더 재미를 느낀다는 것을 알게 되었습니다. 고객들을 위해 문제 해결을 하는 것은 재밌었거든요.

그래서 외부 활동을 하기 시작하면서 "제가 저희 제품을 좋아하는 만큼 여러분도 저희 제품을 좋아했으면 좋겠어요"라고 말하고 다니기 시작했습니다. 디벨로퍼 릴레이션 활동을 하면서 제품에 대한 전반적인 시각을 가질 수 있었을 뿐만 아니라, 장점과 아쉬운점, 문제에 대한 차선책들을 배우고, 제품 개발 로드맵에 의견을 내고, 고객들이 제품을 효과적으로 쓸 수 있게 도와줬습니다.

6대륙을 돌아다니면서 출장을 다니고 다양한 나라와 문화적 배경을 가진 사람들을 만나고, 현지의 별미들을 먹고, 다른 나라들을 돌아다니고, 개발자들 앞에서 발표를 하는 것은 굉장히 만족스러운 일입니다.

히예르탄 빌렌가 : 이 역할의 단점도 있을까요?

아룬 굽타 : 네, 디벨로퍼 릴레이션 일에서는 열정이 중요합니다. 본인의 일에 열정적이지 않으면 사람들은 "본인이 제품에 대해 확신이 없는 것 같은데 제가 왜 사용해야 하죠?"라고 생각할 수 있습니다. 기술이나 제품에 대한 열정을 가지는 것이 자신의 일과 삶의 균형을 맞추는데 중요하기 때문에, 오히려 단점이 될 수 있습니다.

365일 밖에 나가 있고, 말 그대로 도시와 도시 사이를 넘나들며 이국적인 나라를 여행하고 멋진 개발자들을 만나야 합니다. 저는 이런 삶의 방식을 선호하지만 때로는 육체적으로, 감정적으로 그리고 심적으로 부담이 될 때도 있습니다. 이 사이에서 균형을 잘 잡을 필요는 있습니다.

그리고 번아웃을 피하기 위해서 주의를 기울여야 합니다. 무슨 종류의 음식을 먹고 있는지, 자신이 지금 어디에 있는지, 자신이 운동을 하고 있는지 등을 의식해야 합니다. 왜냐하면 모든 것들이 매우 빠르게 변하기 때문입니다.

이탈리아를 갔다가 터키를 가고, 그 다음에 브라질, 그리고 인도를 들렸다가 캐나다로 돌아 오는 일정을 1달 만에 소화하는 것은 재미있게 들릴 수는 있지만, 쉽지 않은 일입니다. 디벨로퍼 릴레이션 업무를 시작하지 얼마 안 됐다면, 한동안은 그런 일을 해낼 수 있다고 쳐도, 가정이 있는 사람이라면 아이들이 축구 경기나 수영을 배우러 갈때 출장 중이라 아이들과 함께할 수 없을 수도 있습니다. 아내나 동거인이 있어도 함께 시간을 보낼 수 없습니다. 많은 기념일들과 생일도 함께하지 못할 수 있습니다.

"일은 제 삶과 가족을 부양하기 위한 수단일 뿐이며 그 이상이 될 수 없습니다"
- 아룬 굽타

제가 컨퍼런스에서 발표하기로 했는데, 아들의 연주회나 학예회가 같은 날에 잡힌 적이 많습니다. 그럴 때는 컨퍼런스의 초대를 거절하며 "정말 컨퍼런스에 참여하고 싶었지만 이 연주회가 제게는 조금 더 중요합니다. 다른 날에 제가 시간을 낼 수 있지만, 이번 기회는 거절해야 할 것 같아요"라고 말합니다. 제 신조는 일은 제 삶과 가족을 부양하기 위한 수단일 뿐이며 그 이상이 될 수는 없다는 것입니다.

히예르탄 빌렌가 : 평소에는 어떤 하루를 보내시나요?

아룬 굽타 : 하루 일과보다는 한 달 일과에 가깝습니다. 주로 평범한 달에는 몇몇 행사들을 오프라인이나 온라인으로 진행합니다.

오프라인에서 진행하는 이벤트의 경우 몇 달 전부터 준비하기 시작하는데, 컨퍼런스 주제와 제가 발표할 주제가 맞는지 확인해야하기 때문입니다. 온라인 이벤트는 데스크탑 컴퓨터 앞에 앉아서 발표하는 것을 녹화하기만 하면 더 많은 사람들에게 알릴 수 있기 때문에 더 쉽습니다. 요즘에는 오프라인 컨퍼런스 또한 녹화를 하지만, 가족들과 떨어져 있어야하는 것은 변함이 없습니다.

제가 발표하는 컨퍼런스의 동향을 파악하는데 시간을 쏟기도 합니다. 특정 컨퍼런스에서는 새로운 주제들만 받는 정책이 있는 경우가 있는데, 이럴 경우 컨텐츠 구성에 더 많은 시간을 쏟아야 합니다. 그래서 글을 쓰고, 발표를 하고, 회사 안에서 논의를 거치면서, 본질적으로 컨퍼런스 발표를 위한 개발을 합니다.

저는 보통 컨퍼런스에서 (다른 발표자들을 비난할 의도는 없지만) 발표 세션에 참석하진 않습니다. 대신 강연장 밖을 돌아다니면서 컨퍼런스를 즐깁니다. 강연장 밖이야말로 자유롭고 더 참여하고 싶은 대화들이 오고가기 때문입니다. 함께 노트북 컴퓨터를 열어 코딩하면서 가장 많은 것을 배울 수 있고, 발표 세션에 참여하는 것보다 배울 점들을 더 많이 얻어갈 수 있습니다. 뿐만 아니라, 많은 고객들과 대화도 나눌 수 있어서, 고객들이 우리 제품을 이해하는 것을 돕거나 혹은 피드백을 듣기도 합니다.

이런 시간을 통해 회사 내부의 프로덕트 팀에게 고객들과 소통하면서 받은 피드백을 전달할 수 있습니다. 그래서 제품 개발의 로드맵을 구상하고, 자잘한 버그들을 줄이고, 고객들이 어떤 문제를 겪고 있는지를 파악하는 데 도움이 됩니다. 또한 프로덕트 디자인과 관련된 건설적인 토론에 참여하기도 합니다. AWS에서 만들어지는 모든 것들은 우리가 무엇을 하려고 하는지, 어떻게 고객들을 도울 수 있는지, 사용자 경험이 어떻게 될지, 그리고 그 밖의 많은 세부사항들에 대해서 알려주는 나름의 스토리라인이 있습니다. 이런 스토리라인을 리뷰하는 시간에도 정기적으로 참여합니다.

CNCF 재단의 이사회 멤버로서, 저는 CNCF 재단과 관련된 활동들을 확인하고 조율하는 데도 시간을 씁니다. 여러 슬랙 채널에 올라오는 대화들에 참여하고, 트위터를 하거나 블로그 글을 리뷰하는 등의 일이요.

무엇보다도 코드를 작성하는데 시간을 많이 투자합니다. 새로운 예제 코드들을 작성하고 실행해보면서 가지고 놉니다. 지금은 쿠버네티스를 이용한 머신러닝을 하고 있습니다. 다양한 머신러닝 프레임워크를 사용하면서 "고객들은 뭘 원하지? 시장에서 지금 사용 가능한 것이 뭐가 있지? 쿠버네티스를 어떻게 사용하지? 만약 개발자와 이야기를 한다면, 그들이 머신러닝에 대한 개념을 이해할까? 어떻게 하면 더 간단하게 설명할 수 있을까?" 등에 대해 고민합니다.

히예르탄 빌렌가 : 이 역할을 잘 수행하기 위해서 가져야 하는 역량은 무엇이 있을까요?

성공의 필수조건

아룬 굽타 : 여러 조건들이 필요합니다. 초반에 열정에 대해서 이야기를 했는데, 이건 꼭 필요합니다. 그렇지 않으면 다른 고객들이 제품에 대해 관심 가지지 않을 것이니까요. 또한 좋은 개발자여야 합니다. 어떻게 코드를 짤 것인지와 다양한 언어들에 대해서 알아야 합니다.

또한 최신 제품을 다루기 때문에 테스트를 잘 하는 것도 필요합니다. 다양한 환경 설정 값들을 시도해보면서 뭐가 잘되는지 잘 안되는지도 확인해야 하고, 어떻게 작동하고 있는지, 다른 설정 값들은 없는지, 어떤 메뉴들을 클릭해야

하는지 등을 테스트 할 줄 알아야 합니다.

좋은 테크니컬 라이터의 역량도 갖춰야 합니다. 문서를 리뷰하는 것 뿐만 아니라 문서에서 어떤 것들을 이야기 하고 있는지 이해해야 하며, 그에 대해 대화를 하거나 혹은 미디엄(Medium), 개인 블로그, 혹은 회사 블로그에 글을 남길 줄 알아야 합니다. 트위터에서 활동을 할 때는 280자 내로 제품의 가치를 요약해서 설명할 줄 알아야 합니다.

능숙한 이야기꾼일 필요도 있습니다. 컨퍼런스에 가서 개발자들에게 공감하며 그들이 믿을 수 있게 이야기를 풀어낼 줄 알아야 합니다. 이야기를 재미있게 할 줄 알아야 하죠. 평균적인 역량의 디벨로퍼 애드보킷과 뛰어난 디벨로퍼 애드보킷의 차이는 여기에 있습니다.

또한 제품을 개발하고 유지보수 하면서 회사 내부와 외부를 연결하며 제품에 대한 의견들을 개발자들에게 전달해줘야 하기 때문에 뛰어난 프로젝트 매니저가 되어야 합니다. 실제 프로덕트 매니저들보다 발언권이 적다고 생각하지 말고, 본인을 자신이 맡고 있는 프로덕트의 최고 기술 관리자 (CTO)라고 생각하세요. 본인이 어떻게 제품이 만들어지고, 테스트되고, 사용자들과 고객들에게 노출될 것이며, 발표하고, 판매하고, 소비자들에게 선택 받을지를 결정하는 사람이라고 여기면 됩니다.

히예르탄 빌렌가 : 다른 디벨로퍼 애드보킷들을 보고 배운 점이 있으신가요?

아룬 굽타 : 다른 디벨로퍼 애드보킷들을 보면 어떤 기술을 골라 짧은 시일 내에 배워도 잘 이해하더라고요. 구체적으로 언어를 배우거나, 제품 자체나 제품의 특징을 배우는 능력이 여기에 해당될텐데, 그런 점들은 꽤나 닮고 싶습니다. 이는 매우 특별한 능력이기 때문입니다. 또한 일상 속에서 유사한 부분

을 잘 찾아 내는 사람은 그들이 제품이나 제품의 특징에 관해서 심도있게 생각하는 것이라서 그들의 능력이 부럽습니다.

"실패는 불가피한 것이고 이에 대해서 겸허히 받아들일 줄 알아야 합니다" - 아룬 굽타

준비한 코드를 자세히 설명하는 발표를 하는 디벨로퍼 애드보킷들도 존경하는데 코드 중심의 발표를 할 때는 고려해야 할 점이 매우 많기 때문입니다. 시연이나 발표가 실수 없이 완벽하게 이뤄지기를 바랄 수는 없습니다. 실패는 불가피한 것이고 이에 대해서 겸허히 받아들일 줄 알아야 합니다. 실패로부터 회복하는 능력이 있는 사람들도 존경합니다. 이런 능력은 기본적으로 갖춰야 할 부분이지만요.

히예르탄 빌렌가 : 시연이 잘못되었고, 무대 위의 발표자들이 혼란스러워하는 상황을 바라보면 사람들은 불편해할텐데, 발표자로서 이럴 때 어떻게 대처하시나요?

아룬 굽타 : 먼저, 본인이 다룰 기술이나 제품을 많이 써봐야 합니다. 발표를 하기 전에 제품을 꼼꼼하게 공부해보고 미리 실패를 경험해봐야 합니다. 그래서 어떤 부분에서 문제가 발생하는지를 미리 알고 이에 대해 진실되게 말해야 합니다. 청중들은 실패로부터 많은 것을 배웁니다. 그럼에도 불구하고 발표의 신이 그 날 따라 도움을 주지 않는다면, 발표가 망할 수도 있습니다.

그런 경우에, 어떤 발표자들은 생각의 흐름을 놓치고 아무 이야기도 하지 않으면서 맞닥뜨린 문제를 해결하는데 너무 많은 시간을 허비하기도 합니다. 이럴 때 참 불편해집니다. 제 발표가 잘못되어가는 경우엔, 저는 청중들이 잘못된 상황을 이해할 수 있게, 혹은 그 상황을 같이 해결할 수 있도록 문제가 일어나는 과정을 설명하려고 합니다. 그렇게 해도 문제가 해결되지 않는다면, 환경설정이 잘못된 것이라고 생각하고 기록해뒀다가, 깃허브에 이슈를 남기고, 발표를 다시 이어가면 됩니다.

일이 잘 안 풀릴 경우를 대비해 항상 다른 계획들도 세워놔야 합니다. 시연할 내용을 미리 실행해본 화면을 캡처해두거나, 미리 녹화된 영상을 준비하는 것도 좋습니다.

히예르탄 빌렌가 : 많은 사람들이 아직은 디벨로퍼 릴레이션이라는 직무에 대해서 알지 못합니다. 어떻게 이 직무가 생겨났나요?

아룬 굽타 : 디벨로퍼 릴레이션 분야의 경우 최근 몇 년 사이에 성장했습니다. 제가 몇 년 전 이 일을 처음으로 시작할 때, 디벨로퍼 릴레이션은 굉장히 특이한 역할이었기 때문에 사람들에게 이 일의 목적에 대해서 일일이 설명했어야 했습니다. 조직 내에서 어떤 역할을 할 수 있는지, 마케팅인지 혹은 엔지니어링인지 아니면 영업직군인지, 우리가 무슨 일을 하는지에 대해서 말이죠.

코드를 떼어내 새로운 기능들을 만들고, 버그를 고치는 엔지니어와는 달리, 어떤 제품이나 기술에 대해서 발표를 주로 하는 디벨로퍼 릴레이션 직무로 전환하는 것은 큰 결심이 필요했습니다. 요즘에는 이런 변화는 흔해졌지만요. 엔지니어로 일하다가 디벨로퍼 릴레이션 분야로 커리어를 바꾸는 것 말고도 그 반대의 경우도 보았습니다.

최근 몇 년 간, 많은 회사들이 개발자들을 회사의 핵심 인력으로 보기 시작하면서 디벨로퍼 릴레이션 팀을 꾸리기 시작했습니다. 심지어는 제가 이야기를 나눈 10-15명 규모의 초기 스타트업에서도 디벨로퍼 릴레이션 역할을 할 수 있는 사람을 두는 것을 고려했습니다.

최종 단계의 사용자인 소프트웨어 아키텍트와 개발자들은 제품에 대한 믿음을 갖고 싶어하지만, 무언가 영업 당하고 싶어하지는 않아 합니다. 그들은 교육 받기를 원합니다. 개발자들은 마케터들과 잘 맞지 않지만, 디벨로퍼 릴레이션 역할의 사람들과는 잘 맞을 수 있거든요.

디벨로퍼 릴레이션이라는 직무는 이런 상황에서 진가를 발휘합니다. 이런 식으로 이 직무에 대한 이해도가 높아졌지만, 아직 풀어야 할 의문들이 많이 남아있습니다.

히예르탄 빌렌가 : 정장을 잘 차려입지 않은 사람들도 영업 직군의 역할을 할 수 있다고 생각합니다. 동의하시나요?

아룬 굽타 : 네, 썬 마이크로시스템즈에 재직할 당시 글래스피시(GlassFish) 에 반젤리즘 활동을 했습니다. 한 번은 1시간으로 계획된 고객사 미팅을 갔는데, 계속해서 깊은 수준의 기술과 관련된 문제들을 던지면서 거의 2시간 30분 동안 회의를 했습니다. 회의실에서 드디어 나왔을 때, 제 옆에서 조용히 앉아만 있었던 영업직 직원이 자기가 본 이래로 고객과 함께 한 대화 중 가장 최고의 대화였다고 말해주었습니다.

회의에서 우리는 글래스피시 클러스터링, 글래스피시의 고가용성, 스티키 세션, 애플리케이션의 확장성과 같은 다양한 주제들 대해서 이야기를 나눴습니다. 디벨로퍼 릴레이션 업무를 하는 사람으로써, 저는 제품에 대해서 매우 깊은 수준으로 알고 있었고 고객은 그런 점을 마음에 들어했습니다. 특히 고객들 중 아키텍트들은 매일매일 제품을 다루다 보니 제품 개발에 대한 결정권을 갖고 있습니다. 디벨로퍼 릴레이션이 노릴 수 있는 고객인거죠.

히에르탄 빌렌가 : 디벨로퍼 릴레이션 업무를 할 수 있는 사람을 고용하는 것을 고려하는 회사에 어떤 조언을 해줄 수 있을까요?

자원을 효율적으로 활용하기

아룬 굽타 : 작년 10명 규모의 스타트업과 이야기를 했습니다. 그 팀은 제품을 만드느라 너무 바빠서 영업 활동에 0.5인분 정도의 노력을 들이고 있다고 했습니다. 그래서 전체 팀원들 중 몇 명이 디벨로퍼 릴레이션 활동에 전념해야 하는지에 대해 물었습니다.

스타트업 업계는 매우 까다롭습니다. 제가 해줄 수 있는 조언은 변화가 굉장히 빠르게 찾아온다는 것이었습니다. 회사가 한 번 혹은 그 이상의 거래마다 피봇을 해야할 수도 있거든요. 그래서 스타트업들은 자신의 목표에 따라 선택과 집중을 해야 합니다. 예를 들어, 마이크로서비스와 보안에 관한 제품을 만든다고 하면, 그와 관련된 온라인 커뮤니티에 참여하거나, 기존에 이름이 알려진 곳과 함께 웨비나를 열거나, 관련된 해시태그를 써서 SNS에서 홍보하거나, 회사가 원하는 고객층들이 모이는 컨퍼런스나 밋업에서 발표하는 것을 고려할 수 있습니다. 물론 이런 다양한 활동들 중에서도 선택과 집중을 해서 심도있게 해야 합니다. 방금 전에 언급했던 회사의 질문에는 디벨로퍼 릴레이션 활동에 0.5인분 정도의 노력을 들이는 것이 적당하다는 결론을 내렸습니다.

더 큰 팀에서는 더 많은 블로그 글을 발행하거나, 트윗을 쓸 수 있고, 직접 해볼 수 있는 예제들을 만들고, 컨퍼런스나 웨비나에서 발표할 수 있습니다. 스타트업의 경우 자본이 중요한데, 그런 사람이 샌프란시스코에서 싱가포르나 중국으로 갈 수 있는 경비를 감당할 수 있을까요? 그 시장이 중요한 시장일까요? 지형적으로, 언어적으로, 제품 측면에서 타겟층을 생각하며 판단해야 합니다. 1분기에 1개 정도의 컨퍼런스를 선택하고 제품에 대한 고객의 유입경로를 명확하게 세워서 성과를 측정하는 것이 필요합니다.

예를 들어, AWS에서는 교육에 많이 신경 썼습니다. 고객들을 교육시키고 더 올바른 선택을 할 수 있게 끔 하는 데 공을 들였습니다. 스타트업에서 전체 팀원 10명 중 절반이 디벨로퍼 릴레이션 업무를 하게 된다면 이는 꽤나 많은 리소스가 들어가는 일입니다. 온전히 집중하고, 역할을 명확하게 하며 지표들을 관리하는 것은 정말 중요합니다. 물론 큰 회사에서도 중요할 수 있지만 스타트업은 제한된 리소스를 활용해야 하기 때문에 더 그렇습니다.

히예르탄 빌렌가 : 디벨로퍼 릴레이션 업무가 정량적이지 않은 부분이 문제가 될까요?

아룬 굽타 : 그 부분이 미묘합니다. 마케팅 관점으로 본다면 조회수나, 화제성, 그리고 고객들을 얼마나 이끌었는지를 목표로 설정할 수 있습니다. 꽤나 명백한 지표이자 목표니까요. 하지만 "디벨로퍼 릴레이션 팀을 통해서 제품의 매출이 일어났습니다"라고 말하기는 어렵습니다.

문제는 블로그나 유튜브의 조회수, 트위터에서의 화제성, 컨퍼런스에서 만난 사람들의 숫자, 시연 횟수 등이 정말로 매출액의 증가나 사업 분야 확장 혹은 그 밖에 일에 영향을 줬는가입니다. 불행하게도, 이 모든 것들이 매출과는 직접적으로 연결이 되지 않기 때문에 무엇이 올바른 지표가 될 수 있는지에 대한 논쟁이 끊이지 않습니다.

디벨로퍼 릴레이션 담당자들끼리는 저희 자신들을 판매 활동의 원동력이라고 생각하고 있습니다. 익명의 예제를 하나 들어볼게요. 제 고용주는 유럽에 있는 은행을 고객으로 확보하고 싶었습니다. 이 은행은 제 트윗을 발견했고, 제가 그 나라를 방문해 있는 동안 와서 발표를 부탁했습니다. 마이크로서비스와 그와 관련된 내용을 3시간 정도 발표했고, 어떠한 제품의 이름조차 언급하지 않았습니다. 그 자리에는 6명 정도의 우리 회사 영업 직원들이 나와 있었고 그들은 발표가 끝나고 제게 와서 "특정 제품을 언급하지 않아서 감사합니다. 우리가 본 것 중 가장 최고의 영업 관련 발표였습니다. 당신이 먼저 이야기를 해준 덕분에 저희 회사 사람들이 마이크로서비스 기술에 대한 이해를 할 수 있게 되었으니, 이번에는 저희 회사에 대한 소개를 해보겠습니다"라고 말했습니다.

제 공적인 역할이 회사 소개까지 이어진거죠. 이런 관계를 만들어나가야 합니다. 영업직군의 사람들은 종종 디벨로퍼 릴레이션 포지션의 사람들을 불러 소개를 하고, 제품에 대해 말하게끔 합니다. 그 다음에 영업 이야기를 꺼내는 거죠. 이는 좋은 이야기이지만 측정 가능한 지표로서는 활용할 수 없습니다.

히예르탄 빌렌가 : 스타트업에서의 디벨로퍼 릴레이션 업무에 대해서 이야기 했는데 썬 마이크로시스템즈, 오라클, 레드햇, 카우치베이스 그리고 AWS 등 큰 회사에서 일하는 커리어 패스의 장단점에 대해서 말해주시겠어요?

아룬의 대기업에서의 경험

아룬 굽타 : 큰 회사에서 경험할 수 있는 장점 중 하나는 본인이 접할 수 있는 경험의 폭과 자신의 업무로 인한 영향력, 그리고 그 영향력을 미치 수 있는 범위가 엄청나다는 것입니다. 아무 회사나 골라보세요. 어느 회사를 골라도 다양한 제품 포트폴리오를 가지고 있고 굉장히 많은 수의 고객들이 그 회사의 제

품과 기술에 감탄하고 있습니다.

제가 일했던 회사들 중 AWS가 단연코 가장 포괄적인 포트폴리오를 보유하고 있습니다. 기본적인 컴퓨팅 뿐만 아니라 데이터베이스, 컨테이너, AI, ML 그리고 보안 등의 서비스를 제공하고 있으니까요. 22개의 지리적인 리전(Region)과 69개의 가용 영역(Availability Zone)에서 만나볼 수 있습니다. 이는 고객이 특별한 진입장벽 없이 자신들이 필요한 서비스를 사용해서 애플리케이션을 구축하고 혁신을 이뤄낼 수 있도록 도와줍니다.

더 작은 회사였지만 카우치베이스는 1개의 제품만 가진 덕에 제품에 더 많은 관심을 쏟을 수 있을 수 있었습니다. 그랬기에 더 전속력으로 일을 추진할 수 있어서 제 디벨로퍼 릴레이션 경험을 만들어 내고, 경험을 더 쌓아서 커뮤니티에 기여할 수 있었습니다.

그래서 그 때는 블로그에 올릴 개발 일지에 어떻게 하면 기술적인 내용들을 더 담을 수 있는지, 어떻게 하면 많은 사람들이 이 글을 접할 수 있을지, 그것을 측정하는 지표는 어떤 것인지, 행사 후원이나 발표와 관련해 밋업과 컨퍼런스에서 어떤 전략을 취해야하는지에 대해 고민했습니다.

" 첨단 기술을 다루고 있었고 고객들은 이에 대해서 듣고 싶어 했습니다" - 아룬 굽타

그리고 어떻게 하면 전략적으로 행동할 수 있을지, 어디를 가야 제가 만날 만한 개발자들이 있는지, 카우치베이스를 최근 유행하는 주제 혹은 기술과 어떻게 연관지을 수 있을지에 대한 질문을 가졌습니다. AWS에서는 이런 일들을 하진 않았습니다. 왜냐하면 이미 첨단 기술을 다루고 있었고 고객들은 이에 대해서 듣고 싶어했으니까요. 서로 다른 유형의 도전이었습니다.

히예르탄 빌렌가 : A회사에서 A제품에 대해서 발표하다가 몇 년 후에 A의 경쟁사인 B회사에서 B제품에 대해서 이야기 한다면 이는 진정성에 영향을 끼치나요?

아룬 굽타 : 딱히 영향을 주지 않습니다. 예를 들어 말씀 드릴게요. 오라클에서 레드햇으로 이직했는데 오라클에서는 글래스피시에 대해서 다루고 레드햇에서는 제이보스(JBoss)에 대해 다뤘습니다. 글래스피시와 제이보스는 경쟁 제품이지만 두 제품의 공통점은 자바 EE기반이라는 점입니다. 어떤 사람은 "어제 당신은 글래스피시에 대해서 이야기하다가 오늘은 제이보스에 대해서 말하네요. 제가 당신을 어떻게 믿죠?"라고 생각할 수 있고 이런 순간을 많이 마주해보았습니다.

이직을 하게 된 계기를 말하는 것이 그 질문에 대한 답이 됩니다. "글래스피시는 여전히 좋은 제품이고, 이러한 부분에서 도울 수 있습니다. 제이보스도 좋은 제품이고 이러한 부분에서 도울 수 있습니다"라고 말하는 것이죠.

저는 항상 경쟁 제품에 대해서 비판하는 것을 피하려고 합니다. 사적인 자리에선 말할 수 있겠지만 공적인 자리에서는 제품이 가지고 있는 문제가 무엇인지 이해하고 어떻게 해결할 수 있는지에 대해서만 말하려고 합니다. 그렇게 해서 문제가 해결된다면 좋은거죠. "왜 경쟁 제품을 사용하면 안됩니까?"라고 묻지 마세요. 저희가 해결해드릴 수 없는 부분입니다.

히예르탄 빌렌가 : 만약 재직하고 있는 회사에서 동의할 수 없는 의사 결정을 내릴 땐 어떻게 하나요?

아룬 굽타 : 항상 일어나는 문제입니다. 아마존에서는 리더십 원칙들이 있고

매일 각 직원이 업무할 때의 원동력으로 삼고 있습니다. 원칙 중 하나는 "반대하되 받아들여라"입니다. "내가 왜 이렇게 해야하는지 이해할 수 없는데 나머지 팀원들은 동의를 한다면, 나는 내가 동의하지 않는다는 의견을 이야기할 것입니다. 당신이 내게 설명한 것처럼 저도 제 의견을 말할 것이지만, 만약 제 의견에 대한 답변을 받는다면 저 또한 그 답변에 화답해야 합니다"라는 의미입니다. 유동적으로 생각해야 하죠.

히예르탄 빌렌가 : 본인이 가진 신념과 회사의 방향성이 정말 맞지 않는 경우는 어떻게 합니까?

아룬 굽타 : 견딜 수 없는 임계점이 있을 수 있지만 우선은 잘 생각해봐야겠죠. 제 철학은 받아들일 수 없는 것에 대해서 생각의 전환을 하고, 바꿀 수 없는 부분에 대해서는 받아들이라는 것입니다. 만약 방향성이 제가 가진 신념과 정말 정반대라면, 제가 떠나겠죠. 사선으로의 이동이 될 수도 있고, 평행 이동이 될 수 있고 혹은 아예 반대 방향으로 가버릴 수도 있죠.

IT 업계는 미친듯이 성장하고 있고, 제가 현재 있는 회사에서 제가 할 수 있는 최선을 다 하고 싶습니다. 아마존과 같은 회사에서는 다양한 역할들이 존재합니다. 만약 제가 지금 하고 있는 역할이 잘 되지 않는다면, 다른 팀으로 이동하거나 혹은 커리어를 바꿀 수도 있을 것입니다. 많은 기회를 준다는 점이 아마존에서 흥미로운 부분입니다.

히예르탄 빌렌가 : 본인이 기대하고 있던 삶의 모습과 일치하나요?

아룬 굽타 : 제가 하고 있는 것들에 대한 완벽한 해결책은 없습니다. 그저 달릴 뿐이죠. 저는 장거리 달리기를 좋아하고 내키는대로 달립니다. 제 심박수

를 체크하지 않습니다. 제가 원하는 만큼 달리죠. 제 삶을 대할 때도 하고 싶은대로 하고 싶습니다.

제가 무언가를 끝내야 하는 순간에 대해서 실망하지 않습니다. 아마존에서 일하게 되어서 매우 기뻐요. 제가 하고 있는 일의 좋은 점 중 하나는 전 세계에서 만나야 할 고객들이 많다는 것입니다. 제가 어디를 가던, 그들은 아마존에 대해 좋은 점과 나쁜 점을 제게 말해줍니다. 회사에 그 피드백을 전달해 변화를 만들어낼 수 있죠. 고객들이 제가 그들의 이야기를 들어주고 도와줘서 고맙다고 말할 때, 정말 만족스럽습니다.

히예르탄 빌렌가 : 이 일을 평생 하실건가요?

아룬 굽타 : 제 일을 매우 즐기고 있습니다. 스타트업과 다른 회사들을 위해 컨설팅을 해주기도 하고, 디벨로퍼 릴레이션 프로그램을 만드는 것을 도와줍니다. 제가 즐기는 또 다른 일들이죠. 디벨로퍼 릴레이션 업무는 제게는 자연스러운 일입니다. 저는 사교적이라서 사람들과 말하고 무언가에 대해 설명하는 것을 좋아합니다. 어려운 것들을 쉬운 용어들로 쪼개어 설명을 잘한다고 늘 칭찬을 받아왔죠.
제가 어떤 일을 선택해서 하던 간에, 디벨로퍼 릴레이션은 좋은 경험이 될 것입니다. 제가 제품을 직접 만들게 되더라도요. 어떻게 홍보할건지, 고객들에게 가서 무엇을 말할 것인지 등에 대해서 잘 아니까요. 제가 가진 공식적인 직함과 상관없이 디벨로퍼 릴레이션은 제 성격의 많은 부분을 차지하고 있습니다.

히예르탄 빌렌가 : 이 일을 하고 싶어하는 사람들은 어떻게 하면 될까요?

시작에 대한 조언

아룬 굽타 : 온라인 프로필을 만들어 놓는 것이 중요합니다. 페이스북 프로필만을 의미하는 것은 아닙니다. 그건 가족과 친구들을 위해서 만든거잖아요. 제가 말하는 건 깃허브 프로필로 어떤 언어를 주로 사용하는지, 코딩 스타일이 어떤지, 어떤 환경에 능숙한지, 얼마나 많은 기여를 했는지 등에 대해서 보여줄 수 있다는 것입니다.

두 번째로는 글쓰기와 말하기 능력입니다. 워드프레스, 미디엄, 깃허브 페이지 등 많은 블로그 플랫폼들이 있습니다. 아무거나 시작해서 본인이 하고 싶은 이야기를 쓰기 시작하세요.

아무도 보지 않을 거라고 생각할 수 있지만, 생각보다 많은 사람들이 관심을 가집니다. 유튜브 중심의 세상이 되어가고 있으니, 본인이 이야기 하고 싶은 주제에 대한 비디오를 찍어도 보십시오. 무언가를 달성해내고 싶다면, 팟캐스트를 시작해 기술에 대해서 토론하고 커뮤니티를 모아보는 것도 좋습니다.

"대부분의 기술 커뮤니티들은 매우 포용적입니다" – 아룬 굽타

세 번째로는 주변의 밋업을 찾는 것입니다. 주요 도시에서는 매주 밋업이 매일 일어나고 있을 것이고, 작은 도시들도 마찬 가지입니다. 도시를 골라 지역 밋업에서 발표하고 무대 공포증을 이겨내야 합니다. 대부분의 기술 커뮤니티들은 매우 포용적입니다. 그들은 참여와 공유를 사랑할거에요.

특히나 커리어를 처음 시작하는 사람들에게 지금은 디벨로퍼 릴레이션을 하기에 좋은 시기입니다. 엔지니어링, 테스팅 혹은 프로덕트 매니지먼트 대신에, 디벨로퍼 릴레이션 업무를 해보세요. 제품에 대한 전체적인 시야와 고객과의 커뮤니케이션 경험을 가져갈 수 있습니다.

가족이나 함께 해야 할 동반자가 없다면 전 세계를 돌아다니며 여행하고 본인만의 경력을 쌓을 수도 있습니다. 사람들이 찾아와서 내가 유명인사가 된 것처럼 유튜브에서 봤다며 사진 한 장 같이 찍을 수 있겠냐고 묻는 경험은 굉장히 뿌듯할 것입니다.

바룩 사도구르스키

Baruch Sadogursky

—

바룩 사도구르스키는 디벨로퍼 애드보킷이자 제이프로그(JFrog)에서 디벨로퍼 릴레이션 팀의 조직장을 맡고 있다. 기술에 대해서 이야기하는 것을 좋아하며, DockerCon, GopherCon, Devoxx, DevOps Days, OSCON, Qcon 그리고 JavaOne등 업계에서 유명한 컨퍼런스의 단골 연사이다. 자바원 락스타이면서, Liquid Software의 공동저자이고, CNCF 재단의 홍보대사로, 개발자 커뮤니티들을 위해 활동하고 있다. (트위터: @jbaruch)

히예르탄 빌렌가 : 지난 몇 년 간 디벨로퍼 릴레이션 세계에서 일어나고 있는 일에 대한 컨퍼런스와 팟캐스트들을 매우 잘 알고 계시는데 어떤 일들이 일어났는지 말씀해주시겠어요?

바룩 사도구르스키 : 디벨로퍼 릴레이션 분야는 이제 막 시작되었습니다. 매일 새로운 책, 팟캐스트 그리고 컨퍼런스가 열리고 있습니다. 사람들은 디벨로퍼 릴레이션 영역에서 더 많은 일들을 하고 있습니다. 굉장히 좋은 컨퍼런스들이 열리고 있는데, 그 중에는 세 개의 다른 지역(런던, 샌프란시스코, 도쿄)에서 열리고 있는 DevRelCon도 있습니다. 중국에서도 몇 년 전까지 열렸던 것 같은데 지금도 하고 있는지는 모르겠네요.

이 분야에서 일하고 있는 사람들에게 특히나 이런 컨퍼런스는 각 실무진들을 만나서 함께 이야기할 수 있기 때문에 굉장히 중요합니다. 아까 언급한 3곳의 다른 장소에서 열리는 컨퍼런스에 참여만 하더라도 굉장히 다양한 주제들을 다루고 있다는 것을 알 수 있을 것입니다. 좋은 점은 모든 토크 세션들이 온라인으로 진행되고 있기 때문에, 이 모든 컨텐츠를 공짜로 즐길 수 있다는 것입니다.

히예르탄 빌렌가 : 말씀하신 컨퍼런스에서는 어떤 내용을 다루고 있나요?

디벨로퍼 릴레이션 분야를 위한 컨퍼런스

바룩 사도구르스키 : 공감과 윤리적인 문제와 같은 일반적인 내용도 있고, 어떻게 성공적인 발표를 할 수 있는지, 혹은 테크니컬 라이팅의 가장 좋은 예제란 무엇인지를 다루는 굉장히 실용적인 내용도 있습니다. 이 모든 주제들은

KPI, 측정방법, 정당화, 예산짜기 등 우리가 중요시 하는 모든 내용을 포함하고 있습니다.

히예르탄 빌렌가 : 디벨로퍼 릴레이션 일을 하고 있는 사람들을 위한 커뮤니티가 있다는 말씀이신가요?

바룩 사도구르스키 : 네 맞습니다. 또 다른 예시로는 에반스 데이터(Evans Data)라는 회사에서 여는 Developer Relation Conference가 있습니다. 제가 참석한 적은 없어 어떻다고 말할 수는 없지만, 컨퍼러스 내용과 주최하는 회사의 특성을 보면 보았을 때 고전적인 에반젤리즘 활동에 초점을 뒀다고 봅니다. 하지만 여기는 참가비용이 1,000 달러나 하기 때문에 대다수의 커뮤니티 사람들이 참석할 수 있는 것은 아닙니다.

히예르탄 빌렌가 : 어떻게 이런 디벨로퍼 릴레이션 관련 컨퍼런스가 처음 시작되었나요? 지난 5년간 굉장히 활성화 된 것처럼 보입니다.

바룩 사도구르스키 : 이론적인 측면의 디벨로퍼 릴레이션은 더욱 발전되어 왔습니다. 과거에도 디벨로퍼 릴레이션에 대한 이론이 존재는 했지만, 잘 알려지지는 않았습니다.

에반스 데이터의 컨퍼런스가 15년 전부터 시작되었으니, 디벨로퍼 릴레이션이 상대적으로 새로운 것은 아닙니다. 하지만 지난 5년간 디벨로퍼 릴레이션은 업계 내에서 더 주류로 부상했습니다. 모든 회사들이 개발자의 입사를 기다리거나, 혹은 개발자들을 고용하기 위해 노력하고 있습니다. 디벨로퍼 릴레이션이 중요하다는 것을 깨닫자, 회사에서는 디벨로퍼 릴레이션 분야에 투자하고 기획하기 시작했습니다. 업계 전반적으로 앞다투어 디벨로퍼 릴레이션과 관련된 활동을 하기 시작했습니다. 팟캐스트나 책들은 소프트웨어 회사들에서 디벨로퍼 릴레이션이 필요함을 깨달은 뒤에 만들어졌다고 볼 수 있습니다.

오늘 회사에서 저는 HR을 위해 디벨로퍼 릴레이션 활동을 하는 회사들의 디벨로퍼 릴레이션 전문가들과 함께하는 웨비나에 참여했습니다. 주택 개선 용품들을 파는 회사에 디벨로퍼 릴레이션 업무를 하는 부서가 있는데, 이 곳에서는 더 효과적인 브랜드를 만들고 더 실력있는 개발자를 채용하는 업무를 하고 있습니다. 모든 사람들이 디벨로퍼 릴레이션 활동을 하고 싶어하는 시대가 온거죠.

히예르탄 빌렌가 : 어떻게 해서 디벨로퍼 릴레이션 분야에 발을 들이게 됐나요?

바룩 사도구르스키 : 2004년부터 제이프로그의 2명의 공동 창업자인 요아브 랜드맨과 프레드 사이먼과 함께 일해왔습니다. 제이프로그 이전에 저희 3명은 알파씨에스피(AlphaCSP)라는 자바 컨설팅을 하는 회사에서 함께 일했습니다. 자바 2 플랫폼, J2EE 그리고 스프링과 관련된 일을 주로 했습니다. 그러다가 지속적 통합 (Continuous Integration, 역자 주: 소프트웨어 코드의 변경사항을 자동화된 과정을 통해 검증하고 병합하는 개발 방법)의 자동화에 관심을 가지기 시작하면서 메이븐과 그와 관련된 다른 것들을 다루게 되었습니다. 그러면서 메이븐이 굉장한 잠재력을 가진 것을 알게 되었으나, 사설 저장소를 만들어 사용하는 것이 번거롭다는 아주 큰 한계가 있었습니다.

요아브와 프레드는 알파씨에스피의 고객들을 위해 '아티팩토리(Artifactory)'라는 오픈 소스 툴을 만들었습니다. 그들은 이미 이러한 일들이 엄청난 잠재력을 가지고 있다는 것을 초기부터 알고 있었습니다. 그래서 그런지 도구를 공개한 첫 날부터 주요 대기업들은 이 도구를 사용하게 되었고, 요아브와 프레드는 알파씨에스피를 떠나 제이프로그를 시작하게 되었습니다.

저는 알파씨에스피에 남았고, 그 이후로도 몇몇 다른 회사에서 일했습니다. 마침내, 요아브와 프레드는 제게 전화해서 이렇게 이야기했습니다. "집으로 돌아올 시간이야. 아 그건 그렇고, 너를 위한 새로운 포지션도 열었는데 우린 그 포지션을 '국무장관' 혹은 '외교부 장관'이라고 부를거야. 넌 제이프로그를 커뮤니티 내에서 대변하고, 우리가 유명해지는 것을 도와줘야 해. 그리고 사람들로부터 피드백을 받아하는 것이 너의 역할이고." 이렇게 제가 일을 시작하게 되었습니다.

그 때가 7년 전 일이었고 처음에는 어떻게 디벨로퍼 릴레이션을 시작해야 하는지에 대해서 잘 몰랐기에 많은 실수도 했습니다. 개발자들과 끊임없이 대화하며 소통을 해야하는 디벨로퍼 애드보킷 활동을 했어야 하는데, 일방적으로 제가 하고 싶은 이야기만 하며 사람들을 끌어모으기에 혈안이 됐던 적도 있었습니다. 그 당시에는 디벨로퍼 애드보킷에 대해서 많은 정보가 없었거나, 혹은 제가 정보를 찾지 못한 것일 수도 있겠죠.

히예르탄 빌렌가 : 제이프로그에 있는 동안 맡은 역할의 어떤 부분이 좋으셨나요?

바룩 사도구르스키 : 이 일을 하면서 다른 개발자들과 함께 기술적인 부분에 대해서도 이야기를 나눌 수도 있고, 네트워킹을 할 수 있게 해줬기에 완벽했습니다. 다른 사람들을 도와주면서 이 일이 가진 영향력을 알게 되었습니다. 제가 개발자였을 때, 새로운 것을 만들어 나가는 것에 만족했지만 피드백을 받기까지는 아주 오랜 시간이 걸렸기 때문에 지쳤습니다. 개발자로서 코드를 짜

고 그 코드가 직접 돌아가는 것은 볼 수 있지만 그게 끝이었습니다.

"디벨로퍼 릴레이션 분야에서는 피드백을 주고 받을 수 있는 체계가 잡혀있습니다."
- 바룩 사도구르스키

중요한 것은 내가 하는 일이 다른 사람에게 어떤 좋은 영향을 끼칠 수 있는가입니다. 디벨로퍼 릴레이션 분야에서는 제가 중요하게 여기는 점인 피드백을 주고 받는 체계가 잡혀있습니다. 제이프로그에서 개발자들을 돕고 싶어할 때 개발자들의 의견을 받을 수 있습니다. 혹은 우리가 무언가 잘못해나가고 있을 때, 우리가 더 잘할 수 있도록 의견을 받을 수도 있습니다. 회사에서는 의견들을 받고, 변화를 실천하고, 개발자들을 돕기 위한 또 다른 시도들을 합니다. 디벨로퍼 릴레이션은 이런 피드백들이 오가는 파이프라인입니다. 어떻게 조직과 디벨로퍼 릴레이션이 영향력을 만들어 나가는지 볼 수 있어 만족스러운 직무입니다.

이 일을 하면서 우리는 다른 사람들이 창조한 것을 대신해서 홍보합니다. 만약, 개발자들이 제품을 더 많이 사용하는데 목적을 두거나, 더 실력있는 개발자를 채용하거나 더 도움이 되는 의견을 받기 위해 디벨로퍼 릴레이션 활동을 한다면, 그에 대한 결과물들이 조직 내에 있는 다른 부서들을 도울 수 있습니다.

히예르탄 빌렌가 : 이 일을 하기 위해서 어떤 성격을 갖춰야 합니까?

디벨로퍼 릴레이션 활동을 위해 필요한 성격

바룩 사도구르스키 : 이 일에 맞는 사람을 뽑는 것은 굉장히 어렵기 때문에 저 또한 계속 사람을 구해보고 있습니다. 디벨로퍼 릴레이션 직무의 대부분은 다 기술 기반입니다. 어떤 직무는 기술 기반이 아닌 것도 있습니다. 가령 커뮤니티 매니저나 커뮤니티 빌더의 경우에는 기술 기반이 아니지만 디벨로퍼 애드보킷, 엔지니어 그리고 테크니컬 라이터 직무는 기술 기반이어야 합니다.

이 일을 하기 위해서는 자신의 의견을 소신껏 말할 수 있어야 하고, 커뮤니티를 사랑해야 합니다. 제가 새로운 깨달음을 얻기 전까지는 디벨로퍼 릴레이션 일을 하기 위해서는 무조건 외향적이어야 한다고 말하고 다녔습니다. 하지만 이 일을 하는 사람이 100% 외향적인 것은 아니었습니다. 그 사람들은 다른 사람으로부터 에너지를 얻는 부류의 사람은 아니지만, 어떻게 어울리는지는 아는 사람들이죠. 그 이후로 저는 디벨로퍼 릴레이션 업무에 어떤 성향이 필요한지 이야기하는 자리에서는 조심하고 있습니다. 그래도 다른 사람으로부터 에너지를 얻는게 자연스러운 외향적인 사람에게 이 일이 조금 더 쉽다고 생각이 들지만 말입니다.

히예르탄 빌렌가 : 왜 기술에 대한 지식과 대인 스킬을 모두 갖춘 사람을 찾는 것은 어려울까요?

바룩 사도구르스키 : 대다수의 기술 기반의 사람들은 테크 커뮤니티에 잘 어울리려고 하지 않습니다. 커뮤니티 활동을 싫어해서 일 수도 있고, 혹은 그런 것에 능숙하지 않아서 일 수도 있습니다. 모든 사람들이 그렇다는 의미는 아니지만, 채용을 하면서 제가 경험할 때는 그렇게 느꼈습니다.

내부적으로나 외부적으로 채용할 때, 좋은 기술적인 배경을 가진 사람이 있어도, 동시에 커뮤니티에 굉장히 흥미가 있거나, 잘 할 수 있는 사람을 찾기는 어렵습니다. 이유는 저도 모르겠습니다. 제가 심리학자가 아니니까요. 제 경험상 단순히 커뮤니티에 잘 기여할 수 있고, 동시에 기술적인 사람을 찾는 것은 굉장히 드문 일이라는 점만 알고 있습니다.

히예르탄 빌렌가 : 주로 어떤 업무를 합니까?

바룩 사도구르스키 : 디벨로퍼 릴레이션은 다양한 업무를 맡고 있습니다. 여러 개의 다른 커뮤니티와 지속적으로 연락하고, 커뮤니티들이 어떤 특성을 갖고 있는지 찾고, 어디에서 주로 활동하는지 또는 그들의 관심사가 무엇인지를 파악하는 일들을 하면서 커뮤니티에 참여하려고 합니다. 이건 다양한 활동 중 극히 일부인 사회적인 활동들일 뿐입니다. 다른 활동으로는 코드를 작성하거나, 프로젝트에 기여하거나, 예제 코드를 만드는 등의 업무를 합니다.

다른 일로는 발표자료를 만들고, 발표를 하고, 웨비나나 컨퍼런스에 참석하고, 블로그 글을 씁니다. 이 모든 활동들은 추적 가능해야 하고, 측정 가능해야 합니다. 그래서 다양한 활동들에 대한 보고서를 작성하고, 인플루언서와 개발자 커뮤니티에 대한 데이터베이스도 관리해야 합니다

이상적으로는, 이 모든 일이 팀 내에서 다수의 인원들과 함께 이뤄져야 하지만 실제로는 각 영역을 담당하고 있는 멋진 5명의 팀원이 없을 수도 있습니다. 모든 사람이 모든 일을 하기에 대부분의 날들은 꽤나 혼란의 나날들입니다.

히예르탄 빌렌가 : 디벨로퍼 릴레이션 일을 하면서 비용이 많이 들지 않나요?

바룩 사도구르스키 : 네, 그렇죠. 회사가 비용을 대주지만 ROI 같은 지표들을 보여주면서 우리가 이 돈을 왜 사용해야했는지를 증명해야 합니다. ROI가 100% 분명하거나, 추적할 수 있는 것은 아니지만 말입니다.

컨퍼런스에서 발표하고 있고, 사람들이 발표를 듣고 있는 장면을 상상해봅시다. 어떤 사람들은 이런 일을 좋아하고 도전해보려고 합니다. 발표를 통해서 영향력을 발휘 할 수 있지만, 얼마만큼의 영향력을 발휘하는지 측정이 가능할까요?

그 영향력은 발표를 하기 위해 컨퍼런스에 참여한 비용만큼이나 가치가 있을까요? 매달 주는 월급을 고려해봤을 때 그 월급만큼 일을 하는가요? 이 모든 건 정확하지 않습니다. 디벨로퍼 릴레이션 일을 하면서 매일 ROI에 대해 생각합니다. 조직 내에서 비용을 많이 쓰는 부서지만 그냥 돈을 쓰는 게 아니라 가치 있게 쓰고 있다는 것을 증명하고 싶습니다.

히예르탄 빌렌가 : 다양한 활동들을 생각해봤을 때, 각 개인이 굉장히 많은 일을 해내야 하는 것을 알 수 있습니다. 결과도 그만큼의 노력을 반영합니까?

바룩 사도구르스키 : 디벨로퍼 릴레이션 업무를 하는 대부분의 사람들에게는 해당된다고 생각합니다. 이 업무를 하는 사람들 중 제가 아는 대다수는 조직 내에서 열심히 일하는 분들입니다. 아무래도 여러 다른 영역에서 발생하는 일들을 다 관리하다 보니, 자연스럽게 업무량이 많습니다. 하루 종일을 코드 몇 줄을 쓰는데 보내는 것이 중요하다고 생각하고 그것을 즐긴다면, 이는 밤 늦게까지 다른 일들을 처리하는 데 써야 한다는 것을 의미합니다.

히예르탄 빌렌가 : 최근에 흥미로운 이야기를 들었습니다. "만약 당신이 굉장

히 열심히 일하는 사람이라면 매번 하는 것보다 30% 덜 일한다고 해도 아무도 그 차이를 모를 것이고, 그럼에도 불구하고 여전히 생산적일 것입니다"라는 내용인데 어떻게 생각하십니까?

바룩 사도구르스키 : 반은 맞고 반은 틀리다고 생각합니다. 어떤 맥락에서 저런 이야기가 나왔는지는 이해하지만 30% 덜 일하기 시작한다면 사람들은 알아차릴 것입니다. 일어나지 않길 원하는 일은 일어나는 법이니까요. 차라리 그냥 "제 업무 시간을 최적화해서 30% 더 효율적인 방식으로 일해도 될까요?"라고 묻는게 낫습니다.

개발자들이 매우 오랜 시간 일하는 것은 효과적이지 않습니다. 하루 종일 한 가지 일만 한다면, 몇시간동안 계속 같은 일에 매몰되어 있는 것입니다.

똑같은 일에 시간을 더 쏟는 것은 실제로 생산성을 0으로 매우 빠르게 떨어뜨리는데 영향을 줍니다. 그러나, 디벨로퍼 릴레이션 업무에서는 굉장히 많은 업무를 한 번에 처리하기 때문에 해당되지 않을 수도 있습니다.

만약 5시간을 들여 코드를 짜고 있는데, 짜면 짤수록 이 코드가 별로라고 느껴진다면, 다른 일을 하십시오. 다음 밋업의 연사와 연락을 하거나 말입니다. 하던 업무를 바꾼다고 해서 어떤 부가적인 노력을 해야 할 필요도 없고, 오히려 해야 하는 업무 중 하나를 하는 것 뿐입니다. 그 일이 끝나면, 블로그 글을 쓰거나 혹은 지난 여행에 관한 보고서를 작성하면 됩니다. 코드를 작성하는데 지친다면 완벽하게 끝낼 수 있는 다른 일을 하면 됩니다. 그렇게 시도했지만 통하지 않는다면, 몇 주 동안 미뤄왔던 경비 보고서를 작성하면 됩니다.

효율적으로 일하는 것은 굉장히 중요하지만, 우리가 업무량을 줄여도 그걸 사람들이 눈치채지 못하게 할 수는 없습니다. 그렇기에 본인이 조직에서 맡은 역할이 얼마나 중요한지를 안다면, 자신의 업무에 대해 속이는 일은 옳지 않습니다.

과도하게 일하는 것

히예르탄 빌렌가 : 때때로 사람들은 그들이 속해있는 IT 분야에 대해서 많은 신경을 쓴 나머지 과도하게 일하는 경우가 있습니다. 그렇지 않나요?

바룩 사도구르스키 : 많은 것을 감당하고 있다는 것에는 동의하지만 그 또한 직업의 일부라고 생각합니다. 너무 많은 일을 신경쓰기에 지금의 디벨로퍼 릴레이션 업무를 하고 있습니다. 이게 얼마나 나쁜 일인지는 모르겠으나, 지금은 제 일을 사랑하고 있기 때문에 업무에 투자하는 노력을 잃고 싶지 않습니다.

히예르탄 빌렌가 : 만약 몸담고 있는 회사가 본인이 생각한 방향과 다른 방향으로 간다면 어떻게 하실 건가요?

바룩 사도구르스키 : 조직의 비전에 투자해야 할 필요는 있습니다. 그 비전에 공감하고, 왜 그런 변화가 일어나는지에 대해 이해한다면, 그 변화는 자연스러운 것이죠.

자바 개발자들을 위한 도구를 제공하는 서비스를 시작했을 때 이런 비슷한 상황이 제이프로그에서도 있었습니다. 나중에는 닷넷 개발자와 자바스크립트 개발자들을 위한 도구로도 활용되었습니다. 그러면서 우리의 도구를 사용하고, 우리가 진정으로 신경써야 하는 개발자들은 연구 개발팀 사람들보다는,

회사에서 각종 개발 도구들을 담당하는 팀, 혹은 회사의 데브옵스(DevOps) 팀이라는 것을 깨달았습니다.

제이프로그로서는 정말 거대한 변화였습니다. 그래서 조직 내 데이터 센터, 도구 활용법, 회사를 위한 데브옵스 문화에 대해 목소리를 내기 시작했습니다. 회사의 변화된 목표에 맞춰 커뮤니티의 방향성에도 변화를 줬습니다. 그래서 최근에는 제이프로그 관계자들을 개발자 컨퍼런스에서, 특히나 자바 컨퍼런스에서 이전만큼 자주 볼 수는 없을 것입니다. 목표로 하는 고객이 달라졌고 변화를 받아 들이는 건 쉬운 일이 아니었습니다. 하지만 우리가 옳은 일을 하고 느꼈기 때문이 이 변화를 만들 수 있었습니다. 10년 전의 사람들보다 지금의 사람들에게 제이프로그의 서비스는 더 도움이 됩니다. 그래서 10년 전 사람들보다는 지금의 사람들과 이야기하고 도와주는 것이 필요합니다.

> *"개인적인 인간관계나 커뮤니티와의 관계보다,*
> *회사의 요구사항을 더 우선적으로 생각해야 합니다." - 바룩 사도구르스키*

종종 자신이 속해있는 개발자 커뮤니티에 너무 관여하는 디벨로퍼 릴레이션 분야 종사자를 만날 때가 있습니다. 다른 커뮤니티에 집중해야 하는 조직으로 이직을 했음에도 여전히 처음의 커뮤니티와 끈끈한 유대감이 있는 것입니다. 하나의 예를 들어 설명 드릴게요. 자바 개발자를 위한 도구를 개발하는 회사에서 일하는 사람이, 자바스크립트 개발지를 위한 도구를 만드는 회사로 이직했다고 생각해봅시다. 그럼에도 불구하고 그 다음에 열린 자바 컨퍼런스에서 부스를 운영하고 있다면, 그것은 새로운 회사가 원해서 하는 것이 아니라 새로운 커뮤니티와 관계 형성이 어렵고, 이전에 속해있었던 커뮤니티가 편하기 때문에 도망쳐 온 것입니다. 이건 명백한 실수입니다. 개인적인 인간관계나 커뮤니티와의 관계보다 회사의 요구사항을 더 우선적으로 생각해야 합니다.

히예르탄 빌렌가 : 회사가 커뮤니티의 여론과 맞지 않는 방안을 진행하기로 했고, 이에 대해 책임자가 되어 커뮤니티 사람들이 묻는 질문에 답해야 한다면 어떻게 하시겠어요?

바룩 사도구르스키 : 굉장히 꺼려지는 상황입니다. 우리가 하는 일에 대해서 얼마나 많이 신경쓰는지에 대해서 다시 생각해 봅시다. "제가 이 의견을 정당화하거나 방어하기가 어려울 것 같습니다"라고 말할 순간이 찾아 올 수 있습니다. 그때는 회사를 떠나게 되겠죠.

그러나 100% 의견에 동의하지는 않지만 왜 이렇게 진행되는지에 대해서 이해하게 된다면 이런 감정을 숨길 수는 있습니다. 그렇게는 할 수 있겠죠. 여느 의사결정 상황에서처럼 결론이 지어지는 그 상황과 과정에는 동의하지 않을 수 있습니다. 하지만 한 번 결론이 내려지면 결정에 따르거나 혹은 결정에 불복하거나 둘 중 하나의 행동을 취해야 합니다.

디벨로퍼 릴레이션이란 것이 이렇습니다. 만약 본인이 개발자이고 상사의 의견에 동의하지 않는다면, 남은 하루를 다른 사람에게 떽떽거리기만 할 것입니다. 디벨로퍼 릴레이션의 업무를 하고, 회사를 대표하는 역할을 한다면, 100% 동의하지 않는 의견이라도 이를 어떻게 잘 포장할 수 있을지를 고민하는 역할을 맡게 됩니다. 의견에 대해 지지함을 드러내고, 어떻게 표명할지를 결정해야 합니다.

히예르탄 빌렌가 : 무대에서 발표를 하기 위해서 발표 주제에 대한 모든 것을 알아야 합니까?

바룩 사도구르스키 : 디벨로퍼 릴레이션을 하는 사람은 기술 배경이 없을 수도

있지만, 디벨로퍼 애드보킷을 하는 사람은 기술적으로 더 잘 알아야 합니다. 얼마나 기술에 대해서 잘 아는 지에 따라 회사와 회사의 제품을 대변할 수 있습니다.

하나의 제품만을 다루는 경우에는 더 기술적으로 잘 알아야 하고, 이 제품이 어떻게 작동되고 어떤 장점들이 있는지에 대해 빠삭하게 알아야 합니다. 하지만 제이프로그의 도구들은 25개의 다른 도구들과 프로그래밍 언어와 함께 활용할 수 있습니다. 제가 이 모든 것을 전문적으로 알기에는 어렵습니다. 어떻게 이 모든 것이 활용되는지 가장 최신의 정보를 알기 위해 노력하지만, 그게 제가 할 수 있는 전부입니다. 더 가치가 있거나, 회사와 결이 맞아 더 시간을 쏟고 싶은 커뮤니티가 있다면 그 커뮤니티에 대해 더 잘 알면 됩니다. 모든 것을 다 알 수는 없습니다. 넓은 범위와 한 분야에 대한 전문성을 가지며 지식을 확장하는 것이 가장 좋습니다.

히예르탄 빌렌가 : 무대에서 발표할 때 어떻게 답을 해야 할지 잘 모르는 질문이 나오면 어떻게 하십니까?

바룩 사도구르스키 : 가장 좋은 방법은 정직하게 "지금 당장 그 질문에 대답하기엔 확실하지 않으니, 제가 알아보고 말씀드리겠습니다"라고 말하는 것입니다. 혹은, 잘 알고 있는 척 할 수도 있습니다. 때때로 그런 척은 통하지만, 꼬리가 길면 잡히는 법이죠.

히예르탄 빌렌가 : 청중들에게 역으로 질문하는 방법도 사용하시나요?

바룩 사도구르스키 : 그 대답이 정답인지 알지 못하는 경우가 있기 때문에 조금은 위험한 방법일 수도 있습니다. 맞는 것 같아보이지만 찬찬히 들어보면 틀

릴 수도 있거든요. 본인 스스로가 정확한 답을 모르는 상태에서 청중들의 답변이 맞다고 하기는 어렵습니다.

히예르탄 빌렌가 : 디벨로퍼 릴레이션과 IT 분야에서 본인이 최근에 관심을 가지고 있는 부분은 어떤 것들인가요?

바룩이 업계에서 주목하고 있는 사안들

바룩 사도구르스키 : 점점 더 많은 사람들이 디벨로퍼 릴레이션이 무엇인지, 어떤 일을 하는 것인지에 대해 이해하기 시작했습니다. 이러한 발전들이 제 스스로가 디벨로퍼 릴레이션 전문가로 성장했음을 느끼게 합니다. 최근에는 모든 디벨로퍼 릴레이션들을 위한 컨퍼런스에 참여하거나, 가능한만큼 많은 책을 읽거나, 팟캐스트나 대화에 참여하려고 합니다.

> *"이전까지 경험해보지 못한 속도로 소프트웨어를 개선하는 것이 가능해졌습니다"*
> *- 바룩 사도구르스키*

 IT 분야에서 가장 흥미로운 것 중에 하나는 소프트웨어의 지속적 배포가 더 빨라지고 있고, 이제는 배포에만 그치지 않고 '지속적 업데이트'로 전환하고 있다는 것입니다. 이전까지 경험해보지 못한 속도로 소프트웨어를 개선하는 것이 가능해졌습니다. 경험해보지 못한 속도로 소프트웨어를 극대화 하는 것은 오늘날 세계에서 가장 중요한 것이기 때문에 좋은 현상이라고 봅니다. 소프트웨어 없이 현대 시대에서 존재하는 것들이 있을까요? 없습니다. 그래서 소프트웨어를 필요한 곳에 배포할 수 있는 능력은 점점 중요해질 것입니다.

히예르탄 빌렌가 : 미래에는 소프트웨어가 스스로 소프트웨어를 구현하고, 배포하고, 업데이트를 할 것이라고 생각하나요?

바룩 사도구르스키 : 소프트웨어가 스스로 개발한다는 것은, 특정 분야의 일들이 쉽사리 자동화시키기 어렵기 때문에 아직은 힘들 것입니다. 당장은 소프트웨어가 알고리즘을 이용해 알아서 해결하기에는 현실 세계의 문제들이 복잡하기 때문입니다.

소프트웨어를 개발하고, 배포하는 것 자체는 쉽게 자동화 할 수도 있지만, 미래에는 그 이상으로 자동화가 될 것 같습니다. 하지만 그렇다고 해서 개발자들이 직접 개발하지 않는 상황은 오지 않을 것입니다. 대신, 다른 부분들에서는, 실력있는 개발팀에서 볼 수 있을 정도의 자동화가 이뤄질 수 있다고 생각해요. 마치 5명의 개발팀만으로 대규모 서비스를 운영하는 것처럼 말이에요.

히예르탄 빌렌가 : 이 분야에 흥미있는 사람들에게 어떤 조언을 해주실 건가요?

바룩 사도구르스키 : 오늘날 세상에는 방대한 양의 지식들이 존재합니다. 블로그나 뉴스레터를 접하는 것이 좋은 시작이 될 수 있습니다. DevRel Radio와 같은 팟캐스트도 있습니다. 그래서 첫 번째로 디벨로퍼 릴레이션 분야에서 어떤 일을 하고 싶은지 결정해야 합니다. 그 결정을 한다고 해서 일평생 그것만 한다는 뜻은 아니고, 오히려 분명하고 확신할 수 있는 시작을 할 수 있게 도와줄 것입니다.

레자 라만
Reza Rahman

——

레자 라만은 마이크로소프트 애저(Microsoft Azure) 파트의 자바 부문 수석 프로그램 매니저이다. 그는 IT 업계의 글을 기고하면서 10년 이상의 시간을 리더쉽을 발휘해왔고 EJB 3 in Action이라는 유명한 책도 저술했다. 자바 사용자 모임들과 다른 전세계에서 일어나는 컨퍼런스의 단골 스피커로 레자는 자바원에서 자바 EE 트랙를 이끌어왔으며 자바원 락스타로도 알려져 있다. (트위터: @reza_rahman)

히예르탄 빌렌가 : IT 업계를 제외하고는 디벨로퍼 애드보킷 분야가 아직 유명하진 않은 것 같습니다. 이에 동의하시나요?

레자 라만 : 네, 하지만 그런 방식은 좋지 않다고 생각하는게, 디벨로퍼 애드보킷 분야는 직함보다는 활동 자체가 중요하기 때문입니다.

히예르탄 빌렌가 : 직함과 활동 사이에는 어떤 차이가 있습니까?

레자 라만 : 예를 들어 보겠습니다. 오라클에서 상대적으로 짧은 기간동안 정규직으로 자바EE 에반젤리스트의 역할을 했는데, 공식적으로는 그 역할을 3~4년 동안 수행했지만 비공식적으로는 제 경력의 대부분을 에반젤리스트로 활동해왔습니다.

최소 15년 동안 디벨로퍼 애드보킷 활동을 해왔기 때문에, 에반젤리스트로 일했던 것은 전체 활동의 아주 적은 부분을 차지하는 것이었습니다. 디벨로퍼 애드보킷 활동을 주로 제 여가 시간에 했습니다.

히예르탄 빌렌가 : 디벨로퍼 애드보킷라는 직업은 어떤 업무를 수행하는 역할입니까?

디벨로퍼 애드보킷에 대한 정의

레자 라만 : 정의를 내리기는 어려운데 건축가와 비슷하다고 할 수 있겠네요. 항상 여러 역할을 바꿔가면서 많은 활동을 하기 때문에 "이게 디벨로퍼 애드보킷 활동이야"라고 뚜렷하게 말할 수 있는 활동을 정의하기는 어렵습니다.

어떤 사람은 디벨로퍼 애드보킷 활동을 그저 발표하는 일로만 생각하는데 그건 사실이 아닙니다. 마이크로소프트에는 공식 석상에서 발표를 하지 않는 디벨로퍼 애드보킷도 있으니, 발표하는 일을 이 업의 특성이라고 결론 짓기는 어렵습니다. 디벨로퍼 애드보킷은 말하자면 양방향의 커뮤니케이션과 같습니다.

저희가 논의해볼 수 있는 흥미로운 주제라면 디벨로퍼 애드보킷과 에반젤리스트의 차이점이 있겠네요. 에반젤리스트는 누군가의 이야기를 듣는 것보다는 자신의 이야기를 전달하는 것에 더 많은 비중을 둡니다. 블로그를 운영하거나, 소셜 미디어를 사용하건, 발표를 하건, 책을 쓰건, 혹은 코딩을 하는 방식을 통해서 메시지를 전달하는 것이 그들의 일입니다. 디벨로퍼 애드보킷은 반대로 이야기를 듣는 쪽에 조금 더 집중합니다. 디벨로퍼 애드보킷은 우선 듣고, 그 다음 영향력을 전달합니다. 비즈니스 애널리스트와 영업사원의 차이 정도로 생각해도 됩니다.

그리고 또 말할 수 있는 주요 특성이라면 당장 해치워야 하는 목표 없이 커뮤니케이션을 해나가는 점입니다. 달성해야하는 영업 지표는 없습니다. 꼭 전달해야하는 필수 요소들도 없습니다. 만들어내야 하는 수치도 없습니다. 그 대신에, 메시지를 바탕으로 대화하고 사람들이 어떻게 반응하는지에 대해서 들어야 합니다. 그런 다음 회사에서 내보내는 메시지와 회사의 제품을 그 반응에 맞춰서 수정하면 됩니다.

히예르탄 빌렌가 : 처음에 이 일을 어떻게 시작하게 되었습니까?

레자 라만 : 항상 청중들을 대상으로 발표를 진행했습니다. 사람들 앞에서 발표하는 것에 흥미가 있었기 때문에 계속 발표를 해왔습니다. 또한 글을 쓰는 것과 대화를 나누는 것도 즐겼습니다. 디벨로퍼 애드보킷의 근본은 어쩌면 학

생과 같을 수 있겠네요.

아이디어를 공유하며 대화하는 것을 굉장히 좋아했습니다. 특히 제가 엔지니어로 커리어를 시작한 이후에는 좀 더 전문적인 내용들을 발표하는 경지에 올랐습니다. 물론 어느 날 갑자기 실력이 수직상승한 것은 아니었지만요. 주니어 개발자였던 초반 몇 년 동안은 배우고, 코드를 짜고, 소프트웨어를 만드는데 시간을 쏟았습니다. 그러다가 제가 쌓아온 전문적인 지식을 공유할 수 있던 기회가 왔습니다. 회사 내부의 인원을 대상으로 발표하기 시작했고, 책을 쓰라는 제안을 받았습니다. 결과적으로, 제가 한 일들이 널리 알려졌습니다.

책을 쓴 이후, 더 많은 발표를 진행하였고, 자바 사용자 모임이나 작은 컨퍼런스로 확장해나갔습니다. 그런 경험이 바탕이 되어 더 큰 컨퍼런스에서도 발표하였고, JCP까지 오게 되었습니다.

"에반젤리스트를 커리어로 삼는 것은 생각해본적 없던 일입니다" - 레자 라만

제 경력을 그래프로 나타내보면 에반젤리스트로 고용되었을 때가 최정점이라고 볼 수 있습니다. 에반젤리스트를 커리어로 삼는 것은 생각해본 적은 없었던 일이었지만, 제가 하고 싶어 찾아온 기회라고 생각했습니다.

현재는 디벨로퍼 애드보킷이 역할에 포함되는 일들도 하고 있고, 먼 미래에도 이 일을 계속할 것 같습니다. 나이가 들어 은퇴를 하더라도 제가 빠져있는 무언가를 가지고 계속 대외적인 활동을 할 수도 있습니다. 그게 기술과 관련이 없는 책을 쓴다던가, 발표를 하거나 아니면 단순히 블로그 글을 업로드하는 것이라도요.

히예르탄 빌렌가 : 디벨로퍼 애드보킷 직무의 단점은 무엇일까요?

레자 라만 : 제가 단점으로 느끼는 부분은 딱히 없습니다. 한 가지 어려운 점이라면 이 일을 하면서 완벽한 조합을 추구하는 것이 어렵다는 게 있겠네요. 본인이 관심이 있는 분야에 관련된 직업을 구한다 해도, 이게 내부 의사소통이나 외부 의사소통을 얼마나 요구하는지는 알 수 없습니다. 반면, 많은 의사소통을 진행할 수 있지만 본인이 관심 없는 분야의 일을 할 수도 있습니다.

전문적인 디벨로퍼 애드보킷이 되기 위한 일반적인 커리어를 따르지는 않았습니다. 만약 제가 그 길을 따랐다면 오히려 심각한 딜레마를 겪었을 수도 있습니다. 많은 사람들이 구직하면서 하나의 전문 분야에서 다른 분야로 건너 뛰는 것을 보았습니다. 이런 사람들이 정말 진실되게 본인이 하고 싶은 것에 열망이 있는지 궁금합니다. 그들이 전하고자 하는 메시지보다 직업이 그들에게는 더 중요한 요소처럼 보이거든요.

다른 단점으로는 앞서 말씀드렸듯이 디벨로퍼 애드보킷이라는 분야가 제대로 정의되지 않았습니다.

만약 조직 문화가 제대로 정리되어 있지 않으면, 디벨로퍼 애드보킷은 영업, 마케팅 등의 업무와 섞여진 형태가 될 것이고, 그러면 제대로 된 디벨로퍼 애드보킷 업무를 수행할 수 없습니다. 디벨로퍼 애드보킷에 대해서 잘 이해하지 못한 회사라면 디벨로퍼 애드보킷 혹은 에반젤리스트가 사용하는 비용과 수익에 대한 굉장히 직접적인 상관관계를 찾는데 혈안이 될 거구요.

이 두 가지가 가장 힘든 것 같습니다. 다른 점으로는 만약 본인이 정말로 관심이 있고, 운이 좋아 그 분야와 관련된 커뮤니케이션을 직접 진행할 수 있는 경우에도, 윤리적 딜레마를 겪을 때가 있다는 것입니다.

윤리적 딜레마를 마주할 때

히예르탄 빌렌가 : 어떤 특정 회사 소속의 홍보대사로 일할 때 윤리적 딜레마를 느낄 수 있을 것 같습니다. 무대에 올라 사람들이 회사와 관련해 던지는 질문들에 대해서 답해야 하는 상황해 처할 수도 있습니다. 이런 상황을 겪어본 적이 있나요?

레자 라만 : 당연하죠. 이 분야에서 일하는 사람 전부는 그런 경험이 있을 것입니다. 그건 인생의 다른 모든 것과 같습니다. 흑과 백으로 명확하게 나눌 수 있는 것이 아닙니다.

사람들은 더 큰 목표를 추구했기 때문에 지금 눈 앞에 일어나는 상황에 대해서 만족하지 못할 수 있습니다. 그런 상황들은 시간이 지나면 알아서 해결될 수도 있지만 결국엔 스스로 해결해 보려는 것도 필요합니다. 또한 자신이 가지고 있는 가치에 대해 다시 생각해볼 필요가 있습니다. 제가 처한 상황 때문에 한 달 정도 침대에서 일어나기 싫었던 시기를 겪은 적이 있습니다. 제 안에서의 갈등이 굉장히 심각한 상황이었거든요. 어쩌면 인간으로서 가장 겪기 싫은 일이었습니다. 바로 그 순간이 자신이 변화를 만들어야 내는 순간임을 의미합니다.

그러기 위해서는 회사의 상급자에게 당신의 의견을 공유해야 합니다. 그러면서 본인이 과민반응 하고 있는지, 이 상황을 해결할 수 있는 방안이 있는지, 특정 관점에서 이 문제를 바라보는 것이 타당한지 등에 대해서 생각해야 합니다. 디벨로퍼 애드보킷으로 고객을 대하고 있지만 반드시 회사를 대변할 필요는 없습니다. 이 부분을 기억해야 합니다. '홍보대사'라는 단어를 사용했지만, 이게 반드시 좋은 비유는 아닙니다. 홍보대사의 역할은 본인이 대표하는 소속의 관심 및 흥미 사항을 알리는 것입니다. 디벨로퍼 애드보킷이 하는 일과는 오히려 반대라고 볼 수 있습니다.

히예르탄 빌렌가 : 이 복잡한 관점이 등장하는 이유는 회사의 입장 뿐만 아니라 기술 커뮤니티의 입장도 고려해야 하기 때문입니다. 가령 자신이 회사를 떠나는 것 자체가 그 커뮤니티에 피해를 줄 수 있기 때문에 윤리적 딜레마에 더 빠질 수 있었을 것 같습니다. 어떻게 생각하시나요?

레자 라만 : 개인의 판단에 따라 결정해야 합니다. 이건 산수와 같은 문제는 아니니까요. 그러나 때로는 그런 과격한 행동이 정당화 될 때도 있습니다. 그 피해가 얼마나 큰지는 모르겠지만, 장기적으로는 회사를 떠나는 선택이 옳을 수도 있기 때문입니다.

히예르탄 빌렌가 : 본인이 담당해서 홍보하는 기술에 대해서 100% 지지하시나요?

레자 라만 : 100%는 조금 과장되었네요. 그건 에반젤리스트에게 해당하는 내용 같습니다. 너무나 한 분야에 깊이 빠져든 나머지 결점을 흐린 눈으로 본 적은 없었습니다. 만약 그렇게 된다면 그것은 종교이지 기술이 아니니까요. 기술은 장단점이 존재합니다.

저는 어떻게 전달해야 할지 보다는 메시지 자체에 더 중점을 두었습니다. 그리고 한번도 제 자신이 설득되지 않은 메시지를 남들에게 전달한 적은 없습니다. 처음에는 메시지에 대해서 의문을 가진 적은 있지만, 모든 가능한 경우의 수를 다 고려한 후에는 이 메시지가 가치가 있고 전달할 만한 것이라는 결론을 내려왔습니다.

히예르탄 빌렌가 : 본인이 홍보하거나 지지하는 기술에 문제가 있는 것을 알게 되었을 때 얼마나 솔직하게 그 문제에 대해서 대처하는 편입니까?

레자 라만 : 이 일을 할 때는 기술을 사용하는 사람을 우선적으로 고려해야 합니다. 문제가 있다는 것을 알면, 가장 처음으로 해야 할 것은 그 문제를 정리하는 것입니다.

그리고 모든 경우의 수를 계산해야 합니다. 무언가 문제가 있어서 그 사실을 공유했는데, 그게 금방 해결되었다면 굳이 사람들에게 "문제가 있었습니다"라고 말하는 것은 일을 오히려 도움이 되지 않을 것입니다.

그런 상황이 일어나는 건 어쨌거나 보기 드문 경우입니다. 대부분의 디벨로퍼 애드보킷은 곧장 버그를 수정하기 때문에 시연을 하는 경우라면, 이슈가 발생할 일은 없습니다. 그러나, 어떤 경우에는 문제가 발생하고 버그를 확인한 후 이건 가벼운 문제라고 알리는 것이 필요하기도 합니다.

"절대 상대방을 속이려 한다거나 문제가 없었다고 말해서는 안됩니다" - 레자 라만

만약 어떤 사람이 먼저 이슈를 알아 차리고 이슈가 있음을 공론화 했을 때 절대 상대방을 속이려 한다거나 문제가 없었다고 말해서는 안됩니다. 이건 본인과 회사의 신뢰성을 떨어뜨리는 일입니다. 문제를 제기한 사람은 자신이 틀렸고, 회사가 맞다고 생각하지 않습니다. 그들은 오히려 이 일에 대해서 욕을 하겠죠. 이런 상황에서 어떤 일이 벌어졌는지 인정하고, 이 문제를 해결하고 있다는 메시지를 줘야합니다.

히예르탄 빌렌가 : 진실된 모습을 보이는 것은 중요합니까?

레자 라만 : 네, 신뢰도가 떨어지면 이 일을 지속할 수 없습니다. 사람들은 디벨로퍼 애드보킷들이 자신들에게 신경을 쓰지 않는다고 느끼기 시작하면 그들 또한 디벨로퍼 애드보킷들의 말을 듣지 않을 것입니다. 설령 사람들이 그런 애드보킷들의 발표를 들으러 간다해도, 그저 시간을 보내기 위해서일 것입니다. 그 애드보킷들이 주장하는 메시지를 다른 사람에게도 알리지 않을 것이구요.

히예르탄 빌렌가 : 만약 어떤 회사에서 특정 제품을 지지하다가 경쟁사로 옮기는 경우에 이 또한 신뢰도에 영향을 끼칩니까?

레자 라만 : 딱히 그렇지는 않습니다. 어떤 사람은 특정 회사의 제품만을 사용해야 한다고 생각할 수 있지만, 또 어떤 사람은 다른 회사의 제품을 사용할 수도 있습니다. 그리고 그 분야에서 일하다 보면 경쟁사의 제품이 더 낫다는 것을 깨달을 때도 있습니다. 합당한 이유가 있다면 다른 회사로 이직하는 경우에도 높은 신뢰도를 가져 갈 수 있습니다.

하지만 이직하려는 이유가 자신의 커리어상 이점을 얻거나 이전 직장을 비난하기 위해서라면, 3개월 후에 당신의 신뢰도는 바닥을 칠 것입니다. 이 신뢰가 어떻게 쌓이는지 이해하지 못하고 그런 행동을 한다는 것은 매우 어리석은 일입니다.

히예르탄 빌렌가 : 무대에 올라 발표하는 도중 누군가가 답을 제대로 알지 못하는 질문을 할 때 어떻게 행동하십니까? 이전에 그런 상황을 해결했던 방식

과 지금 해결하는 방식에 차이가 있나요?

레자 라만 : 전 깔끔하게 모른다고 합니다. 아는 체하는 사람은 그 누구도 좋아하지 않습니다. 아무리 전문가일지라도 무대에 올라서 모든 것에 대해서 안다는 투로 말하는 사람을 보는 것을 싫어합니다. 우리 모두 같은 인간이고, 어떤 사람이 매 순간 모든 사실을 아는 것은 불가능한 일입니다.

어쩌면 신뢰성에 관한 질문이기도 하네요. 문제에 대한 답을 몰라도 아는 척한다면, 당신이 무슨 행동을 하는지 청중들에게 보일 수 있는 좋은 기회이기도 합니다. "지금 그 답은 저도 모릅니다. 제 연락처를 드릴테니, 몇 시간 후에 저에게 다시 물어봐주시겠어요? 혹은 당신의 연락처를 알려주신다면, 제가 메일로 답변드리겠습니다"라고 말하는 것이 가장 깔끔하고 좋습니다.

히예르탄 빌렌가 : 말씀하신 것과 같은 상호작용이 결과적으로는 누군가와의 관계를 형성해 나갈 수 있어서 좋은 기회가 아닌가요?

레자 라만 : 그렇습니다. 하루의 일과가 끝난 후, 자신에게 솔직해질 시간이 될 수도 있죠. 자신에게 솔직해지는 것이 오히려 더 쉽습니다. 다른 꼼수를 택한다면 더 많은 고민만 뒤 따를 뿐입니다.

애드보킷에게 필요한 지식들

히예르탄 빌렌가 : 비록 모든 것을 다 알 수는 없지만, 이 일을 하기 위해서 알아야 하는 최소 기준은 있나요?

레자 라만 : 청중의 80% 이상보다는 많이 알아야 합니다. 청중들보다 더 많이 알수록 좋습니다. 물론 청중들의 수준에 따라 다를 수 있지만요. 컴퓨터 과학을 전공하는 학부생을 대상으로 강연을 진행할수도 있지만, 빅데이터를 전공하는 박사 학위자를 대상으로도 강연을 진행해야 할 수도 있습니다. 이건 상대적인 것입니다.

히예르탄 빌렌가 : 어떤 주제를 발표하는지에 따라서도 좀 다르지 않나요? 예를 들어 본인이 어떻게 클라우드와 관련해서 일을 시작하게 되었는지에 대해서 발표하면 이건 개인적인 이야기들이 많이 나올 수 있을 것 같습니다.

레자 라만 : 그것도 맞는 말이긴 합니다. 모든 종류의 주제에 관해서 다양한 관점을 발표할 수도 있습니다. 하지만 청중들이 생각하는 가치에 따라 달렸죠. 예를 들어 지난 봄 휴가를 칸쿤에서 어떻게 보냈는지에 대해선 아무도 듣고 싶어 하지 않을테니까요.

히예르탄 빌렌가 : 컨퍼런스에서 어떤 주제로 이야기하는 것을 좋아하시나요? 주제를 발표하는 강연자가 누군지에 따라서 컨퍼런스에 갈지 말지 결정하시기도 하나요?

레자 라만 : 네. 일반적으로, 컨퍼런스에 갈 때 제 관심 분야에 가까운 강연을 위주로 듣는데 상대적으로 좁은 범위의 주제들입니다. 서버리스(역자 주: 개발자가 애플리케이션 코드만 작성하면, 코드가 실행되는 환경을 신경쓰지 않아도 배포할 수 있는 개발 방식), 쿠버네티스 혹은 도커와 같이 자바 EE, 자바, 스프링과 조금은 먼 주제를 들을 수도 있습니다. 그렇다면 제가 비즈니스 협상에 관한 발표를 들을까요? 제 전문분야와 거리가 너무 멀기 때문에 그러지는 않을 것입니다. 또 예를 들자면 닷넷을 당장 쓸 일이 없기 때문에 닷넷 세

션은 듣지 않을 것입니다.

"기조연설은 기술에 대한 본질적인 이야기를 하기보다는
개인적인 이야기를 하는 경우가 많다고 봅니다." - 레자 라만

주로 특정 발표자의 세션을 참석하는데 그 또한 그들의 발표 주제에 따라서 결정됩니다. "제임스 고슬링이 발표를 하니 주제와 상관없이 들으러 가야지!" 하는 식의 의사결정을 하진 않습니다. 그래서 기조연설을 듣지 않는 경우도 종종 있습니다. 기조연설은 기술에 대한 본질적인 이야기를 하기보다는 개인적인 이야기를 하는 경우가 많다고 보기 때문입니다 그래서 제 흥미를 끌지 않는 경우가 많아서 그런 종류의 발표는 듣지 않습니다.

히예르탄 빌렌가 : 최근 관심을 가지고 계신 개발 방식이나 트렌드가 있으신가요?

레자 라만 : 최근에는 많은 것들에 대해서 관심이 있는데 자바 EE 생태계가 끊임없이 변화하고 있기 때문입니다. 그 중에서도 마이크로프로파일과 자카르타 EE에 많은 관심을 기울이고 있습니다.

앞으로 몇 년 간 어떻게 전개될지에 대해서 관심이 많습니다. 요 근래에는 컨테이너 분야를 관심있게 보고 있습니다. 차세대 서버 사이드가 될 것이라고 보는데 꽤 가까워졌다고 볼 수 있습니다. 도커, 쿠버네티스, 케이네이티브에도 관심이 있습니다. 차세대 OS이자 서버사이드 레이어가 될 것이라 보기 때문입니다

자바 EE와 자카르타 EE는 앞서 말한 것들로 인해 뒤로 밀려날 것입니다. 저

와 같은 사람들은 이 분야에서 새로운 기술이 흥할지 혹은 사라질지에 대해서 주의를 기울이고 있습니다. 최근에는 클라우드와 관련된 회사에서 일하고 있기 때문에, 서버리스와 같이 클라우드와 관련된 주제에 대해서 촉각을 곤두세우고 있습니다.

히에르탄 빌렌가 : 최근 배운 것들 중 당신을 놀라게 한 것들이 있을까요?

레자 라만 : Escher(역자 주:Java 암호화 라이브러리)를 위해 최근 자바 EE 스터디를 하고 있습니다. 이 스터디를 진행하기 위해서 몇몇 사람들을 인터뷰해야 해서 조금 걱정스러웠습니다. 단순히 10명을 인터뷰했다고 해서 인터뷰가 끝났다고 말하긴 어려우니까요. 제가 걱정했던 것은 자바 커뮤니티에서도 이 스터디를 진행할 수 있을지의 여부였습니다.

하지만 최근 몇 가지에 대해서 놀랐습니다. 결과적으로 여러 명의 사람을 인터뷰하는 것은 어렵지는 않았습니다. 선택지는 많았으니까요. 어떤 사람은 특히나 애저에 관심이 많았습니다. 하지만 그건 제 스터디의 주제는 아니었죠. 그들이 애저 유저가 아니더라도, 그들이 클라우드에 대해 어떤 경험을 했는지 알고 싶었습니다. 하지만 그 흥미 수준은 그냥 기술 팀과 그들을 연결해주고 이야기 해보라는 정도의 수준이었습니다.

또 하나의 흥미로운 사실은 자바 생태계가 컨테이너와 PaaS(Platform as a Service)를 사용하는 추세를 따라잡는 것을 진지하게 받아들이고 있다는 것입니다. 저는 자바 생태계가 온프레미스, 베어메탈 혹은 가상머신 환경을 계속 고집할지 우려가 되었는데, 인터뷰를 해보니 그런 걱정은 할 필요가 없었습니다. 이제 자바 생태계에서도 도커와 쿠버네티스를 사용하는 것을 긍정적으로 보기 시작했고, 예상은 못했지만 PaaS에 대한 관심도 점점 증가하고 있습니다.

20년 동안 한 커뮤니티에 몸담아 있었지만 여전히 사람들이 어떤 생각을 가지고 있는지 파악하는 것은 어렵습니다. 트위터 통해 여러 정보를 얻을 수 있지만, 현실은 다를 수 있기 때문입니다.

히예르탄 빌렌가 : 최신 트렌드를 파악하기 위해 소셜 미디어를 사용하시나요?

소셜 미디어의 문제점

레자 라만 : 소셜 미디어를 자주 사용하는 편이지만, 어떤 측면에서는 신뢰도가 떨어지는 면도 있습니다. 왜냐하면 때론 어떤 사람들은 트위터 피드를 마케팅이나 물건을 파는 데 집중한 내용으로 도배하기 때문입니다. 트위터를 보면 사람들이 어떤 주제를 가지고 대화하는지 파악하기가 쉬운 편인데 앞서 말한 사람들 같은 경우는 피드를 더럽히는 편이죠.

트위터를 통해 정치 주제에 대해 논할 때도 비슷한 문제를 겪곤 합니다. 트위터에서는 편향된 의견을 갖기가 쉬우니까요. 소셜 미디어를 통해서 투명한 정보를 공유 받는 건 꽤 어려운 일이기 때문에 다른 채널에도 귀를 기울이는 것이 필요합니다.

그리고 DZone과 InfoQ 기사를 읽습니다. 헤드라인을 훑어보고 제가 더 깊이 알아야 할 내용이 있다면 따로 분류해서 해당 내용을 깊게 파고듭니다. 케이네이티브도 그렇게 시작했습니다. 몇 달 전까지만 해도 케이네이티브에 대해 전혀 몰랐습니다.

정리해보자면, 정보의 20%는 트위터를 통해서 얻고 50%는 DZone, InfoQ, 여타 다른 미디어 사이트를 통해서 얻습니다. DZone의 경우 계속 사용하기가 꺼끄러워졌는데 저널리스틱 필터를 더이상 사용할 수 없기 때문입니다. 그덕에 그냥 블로그 글을 읽는 것처럼 되어버렸죠. 나머지 정보는 특정 키워드를 통해서 채워집니다. 특정 키워드를 구글에 검색하고, 사람들의 블로그 글을 읽거나 문서나 때로는 코드를 읽을 때가 있습니다.

히예르탄 빌렌가 : 디벨로퍼 애드보킷으로서 제너럴리스트가 되는 것이 위험하다고 보시나요?

레자 라만 : 분야에 따라 다를 수 있다고 생각합니다. 디벨로퍼 애드보킷 포지션과 프로덕트 매니지먼트 직무는 굉장히 유사합니다. 대부분의 사람보다 본인이 속한 도메인에 대해서는 더 잘 알기 때문입니다. 엔지니어가 특정 하부 조직을 더 잘 안다고 해도, 다른 모든 시스템 전부를 아는 것은 불가능하니까요. 만약 그게 가능하다면 시스템에 본질적인 문제가 있는 것이라고 생각합니다.

"전체적인 그림을 한 시야에 담을 수 있는 사람은 많지 않습니다" - 레자 라만

누가 제품에 대해서 제일 잘 알고 있을까요? 아마 디벨로퍼 애드보킷이나 에반젤리스트가 가장 잘 꿰고 있을 것입니다. 그러한 측면에서 그 도메인의 주인이라고 볼 수 있습니다. 특정 스킬 셋을 가장 잘 다루는 사람인가요? 회사 내에서 최고의 코더나 테스터는 아닐 수 있지만, 몸담고 있는 영역에 대해서는 그 누구보다 잘 알 수 있습니다. 전체적인 그림을 한 시야에 담을 수 있는 사람은 많지 않습니다.

히예르탄 빌렌가 : 디벨로퍼 애드보킷 커리어를 시작할 때 알았으면 했던 것들이 있을까요?

레자 라만 : 이 일이 얼마나 저를 중독되게 만드는지 미리 알았으면 좋을 것 같습니다. 디벨로퍼 애드보킷은 워커홀릭을 위한 직업이라고 생각되거든요. "이 일은 파트 타임으로 하는 일이고, 나는 삶과 일을 분리할거야"라는 환상에서 깨어나야 합니다. 디벨로퍼 애드보킷을 제대로 하고 있다면 이건 곧 삶이 되고, 나를 정의 내리는 무언가가 됩니다. 디벨로퍼 애드보킷과 관련되지 않은 일들에 시간을 쏟기가 어려울 것입니다. 당신이 어떤 삶을 추구하는 지를 잘 알아야 합니다.

히예르탄 빌렌가 : 번아웃의 초기 증상은 어떤 것들이 있을까요?

레자 라만 : 피로감이라고 생각합니다. 번아웃을 느끼지 않으려고 노력하는 편이지만 다른 사람들이 겪는 것을 보았습니다. 몸과 마음이 과부하 상태라고 알리는 것이죠.

히예르탄 빌렌가 : 침대에서 벗어나기가 힘들었다고 앞서 말해주셨는데, 이것도 번아웃의 일종인가요?

레자 라만 : 번아웃이라고 분류할 수 있지만, 생산성이 떨어지는 주간이라고 보는게 맞습니다.

히예르탄 빌렌가 : 열정이나 커뮤니케이션도 이 일을 하는 데 필요한 요소지만, 사람들과 계속 접점을 만들어 나가는 능력도 필요합니다. 전형적으로 디벨로퍼 릴레이션 분야에 있는 사람들은 다른 사람들에게 관심을 기울이지만,

이게 꼭 필요하리라고 여겨졌던 능력은 아니잖아요. 애초에 디벨로퍼 릴레이션이 속한 산업이 사람 중심이라기보다는 기술 중심이기도 하구요. 이에 대해서 어떻게 생각하시나요?

레자 라만 : 맞는 말이라고 봅니다. 사람과 메시지에 관한 거죠. 기술에 대해 알리는 거지만, 그 이전에 목적을 생각해야 합니다. 어떤 사람들은 본질을 잃고 물질적인 것에 더 집중하지만, 그들이 어떻게 그들의 일을 생각하고, 어떻게 메시지를 전달하는지를 보여주는 명백한 방법이죠. 비트냐 바이트냐, 혹은 반도체, 유리, 구리 등에 어떤 원소들이 쓰였느냐를 따지기 이전에 그보다 더 중요한 목적을 알아야 합니다.

히예르탄 빌렌가 : 열정에 대해서 이야기할 때 당신이 강조하는 메시지는 무엇인가요?

레자가 하고 싶은 말

레자 라만 : 주로 하는 이야기는 자바 EE가 등장한지 20년이 되었고, 어떠한 형태나 모양이건 자카르타 EE라는 모습으로 진화했습니다. 답이 되기엔 너무 단순한 문제입니다. 제가 왜 자바 EE에 대해서 계속해서 신경쓸까요?

저는 컴퓨터 과학만 전공하지 않고, 다른 전공으로 경제학과 부전공으로 수학과 심리학을 선택했습니다. 자바 EE와 같은 생태계를 볼 때, 기술적인 장점을 넘어선 무언가를 보려고 노력합니다. 자바 EE에 대해 관심갖는 이유는 자바 EE가 다른 기술들과 경쟁하는 분위기를 만들어서 건강한 생태계를 유지하는 데 도움을 주기 때문입니다.

그와 정반대의 형태인 독점에 의해 지배되는 단순한 생태계는 좋지 않습니다. 경제적 관점으로 봤을 때, 이런 상황은 어떠한 장점도 가져다 주지 않습니다.

이 내용이 제가 주장하는 핵심 메시지라고 볼 수 있습니다. 우리는 생태계 뿐만 아니라, 모든 생태계가 장기적으로 경쟁력있게 활성화되어야 함을 기억해야 합니다. 이게 제 커리어 전반에 가져가는 메시지가 될 수 있을지는 잘 모르겠습니다. 아직 3~40년 정도는 더 생각해 볼 수 있겠죠. 어쩌면 메시지가 이보다 더 발전할 수도 있고, 유지될 수도 있습니다.

히예르탄 빌렌가 : 맡은 역할이 전에 비해 달라지는 점들이 있나요? 속해 있는 산업 내에서 디벨로퍼 애드보킷의 방향성은 어떻게 변화하고 있습니까?

레자 라만 : 디벨로퍼 애드보킷에서는 많은 변화가 일어나고 있습니다. 여느 기술 팀에서 그렇듯 직급에 있어서 수직적인 체계의 변화가 큰 편은 아닙니다. IT 분야의 커리어 패스는 대부분 한 분야의 전문가가 되는 것으로 끝납니다. 전무와 같은 역할이지만 전무만큼의 책임감은 요구되지 않는 전문직으로요. 대부분의 시간을 코딩하는데 쓰게 됩니다.

디벨로퍼 애드보킷이나 에반젤리스트의 경우에는, 회사 내에서 목소리를 낼 수 있는 매우 중요한 사람의 역할을 맡게 되지만 커리어 패스 상으로는 어떻게 된다고 저 조차도 말하기 어렵네요. 디벨로퍼 애드보킷 자체가, 단순히 하나의 역할입니다. 본인의 모든 커리어를 이 포지션을 해내는데 쓰는 사람들이 많습니다.
다양한 커리어를 가질 수 있는 갈림길의 역할도 할 수 있습니다. 경영 혹은 제품 매니지먼트 쪽으로도 이직할 수 있습니다. 물론 순수 경영과는 조금 다르겠지만요. 혹은 IT 분야의 전무 자리를 차지할 가능성도 있습니다.

제 경력을 돌아봤을 때 대부분의 날들을 건축가처럼 보냈습니다. 건축가를 위한 길들도 있겠죠. 제가 제품 매니지먼트에서 현재 맡고 있는 부분도 건축가와 비슷하지만 아주 똑같은 것은 아닙니다. 만약 제가 다시 제 커리어를 선택할 수 있다면, CIO나 CTO 역할로도 나아갈 수 있습니다. 그런 포지션에 대한 유혹은 많았지만, 여전히 저는 제 자리를 지키고 있습니다.

결국에는 회사의 임원이 되어서 팀을 이끄는 역할을 맡을 것 같습니다. 프로덕트 매니저들도 이와 비슷한 커리어 패스를 걷고 있죠. 단일 프로젝트에 대한 조직의 행동을 더 넓은 시야에서 바라보는 사람이 되듯 말이죠.

"커리어의 진행 방향은 제게 큰 문제가 아닙니다" - 레자 라만

지금까지의 제 걱정은 "내가 잘 하고 있는걸까? 이게 맞는걸까?"라고 스스로에게 묻는 정도입니다. 지금까진 괜찮은 것 같습니다. 커리어의 진행 방향은 제게 큰 문제가 아닙니다. 제 커리어는 제가 어떻게 하지 않아도 순탄하게 진행되고 있습니다.

히예르탄 빌렌가 : 20살의 당신은 지금 나이대의 당신이 되었을 때 어떤 일을 하리라고 생각했을 것 같나요?

레자 라만 : 벌써 20년 전 일이네요. 오늘 아침 저는 일본에 있는 누군가와 미팅을 했고, 오늘 저녁에는 중국에 있는 제 매니저와 통화할 예정입니다. 이렇게 전 세계를 대상으로 일할 것이라고는 생각하지 못했을 거에요.

이전에 저는 더 야심만만했습니다. 제 계획은 최대한 빠르게 경영진이 되는 것이었어요. 제 안에 그런 야망이 남아있을 수 있지만, 지금 제가 하는 일을 즐기는 게 지금의 저에겐 더 중요합니다.

"The pleasure is momentary,
the position ridiculous, and
the expense damnable."

—Lord Chesterfield (1694–1773)

테드 뉴워드

Ted Neward

—

테드 뉴워드는 IT 업계에서 30년 동안 일하면서 오랜 기간 동안 많은 컨퍼런스에서 발표했고, 책과 많은 기사들을 썼으며, 스마트시트(Smartsheet)라는 회사의 디벨로퍼 릴레이션 팀을 초기 단계부터 구성했다. 현재 세계에서 가장 큰 모기지 대출 기관인 퀴큰 론스(Quicken Loans)이라는 회사의 플랫폼 전략팀에서 새로운 역할을 맡아 일하고 있다. 수 년 동안 수많은 랩탑, 스마트폰과 태블릿을 수집해왔으며, 10개 이상의 프로그래밍 언어와 플랫폼에 능통하며, 100여 개에 가까운 프로그래밍 언어와 플랫폼에 대한 지식을 가지고 있다. (트위터: @tedneward)

히에르탄 빌렌가 : 우리같은 사람들이 테크 에반젤리스트인지 혹은 디벨로퍼 애드보킷인지에 대한 논쟁이 있는데 본인을 어떻게 소개하시나요?

테드 뉴워드 : '에반젤리스트'라는 용어는 제 입에 딱 붙는 용어는 아닙니다. 사람들은 이 단어를 보통 부정적인 의미로 사용하곤 합니다. 에반젤리스트는 광신도처럼 보이죠. 솔직히, 이 모든 것은 종교적으로 함축적인 의미입니다.

개인적으로 아무것도 전도하지 않습니다. 어떤 회사는 제게 와서 "이런 문제가 있고, 이 문제를 스마트시트(Smartsheet)가 도울 수 있는지 알고 싶어"라고 물을 수 있습니다. 제가 문제를 확인한 후, 만약 저희 회사가 도움도 줄 수 없을 때, 억지로 저희 제품을 팔려고 하지 않습니다. 왜냐하면 스마트시트는 꼭 하나만 선택해야 하는 종교가 아니기 때문입니다. 세상에는 다양한 흥미로운 도구들이 있어서 차라리 더 나은 회사를 알려줄겁니다. 그래야 제가 스마트시트를 고객들에게 홍보할 때, 저를 믿기 때문입니다.

에반젤리스트는 돌아다니며 전파하지만 거기에는 지적인 측면에서의 진정성이 조금이라도 들어있지 않습니다. 그래서 저희 회사에서는 회사 안의 개발자들 뿐만 아니라, 회사 밖의 개발자들도 대변한다는 의미에서 '디벨로퍼 애드보킷'이라는 단어를 사용하기로 했습니다. 우리는 어떻게 개발자들이 서로 연결되어 있는지에 관심이 있기 때문에, '디벨로퍼 릴레이션'라는 용어를 사용하는 것입니다.

디벨로퍼 릴레이션스는 다음 10년 간 더 많은 영역으로에서 확장될 것입니다. 다른 한편으로, 오라클이나 마이크로소프트 같은 회사를 보면 우리가 쓰는 '디벨로퍼 릴레이션'이라는 용어는 개발자들을 대상으로 하는 영업이나 마케팅적인 의미로 사용되고 있고요. 어떻게 개발자와 대화 해야하고, 개발자들을 만나야 하는지에 대해 알아야만 합니다.

매번 컨퍼런스에 가서 담당하는 특정 제품에 대해 홍보하려고 노력한다면, 디벨로퍼 릴레이션 활동과 그 결과 사이에는 인과관계가 있다는 것을 알아야 합니다. 비슷하게, 컨설팅 회사에서 일한다 가정하고 생각해봅시다. 만약 당신이 써트웍스(ThoughtWorks)나 아서 앤더슨(Arthur Andersen, 역자주 : 대기업에 감사, 세금 및 컨설팅 서비스를 제공하는 미국 지주 회사)에 소속된 사람이라면, 디벨로퍼 릴레이션 활동은 조금 더 영업 활동에 가깝습니다. 말 그대로 자신이 정말 똑똑하고 회사가 자신을 고용해야한다는 것을 증명하는 것과 같은 거죠.

스마트시트, 넷플릭스, 포드, 그리고 세상에 있는 다른 회사 중 개발자에게 무언가를 팔려고 하지 않는 회사는 그런 인과관계가 없습니다. 스마트시트를 예로 들면 우리가 목표로 하는 사용자는 일반적으로 비개발 직군의 사용자들로 개발자를 대상으로 무언가를 팔려고 하지 않습니다. 스마트시트를 코드를 직접 작성할 필요가 없는 노코드(No-code) 도구로 홍보합니다.

히예르탄 빌렌가 : 개발자 컨퍼런스에 참석하는 데 필요한 예산을 어떻게 따내시나요? 만약 예산이 없어도 컨퍼런스에 가시나요?

컨퍼런스 참석의 가치

테드 뉴워드 : 어떻게 보면, 이 질문은 "마케팅 팀이 어떻게 예산을 받아냅니까?"란 질문을 하는 것과 비슷한데 사람들은 본능적으로 브랜드 인식이 중요하다는 것을 이해합니다. 비개발자용 제품을 판매하는 회사로써 API(역자 주:

프로그램의 특정 기능을 사용할 수 있도록 해주는 인터페이스)를 제품으로 팔고 있지만, 특정 이미지가 연상되지는 않습니다. 반면에, 코카콜라는 세계에서 가장 잘 알려진 브랜드 중 하나지만, 매년 브랜드 인식을 유지하기 위해 수십억 달러를 사용합니다. 그래서 만약 당신이 코카콜라 광고를 방금 봤다면, "오! 난 코카콜라를 마시고 싶어!"라고 말할 것입니다. 늘 신선한 브랜드 인식을 유지하는 것이 필요한거죠.

CEO, CFO 그리고 마케팅 VP는 회사 내에 왜 API가 필요한지 모르더라도, 스마트시트 (그리고 API가 필요한 넷플릭스, 포드 그 외에 다른 회사들)에서는 내부적으로 회사가 다양한 API들을 왜 만들어 내야 하는지에 대해서 이해하고자 합니다.

왜 넷플릭스는 거대한 오픈소스 환경을 가지고 있을까요? 왜 넷플릭스는 그들의 모든 노력을 오픈 소스에 붓고 있을까요? 물론 넷플릭스 서비스에도 버그가 존재하지만, 개발자들은 넷플릭스를 최고라고 인식합니다. 넷플릭스는 잘나가는 사람들이 일하는 곳이라는 인식이 만들어지고, 그것은 개발자들을 끌어당기는 요소가 되었습니다.

넷플릭스에 통합되고 싶은 다른 회사는 그러한 브랜드 인식이 얼마나 멋진 줄 알고 있습니다. 만약 넷플릭스가 도미노피자와 계약을 맺는다면, 사용자들이 넷플릭스를 사용할 때 이런 메시지를 받게 할 수 있습니다. "도미노 피자를 주문하고 싶으신가요? 특별 가격으로 당신의 집 앞까지 배달해 드립니다." 넷플릭스는 당신이 어디에 사는지 알고, 도미노는 당신이 무슨 종류의 피자를 원하는지 아니까요.

"각각의 회사가 API를 만든다면, 그들은 API를 유지할 수 있는 사람뿐만 아니라 다른 사람에게 홍보하고, 어떻게 사용하는지 말할 수 있는 사람들이 필요합니다."

- 테드 뉴워드

넷플릭스 내 개발자들이 도미노 피자의 개발자들에게 그런 광고를 왜 만들어야 하고, 어떻게 만들어야하는지 알려주는 등의 개입이 일어나지 않는 한 실현되기는 어렵습니다. 이것은 자연스러운 현상입니다. 각각의 회사가 API를 만든다면, API를 유지보수할 수 있는 사람뿐만 아니라, 다른 사람에게 홍보하고 어떻게 사용하는지 말할 수 있는 사람들이 필요합니다.

히예르탄 빌렌가 : 회사의 코드와 특정 기술과 같이 실질적인 구현체에 대해서 말하는 디벨로퍼 애드보킷과 API와 같이 피상적인 결과물 대해서 말하는 디벨로퍼 애드보킷이 다르다고 강력하게 주장하는 이유는 무엇입니까?

테드 뉴워드 : 이것은 회사 간의 차이일 뿐이지, 이를 행하는 사람들의 차이는 아닙니다.

만약 스마트시트의 API를 사용하기 원한다면, 따로 제품을 다운로드 받을 필요는 없습니다. 스마트시트는 클라우드 환경에서 작동하기 때문입니다. 저희도 SDK가 있지만, 코드를 통해 무언가를 직접하는 것이 아니라 단순히 저희 API에 접속하는 코드만 담고 있기에 실질적으로 무언가를 다운받아야할 필요가 없습니다.

더 중요한 것은, 저희의 성공 목표는 개발자들이 스마트시트를 사용하는 것에만 있는 것이 아닙니다. 저희가 생각하는 성공 목표는 회사가 상징적인 의미를 가지게 하는 것입니다. 가령 영업 부사장으로부터 오라클의 대표가 스마트시트의 제품이 너무 매력적이라 구매하고 싶다고 말했다는 소식을 듣는 것과 같이요. 어쩌면 오라클의 기술 부문 부사장이 제대로 작동되지 않는 다른 노코드 도구들을 본 적이 있어서, 저희 제품을 못 믿겠다고 할 수도 있겠지만, 또 한편으로 기술 부문 부사장이 "제 주변 사람들이 스마트시트 관계자들을 컨퍼런스에서 많이 보았다고 하니, 전 이 툴을 믿어 보겠습니다."라고 이야기하는 경우도 있겠죠. 브랜드 인식은 그래서 중요한 것입니다.

제가 원하는 고객들은 높은 관리직급의 직원들이 아닌 IT 회사의 개발자들 입니다. 실제로 돈을 내주는 사람은 제 목표가 아닙니다. 왜냐하면 개발자들의 의견을 바탕으로 관리 직급의 직원들이 스마트시트를 구매해야 하는 이유를 인정하는 연결고리가 만들어져야 하기 때문입니다.

스마트시트를 통해 도미노 피자가 API를 사용하게 만들었다고 상상해보십시오. 도미노 피자는 밋업닷컴과 파트너 관계를 맺으면 얼마나 큰 시장을 차지할 수 있는지 모릅니다. 사용자가 밋업을 열고 싶을 때마다, 자동화 단계를 이용해서 밋업이 열리고 있는 빌딩에 피자를 보낼 수 있는데도 말이죠.

하지만 자동화 단계를 만드는 개발자는 밋업닷컴 혹은 도미노 피자를 이용하는 소비자가 아닐 수 있습니다. 우연처럼 그 두 가지 모두를 사용하는 소비자가 될 수도 있구요.

아까 언급한 회사끼리의 차이를 이렇게 설명할 수 있겠네요. 오라클이나 써트웍스와 같은 회사의 디벨로퍼 애드보킷은 자기네 회사의 물건을 구매하는 사람(개발자)들에게 기술적인 부분을 직접 홍보를 할 수 있습니다. 반면에 스마트시트나 다른 많은 회사들의 경우는 비개발자들을 대상으로 제품을 홍보하기 때문에 기술적인 맥락이 덜 드러나는 간접적인 방법을 택합니다. 그렇기에 상대적으로 자신의 성과를 증명하기 어렵습니다.

그래서 어느 정도 이상의 제품에 대한 진정성을 증명할 수 있는 요소가 있어야 합니다. 1년 반 전까지만 하더라도 스마트시트는 별도의 디벨로퍼 릴레이션 부서가 없었습니다. 그래서 제가 기술 부분 부사장과 최고기술책임자(CTO) 그리고 회사의 많은 사람들을 만나 디벨로퍼 릴레이션 활동이 반드시 필요하다고 설득했어요.

헤드헌팅을 당한다는 것

히예르탄 빌렌가 : 만약 그들이 디벨로퍼 릴레이션 활동을 할 필요 없다고 했다면, 어떻게 되었을까요? 왜 당신은 스마트시트라는 특정 회사에서 디벨로퍼 릴레이션 일을 하게 되었나요?

테드 뉴워드 : 사실, 이건 우연히 일어난 일입니다. 저는 2년 반 전에 HackerX가 주최한 채용 행사에서 스마트시트의 기술 부문 채용 담당자를 만났습니다. 또 거기서 엔지니어링 부문의 부사장을 만나서 대화를 나눴습니다. 진짜 우연히 마주쳤던 것입니다.

그 일이 있고 5개월 뒤에, 제 수업을 듣던 한 학생이 제 수업 덕분에 스마트시트에서 인턴을 하게 되었다고 연락을 주었습니다. 학생에게 제가 스마트시트 사람들과 만난 적이 있고 안부를 전해달라고 말했습니다. 학생과의 연락 이후로 제가 예전에 그분들과 했던 대화를 기억하게 기억하게 되던 와중에 마침 연락이 닿았는데, 그들은 저와 이야기 하고 싶어했습니다.

엔지니어링 부문 부사장인 브라이언은 저에게 "회사 내에 당신만큼 말을 잘하는 사람에게 맞는 부서도 없을 뿐더러, 당신만큼 말을 잘하는 사람도 없습니다. 우리 회사에 와서 그 일을 해줄 수 있나요?"라고 물었습니다. 그래서 저는 "디벨로퍼 애드보킷 업무는 하기 싫지만 그 역할을 하는 부서를 스마트시트에 만들어 줄 수 있습니다."라고 답했습니다.

도미노 피자가 회사 내에 디벨로퍼 애드보킷이 필요하다는 것을 모른다는 현실에 주목해야 한다고 봅니다. 디벨로퍼 애드보킷이 필요하다고 얘기해줘야 하는 회사가 너무 많고 그게 현실입니다. 만약 어떤 IT 회사에서 다른 회사의 서비스와 연동을 하기 위해서 API를 만드는 것이 필요하다고 말해야 한다면, 회사를 돌아다니면서 그 주장을 설득할 수 있는 사람이 필요합니다.

이것 말고도, 저희 회사 기술 부문 부사장이었던 앤디는 회사에서 디벨로퍼 릴레이션 부서가 채용 담당자 역할을 해주고, 결국엔 회사 이미지를 높여주는 것을 원한다고 이야기했습니다.

우리 회사에서는 멋진 사람들이 일하고 있고, 재미있는 일들을 하고 있다고 알리는 것이죠.

(우리 둘은 그런 회사는 찾기 힘들다고 하겠지만) 자신들이 필요한 모든 개발자가 있는 회사의 경우, 디벨로퍼 릴레이션 활동은 채용을 담당하는 역할말고도, 기술적인 협력관계를 맺는 것과 같은 일을 할 수 있게 합니다. 예를 들어, 스마트시트가 밋업 닷컴과 어떤 협력 관계를 맺는다면, 누가 먼저 운을 띄울 수 있을까요? 만약 블로그에 서로의 회사 이미지를 같이 보여줄 수 있는 글을 올리고 싶거나, 해커톤을 통해 협력관계를 맺고 싶을 때 디벨로퍼 릴레이션이 그 역할을 해줄 수 있습니다. 소비자가 아닌 잠재적 파트너를 상대하는 것이죠.

개발자들이 약간의 미팅 시간을 제외한 대부분의 시간을 코드를 작성하는데 사용하지만, 디벨로퍼 애드보킷과 함께라면, 더 효과적으로 분업할 수 있습니다. 디벨로퍼 애드보킷도 코드를 작성하지만, 대부분 예제 코드를 작성할 겁니다. 혹은 서비스에서 실제로 사용될 코드를 작성하지 않는 대신, 다양한 글을 쓰게 될 겁니다. 다만 책을 내기 위해 글을 쓰는 것이 아니라, 블로그에 올릴 글을 작성할 것지만요. 그리고 컨퍼런스에서 발표하거나 혹은 고객들을 만나며 각종 회의를 할 수도 있습니다. 영업팀이 하는 판매 업무도 도울 수 있고요.

히예르탄 빌렌가 : 당신에게 왜 이런 일들이 흥미로운지에 대해 이야기해 봅시다. 이 일의 어떤 점이 자신에게 가치있고, 잘 맞는다고 느껴지게 합니까?

테드 뉴워드 : 개인적으로 매일 똑같은 일을 하지 않는다는 점 때문에 그런 것 같습니다.

"활동적이지 않은 사람에게는 어울리지 않는 일입니다" - 테드 뉴워드

어떤 날은 블로그 글과 관련한 작업을 합니다. 그 다음날은 그 블로그 글의 예제 코드 작업을 합니다. 그 다음 날은 발표에 필요한 발표 자료를 만들고 그 다음날엔, 암스테르담으로 가서 이 주제에 대해서 발표합니다. 해야 하는 일들을 돌아봤을 때, 만약 자신이 매일 똑같은 곳에서 헤드폰을 낀 채로 코딩만 하는 것을 좋아하는 사람이라면, 이 일은 당신에게 맞지 않습니다. 활동적이지 않은 사람에게는 어울리지 않는 일입니다.

많은 사람들이 개발자를 단순한 코딩 기계로 생각하지만, 대다수의 개발자들은 그런 인식을 바꾸고 싶어합니다. 그러기 위해 자신이 가진 소프트 스킬을 발휘하며 다른 사람들과 대화할 수도 있어야 합니다. 제 생각에 개발자들은 10~15년 전에 그랬던 것보다 자신들의 주변 동료들과 더 많은 대화를 나누는 것이 필요합니다. 그렇기에 디벨로퍼 릴레이션이라는 직군이 많은 사람들에게 더 매력적으로 느껴질 것입니다.

디벨로퍼 릴레이션 직군은 컴퓨터 공학을 전공하지 않은 사람들에게 더 흥미롭게 느껴지는 것을 알게 되었습니다. 실제로, 우리 디벨로퍼 릴레이션팀의 한 팀원은 축구와 관련된 글을 쓰는 일을 하다가, IT 분야에 빠져들면서 코딩을 시작했고 코딩도 점점 능숙해져 가고 있습니다. 다른 팀원은 자산 관리 컨퍼런스의 이벤트 운영과 관련된 일을 했는데 지금은 회사에서 발표 소개글을 가장 잘 작성합니다. 이렇게 우리 팀엔 다른 회사에서라면 능력을 알아보지 못했을 두 사람과 함께하고 있습니다.

히예르탄 빌렌가 : 본인의 이야기는 어떤가요? 어떻게 처음 디벨로퍼 애드보킷이 되었나요?

테드 뉴워드 : 스마트시트의 디벨로퍼 릴레이션 팀에서 일하기 전에는 '디벨로퍼 애드보킷'이라는 직함을 가져본 적이 없습니다.

No Fluff Just Stuff(역자 주: 소프트웨어 디벨로퍼와 아키텍쳐를 위한 소프트웨어 개발 컨퍼런스)라는 개발자 컨퍼런스에서 발표를 하고, 많은 책들을 써왔습니다. 제가 사람들이 겪고 있는 문제를 해결해 줄 수 있다고 설득하면서, 컨설팅에 가까운 디벨로퍼 릴레이션 활동을 했습니다. 결국엔 영업과 마케팅 업무같은 일을 한 것이죠.

만약 자신이 프리랜서 개발자거나 혹은 자신만의 컨설팅 회사를 만들고 싶다면, 이런 일들을 해야만 합니다. 이 일을 디벨로퍼 릴레이션으로 생각하던 영업과 마케팅으로 생각하던 간에, 둘 사이엔 꽤 겹치는 부분들이 있습니다. 솔직하게 말하자면, 프리랜서 개발자가 되는 것과 디벨로퍼 애드보킷이 되는 건

동의어라고 부를 수 있을만큼 겹치는 부분들이 있습니다.

히예르탄 빌렌가 : 어떻게 지금까지 오게 되었나요? 꽤 많은 우여곡절을 거친 것 같습니다.

테드의 디벨로퍼 애드보킷으로의 여정

테드 뉴워드 : 1978년 아버지가 처음으로 애플 II 플러스를 집에 가져온 이래로, 항상 프로그래밍에 관심이 있었지만 대학가기 전까지는 그걸 장래희망으로 생각해 본 적은 없습니다.

일자리를 구하려고 신문을 보다가 프로그래머를 구한다는 회사를 발견했습니다. 제 룸메이트는 저보고 면접을 보라고 부추겼지만 농담하지 말라고 했습니다.

하지만 그는 면접을 봐서 손해볼 것이 뭐가 있겠냐며 제게 반문했습니다. 그래서 인터뷰를 보았고 마지막에 떨어졌습니다. 35명의 지원자 중 최종 면접 단계의 4명 안에 들었지만, 컴퓨터 공학 학위가 없었습니다. 그 때부터 C++를 몇 년 간 공부하면서 큰 깨달음을 얻었습니다. 제가 이 일을 업으로 삼을 수 있다는 점을요. 사실, 이 일 말고 다른 일을 직업으로 삼을 수도 있었을 겁니다. 프로그래머가 되기 위해서는 컴퓨터 공학을 전공해야하고, 각종 알고리즘들을 다루는 것을 좋아해야 한다고 생각했지만 그런 것들에 흥미가 없어서 프로그래머가 제 평생 직업이 될 줄 상상도 하지 못했습니다.

그 다음에 마이크 콘 밑에서 일했습니다. 그는 세계에서 첫 번째로 인증받은 스크럼 마스터 트레이너(Scrum Master trainer, 역자 주: 스크럼 개발론 도입을 전문적으로 컨설팅해주는 컨설턴트)였습니다. 그는 회사의 다른 몇 명과 함께 책을 쓰고 있었고 그 책을 함께 쓰고 있는 사람도 알고 있었습니다. 그래서 매닝 출판사가 제게 책을 써보자고 연락했을 때 그저 긴 글을 쓰는 것이라고 생각해서 수락했습니다.

그 기회를 계기로 책을 집필하게 되었습니다. 그리고 디벨롭 멘토(Develop Mentor, 역자 주: IT 컨설팅 회사)에서 강의를 하고, 기업들을 상대로 제가 썼던 자바 책에 대한 내용을 가르쳤습니다. 요즘도 매주 사람들 앞에 서서 누군가를 가르치고 있습니다. 책을 쓰기 시작한 1995년부터, 디벨롭 멘토에서 강의를 하기 시작한 1999년, 그리고 처음으로 컨퍼런스에 발표자료 초대된 2002년을 지나면서, 코딩만 하던 사람에서 사람들 앞에서 제가 알고 있는 내용들로 발표하는 사람으로 완전히 바뀌었습니다.

히예르탄 빌렌가 : 소수의 사람만이 이런 직업이 존재한다는 것을 알고 있습니다. 왜 그렇다고 생각하시나요?

테드 뉴워드 : 이전에는 개발자에게 마케팅을 해야하는 소수의 회사들에서만 필요한, 아주 새로운 일이었기 때문입니다. 오라클, 마이크로소프트 그리고 구글은 이런 일을 10년 혹은 20년 전부터 해왔습니다. 만약 이런 큰 회사들에서 일하고 싶었던 적이 없다면 이런 직업을 들어볼 기회가 없을거고, 이런 회사들 밖에서는 디벨로퍼 릴레이션 활동을 할 수 있는 기회도 없었을 겁니다. 그리고 제가 언급했던 것처럼 디벨로퍼 애드보킷 역할을 '영업 혹은 마케팅'으로 치부하는 회사들도 존재하고요. 그러나 제 생각에는 API가 개발자들만의 전유물이 아니게 되고 API 문화가 확산되면서 변했다고 생각합니다. API는 이제 소비자에게 친숙한 것이 되었습니다. 비록 우리가 API들을 매력있게 포장해야 하더라도, 많은 사람들과 함께할 수 있게 되었습니다.

API가 좀 더 보편화 되면서, 기술 기반 회사들 뿐만 아니라 모든 종류의 회사에서 활용되고 있습니다. 만약 모든 회사가 IT 회사고, 다른 IT 회사들과 협업하고 싶다면, 실질적으로 모든 회사는 API 중심의 회사가 되어야 합니다. 누가이 현상에 대해서 말할 수 있을까요? 이런 일들은 자연스럽게 코드를 작성하고, 코드에 대한 글을 작성하고, 코드에 대해서 말하는 사람들의 몫이 됩니다.

히예르탄 빌렌가 : 만약 자신이 IT를 배우는 학생이나 혹은 아주 다른 분야에서 일을 하는 사람인데, 디벨로퍼 릴레이션이라는 일을 하고 싶다면 어떻게 해야 할까요? 어떻게 이 일을 시작할 수 있습니까?

테드 뉴워드 : 코딩을 배우는 것이 가장 먼저라고 생각합니다. 이 일을 하기 위해선 기술과 관련된 지식을 반드시 가져야 합니다.

기술 관련 지식을 가지고 있지 않으면, 자신이 말을 하거나 글을 쓰더라도 그 저 마케팅 부서에서 일하는 것 밖에 되지 않습니다. 마케팅 부서나 영업 부서에서 일하는 사람과 디벨로퍼 애드보킷은 코드에 대한 지식을 가지고 있는지 여부에서 차이가 납니다.

디벨로퍼 릴레이션 직군의 일자리 찾기

히예르탄 빌렌가 : 프로그래밍을 할 줄 안다면 그 다음으로 어떻게 디벨로퍼 릴레이션 직군의 일자리를 찾을 수 있습니까?

테드 뉴워드 : 다른 일자리를 찾는 것과 같습니다. 다만 다른 점이라면 구인구직 사이트에서 찾기보다는 사람들의 입소문을 통해서 찾기 쉽다는 것입니다.

프로그래밍 관련 일자리를 찾는 것은 어렵지 않지만 어떤 회사들은 자신들이 디벨로퍼 릴레이션 팀이 필요한지 모릅니다. 그래서 만약 자신이 Z라는 회사에서 일하고 싶지만, 디벨로퍼 릴레이션 팀이 없다면 본인이 그 회사 사람들을 설득해야 합니다. 한 가지 확실한 것은 회사 사람들이 틀렸고 디벨로퍼 릴레이션 직무가 필요하다고 설득하는 것은 어려울 겁니다. 그러나 제 생각엔 점점 더 많은 회사에서 이 포지션이 필요하다는 것을 깨닫고 있기 때문에 생각보다 쉬울 수 있습니다.

만약 자신이 워싱턴 주에서 직스 피자(Zeeks Pizza)라는 동네의 피자 체인점에서 운영하고 있고, API를 가지고 있다고 가정해보겠습니다. 도미노 피자는 워싱턴 주의 상황을 지켜보다가 API를 가지고 있는 경쟁자 때문에 영업이 잘되지 않는다는 것을 깨닫고, 자신들도 API를 만들어야겠다고 결심할 거에요. 그렇게 API를 만들어도 도미노 피자가 영업이 잘 안 되면, 무엇이 차이인지 알고 싶어 할 겁니다.

그 때 직스 피자에서 누군가가 여러 행사들에 나서서 워싱턴 주에서 직스 피자의 API를 어떻게 사용할 수 있는지 이야기할 겁니다. 그 누군가는 어떤 사람일까요? 그 사람이 바로 디벨로퍼 릴레이션 일을 하는 사람입니다. 우리 모두 그런 역할을 하는 사람이 필요합니다.

더 많은 회사들이 디벨로퍼 릴레이션 업무를 시작하고 동종 업계 안에서 경쟁을 만들어 낼 수록, 디벨로퍼 릴레이션 분야가 더 발전하게 될 겁니다. 예를 들어서, 포드에서는 자동차와 관련해 API를 만들어 내고 싶어 합니다. 요즘 유행하는 자율주행 기능 뿐만이 아니라 다른 기능들을 기능들을 넣기 위해서 API가 필요한 순간들이 있을 것이고 API 생태계를 만들어 내면서 목소리를 낼 수 있는 누군가가 필요하게 됩니다.

"기억하십시오, 본인은 삼두마차와 같습니다. 본인에게는 코딩을 할 수 있는 능력이 있고, 글쓰는 재주도 있고, 발표하는 능력도 있습니다" - 테드 뉴워드

만약 자신이 오픈 소스 제품을 만드는 회사에 프로그래머로 취직하고 싶다면, 오픈소스에 풀 리퀘스트로 기여하십시오. 만약 자신이 디벨로퍼 릴레이션 일을 하고 싶다면, 단순히 풀 리퀘스트로 기여하는 것에 그치지 말고 직접 사람들 앞에서 이 프로젝트에 대해 발표를 하십시오.

회사에서 디벨로퍼 릴레이션 활동을 하기 위해 설득을 해야 한다면, 그 주장에 공감할 수 있게 해야 합니다. 예를 들어서, 스마트시트의 목표는 더 많은 IT 전략의 중심축을 담당할 수 있는 도구가 되는 것입니다.

저희 회사 경영진들도 이런 주장을 회사 내부적으로 디벨로퍼 릴레이션 부서가 필요하다는 것을 설득하기 위해 가져다 사용했습니다.

디벨로퍼 릴레이션 활동은 어떤 제품이나 기술에 대한 이야깃거리를 만들어내서 회사의 영업 활동에 도움을 줄 수 있습니다. 그래서 만약 어떤 회사가 디벨로퍼 릴레이션 부서가 필요하다고 설득하고 싶다면, 제일 먼저 그 이야깃거리를 만들어내야 합니다.

히예르탄 빌렌가 : 디벨로퍼 릴레이션 직무의 가장 큰 단점 하나를 말씀해 주시겠습니까?

디벨로퍼 릴레이션 직무의 단점

테드 뉴워드 : 이 일이 아직은 잘 알려져 있는 일이 아니다보니, 제가 무슨 일을 하고 있는지에 대해 설명하는데 시간이 많이 걸립니다. 하지만 시간이 지나면 해결될 문제라고 봅니다.

이건 상사를 설득시킨다고 해서 모든 것들이 알아서 바로 해결될 문제는 아닙니다. 다행히도 제 상사는 디벨로퍼 릴레이션 업무에 대해 꽤 긍정적인 인식을 가지고 있고, 제가 이 부분을 잘 해결할 수 있도록 저에게 맡기고 있습니다.

엄밀히 말하면, 저는 디벨로퍼 애드보킷이 아니고 관리업무의 비중이 더 크다고 봅니다. 그래서 제가 하는 일을 성공시키는 것보다는, 저희 팀이 성공할 수 있도록 만드는 것을 더 중요시 합니다. 그러기 위해 주로 미팅을 하고 이메일을 보내는 것입니다. 아까 말씀드린 저희 팀의 전직 스포츠 기자였던 스콧은 본인의 업무를 스스로 결정할 수 있다는 점 때문에 자신이 하는 일이 좋다고 했습니다. 본인이 오늘 코딩을 하고 싶으면 샘플 코딩 작업을 하고, 글을 쓰고 싶으면 블로그 글을 쓰면 되거든요.

히예르탄 빌렌가 : 직업이나 흥미에 따라 차이가 있지만, 왜 어떤 사람들은 디벨로퍼 릴레이션으로 일하고 싶지 않아 할까요?

테드 뉴워드 : 본인이 내키지 않아서 그런 것 같습니다. 사람들의 성격은 비슷해 보이지만, 한편으로는 같지 않습니다.

제 아내는 경계가 명확한 것을 선호해서 만약 자신이 일을 해야 하는 경우에는 무엇을 해야하는지 확실하게 알 수 있는 것들을 좋아합니다. 그녀에게 사람들의 회사에 대한 인식을 높이기 위해 본인이 일을 찾아서 하라고 하면, 그 일을 할 수는 있겠지만 좋아하지는 않을 겁니다. 그녀가 해야할 일들을 정확하게 알면, 그것들을 처리한 뒤 하루 일과를 끝내는 것을 좋아할 테니까요.

컴퓨터 공학의 세계에서 개발자들은 오직 1개의 정답만이 있다고 배웁니다. 매번 누군가는 단상에 올라 모범사례를 말할 때마다 개발자들은 하나의 정답만 있다는 인식을 가지게 됩니다. 당신과 저는 대학교에서 세상을 흑과 백의 이분법으로 나누지 않고 거대한 회색 지대로 바라보라고 배웠지만, 세상엔 그런 것들을 다루기 싫어하는 사람도 있습니다.

"왜 모든 사람은 스타트업을 시작하지 않죠?"라고 물을 수 있습니다. 왜냐하면 많은 사람들은 위험을 부담하기 싫어하기 때문입니다. 다른 사람의 생계를 책임지고 싶지 않기 때문일 것입니다.

히예르탄 빌렌가 : 당신이 일하는 회사의 지향점과 본인의 지향점이 엇갈려서 진정성 측면에서 상충된다면 어떻게 행동하시나요?

테드 뉴워드 : 그런 갈등의 끝에는 항상 쉬운 정답이 있습니다. 회사가 선을 넘고 있는 것을 보았다고 가정해봅시다. 그렇다면 본인은 어떤 행동을 하게 될까요? 이것은 디벨로퍼 릴레이션 분야뿐만 아니라 어떤 직업이나 똑같을 것입니다.

만약 본인이 무대에 오르는 것을 싫어하고, 불편한 질문들을 받는 것이 싫다면 이 일을 하고 싶은지 다시 생각해봐야 합니다. 하지만 만약 자신의 회사가 불법적인 일을 하고, 본인이 디벨로퍼 애드보킷이라는 이유로 뉴스에 나와야 한다면, 이렇게는 말할 수 있을 것 입니다. "이건 제 권한 밖의 일입니다. 전 어떤 일이 일어나고 있는지 모릅니다만, 여러분들만큼 당황스럽네요." 그렇게 답변 하는 방법도 있겠죠. 만약 당신이 백악관 대변인이라면, 의견에 동의 하던 하지 않던 간에 메시지를 전달해야 하는 것과 비슷합니다.

히예르탄 빌렌가 : 언제쯤 디벨로퍼 릴레이션으로 활동하기 싫어질까요?

테드 뉴워드 : 개인의 선택에 달린 것 같습니다. 아직 경험해보지 못해서 어떤 기준이 있는지 모르지만 다른 부분이라고 생각합니다.

중요한 것은 자신만의 기준을 아는지입니다. 다만, 불법성을 따지는 것은 여기에 해당되지 않습니다. 자신이 얼마나 다른 의견을 수용할 수 있는지의 문제입니다. 우리 회사의 CEO인 마크 메이더는 사람들에게 스마트시트는 노 코드(No-code) 도구라고 말하는데, 저는 그게 잘못되었다고 생각합니다.

예를 들자면, 제가 회사에 들어온지 1주일이 되던 때에, 엔지니어링 리더 미팅 중이었습니다.
마크는 시민 개발자(Citizen Developer, 역자 주: 전문 개발자가 아니지만, 기업/통합 시스템 혹은 구조를 통해 새로운 응용 프로그램을 만드는 개발자 및 사용자)라는 용어를 쓴 가트너와 포레스터의 보고서에 대해서 말하는 중이었는데, 그는 그 용어를 굉장히 싫어했습니다. 그런 그가 우리에게 시민 개발자의 의미를 아는지 물어봤습니다.

> *"하지만 미팅 중간에 모든 사람들 앞에서 CEO가 옳지 않았다고 말하는 것이 과연 적절한 행동일까요?" - 테드 뉴워드*

그는 질문을 하는 것이 아니라, 본인의 주장을 하는 것이었습니다. 그러나 저는 제 아버지와 같은 사람이 시민 개발자라는 것을 알고 있었습니다. 그는 제가 시민 개발자라고 생각하는 일들을 많이 했습니다. 스콧 데이비스 또한 엑셀의 매크로(Macro, 역자 주: 자주 사용하는 일련의 작업들을 자동화하는 방법)를 개발하면서 시민 개발자로 자신의 경력을 쌓기 시작했고요. 하지만 미팅 중간에 모든 사람들 앞에서 CEO가 옳지 않았다고 말하는 것이 과연 적절한 행동일까요?

마크가 파이썬 커뮤니티에서 나온 표현을 활용해서 이렇게 말했으면 했어요. "스마트시트를 사용하는 데는 코드가 필요한 것은 아니지만, 코드의 핵심가치는 포함되어져 있습니다. 다양한 일을 할 수 있게 확장성을 가지고 있지만, 원한다면 있는 그대로 가져다가 사용해도 됩니다."

그렇다면 의견이 다르다고 제가 무대에 올라가서 "우리 CEO는 멍청해서 우리가 만든 제품을 전혀 이해하지 못하고 있습니다. 제 말을 들으세요. 왜냐면 제가 가장 똑똑한 사람입니다"라고 말해야 할까요? CEO를 그렇게 깎아내릴 필요는 없습니다. CEO를 깎아내리지 않고, 회사에 해를 끼치지 않고 당신의 의견을 전달할 방법은 여러가지가 있으니까요.

히예르탄 빌렌가 : 어떤 방법들이 있나요?

테드 뉴워드 : 우선 회사 안에서 메시지를 전파하는 것부터 시작합니다. 마크가 본인의 생각이 잘못되었고 표현을 달리해야 한다는 것을 알게 하고 싶었지만, 동시에 그를 난처하게 만들고 싶지는 않았기 때문입니다.

그래서 마크에게 제 생각을 전달할 수 있는 사람에게 먼저 말하기 시작하고, 시간이 지난 뒤에 마크에게 제 의견을 전달할 것 같습니다. 그럼 그는 그게 무슨 의미인지 알고 그에 대한 자신의 생각을 제시할 것입니다.

결국엔 저만의 의견을 가지면서도, 마크 자신만의 의견도 가지게 할 수 있는 것입니다. 물론 제가 이 의견에 대해 공을 세웠다고 주장할 수도 있지만, 굳이 그렇게 하고 싶지는 않습니다. 만약 제가 제 공을 내세우고 싶다면 공식적인 자리에서 제기할 수도 있지만, 그럼 제가 제 직업을 잃을 수도 있습니다. 이게 회사에서 일하는 방식입니다. 제멋대로 군다면 직업을 잃을 수 있습니다.

더 중요한 질문은 만약 누군가가 디벨로퍼 릴레이션 일을 하고 싶을 때, 자신의 의견을 배제하고 회사의 의견을 강제로 따르는데에 얼마나 거부감을 느끼지 않는가입니다.

솔직히 어느 조직에서 일을 하고 있는지, 혹은 본인의 회사를 운영하고 있는지 상관없이 자신과 회사 동료들의 의견은 달라질 수 있습니다. 때로는 다른 사람들에게 "당신이 맞을지도 모릅니다. 우리 이 문제에 대해서 이야기를 나눠보는 건 어떨까요? 제가 이 문제에 대해서 올바른 정답을 모르는 것 같으니 더 이야기를 해봅시다. 저에게 당신의 의견을 말해주세요"라고 말할 수 있는 용기를 가져야 합니다.

확실히 제가 이 노 코드 문제에 대해서 제 의견이 옳다고 생각하고, 마크도 그 맥락을 알고는 있지만 이사회에서 노 코드라는 점을 제품의 특징으로 강조하라고 하기 때문에 그가 그 용어를 쓰는 것이라고 저는 확신합니다.

제가 마크와 이야기를 나눈다면 그가 사실은 제 의견에 동의한다고 말할 거라고 생각하지만, 그의 공식적인 메시지를 바꾸는 건 다른 문제입니다. 왜냐하면 그는 제가 생각하는 것 이상의 점들을 고려해야 하기 때문입니다.

만약 디벨로퍼 릴레이션 일을 하면서 다른 사람의 의견에 눈치를 보지 않고 원하는 메시지를 만들어 낼 수 있다고 생각한다면, 그것은 잘못 생각하는 것입니다. 한 팀의 일원으로서 (이상적으로는) 팀이 정한 목표에 8~90% 정도 동의할 것입니다. 중요한 것은 우리가 같은 방향을 바라보고 있어야 한다는 점입니다.

히예르탄 빌렌가 : 발표 중에 어떤 사람이 모르는 것에 대해서 질문을 할 경우 어떻게 대처합니까?

난처한 상황에 처했을 때

테드 뉴워드 : 전혀 신경쓰지 않습니다. 답을 모른다는 사실을 인정하고, 지금은 잘 모르지만 더 알고 싶다면 답을 찾아서 알려주겠다고 대답합니다. 혹은 약간의 추측을 더해 "제가 아는 바에 의하면 정답은 이렇지만, 당신이 원한다면 더 알아보고 답변해 주겠다"고 말을 할 수 있습니다.

그렇게 한다면, 자신의 네트워크에 새로운 인맥을 추가할 수 있습니다. 만약 정답을 아는 상황이라면, 그냥 답을 주고 끝일 것입니다. 실제로 90% 정도는, 컨퍼런스에서 사람들이 질문하는 이유는 답을 찾기 위해서가 아니라, 자신이 들었던 내용이 본인이 알고 있던 것과 얼마나 일치하는지 확인하기 위해서입니다.

만약 그들이 원하던 답을 얻으면, 그게 정확하지 않아도 그들의 머릿속에서 그것은 질문에 대한 답변으로 남게 됩니다. 때때로 어떤 사람들에겐 정확한 답을 알아내는 것이 매우 중요해서 당신과 계속 이야기를 나누고 싶어하는 경우도 있습니다. 그렇다면 그 자리에서 바로 알아보고 다시 답변을 주거나, 연락처를 교환해서 나중에 답변을 줄 수도 있습니다. 이건 질문한 사람이 어떻게 해주기를 원하느냐에 따라 달라질 수 있습니다.

히예르탄 빌렌가 : 시차 적응과 출장에 대해서도 이야기를 나눠보고 싶습니다. 이에 대해서 어떻게 생각하시나요?

테드 뉴워드 : 호텔 방에서 일어나 내가 지금 어디 있는지를 고민하게 되는 경우도 있었습니다. 가끔은 휴대폰을 들여다보고 나서야 집에서 8시간 떨어진 곳에 와있음을 깨닫는 경우도 있습니다.

> *"디벨로퍼 릴레이션이라고 다를 것 없이 긴 줄에서 차례를 기다려야 합니다"*
> *- 테드 뉴워드*

세상에는 출장이 필수적인 많은 직업들이 있고, 이 직업도 그 중 하나일 뿐입니다. 우리보다 더 출장을 많이 다니는 사람들도 있습니다. 영업 관련 일을 하시는 분들 중에서는 출장을 다니기도 하고요. 그래서 디벨로퍼 릴레이션이라고 다를 것 없이 긴 줄에서 차례를 기다려야 합니다. 컨설턴트 중에서도 출장을 많이 다니는 사람들이 있습니다.

히예르탄 빌렌가 : 이 직업에서는 번아웃을 조심해야 할 것 같은데, 혹시 본인만의 예방법이나 대처 방법이 있습니까?

테드 뉴워드 : 번아웃은 정말 조심해야 하고, 본인이 출장을 자주 다닌다면 더 조심해야 합니다. 너무 출장을 많이 다니는 경우, 특히 집에 가족이 있는 경우 번아웃을 경험하기 굉장히 쉽습니다.

어떤 사람은 배우자가 너무 자주 출장을 가고 집에 충분히 있지 않았기에 단절

되었다고 느껴서 이혼하는 경우도 있습니다. 번아웃을 피하기 위해서는 번아웃의 위험을 충분히 인식하고 방지하기 위한 노력을 해야 합니다.

디벨로퍼 애드보킷의 다양한 역할이 실제로 번아웃을 빨리 오게도 합니다. 자신에 대해서 얼마나 잘 아는지, 번아웃의 징후를 잘 파악하는지가 중요합니다. 번아웃을 실제 위험으로 간주하고, 예방하기 위해 대책을 세우는 회사에 다니십니까? 예를 들어, 우리 회사의 디벨로퍼 릴레이션팀은 출장 다니는데 드는 시간을 총 업무 시간의 50% 미만으로 유지하게 합니다.

매니저들은 팀원들이 번아웃을 느끼지 않도록 도와줘야 합니다. 왜냐하면 번아웃은 굉장히 다양한 상황에서 찾아오기 때문입니다. 일을 하는 것과 실제 결과물 사이에는 차이가 있다는 것을 알아야 합니다. 일은 많이 해도 결과물을 내지 못하는 경우가 가능하고, 그런 상황이 번아웃을 일으키게 되기 때문입니다.

인간은 재충전의 시간이 필요하다는 사실을 깨닫는 것도 중요합니다. 사람들은 현 상황에서 벗어나 다른 일을 해보는 기회가 필요합니다. 취미를 가지는 것도 필요합니다. 예를 들어서, 운동은 정신을 맑게 하는데 도움이 됩니다. 운동을 할 때는 생각하는 것 이외에 다른 일들을 할 수 없습니다. 이렇게 사람들은 자신의 업무와 단절된 채로, 마음을 정리할 수 있는 시간이 필요합니다. 제 경우, 어떨 때는 오랫동안 뜨거운 물로 샤워를 하는 것이 될 수 있습니다. 대신 샤워하면서 휴대폰을 볼 수는 없지만요. 한편으로는 삼성의 방수폰을 가질 수 있으면 좋겠다는 생각이 드네요.

제가 원하는 만큼 운동을 하지는 못하지만 이제 비행기 안에서 노트북을 꺼내지 않습니다. 대신 그냥 앉아서 영화를 보고, 제 마음이 쉴 수 있게 합니다. 모든 사람들은 재충전의 시간에 무엇을 해야할지 알아야 합니다. 주변에 번아웃을 경험한 개발자들, 영업 직원들 그리고 매니저들을 봤기 때문에 번아웃은 디벨로퍼 릴레이션 직무만의 문제가 아닙니다. 모든 사람들은 자신들이 어떻게 쉴 수 있는지 알아야 합니다.

맷 레이블
Matt Raible

맷 레이블은 옥타(Okta)의 디벨로퍼 애드보킷으로 있으며, 주기적으로 개발자 행사에서 발표를 하고, 반드시 봐야하는 발표자로 알려져 있다. 링크드인에서 수석 UI 설계가(Lead UI Architect)로 있었으며, 타임 워너 케이블(Time Warner Cable, 역자 주: 미국의 유선방송 사업자)에서 수석 웹 설계가로 있었다. JHipster 프로젝트에 참여했으며, 옥타 개발자 블로그에 주기적으로 기술 관련 글을 작성한다. 디벨로퍼 애드보킷 분야에서 가장 숙련된 발표자 중 한 명인 그는 20년 넘게 그의 블로그를 통해 협동적인 개발자 커뮤니티를 만들어왔다. (트위터: @mraible)

히예르탄 빌렌가 : 우선 어떤 사람이고 어떤 일을 하시는지부터 시작해줄 수 있나요?

맷 레이블 : 저는 옥타에서 디벨로퍼 애드보킷으로 일하고 있고, 매달 몇몇 블로그 글을 쓰고, 한 달에 한 번 정도 개발자 행사에서 발표하는 것을 담당하고 있습니다.

이 일의 가장 큰 장점은 제가 제 업무를 직접 만들 수 있다는 점입니다. 제가 매주 어떤 일을 해야하는지 결정권을 가지고 있습니다. 그래서 대략 업무 시간의 25%를 제가 썼던 블로그 글이나 발표했던 내용들을 보강하면서 보내요.

그리고 6주 간격으로 계획을 세우면서 어떤 블로그 글을 쓸지 정합니다. 블로그 글들은 대부분 예시 프로그램을 필요로 하기 때문에 블로그 글을 쓰기 전에 하루 이틀 정도는 코드를 작성하면서 예시 프로그램이 잘 실행되는지 확인을 해봐요. 그러면서 꾸준히 새로운 기술, 새로운 프레임워크 그리고 그런 것들을 설명하기 위한 새로운 방법을 끊임없이 배우고 있습니다.

만약 제가 작성하는 내용이 스프링 부트나 앵귤러에 관한 것들만 있다면 그렇게 많은 블로그 글들을 작성할 수 없었을 것입니다. 1년에 50개의 블로그 글을 쓰기 위해서는 많은 것들을 배워야 합니다.

저희 회사는 클라우드 환경을 위한 자격 증명 서비스(역자 주: 웹 서비스에서 사용자의 신원을 확인하는 과정을 총칭) 제공자 중 선두주자에요. 그래서 저는 API들에 관심을 많이 기울이고 있습니다. 제가 하는 일의 대부분은 인증 기술과 관련된 것이지만, 사람들이 서로 다른 두 기술을 함께 동작하는지를 알 수 있게 분야를 다양하게 해서 블로그 글을 작성합니다. 옥타의 디벨로퍼 애드보킷으로서, 주로 저희는 개발자들이 기술을 배울 수 있도록 돕고, 특히나 우리의 기술과 관련해 도움을 필요로 하면 언제든 환영입니다.

히예르탄 빌렌가 : 당신이 하는 일을 표현한다면 '디벨로퍼 애드보킷'과 '테크 에반젤리스트' 중 어떤 것이 더 적합한가요?

직함을 선택한다는 것

맷 레이블 : 전에 일했던 스톰패스(Stormpath)라는 회사에서 그리고 제가 옥타에서 처음 일을 시작했을 때는 '디벨로퍼 에반젤리스트'라는 직함을 가졌습니다. 그러다 Devoxx US 행사에 참여했을 때, 아룬 굽타가 "에반젤리스트라는 표현을 쓰지 말라"고 이야기 했습니다. 에반젤리스트라는 표현이 종교적 의미를 내포하고 있었기 때문에, 같이 이야기하던 많은 사람들이 그 의견에 수긍했습니다. 실제로 에반젤리스트라는 표현을 쓰면 몇몇 나라에서는 사용할 수 없습니다. 만약 자신이 에반젤리스트라고 말한다면, 발표를 하지 못할 수도 있습니다. 그래서 함께 그 자리에 있던 사람들이 저에게 바로 직함을 바꾸라고 조언을 해줬고 회사에서는 저희 조직을 '디벨로퍼 릴레이션'으로 부르고 직함의 경우 에반젤리스트라고 표현하지 않고 애드보킷이라고 표현합니다.

히예르탄 빌렌가 : 그럼 디벨로퍼 애드보킷 분야에 어떻게 처음 발을 들이게 됐나요?

맷 레이블 : 20년동안 프리랜서 컨설턴트로 일해왔고. 애드보킷 활동은 취미로 했습니다.
2002년에 제 블로그를 시작해서 자바에 관한 많은 글을 썼습니다. 그 때는

스택 오버플로우(Stack Overflow)가 나오기 전이라서 스트럿츠(Struts, 역자 주: 자바 EE 기반 웹 애플리케이션 프레임워크)와 자바 EE를 이용해 블로그를 만들었습니다.

요즘 사람들이 스택 오버플로우에 질문을 올리듯이, 블로그에 에러 로그와 함께 제 질문을 올려두면 사람들이 와서 도와주었습니다. 서로 돕고 도움을 받는 화합의 장인 셈입니다. 동시에 컨퍼런스에서 발표도 항상 해왔습니다.

2년 전에 스톰패스에서 기간제 계약직으로 일을 하기 시작했고, 같은 때에 컴퓨터 어소시엇츠(Computer Associates)에서도 일하고 있었습니다. 오전에는 스톰패스에서 자바로 일했고, 오후에는 컴퓨터 어소시엇츠에서 자바스크립트를 다뤘습니다. 저는 스톰패스에서 같이 일하던 사람들이 정말 좋았고, 그들도 저를 정식 직원으로 고용하려고 했습니다. 그래서 그들에게 제가 거부할 수 없는 제안을 해보라고 말했더니, 아쉽게도 그들은 그것이 뭔지 모르겠다고 했어요!

블로그에 글을 쓰면서, 컨퍼런스에서 발표를 하고 싶었습니다. 그래서 한 달 정도 제가 하고 싶은 일에 대해서 생각해봤습니다. 근데 스톰패스에서는 저에게 자바 수석 개발자를 맡아달라고 했습니다. 문제는 제가 자바를 좋아하긴 했지만, 제가 제일 좋아하는 것은 아니었다는 점입니다. UI 작업을 더 많이 하곤 했거든요.

그 때 그 기회는 시간이 지나면서 사라졌지만, 대신 제가 자바와 자바스크립트를 둘 다 해도 되는지 물어봤습니다. 스톰패스는 제가 기술 파트의 리더가 되어 자바 SDK를 관리하는 것보다, 애드보킷이 되는 것에 동의를 했습니다. 그러면서 저와 함께 애드보킷 팀에 다른 사람들 몇 명이 합류했어요.

6달 뒤에 스톰패스가 옥타에 인수됐습니다. 프리랜서 컨설턴트로 일하면서 6개월마다 직장이 바뀌는 것이 익숙하긴 했지만, 정식 직원이 되면서 그렇게 될 줄은 생각하지 못했습니다. 그렇게 해서 옥타에 오게 되었습니다.

히예르탄 빌렌가 : 20살의 당신이 지금의 자신이 하고 있는 것을 보면 뭐라고 했을까요?

맷의 커리어 과정

맷 레이블 : 일단, 멋진 스포츠카 대신 평범한 승합차를 가지고 있다는 사실에 화났을 것 같습니다. 20대의 저는 러시아에서 증권 중개인을 하고 싶어했습니다. 생각해보면 엄청 스트레스 받는 직업일거에요. 저를 표현하자면 디벨로퍼 애드보킷 활동이 가능한 영업사원 정도 된다고 봅니다.

대학교에서 러시아어, 국제 경제학, 일본어를 배웠지만, 학자금 대출이 있어서 졸업하자마자 돈을 벌어야했습니다. 주변에 컴퓨터 공학을 전공한 친구들이 있었는데, 그들이 좋은 일자리를 얻는 것을 보았습니다. 그래서 컴퓨터 공학과 강의를 청강하기 시작했고 독학을 했어요.

제대로 된 프로그래밍을 하는 것은 아니었지만, Y2K 문제와 관련된 상담을 하면서 일자리를 얻게 되었습니다. 그리고 나서 HTML과 자바를 접하게 되면서 즐기기 시작했습니다. 제가 코드를 짜고, 어떤 문제를 풀거나 새로운 것을 개발할 때, 매우 기분이 좋습니다. 그 당시에 단지 블로그에 글을 쓰고, 예제 프로그램을 만들기만 하는데도 돈을 벌 수 있다는 것을 알게 되어 매우 놀라웠습니다.

히예르탄 빌렌가 : 그럼 애드보킷으로서, 경쟁사 제품이 특정 상황에서 더 잘 작동된다거나, 혹은 버그를 발견했을 때 어떻게 하나요? 솔직하게 얘기하시나요?

맷 레이블 : 이 일을 하기 전에 프리랜서 컨설턴트로 몇 년동안 활동해서 제겐 큰 고민은 아니지만 소프트웨어 기술을 향한 제 감정이 맞다고 생각합니다.

"IT 분야에서는 약점을 드러내는 것이 장수하는 방법이라고 생각합니다" - 맷 레이블

만약 어떤 것이 제대로 작동하지 않고 사용하기 너무 힘들다면, 저는 사람들한테 그 사실을 얘기하는 편입니다. 제게는 어렵지 않은 일입니다. 회사나 제 상사는 제가 블로그 글에 버그에 대한 내용을 넣는 것을 못마땅해 하지만 그렇게 하는 것이 저만의 특색이라고 생각해요. 가끔 버그에 관한 블로그 글을 남겨둬서, 해당 버그가 고쳐지게끔 유도합니다. 이런 방식처럼 IT 분야에서는 약점을 드러내는 것이 장수하는 방법이라고 생각합니다.

하지만 안타까운 경우도 좀 있습니다. 예를 들어서, 작년에 저희 회사에서 제공하는 많은 SDK들이 정식 출시를 앞두고 있을 때에 맞춰서 많은 블로그 글을 작성했습니다. 그래서 블로그 글을 검토하고 수정하는데 많은 시간이 걸렸습니다. 하지만 작성했던 글들의 제목이 특정 기술이나 특정 버전에 국한되어 있다면, 검색엔진 최적화 때문에 새로운 글을 써야합니다. 유지보수에 있어서 많은 부담이 되지만, 앵귤러나 리액트의 최신 버전에 대한 글을 쓰는 한 검색엔진 최적화를 고려야해야합니다.

히예르탄 빌렌가 : 자신을 마치 대변인과 같이 보기도 하나요?

맷 레이블 : 아니요, 왜냐하면 제 경우에는 버그를 찾으면 사람들에게 말하는 편입니다. 그렇게 하는 것이 진정성을 보이는 것이라고 생각하고 사람들에게 제가 무언가를 숨기려고 하지 않는다는 것을 보여주기 때문입니다.

회사 안에서 키클로크와 제이힙스터를 사용하는 것에 대해서 이야기를 나눈 적이 있는데 회사 사람들이 "옥타와 키클로크의 차이점이 뭘까요?"라고 물어봤습니다.

그러면 저는 "키클로크는 자신이 직접 다운로드 받아서 로컬 환경에서 설치할 수 있고, 옥타는 기술 지원과 함께 클라우드 환경에서도 쓸 수 있어요."라고 대답했습니다.

그랬더니 사람들은 "그럼 왜 우리가 사람들에게 키클로크보다 옥타를 사용하라고 해야하나요?"라고 되물었습니다.

그 질문에 저는 사용자들에게 지금 쓰고 있는 것이 일하는데 충분하다고 생각하면 굳이 옥타를 사용할 필요가 없지만 언젠가 키클로크를 클라우드 환경에서 운영하는데 힘들다고 느끼는 순간이 올 것이고, 그럴 때 옥타를 사용하면 된다고 대답했습니다. 개발자들의 삶을 편하게 만들어주는 것이라면 무엇이든 알려주려고 하거든요.

애드보킷 활동에 필요한 자질들

히예르탄 빌렌가 : 디벨로퍼 애드보킷 일을 하기 위해 사람들에게 어떤 자질이 필요할까요?

맷 레이블 : 우선 컨텐츠를 만들어내는 것을 좋아해야 합니다. 그게 가장 중요하다고 생각합니다. 저는 그런 류의 사람들 중 튜토리얼을 만드는 것을 좋아하는 사람으로 심지어 3일만에 한 개의 튜토리얼을 만들어낼 수도 있습니다.

히예르탄 빌렌가 : 블로그에 글을 쓸 때 단순히 글을 쓰고 배포하는 것보다 더 광범위한 과정을 거치시나요?

맷 레이블 : 네, 아주 많은 과정을 거칩니다. 가장 먼저 무엇에 대해 쓸 것인지 알아내면서 아이디어를 구체화시킵니다. 그리고 매주 제가 무엇에 대해 글을 쓸 것인지 미리 계획합니다.

예제 프로그램을 만들어서 실제로 동작하게 만들고, 글을 쓰고, 그 다음 품질 검증(QA)을 합니다. 주로 만든 프로그램을 삭제하고, 블로그 글을 위해서 처음부터 다시 작성하곤 합니다. 그러면서 뭐가 다른지 확인해보고 깃허브에 올립니다.

다 만들고 나면, 정말 글쓰는데 소질있는 사람이 제 글을 검토해줍니다. 그 때부터 블로그 글에 수정 요청이 들어가고, 누군가가 그것들을 검토해준 후에 블로그 글이 공개됩니다.

히예르탄 빌렌가 : 블로그를 관리하는 것과 글을 작성하는 것에 더 관심을 가지는 것 같은데, 그렇다면 디벨로퍼 애드보킷 직군이 내성적인 사람들에게도 맞을 수 있다고 생각하시나요?

맷 레이블 : 그렇게 생각해요. 저만 하더라도 어떤 날은 매우 내성적이고, 어떤 날은 외향적일 때가 있습니다. 오늘 덴버 자바 사용자 그룹 모임이 열리는데,

제가 모임 운영진이라서 오후에는 제 외향적인 자아를 깨우고 사람들과 다양한 이야기를 할 예정입니다.

그 이외의 시간에 블로그 글을 쓰거나 예제 프로그램을 만들 때는 굉장히 내성적입니다. 그 두 자아를 왔다 갔다 할 수 있는 능력이 있어요. 대부분의 프로그래머들이 어느 정도 내향적인 면모를 가질거고, 외향적으로 될 수도 있다는 것을 알게 될거에요.

많은 사람들이 디벨로퍼 애드보킷들은 항상 어디가서 강연만 한다고 생각합니다. 조쉬 롱이나 어떤 사람들은 일주일에 5번 발표를 합니다. 저도 작년에 그렇게 했어요. 1년 중 140일을 회사 밖에서 있었지만, 그게 필수는 아닙니다.

"제 생각에는 디벨로퍼 애드보킷들에게 출장은 가도 되지만 꼭 필수는 아닌 것입니다."
- 맷 레이블

그런 식의 일정은 옥타에서 그렇게 의미있다고 생각하지 않습니다. 발표를 하면 한 번 발표하는데 100명의 사람들에게 도달할 수 있는 반면, 블로그 글을 쓰면 1,000명 혹은 10,000명에게 도달할 수 있습니다. 제 생각에는 디벨로퍼 애드보킷들에게 출장은 가도 되는 것이지만 꼭 필수는 아닌 것입니다. 이국적인 곳으로 떠나는 것을 좋아하지만, 제가 출장 일정을 서로 붙여놨다는 것을 깨달으면 "내가 왜 이렇게 일정을 짰지?" 하면서 제 자신을 원망합니다.

히예르탄 빌렌가 : 그럼 번아웃을 느낀 적이 있나요? 있으면 어떻게 극복하셨나요?

맷 레이블 : 그동안 일하면서 딱 2번 번아웃을 느꼈습니다. 한 번은 2006년에

앱퓨즈(AppFuse, 역자주: 자바 기반 웹 프레임워크. 맷 레이블은 앱퓨즈 프로젝트의 컨트리뷰터였다.)의 패키지 매니저를 앤트에서 메이븐으로 바꿀 때였는데, 1주일에 60시간 정도 투자했습니다. 물론 1주일에 40시간을 회사에서 근무도 같이 하면서요.

그 때 육체적으로 힘들다는 것을 느꼈습니다. 매번 일어날 때마다 머리가 굉장히 아프고 잠도 제대로 자지 못했습니다. 그래서 제가 심각한 병에 걸렸는가 걱정되서 병원에 갔습니다. 병원에서는 정확한 진단을 내리지 못했지만, 제가 일을 너무 많이 하고 있었다는 것을 스스로 깨달았습니다.

2017년에도 번아웃을 겪었습니다. 제가 코드 작성을 끝내야만 할 수 있던 몇몇 발표들이 있었는데 지금 기억나는 것은 집으로 돌아와서 와이프와 함께 휴가를 즐기는 동안 엄청 피곤해있었다는 것 뿐이에요. 며칠 지나서야 제가 너무 많은 일을 한다는 것을 깨달았습니다.

저희 팀에서는 올해에는 매달 한 번씩만 발표를 하자고 의견을 모았습니다. 만약 발표를 집 근처에서 하게 된다? 그럼 좋아요. 이동하는데 시간을 덜 쓰고, 더 많은 시간을 글을 쓰는데 보낼 수 있기에 결국엔 번아웃까지 갈 일이 없으니까요.

컨퍼런스의 사교적인 측면

히예르탄 빌렌가 : 모든 출장들과 디벨로퍼 애드보킷 활동들은 사교적인 측면도 있다고 생각해요. 가장 좋아하는 장소나, 좋아하는 컨퍼런스, 혹은 거기서 겪은 일들과 관련해 에피소드들이 있나요?

맷 레이블 : 네, 벨기에 앤트워프에서 열렸던 Devoxx가 가장 기억에 남습니다. 맛있는 맥주로도 유명한데, 그 때 매우 즐거웠어요.

몇 가지 조심해야할 사항들이 있다고도 생각하는게 컨퍼런스를 4일동안 참여하면서 매일 나가서 술 마시면서 사람들과 어울리다보면 아마 골병날거에요.

몇 년 전부터 저는 제 건강을 관리하기 시작했습니다. 운동을 하고, 술을 많이 마시지 않는 것처럼 건강을 유지하려고 노력하는데, 컨퍼런스에서 사람들과 함께 있을 때는 잘 안 되더라고요!

해외에 나와서 컨퍼런스에 참여하고 있을 때는 죄책감이 들 때도 있습니다. 다른 나라에서 돌아다니고 있을 때 집에서는 제 아내가 아이들을 돌보고 있으니까요. 출장을 다니는 것이 전부가 아니라는 것을 깨달았습니다. 만약 제가 좀 더 젊고 결혼을 안 했더라면, 여러 컨퍼런스들을 더 참석할 수 있으니 좋았겠죠. 하지만 지금 제 상황은 그렇지 못합니다.

히예르탄 빌렌가 : 디벨로퍼 애드보킷 분야가 젊은 사람들에게는 많이 안 알려진 것 같은데 그 이유가 무엇일까요?

맷 레이블 : 자신이 개발자로 인정받아야 한다는 어떤 기대치가 있어서 그런 것 같은데, 대학을 졸업하기 전까지 보통 그 기대가 실현되기는 어려운 것 같습니다.

유능한 디벨로퍼 애드보킷은 그들이 애드보킷이 되기 전에 이미 유명합니다. 책을 썼거나 오픈소스 커뮤니티에서 활발하게 활동을 하고 있어서, 이름이 알려져 있는 것이죠. 이런 명성이 없이 디벨로퍼 애드보킷이 되기는 힘들지만 그런 경우를 보긴 했습니다.

"제가 잘 알려지기까지 10년이 걸렸으니, 젊을 때 시작하는 것이 좋아요." - 맷 레이블

졸업한지 얼마 안 되서 디벨로퍼 애드보킷이 되는 사람들을 봤는데 자신의 이야기를 듣는 사람들과 함께하고 자신의 목소리를 내는 것이라서 좋은 현상이라고 생각합니다. 우리 모두 인생의 어느 시점에 한 번씩 해본 적이 있고요.

히예르탄 빌렌가 : 만약 자신이 다른 분야의 일을 해왔다거나 아직 학생이라고 한다면, 회사에 정규직 디벨로퍼 애드보킷으로 고용되기 위해서는 어떻게 해야할까요?

맷 레이블 : 겉보기에 알 수 있듯이, 대중 앞에서 말하는 것을 잘해야 합니다. 만약 미국에 살고 있다면, 토스트마스터 클럽(Toastmaster Club)이라고, 대중 연설에 대한 긴장감을 극복할 수 있게 도와주는 곳이 있어요.

그게 제일 먼저 중요한 기술이고, 두 번째는 글쓰기 능력입니다. 만약 회사에 편집자가 따로 있다면, 사실 좋은 글쓴이가 되지 않아도 됩니다. 아까 얘기했던 것처럼, 나중에 글을 다시 고칠 수 있거든요. 글쓰는 방법을 관련해서는 저와 함께 일하는 편집자로부터 지난 1년 반 동안 엄청 배웠어요. 저도 20년동안 글을 써왔지만, 누구나 글쓰는 실력이 향상될 수 있다는 예시가 되어 줄 수 있겠네요.

히예르탄 빌렌가 : 그럼 이건 다른 질문으로 이어질 수 있을 것 같아요. 유능한 디벨로퍼 애드보킷이 되기 위해 자신이 다루는 기술에 대해 완벽하게 알아야 한다고 생각하나요? 자신이 완벽하게 알아야 블로그를 운영하고, 글을 쓰고

컨퍼런스에 갈 수 있다고 생각하나요?

자신감이 없다는 것

맷 레이블 : 그렇지 않습니다. 사람들이 어떤 기술에 대해서 이야기할 때 자신이 모든 것을 알아야 한다고 오해를 합니다. 마치 오픈소스 프로젝트의 창시자가 와서 내가 하는 발표를 들으면서 잘못 얘기했다고 지적할 것 같다고 생각하는거죠. 그런 일은 절대 일어나지 않아요. 아마 그 주제에 대해 더 많이 아는 사람들은 다른 발표를 들으러 가지, 그 발표를 들으러 오지는 않을 것입니다.

블로그를 운영하기 좋은 시점은 자신이 무언가를 배우고 있을 때입니다. 자신이 단지 그 기술에 대해 글을 썼다고, 혹은 더 잘 안다고 해서 다른 사람들이 겪을 사소한 것들을 아는 것은 아닙니다. 최고의 컨퍼런스 발표자는 그 주제를 몇 달 전에 배워서 자신이 거쳐온 모든 어려움을 알고 있는 사람들이라고 생각합니다.

히예르탄 빌렌가 : 만약 자신이 엄청 많은 관중들 앞에 서있는데, 질문에 대해 답해주기 힘든 상황일 때는 어떻게 대처하나요?

맷 레이블 : 솔직하게 잘 모른다고 얘기합니다. 그럼 나중에 제대로 알게 되겠죠. 저희 팀이 옥타에 인수합병되어 합류했을 때도 비슷한 일을 겪었는데 스톰패스의 API를 잘 알았지만, 옥타의 API는 잘 몰랐습니다.

개발자 포럼을 시작하고 나서 꽤 오랫동안 포럼에서 활동을 하지 못했습니다. 사람들이 계속해서 질문하지만 답을 알지 못했기 때문입니다. 그래서 스스로 배워 나가야 했습니다.

저희 팀은 각종 제품들에 대해 공부해서 사용자들과 이야기하며 도와줄 수 있는 옥타 전문가로 인정받아야 했습니다

컨퍼런스에서는, 사람들에게 저 자신을 "예제 전문 프로그래머"라고 표현하려고 노력합니다. 왜냐하면 각종 내용들을 실제 배포 환경들에 가깝게 맞춰 내지만, 그런 내용들이 특정 회사에 맞게 된 것은 아니니까요. 즉, 제가 이런 프로젝트를 하는 것은 저 자신을 위한 것이기 때문입니다.

종종 사람들에게 발표가 끝나고 더 많은 정보를 얻고 싶으면 저에게 연락해 달라고 합니다. 그러면 그 답을 아는 사람들을 찾을 수 있으니까요. 2004년에서 2005년 사이에 제가 스프링에 대해 책을 쓰면서 많은 내용을 배우다보니 가면 증후군을 겪었습니다. 사람들은 제가 많은 것을 알고 있는 것처럼 생각하지만, 사실 책의 내용들을 배운지 1주일 밖에 안 됐다는 사실에 불안해 한 것이죠.

이제는 이렇게 20년동안 해오다보니, 여전히 제가 배운지 얼마 안 된 내용들이 있다는 것을 알지만 이제는 괜찮습니다. 아무리 뛰어난 개발자라고 해도 많은 개발자들이 이런 가면 증후군을 가질 수 있습니다.

지난 주에 한 강연을 들었는데, 발표자가 이야기를 재밌게 하셨습니다. 강연에는 청중들을 웃게 만든 움직이는 GIF(역자 주: 우리나라에서 "움짤"이라고 불리는 것들)가 있었고, 많은 양의 코드들도 나왔지만, 발표 중에 라이브 코딩을 많이 하지는 않았습니다. 보통 실패할 수 있다는 긴장감이 있어서 저는 발표자가 코드를 직접 작성하는 것을 좋아하지만, 어떤 사람들은 모든 것을 라

이브 코딩하기도 하고 어떤 사람들은 그렇게 하지 않습니다. 하지만 결국 청중들은 비슷하게 만족합니다.

히예르탄 빌렌가 : 당신이 생각하기에, 컨퍼런스 발표 중에 라이브 코딩을 하는 것의 장점은 무엇이라고 생각하나요?

맷 레이블 : 라이브 코딩을 하면, 청중들의 관심을 모을 수 있고, 혹시 실패를 한다고 해도 영화를 보는 것처럼 긴장감을 높일 수 있습니다. 위험요소가 있거든요.

가장 좋은 전략은 과정을 녹화해둔 영상을 보여주는 것이지만, 제가 봤을 때 그런 영상들은 일부 컨퍼런스의 화면에서 화면이 깨지는 것처럼 잘 안 보이는 경우가 있어 항상 좋은 방법이 되지는 않습니다.

히예르탄 빌렌가 : 우리는 지금 기술적 결함들이 가득한 세상에 살고 있어요. 기계가 폭발한다거나, 강연장을 제대로 찾지 못한다거나, 강연하러 멀리서 왔는데 3명만이 강연을 들으러 온 것과 같은 기억에 남는 순간들이 있나요?

강연 중 기술적인 문제들

맷 레이블 : 예전에 한 사람만이 제 강연을 들으러 온 적이 있었고, 그 때 저는 그 분에게 다른 강연을 들으러 가라고 한 적은 있습니다.

제가 겪었던 가장 큰 어려움은 2005년 노트북 컴퓨터와 관련된 문제였던 것 같습니다. 발표 중에 단순히 웹 프레임워크를 비교했어야 했습니다. 제 컴퓨터는 맥북이었는데, 당시에 맥은 인텔 프로세서가 아니었고, 심지어 느리기까지 했습니다. 뭐만 하면 무한로딩에 걸려서 청중에게 미안하다고 사과하기 바빴습니다. 무한로딩 때문에 30분이 흐르고, 2시간 동안 이리저리 헤매면서 백업해둔 파일로 다른 노트북에서 시연하는 것을 시도하기까지 했습니다.

완전 엉망진창이었어요. 당시에 트위터가 없어서 트위터에 도배가 되진 않았지만, 그 때 일에 대해서 몇몇 이야기들이 돌았고, 제 인생에 있어 최악의 경험이었습니다.

그래서 제가 깨달은 것은 티셔츠나 책과 같이 몇몇 선물들을 미리 챙기는 것입니다. 만약 그런 과정들이 5분에서 10분 정도 걸린다면, 청중들에게 미리 양해를 구하고 질문을 받으면서 기다립니다. 좋은 질문을 해주시는 분들에게는 챙겨온 선물을 주면서 말이죠.

예제 프로그램을 보여줄 때 성공 확률은 50% 정도 됩니다. 종종 실패하는 경우가 있긴 하지만요. 이건 아무래도 옥타의 제품들이, 다른 기술들과 통합하기 위해서는 좀 더 많은 과정이 필요하다는 특징 때문에 그런 것 같습니다. 그래서 옥타에서는 그런 문제들을 해결하기 위해 노력하고 있고요. 전에 해본 경험이 있다면, 누구든지 복잡한 과정들을 외우지 않아도 다시 할 수 있어야 한다고 생각합니다. 저도 실패를 많이 해봐서 제가 헤쳐나가는 방식을 이야기하는 것에 익숙합니다.

히예르탄 빌렌가 : 자신의 명성을 중요하게 생각하는 편인가요? 가령 어떤 일이 제대로 풀리지 않을 때, 사람들이 그것과 관련해 다시 물어보거나, 그런 일들에 대해 부정적으로 SNS에서 이야기하는 것이 걱정되지 않나요?

맷 레이블 : 아니요, 대부분의 경우에는 발표가 잘 풀리지 않았다는 두려움에서 회복하기 쉽습니다. 실제로 몇몇 컨퍼런스들에 대해선 굉장히 많은 사람들이 트위터에서 이야기를 하기도 합니다. 굉장히 많은 사람들이 트위터에서 이야기하는 몇몇 컨퍼런스들이 있습니다. 만약 비판이 있다면, 제가 그것에 대응할 수도 있습니다. 제가 예제를 제대로 보여주지 못했다는 것을 나중에 블로그 글로 공유하면서 제대로 동작하는 영상을 보여줄 수도 있고요. 이렇게 말고도 어려움을 극복하는 방법은 여럿 있습니다.

히예르탄 빌렌가 : 트위터에서 많은 팔로워를 가지고 계시는데. 어떻게 해서 가능한건가요?

맷 레이블 : 제 생각에는 제 블로그의 몫이 큰 것 같습니다. 제가 트위터를 시작했을 때, 이미 제 블로그를 보고 계시던 많은 분들이 트위터에서도 팔로잉을 해주셨습니다. 스톰패스에서 디벨로퍼 애드보킷이 됐을 때부터 옥타에서 있기까지, 팔로워를 늘리기 위해 신경을 썼지만 그다지 많이 늘어난 것 같지는 않습니다.

히예르탄 빌렌가 : 자신과 다른 디벨로퍼 애드보킷 사이에 경쟁구도가 있나요? 혹은 존경하는 사람이 있나요?

맷 레이블 : 서로에게서 영감을 받는다는 면에서 경쟁이 있다고 생각합니다. 그 누구보다 조쉬 롱과 벤캇 수브라마니암을 존경합니다. 그분들은 발표를 정말 잘해요. 얼마나 출장을 많이 다니느냐 이런 것에는 관심을 가지지 않는데 그런 점들은 별로 영감을 주지 못하기 때문입니다.

제 지인 중에는 많은 프로그래머들로부터 팔로잉을 받는 사람이 있습니다. 저희끼리 누가 블로그 글 조회수를 더 많이 받는지 경쟁을 합니다. 그렇게 하면 자신이 좀 더 열심히 하고 더 잘할 수 있게 되거든요.

히예르탄 빌렌가 : 다음에 하게 될 발표의 제목과 내용에 대해서 살짝 알려주실 수 있나요?

맷 레이블 : 어떤 컨퍼런스에 나가느냐에 따라 달라집니다. 어떤 컨퍼런스는 발표 신청자가 여러 개의 발표 주제나 제목을 제안하면, 그 모든 것들을 시키기도 합니다.

근데 이런 방법은 일이 많아지기 때문에 좋은 방법은 아닙니다. 이런 점 때문에, 컨퍼런스에 따라 저는 1~2개의 발표를 제안해놓고 어떤 것을 하게 될지 (혹은 두 개 다 할지) 기다립니다.

자바원 같은 다른 컨퍼런스들의 경우, 자바와 직접적으로 관련된 주제가 아니라면 발표를 하기 어렵습니다. 그럴 때는 5개의 주제들을 제안합니다. 대신, 5개 주제들 모두 양질의 내용을 담고 있고, 그 이전에 몇 번 발표를 해보곤 합니다.

성공적인 발표 제목

히예르탄 빌렌가 : 자신의 발표 제목과 내용을 많은 사람들이 관심을 가질 수 있게 광범위하게 정하시나요? 아니면 특정 기술에 대한 내용을 집중적으로 다루면서 적은 사람들이 관심을 가지게 하시나요?

맷 레이블 : 당연히 후자로 정합니다. 발표 제목을 정하는 것은 마치 블로그 글을 위한 검색엔진 최적화와 비슷합니다. '앵귤러'와 '스프링 부트'를 넣으면 더 많은 독자들을 확보할 수 있거든요.

발표 제목의 경우 '앵귤러'와 '스프링 부트'와 같은 단어 없이 '제이힙스터' 단어만 혼자 사용한다면, 많은 사람들이 발표에 참석하지 않습니다. 키워드에 따라 사람들의 이목을 끄는 정도가 다릅니다.

발표를 준비하면서 제가 썼던 블로그 글을 재활용하기도 합니다. 최근에는 자주 하는 편인데, 제 블로그 글의 내용들을 발표에 맞게 바꾸고 라이브 코딩 예제를 보여주면서 튜토리얼도 함께 진행합니다.

히예르탄 빌렌가 : 자신의 발표자료를 충분히 활용했고, 그만 사용해도 되겠다는 것을 어떻게 판단하시나요?

맷 레이블 : 그냥 제 직감으로 느껴집니다. 제 발표가 만족스럽지 않으면, 수정을 해야겠죠. 이전에 썼던 슬라이드를 다시 사용할 수 있고 새로운 발표에서도 또 사용할 수 있지만 만약 피드백이 좋지 않다면 그 때는 그 자료들을 사용하지 않아야 할 때인 것 같아요.

"새로운 발표자료를 매번 만드는 것은 스트레스 받는 일이에요" - 맷 레이블

작년에 제가 전일제 디벨로퍼 애드보킷으로 일하면서 깨달은 것은, 새로운 발표자료를 매번 만드는 것은 스트레스 받는 일이라는 것입니다. 만약 5개의 발표들이 연속으로 있다면, 그 발표를 하면 할수록 더 나아질거고, 긴장감은 덜할 것입니다.

히에르탄 빌렌가 : 당신은 자바 서버 프레임워크를 소개하는 발표를 많이 하는 것으로 알려졌습니다. 자바 관련 발표를 10년 동안 해올 수 있게 만든 특별한 이유가 있나요?

맷 레이블 : 개발자들이 어떤 프레임워크를 사용해야할지 궁금해할 때가 있었습니다. 그 때 자바가 매우 유명했고, 많은 사람들이 서버측 MVC 모델을 선택했습니다. 저도 그런 개발자들과 비슷한 경험을 가진 적이 있고, 그런 면에서 스트러츠와 스프링 MVC를 사용하게 되었습니다.

사람들은 JSF(JavaServer Faces), 테입스트리(Tapestry), 위켓(Wicket)이 어떻게 더 나은 컴포넌트 모델을 가지고 있는지 이야기하곤 했습니다. 각 프레임워크들을 파악하고 배운 다음, 어느 것이 더 생산성을 높여주는지, 어떤 것을 사용하면 더 빠르게 코드를 작성할 수 있는지를 고려해 제 의견을 발표했습니다.

히에르탄 빌렌가 : 그 때 그 발표에서 핵심 내용은 무엇이었나요?

맷 레이블 : 각 프레임워크의 소개부터 시작을 하고, 실제 개발자들이 사용할 때 느끼는 점과 코드가 어떻게 구성되는지를 보여준 뒤 각각의 장점과 단점을 이야기했습니다.

그렇게 한 것이 사람들의 이목을 끌었습니다. 제가 싫어했던 프레임워크의 지지자들에게 꽤 많은 관심을 받았거든요. 블로그에서 댓글을 달아주며 항상 좋은 태도를 유지했습니다. 절대 누군가를 모욕하거나 화내게 만들지는 않았습니다.

히예르탄 빌렌가 : 이제는 똑같은 일을 자바스크립트 프레임워크와 라이브러리를 쓰면서 하고 있는 것이군요. 맞죠?

맷 레이블 : 2014년에 SpringOne 행사에서 자바스크립트 프레임워크인 리액트, 앵귤러JS 그리고 앰버JS 관한 발표를 했습니다.

3개의 기술에 관해 깊은 분석을 했지만 마지막에 청중 중 누군가가 "그 3개의 프레임워크를 모두 실제 실전에 배포해보신건가요?"라고 물어봤습니다. 제 답변은 "아니오"였고, 그 순간 당황해서 질의응답 시간을 아예 끝내버렸어요. 순간적으로 제가 했던 발표가 신뢰가 가지 않게 느껴지게 되었습니다.

그 주제로 발표를 다시 하기 전에 프레임워크들로 실전 경험을 더 쌓아야겠다고 생각했습니다. 제가 하는 이야기들이 제 경험을 통해 좀 더 공신력을 가질 수 있게, 주요한 자바스크립트 프레임워크들인 앵귤러, 리액트, 뷰JS를 배웠습니다.

맷의 무대 복장

히예르탄 빌렌가 : 정장을 입고 위스키를 마시며 발표하는 독특한 장면을 봤는데 어떤 것을 노리셨나요?

맷 레이블 : 그건 제이힙스터와 관련 있는데, 제 고객사를 위해 제이힙스터를 다루게 되면서 관심을 가지게 되었습니다.

저는 앵귤러로 웹 프론트엔드를 하거나, 스프링 부트로 웹 백엔드 개발을 했어요. 제가 2가지를 모두 할 수 있게 해주는 고객사를 찾기 힘들더라고요. 제가 당시에 프리랜서 컨설턴트였고 제이힙스터 관한 책을 쓰고 싶었기 때문에 제 자신을 알리고 싶었습니다.

그러다가 프로젝트의 기여자로 합류하게 되었고 제 첫 번째 발표를 준비하면서 "힙스터(Hipster)라는 단어가 있으니, 제이힙스터로 힙(Hip)해지세요.라고 해봐야겠다"는 생각을 했습니다.

그래서 구시대 느낌이 나는 자바 개발자이면서 발표 내내 힙한 사람이 되기로 결심했습니다. 그러면서 정장과 위스키를 생각하게 된 거예요. 스카치 위스키를 마시는 구식 자바 개발자가 된 것이죠. 결국에 저는 어느 나라에 있든 간에, 그 나라의 힙한 맥주를 마시는 힙한 제이힙스터 개발자가 됐어요!

히예르탄 빌렌가 : 그럼 제이힙스터와 일했었나요?

맷 레이블 : 제이힙스터는 오픈소스 프로젝트라서 그냥 프로젝트의 기여자였습니다. 제가 제이힙스터를 만들지는 않았지만, 사람들은 제가 만들었다고 생각하더라구요.

제 발표의 마지막 부분 쯤에는, 마치 제가 제이힙스터의 상징이 된 것 같았습니다. 프로젝트의 로고가 제가 프로젝트에 관심을 가지기 몇 년 전부터 존재해왔지만, 제 지인은 저를 알고나서 1년 동안 제가 프로젝트의 시초인 줄 알았다고 말했습니다.

히예르탄 빌렌가 : 어떤 일을 하며 시간을 보내야할지 어떻게 선택하시나요?

맷 레이블 : 제가 컨설턴트로 일할 때는 스프링 부트, 자바, 자바스크립트 그리

고 앵귤러JS와 관련된 일을 했습니다. 그것들에만 관심을 가지고, 제 개인 블로그에 글을 작성하는 것이 편했습니다.

그 이외에는 제가 관심있는 것들이거나 대부분은 컨퍼런스를 위한 개발이었습니다. 기술에 대한 발표를 제안하고, 무대에서 바보처럼 보이지 않게 그 기술들을 배워야하는 것이죠.

이제는 시장에서 어떤 기술들이 유명한지 파악하고, 그것들에 쓰는 것에 초점을 두고 있습니다. 그리고 오래 전 작성한 블로그 글들에 대한 유지보수도 해야해서, 같은 내용이 6개월이 지난 시점에 어떻게 달라졌는지도 봅니다.

히예르탄 빌렌가 : 요즘 컨퍼런스 등지에서 인기있는 기술은 무엇인가요?

맷 레이블 : PWA(Progressive Web App)가 여전히 인기 있습니다. 특히 사파리 브라우저에서 PWA가 지원되고 마이크로소프트도 이 대열에 합류하면서 열기를 더했습니다.

스프링 부트와 스프링에서 지원이 된다는 것 때문에, 반응형 프로그래밍이 결국 주류로 자리 잡을거라고 봅니다. 나중에는 자바 EE와 자카르타 EE에서 멋진 기능들이 나올거라고 생각합니다. 회의나 다른 절차 때문에 발목 잡힐 일이 없기 때문에 오픈 소스 커뮤니티에서 많은 혁신이 일어날 것으로 전망합니다. 그리고 JVM, 자바스크립트, 타입스크립트 생태계에서 흥미로운 점들이 있습니다.

히예르탄 빌렌가 : 자신의 커리어에서 한 가지만 바꿀 수 있다면, 어떤 것을 바꾸고 싶나요?

멈춰야하는 것을 안다는 것

맷 레이블 : 금요일만큼은 일하지 않아도 됐으면 좋겠어요. 지난주에는 블로그 글을 하나 쓰고나니 6개 정도는 더 써야할 것 같더라고요. 언제 다 최신화할 수 있을지를 생각하게 되었습니다.

물론 하루를 투자해서 그 중 2개 정도는 했습니다. 그 뒤로는 좀 쉬기로 결심 했는데 나머지는 다른 사람들이 지켜보지 않는 이상, 내용이 바뀌었다는 것을 알지 못할거라고 생각했기 때문입니다. 이렇게 갑작스럽게 일이 생기는 것도 이해하고 그 날 야근을 해야 된다고 생각할 때도 있지만, 한편으론 그럴 필요 가 없다고도 느끼기도 합니다. 다른 사람들은 신경 쓰지 않고 저만 신경쓰는 것들도 있거든요. 제 팀에서도, 회사에서도 신경쓰지 않습니다.

요즘 들어서는 이메일마저 확인하지 않는 것에 도전 중입니다. 월요일과 화요 일을 사람들이 저랑 연락할 수 없게 이메일과 업무용 메신저를 확인하지 않는 '블랙아웃 기간'으로 정했습니다. 제 휴대폰을 다른 방에 둬서 제가 해야할 일 들을 끝내는 것이죠. 그렇게 생산성 있게 이틀을 보내고 나면, 남은 평일에는 일이 좀 더 수월해집니다.

히예르탄 빌렌가 : 자신의 남은 커리어를 디벨로퍼 애드보킷 활동을 하며 계속 이어나갈 것 같나요? 아니면 어느 순간에 커리어가 바뀔 것 같나요?

맷 레이블 : 지금 디벨로퍼 애드보킷으로 일하고 있는데, 다른 회사들에서 동 일한 직함으로 저를 데려가려고 한다는 점을 보면 인생이 재밌다는 생각이 듭 니다. 이게 제 인생의 목표가 될 줄은 생각도 못했거든요. 애드보킷 활동을 하

는 것을 좋아하기도 하지만, 제가 프리랜서 컨설턴트로 일했던 것보다 더 많은 스트레스를 받습니다. 프리랜서 컨설턴트로 일할 때는 주 40시간만 일하고, 일을 안 하는 것이 쉬웠습니다. 화요일 밤에 늦게까지 일했다면, 금요일에는 오전에만 일해도 충분했거든요.

그런 차이에서 오는 스트레스 때문에 만약 옥타에서 일이 잘 안 풀리면, 디벨로퍼 애드보킷 일을 하기 전처럼 프리랜서 컨설턴트로 돌아가는 것도 고려하고 있습니다.

저희 회사에서는 목표를 정하는 방법이 있고, 저희가 그 목표를 달성했는지 확인하고 추적할 수 있는 수치를 정합니다.

몇 달 전에 세계 최고의 디벨로퍼 애드보킷이 되겠다는 목표를 세웠어요. 제 상사는 "만약 그게 당신의 목표라면, 우리가 지지해주겠다. 하지만, 당신이 할 수 있는 다른 일들도 존재한다"고 얘기해줬습니다.

지금 회사에서 다른 기회들이 분명히 있다고 생각하지만 디벨로퍼 애드보킷 일을 하는 것이 좋습니다. 자신이 원하는 방향으로 잘 되지 않는 점이 힘들 순 있겠지만, 제가 듣기만 했던 최첨단의 새로운 기술들을 가지고 실험해 볼 수 있으니까요.

히예르탄 빌렌가 : 방금 전에 세계 최고의 디벨로퍼 애드보킷이 되고 싶다고 얘기하셨는데, 어떤 것들이 필요할까요? 어떤 목표치들을 세울 수 있을까요?

맷 레이블 : 발표자료 없이도 발표를 할 수 있다는 것과 말하는 것과 글 쓰는 것에 완전히 익숙해지는 것을 들 수 있습니다. 마치 캐치-22(역자 주: 2차 세

계 대전 중 여러 등장인물의 이야기를 빠른 전개 속도로 묘사한 소설)와 같은 소설처럼요. 만약 뛰어난 디벨로퍼 애드보킷 중 한 명이 되고 싶다면, 계속 출장 다니는 것이 도움이 될 것이지만 그렇게 하고 싶진 않아요. 저는 최고로 남고 싶거든요. 제가 충분한 평판을 가지고 있으니, 제 목표를 이뤄낼 수 있을 것입니다.

이바 그림스타드

Ivar Grimstad

—

이바 그림스타드는 스웨덴의 IT 컨설팅 회사인 사이버컴 그룹(Cybercom Group)의 수석 컨설턴트로 일하고 있다. 자바 챔피언이면서 자바 사용자 모임의 운영자인 이바는 JCP의 EC에 합류하며, 자바 커뮤니티에 발전에 기여를 하는 것에 관심이 많다. 오라클 그라운드브레이커 앰배서더이기도 하며, 국제적인 개발자 컨퍼런스에서 활발히 활동하며 높은 평가를 받는 발표자이다. 인터뷰를 진행한 후에, 이바는 이클립스 재단의 자카르타 EE의 디벨로퍼 애드보킷이 되었다. (트위터: @ivar_grimstad)

히예르탄 빌렌가 : 디벨로퍼 애드보킷 분야가 아직 잘 알려지지 않은 분야라고 생각하시나요?

이바 그림스타드 : 최근 들어서야 회사들이 디벨로퍼 애드보킷들을 찾고 채용을 하기 시작했다고 느낍니다. 예전에는 어쩌다 보니 디벨로퍼 애드보킷 일을 하고 있는 경우가 많았지만요.

사이버컴에서는 디벨로퍼 애드보킷이라는 역할이 없기 때문에 공식적으로는 제 직함이 디벨로퍼 애드보킷이라고 할 수 없습니다. 하지만 회사는 좀 더 대외적으로 알려지기를 원했고, 저는 컨퍼런스에 가고 싶어 발표를 시작하게 되었으니 서로 윈윈하는 선택지였죠.

히예르탄 빌렌가 : 디벨로퍼 애드보킷이라는 공식적인 직함이 없다는 것은 현재 속해있는 회사에서 주력으로 홍보할만한 기술이 없다는 것으로 봐도 될까요?

이바가 생각하는 이상적인 직업

이바 그림스타드 : 네, 아무래도 사이버컴은 컨설팅 회사이다 보니 홍보할 제품이 따로 없어서 그저 제가 흥미를 느끼는 주제를 찾고 발표합니다.

이상적인 상황이라면 프리랜서로 일하며 저를 고용한 회사가 금전적인 지원을 해주었을 것입니다. 그랬다면 제가 말하고 싶은 것을 마음대로 이야기하면서 활동했을 것입니다. 하지만 그렇게 일하는 경우는 아직 없는 것 같고 만약 있다면, 프리랜서 디벨로퍼 애드보킷 같은 이름으로 불리었을 거예요.

히예르탄 빌렌가 : 사이버컴이라는 회사가 있는지 당신을 통해 알게 되었습니다. 아무리 자신이 회사와 관련해 홍보를 하지 않는다고 하더라도, 본인이 발표를 할 때 자신이 누구이고 어디서 나왔는지 이야기를 하면서 시작을 하잖아요. 그렇다면 사이버컴의 이름을 이야기하는 정도가 회사에 대한 홍보의 끝이라고 생각하면 되나요?

이바 그림스타드 : 끝이라기보다는 오히려 시작이라고 생각합니다. 사이버컴은 컨설팅 회사이고 제품이 따로 없다보니, 저희가 쓰는 기술은 고객들이 자신들의 제품을 만들기 위해 필요한 기술이죠.

어떤 맥락에서 보면 저희 고객들의 제품을 홍보하는 것은 괜찮습니다. 고객들을 위해서 사이버컴이라는 회사가 어떤 것을 하고 있는지 보여줄 수 있지만, 무대 위에서 그걸 보여주기 위해서는 고객들의 허락을 받아야 합니다. 대신 저희가 하는 일의 대부분은 오픈 소스 기술을 활용하는 것이기 때문에 오픈소스 기술을 홍보하는 게 어쩌면 더 쉬울 수 있습니다.

> *"회사 밖으로 나와 기술에 관해 발표하는 것이 실제로 회사의 이름으로*
> *커뮤니티에 기여하는 방법 중 하나입니다." - 이바 그림스타드*

저는 기술에 관한 발표를 하는 것이 커뮤니티에 기여를 할 수 있는 방법이라고 회사를 설득하고 있어요. 저희 회사는 많은 오픈 소스 기술들을 고객들과 일하며 사용하고 있기 때문입니다. 하지만 보통 컨설팅 회사가 그렇듯이, 저희 회사가 기여를 하는 것을 잘 하지 못해요. 회사 밖으로 나와 기술에 관한 발표를 하는 것이 실제로 회사의 이름으로 커뮤니티에 기여하는 방법 중 하나입니다. 그렇게 발표하는 것이 채용에도 도움이 되는데 컨퍼런스에서 사람들이 하는 말을 들어보면 "이 사람은 사이버컴에서 일하시네. 좋은 회사인 것 같은데 지원해야겠다."라고 하시는 분들도 계시거든요.

제가 하는 일이 새로운 사업 기회를 만들어내기도 해요. 실제로 내일은 고객을 만나기로 약속되어 있는데 그 회의는 제가 작년에 컨퍼런스에서 했던 발표에 덕분에 만들어졌습니다. 고객이 저를 그 때 컨퍼런스에서 봤고, 제 도움을 필요로 한다고 이야기해서 기회가 만들어졌습니다.

그렇다고 제가 하는 역할로 만들어지는 사업들이 항상 제가 하는 발표들과 직접적으로 연결되는 것은 아닙니다. 예를 들어서, 만약 회사에서 저를 오라클 코드 행사에 보낸다고 하면, 단지 거기에 참석한다고 해서 직접적으로 돌아오는 성과는 없을 거예요. 하지만 제가 가서 제 이름과 회사 이름을 알리려고 한다면, 1~2년 후에 새로운 사업 기회를 만들어낼 수 있겠죠.

히예르탄 빌렌가 : 회사에서 만드는 제품을 대변하지 않을 때 진정성이 있다고 느끼는데, 그런 점에서 본인이 자유롭게 이야기를 한다고 생각하시나요?

이바 그림스타드 : 네, 그 덕분에 발표 제안을 할 때 제 발표가 특정 회사에 치우치지 않았다고 당당하게 이야기할 수 있습니다. 제가 어떨 때는 IBM, 오라클, 레드햇의 제품을 보여주기 위해 서로 다른 회사들의 제품에 대한 내용들을 섞어서 그리고 자유롭게 이야기할 수 있어요. 어느 회사에도 얽매이지 않으며 개인적으로 활동하는 것의 장점이라고 생각해요.

오라클 그라운드브레이커 앰배서더로 선정되다 보니 오라클 행사에 제가 제안하는 발표 주제들은 오라클의 기술이나 오라클 클라우드 제품과 관련된 것들입니다. 왜냐하면 오라클이 그 기술과 제품들에 투자를 하니까요. 하지만 그렇다고 제 발표가 다른 주제들을 포함하지 않는다는 뜻은 아닙니다. 오라클 코드 행사에서 했던 발표 중에는 마이크로프로파일에 관한 것도 있었습니다. 거기에 오라클 클라우드에 대한 내용들을 조금씩 더해서 발표하는거죠.

히예르탄 빌렌가 : 디벨로퍼 애드보킷 분야에는 어떻게 발을 들이게 됐나요?

이바 그림스타드 : 일하면서 다양한 컨퍼런스들을 다녔고, 컨퍼런스에 참가하는 것이 좋았습니다. 그렇게 몇 년동안 꾸준히 컨퍼런스를 다니면서 발표되는 내용들을 저도 발표해볼 수 있겠다고 생각했어요.
발표를 해보고 싶은 마음이 생긴 뒤부터 컨퍼런스에 발표자로 지원하기 시작했습니다. 이미 근처 밋업에서 발표를 해본 적이 있어서 컨퍼런스 발표에 도전해보고 싶을 정도로 발표하는 행위에 익숙해진 상태였어요. 그렇게 발표자로 선정될 때까지 계속해서 발표 제안을 했습니다.

나중에 알고보니까, 제가 발표에 관심을 가지기 시작할 때 쯤에 회사에서는 회사를 더 알리기 위해 노력 중이었더라고요. 그래서 회사에서는 저를 통해 대외적으로 이름을 알릴 수 있어서 대환영을 했어요. 컨퍼런스에 참석해서 기술에 대한 발표를 하면 되었고 회사와 관련된 이야기를 할 필요도 없었습니다. 그저 발표 자료에 회사 이름만 넣으면 되었습니다, 그것만으로도 회사에서는 만족했죠. 그 이후에, 제 시간의 절반 정도는 컨퍼런스에서 발표하는 것과 오픈 소스 프로젝트에 기여를 하는 것처럼 대외적인 활동에 쓰게 됐어요.

히예르탄 빌렌가 : 컨퍼런스와 관련해서 어떨 때 성공했다고 느끼시나요?

성공을 찾는 것

이바 그림스타드 : 2013년에 열린 자바원 행사의 발표자로 선정됐을 때 가장 크게 느꼈습니다. 그 때부터 다른 컨퍼런스 관계자들이 연락을 하기 시작했는데 자신들이 진행하는 행사에서 발표하기를 원했거든요. 그런 컨퍼런스 발표 경력을 가지는 것이 중요해요. 처음 한 번 그런 경력을 가지게 되면, 그 이후에는 눈덩이 굴리듯이 발표자로 선정되는 것이 조금 수월해져요. 제가 원하는 행사들에 발표자로 지원을 하면 대부분 승인을 받게 됩니다.

히예르탄 빌렌가 : 주로 어떤 주제들을 이야기하시나요?

이바 그림스타드 : 요즘에는 마이크로프로파일이나 자카르타 EE에 대한 이야기를 주로 하는데 서버리스에 관한 발표도 했습니다. 어떨 때는 자바 커뮤니티 프로세스에서 JSR에 관한 이야기를 하기도 합니다.

히예르탄 빌렌가 : IT 업계에는 어떻게 들어오게 됐나요?

이바 그림스타드 : 노르웨이 과학기술대학교에서 시스템 공학 전공으로 졸업했습니다. 지금은 개발자로 일하고 있지만, 사실 시스템 공학 분야에 더 강해요. 컨설턴트로 일하기 시작했고, 고객들과 일하면서 많은 기술들을 접했어요. 처음부터 지금까지 쭉 자바만을 다뤄왔습니다.

히예르탄 빌렌가 : 아까 밋업에서부터 발표하는 것을 시작했다고 하셨는데 어떻게 해서 발표를 생각하게 되었나요? 프로그래머나 IT 업계에 관련있는 모든 사람들이 사람들 앞에 서서 발표하고 싶어하진 않잖아요.

이바 그림스타드 : 개인적으로 저는 사람들 앞에 서면 쾌감이 듭니다. 아드레날린이 솟구치는 거죠. 발표를 하기 위해서는 발표 내용을 공부해야하는데, 덕분에 제가 꾸준히 공부를 할 수 있게 되었습니다.

그것 말고도, 지식을 공유하면서 커뮤니티에 참여하고, 커뮤니티에 도움이 되는 것을 좋아합니다. 이런 일은 혼자서는 할 수 없고, 다른 사람들과 함께해야만 할 수 있습니다. 토론을 하는 것도 토론을 좋아하는 사람들과 사람들과 해야하고요. 토론을 시작하기 좋은 방법은 발표로 무언가를 먼저 이야기하고, 그 이후에 사람들과 토론을 하는 것이에요.제가 발표를 잘 준비해서 괜찮은 내용이 나왔어도, 발표 후에 진행되는 토론에 참여합니다.

> *"소문으로만 듣거나 책이나 영상으로 접했던 출중한 사람들을 만날 수 있거든요."*
> *- 이바 그림스타드*

제가 발표하는 또 다른 동기부여는 여행을 하며 새로운 나라들을 다닐 수 있다는 점이에요. 자신이 소문으로만 듣거나 혹은 책이나 영상으로 접했던 출중한 사람들을 만날 수 있거든요. 그래서 그 사람들과 함께 저녁 식사를 할 수 있는 기회도 얻을 수 있고요!

히예르탄 빌렌가 : 만약 누군가가 당신이 하고 있는 일을 하고 싶다면, 어떤 과정을 거치면 될까요?

이바 그림스타드 : 저라면 작은 것부터 시작을 하되, 더 높이 올라가는 것을 두려워하지 말라고 전해주고 싶습니다. 회사 안에서 발표하는 것부터 시작해 경험을 쌓다가, 주변의 밋업을 찾아보는 걸 추천합니다. 밋업과 사용자 모임에서는 언제나 발표자들을 찾고 있어서 발표를 하고 싶은 사람들은 누구나 환영

받기 때문입니다. 엄청 화려한 내용이어야 하거나 많은 준비를 요구하지 않기 때문에 어렵지 않습니다. 그저 사람들 앞에 가서 자신이 말하고 싶은 이야기를 하고 사람들과 토론하면 됩니다.

발표자로 신청을 하는 것도 두려워하지 마세요. 많은 회사들에서는 발표할 수 있는 기회가 있습니다. 제가 속한 회사의 경우에는 '아늑한 금요일(Cozy Fridays)'이라는 시간이 있는데 매일 금요일 아침에 사람들이 자신이 하고 싶은 이야기를 하는 자리입니다. 그런 자리에서 본인 발표의 일부분을 연습해볼 수 있습니다. 그런 다음에, 그 내용을 밋업에서 발표하고 컨퍼런스에서 발표를 했어요. 그리고 그 내용을 오라클 코드에서도 발표할 예정입니다.

히예르탄 빌렌가 : 만약 본인이 파티에 있다고 가정해 봤을 때, IT 분야와 관련이 없는 사람들에게 본인을 어떻게 설명할 것인가요?

이바 그림스타드 : 파티에 가게 되면 조용히 있는 편입니다. 발표하는 모습과는 정반대죠.

무대 위에서 좀 더 활발한 편이고, 무대 위에 있는 것이 더 좋습니다. 사교적인 행사에 참가하는 것은 저랑 맞지 않아요. 제가 꽤나 내향적이거든요.

컨퍼런스에 참여하는 것은 항상 스트레스 받는 일이라 얼른 마무리하고 방에 들어가서 쉬고 싶습니다 제가 사교적인 사람이 아니기에 결국 견뎌내면서 이 일을 하고 있는 것이죠. 확실히 파티를 주도하는 유형의 사람은 아닙니다!

히예르탄 빌렌가 : 소프트웨어와 IT 업계 전반에 내향적인 사람들이 많아요. 이런 사람들은 발표자가 되기 위해서는 외향적인 성격을 갖고 있어야한다고 생

각하는 것 같은데 본인은 그런 주장에 동의하지 않으시는 건가요?

이바 그림스타드 : 비슷한 성격의 발표자들을 많이 만나봤습니다. 제가 내향적이라고 하는 것은 내향적인 사람들이 다른 사람들과 이야기를 하고 싶지 않다는 것이 아니라, 그 사람들이 힘에 부쳐서 그런 것입니다. 하지만 제 경우에는 무대에 오르면 정반대의 성격을 가진 사람으로 변한다고 봐요. 물론 발표자로 활동한지 얼마 안 됐을 때는 긴장을 많이 했는데 점점 익숙해졌습니다. 무대에 올랐을 때 가장 활력이 넘치지만, 발표가 끝난 후에는 지쳐요.

히예르탄 빌렌가 : 어떻게 보면 다른 사람들은 발표자와 청중들이 거리를 두면서 앉아있으니까 오히려 무대에 서서 마이크를 잡고 있다는 사실이 자신만의 공간을 가진다는 느낌을 받는다고 볼 수 있겠네요. 그런 점이 자신의 평정심을 유지할 수 있게 만드나요?

이바 그림스타드 : 네, 결국 자신에게 달려있습니다. 본인이 주제를 고르고, 발표할 때 자신의 페이스를 조절해야합니다. 발표하는 장소 안에서 제가 가장 똑똑하거나, 제가 발표하는 주제에 대해서 제가 가장 잘 아는 것이 아닐 수도 있지만 제가 발표하는 순간만큼은 가장 똑똑한 사람이 됩니다. 물론, 발표 마지막에는 까다로운 질문들을 받을 수 있겠지만요.

히예르탄 빌렌가 : 답변하기 어려운 질문들은 어떻게 하시나요?

어려운 질문들을 대하기

이바 그림스타드 : 솔직해져야 합니다. 제가 만약 답변을 해줄 수 없으면, 답을

찾아보고 질문한 사람들에게 다시 알려줘야겠죠. 무례하게 굴지 않는 것도 항상 중요하지만, 답변을 일부러 만들어내려고 해서는 안됩니다. 본인이 모른다면 그건 모르는 거에요. 어떤 사람이 던진 질문에 답변을 강제로 끊어야 하는 것도 어려운 상황 중 하나입니다. 그 이야기를 듣고 싶지 않아하는 사람들이 있을 수도 있잖아요.

히예르탄 빌렌가 : 평소 하루 일과가 어떻게 되시나요?

이바 그림스타드 : 일하면서 정해진 일과는 없습니다. 매일 하루가 다르게 흘러가기 때문입니다. 어떤 날에는 하루 종일 코딩만 하고, 어떤 날에는 고객들과 미팅을 하느라 바쁩니다. 블로그 글을 쓰거나 시연용 예제 만들기, 발표 준비, 컨퍼런스 가기, 발표하기 그리고 오픈소스 프로젝트에 기여하는 등 해야 할 디벨로퍼 애드보킷 업무도 있습니다.

히예르탄 빌렌가 : 이렇게 많은 일들이 번아웃을 느끼게 하나요?

이바 그림스타드 : 번아웃에 대한 위험은 언제든 있지만, 이 업계는 좀 특별하다고 생각합니다. 제가 회사 일 때문에 하루종일 프로그래밍을 하더라도, 집에 가서 발표 자료 만들고, 시연용 예제를 만들고, 사이드 프로젝트 작업을 하는 것이 더 편할 수 있거든요.

똑같이 코딩을 하고 생각을 하고 있지만, 사실 다른 일을 하고 있는 것이기 때문에 기분 전환이 됩니다.

히예르탄 빌렌가 : 그렇다면 출장을 많이 다니는 것이나, 일정에 맞추려고 아침 일찍 돌아다닐 때는 어떤가요? 그런 상황들이 자신에게 영향을 미치나요?

이바 그림스타드 : 그런 상황이 거의 없었던 것 같은데 여행을 다니는 것을 좋아하고, 일정이 지연되는 것 때문에 스트레스를 받지 않기 때문입니다. 한 번은 3주 연속으로 출장을 다녀온 적이 있습니다. 귀국하고 집에 와서 짐을 싸기 위해서 30분 정도만 있다가 다시 출장 가는 식이었죠. 마냥 즐겁기만 하지는 않지만, 언제든 끝은 있기 마련이니까요. 그래서 출장 일정들 사이에는 휴식을 가지려고 합니다. 쉴 수 있을 때 쉬어야 컨퍼런스에서도 활발하게 활동할 수 있으니까요. 작년에 남아프리카에 갔을 때, 제 워크샵이 취소가 되어서 그날 하루 쉬면서 산에 올라갔다 내려왔어요. 햇빛을 보면서 하루를 쉬었습니다.

히예르탄 빌렌가 : 요즘에도 출장을 자주 다니나요?

이바 그림스타드 : 시기에 따라 다릅니다. 봄 또는 10월, 11월 정도에 출장이 잦은 편입니다.

히예르탄 빌렌가 : 시차 적응을 하는 자신만의 방법이 있을까요? 무대에 오르기 가장 좋은 상태를 유지하기 위해 무엇을 하시나요?

이바 그림스타드 : 잠을 충분히 자는 편입니다. 그리고 혹시나 지각에 대비해서 항상 컨퍼런스 전날에 도착하려고 합니다. 그리고 컨퍼런스 끝나는 다음 날까지 그 동네에만 있어요.

만약 점심시간에 발표를 해야한다면 아침에 호텔에 체크인을 하고 어딘가에 가방을 맡깁니다. 그렇게 하는 것이 조금 짜증날 수 있겠지만, 출장 다니는 동안에는 최대한 편하게 다니는 것이 좋거든요. 비행기 표를 예매할 때도 대기시간을 줄일 수 있도록 신중하게 예매합니다. 만약 제가 코펜하겐에서 샌프란시스코로 가는 비행기를 타야 한다면, 뉴욕을 경유하는 비행편보다 돈을 더 줘서라도 직항편을 탈 거에요.

시차 적응에 관해서라면 도착지의 시간대에 최대한 빨리 적응하려고 합니다. 비행기를 타자마자 도착지의 시간으로 시계를 미리 돌려놓고 되도록이면 비행기 안에서 잠을 자고, 도착해서는 밤 8시까지 깨어 있습니다. 오후에 낮잠을 자지 않아요.

그리고 아침에 일찍 일어나서 조깅을 하곤 합니다. 만약 제가 새벽 5시에 잠이 깨도, 크게 개의치 않고 침대에서 일어나 간단하게 무언가를 먹고 조깅을 하러 나가요. 그리고 돌아와서 아침을 먹고 하루를 시작해요. 결국엔 시차 적응을 한 것이죠.

지난 몇 년 동안은 컨퍼런스 끝나고 되도록이면 바로 귀국하려고 하고 있습니다. 예전에는 새로운 도시에서 좀 더 오래 머물면서 주말을 보내기도 했는데, 요즘에는 집에 가는 것이 더 좋아요. 주말은 온전히 집에서 보내려고 하는 것이죠.

히예르탄 빌렌가 : 그렇다면 기술적인 문제에 맞닥뜨리는 것은 어떤가요? 먼 길을 와서 컨퍼런스 현장에 도착했는데 노트북이 갑자기 먹통이 된다면 어떻게 대처하시나요?

이바 그림스타드 : 맥북을 사용해서 기술적인 문제들이 최대한 일어나지 않게 합니다. 리눅스를 더 선호하지만 리눅스에 한계가 있다는 것을 알고 있어서 출장을 다닐 때는 맥북을 들고 다니기 때문에 화면이 안 나오던가 하는 문제들을 절대 겪지 않습니다.

히예르탄 빌렌가 : 그럼 만약에 발표장에 도착을 했는데 발표장 화면에 문제가 있고, 자신의 발표를 들으러 온 사람이 3명 밖에 안 될 경우에는 어떻게 하시나요?

이바 그림스타드 : 청중이 4명인가 5명 밖에 안 왔던 적이 있긴 했습니다. 좋은 일은 아니지만 받아들여야죠. 발표는 그대로 진행하되 좀 더 솔직하게 이야기합니다. 아니면 청중들과 더 많은 대화를 나누려고 합니다.

발표자로서 최대한 좋은 발표 제안을 제출하고 사람들을 끌어모아야겠지만, 한편으론 컨퍼런스 운영진들이 행사에 오는 참가자들이 어떤 사람인지 파악하는 것도 필요합니다. 운영진들이 자신의 발표 제안을 받아들였지만 아무도 오지 않은 것이 비단 발표자만의 잘못은 아닙니다. 발표자 본인도 좋은 발표 제안을 넣으려고 최선을 다했고, 운영진들은 그것을 뽑아준 것이니까요.

"바로 옆 방에서 유명한 사람이 발표를 해서 자신의 발표를 들으러 오는 사람이 없다면 기분이 좋지 않을 수 있지만, 그런 일에 감정에 휘둘리지 않는 것이 좋습니다."
- 이바 그림스타드

어떤 행사에서는, 발표하는 시간이 문제인 경우도 있어요. 만약 자신이 발표하는데 바로 옆 방에서 유명한 사람이 발표를 해서 자신의 발표를 들으러 오는 사람이 없다면 기분이 좋지 않을 수 있지만, 감정에 휘둘리지 않는 것이 좋습니다. 상황을 받아들이고, 다음에는 더 좋은 발표를 제안하고 더 많은 사람들에게 홍보해야죠.

히예르탄 빌렌가 : 발표 제안이 잘 받아들여지기 위한 노하우나 좋은 발표 제안을 하는 법에 대한 조언을 해줄 수 있을까요?

이바 그림스타드 : 운영진들에게 어떤 내용을 발표하면 좋을지 물어봐도 됩니다. 하지만 대부분의 사람들이 저처럼 발표자 모집이 마감되기 직전에 발표 제안을 내곤 해서 운영진들에게 질문하기 어렵죠. 마감되기 전에 무언가라도 내야하니까요. 최소한 마감 1주일 전에 제출해서 자신이 제안했던 발표 제안을 다듬는 시간을 여유롭게 가지는 것이 좋습니다만 보통은 마감일이 금방 다가와서 할 수 있는 아무것이나 제출하게 되죠.

논란에 대응하는 것

히예르탄 빌렌가 : 만약 자신이 어떤 측면에서 굉장히 논란이 되는 기술에 대해서 발표를 하는데, 그 논란이 심지어 기사까지 보도가 되었다고 가정해봅시다. 자신이 무대에 올랐지만, 운 좋게도 문제가 되는 특정 회사를 대변하지 않을 수 있고, 참가자들에게 그것을 대신해서 사용할 수 있는 기술을 알려줄 수 있을 거에요. 이렇게 논란이 되는 것에 대해서 질문을 받으면, 어떻게 대처하시나요?

이바 그림스타드 : 자신이 알고 있는 한도 안에서 최선을 다해 답변을 해줘야 합니다. 몇 년 전까지는 했지만, 어느 한 편을 옹호하는 발표는 최대한 하지 않습니다. 그 때는 자바 플랫폼, 자바 EE 그리고 스프링을 비교하는 발표를 했습니다. 다만, 이런 발표는 사람들의 기분을 언짢게 할 수 있어서 위험합니다.

그런 발표를 할 때는 어느 한 편을 들지 않고 최대한 객관적으로 이야기를 해야 합니다.

예를 들어서 "이건 제 의견이지만, 꼭 이럴 필요는 없습니다."라고 말해줄 수도 있겠죠.

히예르탄 빌렌가 : 그렇다면 스프링, 자바 EE, 자카르타 EE가 유용하게 사용될 수 있는 분야가 모두 다르다는 뜻일까요?

이바 그림스타드 : 그렇기도 하고, 아니기도 해요. 그 세 개는 거의 비슷한 문제를 해결하는데 사용할 수 있습니다. 요즘에는 취향의 차이이고, 개발자들이 편하다고 느끼는 것의 문제라고 봅니다.

히예르탄 빌렌가 : 자카르타 EE가 이클립스 재단에 합류하게 된 것은 어떻게 생각하시나요? (역자 주: 자카르타 EE는 2011년에 아파치 재단의 관리가 종료되고, 이후 이클립스 재단이 관리하게 되었다.)

이바 그림스타드 : 좋은 일이라고 생각합니다. 일 처리가 좀 늦었긴 했지만, 결국엔 이클립스 글래스피쉬(Eclipse GlassFish, 역자 주: 자카르타 EE 기반의 애플리케이션 서버 프로그램. 썬 마이크로시스템이 만들었고, 오라클을 거쳐, 이클립스 재단에서 관리한다.)가 곧 세상에 나올 수 있게 됐으니까요. 다만 진행 상황에 대한 의사소통이 제대로 되지 않은 점이 아쉽습니다. 서로 다른 위원회에서 이야기를 해야하느라 매주 5번씩 회의를 했는데, 거의 똑같은 이야기만 하고 있었어요. 하지만 실제로는 진전이 있었던 것이었고, 그 결과들을 계속해서 반복적으로 이야기하고 있던 것 뿐이었습니다.

히예르탄 빌렌가 : 시간을 거슬러 가서 이야기해 봅시다. JCP에 참여를 했던 것이 이클립스 재단에 본인을 알릴 수 있었던 계기 같은데 JCP에는 어떻게 해서 참여하게 되었나요?

이바 그림스타드 : 자바원에 참여했던 때였을 것입니다. 참가자들 중 어떤 사람들이 참가자 명찰에 전문가(Experts)라고 표시되어 있는 리본을 달고 있는 것을 보았습니다. 그 리본이 무엇인지, 어떻게 받을 수 있는지 궁금했습니다. 꽤 오랫동안 JCP의 개인 회원(Individual members)이어서, 그 때부터 전문가를 필요하는 JSR을 찾기 시작했어요.

히예르탄 빌렌가 : 개인 회원들이 많이 있었나요?

이바 그림스타드 : 개인 회원들이 얼마나 있었는지 확실하지 않습니다 많이 있던 것은 아니지만, 몇몇 사람들이 있었어요. 그리고 새로운 MVC(Model-View-Controller) 규격이 발표되면서 저에게 기회가 찾아왔습니다. 그동안 혼자서 많은 MVC 프레임워크를 만들어봐서, 그 모임에 참여해야겠다고 결심했고 가입 신청을 해서 승인을 받았습니다. 지금은 제가 그 부문(역자 주: JCP MVC Specialization)의 규격을 관리하고 있어요.

저는 보안이 무엇보다 중요하다고 생각하는 편이고, 나중에는 보안 부문의 대표가 되고 싶어서 보안 부문(Security Specification)에도 합류했습니다. 그리고 제가 JMS(Java Message Service, 역자 주: 자바 EE 기반의 애플리케이션들끼리 메시지를 주고 받을 수 있게 하는 표준) 부문에도 합류해줄 수 있나고 물어봐서 승낙했어요.

히예르탄 빌렌가 : 그렇다면 자카르타 EE가 이클립스 재단으로 이전하는 과정에는 어떻게 참여하게 된 것인가요? 그것도 MVC 부문에서 활동했던 것과 관련이 있나요?

이바 그림스타드 : 아뇨, 그렇지 않아요. 아마 제가 JCP의 최고 위원회에서 활

동했던 이력과, 특정 자바 공급자(Vendor, 역자 주: JVM을 구현하고 배포/판매하는 회사)와 관련이 없다는 사실 때문인 것 같습니다.

공식적으로 마이크로프로파일과 관련된 프로젝트들에 참여하고 있지는 않지만, 마이크로프로파일에 관한 발표들을 몇 번 했습니다. 저에게는 어렵지 않았거든요. 지난 자바원에서 마이크로프로파일 프로젝트의 구성원들이 모여서 아침을 먹는 자리에 초대 받았습니다. 그 자리에서 데이빗 블레빈스(David Blevins)가 "제가 봤을 때는 여기 모인 사람들 중에 이바가 대부분 마이크로프로파일을 알리는 발표를 한다고 생각해요."라고 말했습니다 그 자리에 다양한 JVM 공급자 소속의 사람들이 있어서 조금 놀랐습니다. 제가 마이크로프로파일에 관한 발표를 많은 컨퍼런스에서 할 수 있었는데, 그럴 수 밖에 없는 것이 사람들은 어떤 내용에 대해서 너무 편향된 이야기를 듣고 싶지 않아 하니까요.

자바 EE를 이클립스 재단으로 이전하기 위해 EE4J(Eclipse Enterprise for Java) 프로젝트가 만들어졌을 때, 프로젝트 구성원들은 프로젝트 관리 위원회(PMC, Project Management Committee)에서 다양한 공급자들의 의견이 반영되기를 원했습니다. 오라클도 있었고, IBM도 있었고, 레드햇도 있었는데 문제는 누가 그 위원회를 이끌 것인가였습니다. 만약 오라클이나 IBM, 혹은 레드햇이 위원회의 대표가 됐다면, 커뮤니티로부터 따가운 눈총을 받았을 겁니다. 그래서 저는 이 위원회 안에서 중립적인 사람이 필요하다고 생각했어요. 그렇게 제가 몇 년동안 위원회 대표를 맡았습니다.

자카르타 EE의 워킹 그룹(Working Group, 역자 주: 특정 목적을 달성하기 위해 만들어진 조직체)이 만들어졌을 때도 프로젝트 관리 위원회 대표 신분으로 참여했습니다. 그 때부터 이클립스 재단의 기여자가 되었고, 워킹 그룹 대표 선거에도 나갔는데 제가 당선이 됐습니다

히예르탄 빌렌가 : 개인으로서 커뮤니티에서 무엇을 할 수 있는지 모범 사례가 된 것이네요. 그렇다면 본인의 경력에서 한 가지를 바꿀 수 있다면, 어떤 것을 바꾸고 싶은가요?

이바 그림스타드 : 컨설턴트로 일한 경험, 혹은 컨설팅과 관련된 일을 해본는 것이 다양한 기술을 접해볼 수 있는 기회가 많기 때문에 디벨로퍼 애드보킷 활동하는데 도움이 많이 된다고 생각합니다.

"컨설팅 활동보다는 애드보킷 활동을 더 많이 했으면 좋았을 것 같습니다"
- 이바 그림스타드

컨설팅 활동보다는 애드보킷 활동을 더 많이 했으면 좋았을 것 같습니다. 지금은 두 가지 역할을 모두 하고 있지만 가능하다면 지금보다 디벨로퍼 애드보킷이라는 역할에 좀 더 집중할 수 있으면 합니다. 그래도 컨설팅 활동을 한 경험이 도움이 되긴 하는 것이 제가 디벨로퍼 애드보킷 활동을 하면서 필요한 정보들을 습득할 수 있거든요.

히예르탄 빌렌가 : 각종 기술들에 대한 최신 정보들을 어떻게 습득하시나요? 자주 이용하는 사이트가 있나요?

이바 그림스타드 : 요즘에는 잘 들어가지 않지만 예전에는 TheServerSide.com에 들어가서 최신 소식들을 확인했습니다. 요즘에는 트위터에서 많은 정보들을 접하고, 거기서 올라오는 링크들을 확인합니다. 사실 주기적으로 들어가서 확인하는 사이트는 없습니다. 요즘에는 미디엄(Medium)이 인기를 얻고 있다는 것을 들었는데, 이를 어떻게 이용해야할지 잘 모르겠어요.

트위터를 활용하기

히예르탄 빌렌가 : IT 업계에서는 트위터에서 많은 사람들을 팔로우해도, 팔로우한 사람들 중 20~30명 정도의 글만 관심을 가진다면 필요한 정보들을 다 얻을 수 있는 것 같습니다. 본인과 인연이 없는 누군가가 올린 유명하지 않은 글을 읽는 것보다, 유명한 사람들이 올리는 글을 받아보는 것이 본인에게 더 도움이 된다고 보시나요?

이바 그림스타드 : 어느 정도는 맞지만, 한편으로는 우물 안 개구리가 되지 않도록 조심해야 합니다.

주변 사람들에게 영감을 받는 것도 중요하지만, 반대로 그런 점 때문에 컨퍼런스에 참여하는 것이 중요해요.

요즘에도 컨퍼런스에 가서 다른 발표들을 듣는데 특정 주제에만 치우친 컨퍼런스에는 절대 가지 않아요. 컨퍼런스에 가면 시간표를 확인해보고 흥미로운 발표들이 있는지 확인합니다. 웹 관련 발표를 고를 수도 있고, 모바일 관련 발표를 듣기도 하고, 애자일 방법론, 프로젝트 관리, 혹은 백엔드 관련 발표들을 듣기도 해요. 그런 발표들을 들으면서, 만약 발표자가 어떤 책을 언급하거나, 다른 발표자의 발표를 듣거나 글을 읽어보라고 권해주면 한 번 찾아서 읽어보는 편입니다. 제가 기술 책들을 읽으며 배웠고, 지난 몇 년 동안 많은 책들을 샀기 때문에 요즘에는 그렇게 잘 안 하지만요.

히예르탄 빌렌가 : 요즘에는 어떤 것에 관심을 가지고 있나요? 요즘 가장 흥미롭다고 생각하는 새로운 기술이나 무언가가 있나요?

이바 그림스타드 : 지금 당장은 자카르타 EE의 미래에 엄청 관심을 가지고 있어요. 어떻게 하면 자카르타 EE에 마이크로프로파일에서 얻은 좋은 것들을 가져와서 클라우드 네이티브(Cloud-native, 역자 주: 클라우드 컴퓨팅 환경을 이용하여 확장성 있는 애플리케이션을 만들고 운영하는 행위) 환경에 맞게 개선할 수 있는지를 고민하고 다른 기술들에 비해 경쟁력 있게 만들 수 있는지에 관심을 가지고 있어요. 요즘에는 이 일에 신경을 쏟고 있습니다.

동시에, 클라우드 컴퓨팅 분야에서 많은 것들이 빠르게 변화하고 있는데, 서버리스(Serverless)와 마이크로서비스 개념이 등장하고 이것들을 활용하기 위한 다양한 방법들이 등장하고 있습니다. 자카르타 EE가 성공하기 위한 조건들을 모두 만족한다고 보지만, 앞으로 몇 년 동안 더 경쟁력을 가지기 위해서는 그 결과를 보여줘야한다고 생각합니다.

히예르탄 빌렌가 : 지금까지 쌓아온 개인적인 경력에 비춰보면 지금은 본인을 준공식적인 디벨로퍼 애드보킷이라고 해도 될 것 같은데, 5년 뒤, 혹은 10년 뒤에는 자신이 어떤 일을 하고 있을거라 생각하시나요? 계속 이 일을 하고 있을 것이라고 생각하시나요? 아니면 나중에는 다른 일을 하게 될 것이라고 생각하시나요? 미래의 자신은 어떻게 될 것이라고 생각하시나요?

이바 그림스타드 : 이 업계의 상황과 연결해서 생각하면 어려운 문제네요. 디벨로퍼 애드보킷 직무가 5년 안에 사라질 수도 있어서 제 미래가 어떻게 될지는 아무도 모릅니다. 어쩌면 20년 안에는 회사가 출장 다니는 것을 허락하지 않아서 발표를 하기 어려워질 수도 있고, 모든 행사들이 온라인으로 열려서 출장을 다닐 필요가 없을 수도 있습니다.

상황이 악화되기 전까지는 계속해서 좀 더 영향력 있는 디벨로퍼 애드보킷으로 활동할 수 있다고 봅니다. 만약 출장 다니는 것을 힘들어하기 시작하거나, 제가 지금 하고 있는 일에 흥미를 잃기 시작하면, 새로운 일을 하려고 찾아 나서겠죠. 하지만 지금 당장은 디벨로퍼 애드보킷으로 활동하는 것이 가장 좋습니다

토리 윌드

Tori Wieldt

—

토리 윌드는 뉴렐릭(New Relic Digital Intelligence Platform)에서 디벨
로퍼 애드보킷으로 일하고 있다. 그녀는 블로그 글을 작성하고, 뉴렐릭 사용자 모
임과 컨퍼런스에서 발표하고, 뉴렐릭 개발자 커뮤니티를 활성화시키고 교육하는
일을 한다. 시스템 관리자, 테크니컬 라이터, 마케팅 리더 경험을 가졌으며, 특유
의 스타일과 폭넓은 접근 방식으로 사람들에게 교육적이면서도 영감을 주는 글을
쓰고 발표를 한다. (트위터: @ToriWieldt)

히예르탄 빌렌가 : 디벨로퍼 애드보킷과 관련해 어떤 활동을 하고 있나요?

토리의 일상

토리 윌드 : 정확한 수치는 얼마나 마케팅에 더 집중하는 지에 따라 달라지지만 40%정도는 디벨로퍼 애드보킷 역할을 하고 있습니다.

지금은 뉴렐릭에서 데브옵스와 관련된 마케팅 메시지 작업을 하고 있습니다. 우리의 메시지가 담긴 문서와 발표자료를 만들고, 우리의 소프트웨어에 관심 있는 사람들을 대상으로 영업 담당자들이 어떻게 이야기를 나눠야 하는지 가르치는 것을 포함합니다. 나머지 시간에는 에반젤리즘에 더 가까운 일을 하는데 컨퍼런스에 가서 발표하고, 개발자들과 이야기를 나누고, 정보들을 수집해서 회사에 가져오는 일들을 합니다.

히예르탄 빌렌가 : 그런 일은 다 디벨로퍼 애드보킷 활동이라고 생각이 드는데요? 모든 활동들이 사람들이 애드보킷이라고 생각하는 활동들이잖아요.

토리 윌드 : 제가 느끼는 차이점은 저는 코드를 짤 줄 모릅니다. 이 점이 외려 틀을 깰 수도 있는 것이지만요. 저는 예제 프로그램을 만들지 않습니다. 저를 위해 그 일을 대신 해주는 사람들이 있습니다. 그럼에도 불구하고 회사에 가치들을 가져다 줄 수 있는 다른 활동들을 맡아서 하고 있습니다.

개발자들은 마케팅이라면 치를 떨기 때문에 대화를 하고자 하는 사람의 특성을 이해하는 것이 필요합니다. 가령 저희 회사의 개발자가 어떤 새로운 기능을 만들었다고 칩시다.

새로운 기능을 만들었다는 것 자체만으로는 의미가 없기 때문에, 그에 대한 서사를 만들어야 합니다. 그래서 저는 이럴 때 "왜 이것을 만들었나요"라고 물어봅니다. 특히 개발자들(저희 회사의 고객들)은 쓸모없는 것에 예민하기 때문에, 우리가 만드는 것이 개발자들에게 의미있다는 것을 잘 드러내야 합니다.

이런 질문에 답을 하다 보면, 개발자들이 매일 일상에서 어떤 문제를 다루는지를 이해할 수 있습니다. 그래야 개발자들의 업무 효율에 도움을 주고, 퇴근길을 가볍게 만들어줄 수 있다고 말할 수 있기 때문입니다.

히예르탄 빌렌가 : 그럼 뉴렐릭에서 본인의 직무는 무엇인가요?

토리 윌드 : 그들은 저를 '솔루션 매니저'라고 부릅니다. 제 역할은 제가 회사에 재직하면서 변화해왔습니다. 처음 회사에 왔을 때는 '디벨로퍼 애드보킷'이었고 그 다음은 '커뮤니티 매니저'였습니다. 어떤 것에 집중하고 있는지와 제가 지금 하는 일에 얼마나 능숙한지에 따라 직무는 변경되어 왔습니다.

히예르탄 빌렌가 : 어떻게 이 일을 시작하게 되셨나요?

토리 윌드 : 제가 많은 경험을 쌓아왔긴 했지만, 솔직히 말하자면 이 분야에서는 본인의 나이에 대해 밝히는 것을 조심해야 합니다. 제가 경험한 바로는 그래야한다고 느꼈습니다.

영화 예술학을 전공했고 영화 감독이 되려고 했습니다. 제가 졸업했을 때 영화 업계는 불황이어서, 어느 학군의 미디어 전문가로 일하면서 학교에 필요한 영상들을 만들었습니다.

그렇게 일하던 중 학교들에 100대의 애플 IIe 컴퓨터가 배송되었을 때 컴퓨터를 어떻게 사용하는 건지 확인해보라는 요청을 받았습니다. (적어도 컴퓨터가 책은 아니어서 저에게 부탁을 했던 것 같습니다.)

학교에 처음으로 컴퓨터를 설치했고, 선생님들을 위한 소프트웨어를 찾아 추천했습니다. 그 일이 저를 컴퓨터의 세계로 이끌었고 그런 경험들이 좋았고 멋지다고 느꼈습니다.

그 다음 시스템 관리자로 전화 회사에 취직해 거대한 사이즈의 낡은 마이크로 컴퓨터를 운영해야 했습니다. 바닥을 들어내고 케이블을 설치하는 일이었는데, 그 때 유닉스를 배우게 되는 아주 귀중한 경험을 했습니다. 캘리포니아에서 열린 유닉스 컨퍼런스에 참석한 뒤로 캘리포니아에 사는 것을 꿈꾸게 되었습니다. 그 이후로 쭉 IT 분야에 몸담게 되었습니다.

썬 마이크로시스템즈에서 테크 라이터로 소프트웨어 배포 방법에 관한 웹사이트를 운영하는 팀을 관리하기 시작했습니다.

그 일에 팀원 전체가 달려들었습니다. 개발자 도구인 넷빈즈를 다루고 있었지만, 썬 마이크로시스템즈가 오라클에 인수된 뒤 자바 커뮤니티를 위한 커뮤니티 매니저로 일했습니다.

자바 커뮤니티 안에서 어떤 일들이 일어나는지 오라클에게 설명하는데 대부분의 시간을 보냈습니다. 개발자들을 위한 애드보킷 활동을 하기에 적합한 방법이었죠. 오라클에서는 누군가 사용자 모임을 관리해야만 하고 규칙을 정해야 한다고 생각하는 식의 수직적 방식으로 사용자 모임을 다뤘습니다. 자바 커뮤니티는 수직적 방식과 전혀 다른 사고방식을 가지고 있었기 때문에 다른 두 세계를 잇는 다리 역할을 할 필요가 있었습니다.

오라클에서 "대부분의 업무는 마케팅 쪽 사람들에게 안된다고 말하는 것입니다"라고 설명해주는 좋은 상사와 함께 일했었습니다. 마케팅팀은 우리의 목표와 전혀 상관없는 내용들을 SNS에 올리고 싶어했습니다. 그냥 이곳저곳에 다 올리기만 바랐던거죠. 하지만 무작정 광고(그 중에서도 우리가 원하는 고객과 전혀 상관없는 광고)를 보내는 것은 신뢰 관계를 무너뜨리는 것이지만요.

"마케팅팀이 진행하는 일에 대해서 반대를 할 필요가 있다는 것을 아는 것은 디벨로퍼 애드보킷으로서 올바른 일을 하고 있다는 말입니다" – 토리 월드

제 뉴스레터는 자바 개발자들이 관심을 가질 만한 주제들을 포함했었고 회사 영역 밖에 있는 주제들도 다뤘습니다.

특정 주제를 위주로 다루기 보다는 좋은 글들이 그 자체가 좋은 글이라는 이유로 공유해왔습니다. 이게 중요한 부분이죠.
그러다가 오라클을 떠나 뉴렐릭으로 오는 좋은 기회를 얻었습니다. 뉴렐릭은 정말 잘 성장하고 있는 회사고 직접 프로세스를 만들어 나갈 수 있는 회사기에 일을 만들어 내고 동시에 어떻게 일을 할 지 결정할 수 있습니다.

지금은 전 세계가 소프트웨어 없이는 돌아가지 못합니다. 뉴렐릭은 그 중심에서 회사들이 변화를 만들어 나갈 수 있도록 돕고 있습니다. 클라우드 서비스를 이용하거나, 데브옵스 문화를 도입하게 하거나, 업계에서 살아남기 위해서는 사용자 경험이 가장 중요하다는 것을 이해시키는 등의 방법을 통해서 말이죠. 매우 흥미로운 회사입니다.

히예르탄 빌렌가 : 본인이 말씀한 기능을 하는 직무의 수요가 증가할 것이라고 생각하시나요?

고객들을 아는 것

토리 윌드 : 네 물론이죠. 개발자를 대상으로 하는 건 다른 분야의 사람을 대상으로 하는 것과는 매우 다르다는 건 오래전부터 유명한 개념입니다. 실제로 많은 사람들이 개발자로 일하고 있지만, 소비자는 더욱 세분화되어 가고 있습니다. 그들을 존중해야 하고 어떤 생각을 하는 지 이해해야 합니다. 우리의 제품이 왜 고객들에게 가치가 있을까요? 짧은 시간 내에 그 유용성을 증명해야 합니다.

많은 사람들이 3년 주기로 소프트웨어를 구매한다는 생각은 이제 버려야 합니다. 이런 고정관념을 버리는 것이 소비자들의 선택의 폭을 넓힐 수 있어 좋다고 생각합니다.

모노리스 시스템을 만드는 회사들의 사정도 이해는 하지만 이 산업에서 계속 살아남으려면 변화해야 합니다.

요즘에 누가 제품들의 기능들을 비교해둔 표를 들여다볼까요? 이건 고전적인 마케팅 방식이라서 특별하지 않습니다. 더 이상 그런 방식의 마케팅은 유용하지 않습니다. 어쩌면 이전에 단 한번도 유용했던 적은 없었지만, 피드백 받는 주기가 너무 길어서 아무도 그 사실을 몰랐던 것입니다.

테크 라이팅에서 사용하는 어구로 "읽기 쉬운 내용은 고민해서 쓴 내용으로부터 온다"는 말이 있습니다. 사람들이 쉽게 사용할 수 있는 애플리케이션은 백엔드 단에서의 엄청난 노력의 결과로 나온 것입니다. 핸드폰에서 앱이 어떻게 작동할지에 대한 우리의 기대는 우리가 만들어 냈던 최상의 경험으로부터 나오는 거죠.

"실제로 우리가 아무것도 하지 않는다면 경쟁사에게 잡아 먹히게 됩니다" - 토리 월드

어제 발표를 하나 진행했는데 한 사람이 사이트 신뢰성 엔지니어링(Site Reliability Engineering, 역자 주: 확장 가능하고 신뢰성이 높은 소프트웨어 시스템을 만들기 위한 방법론)과 이를 팀에서 어떻게 활용할 수 있는지를 알고 싶어했습니다. 그러면서 저에게 경영진들은 어떻게 설득했는지 물어봤습니다. 이에 대한 제 대답은 조금 직설적이었는데, 왜냐하면 실제로 우리가 아무것도 하지 않는다면 경쟁사에 잡아 먹히게 되니까요. 소비자들이 하나의 앱에서 다른 하나로 건너가는 건 굉장히 빈번한 일입니다.

제가 썬 마이크로시스템즈에 있었을 때 테크라이터로써 처음 작업했던 제품은 썬 워크샵 팀웨어(Sun WorkShop Team Ware)입니다. 고객들의 피드백을 달라고 거의 구걸했었고 결과적으로 고객 지원실에서 고객들의 전화를 몰래 들을 수 있었습니다.

전화의 80%는 설치에 관한 내용이라서 정말 충격적이었습니다. 고객들이 쓸 수 있는 기능을 알려주는 매뉴얼을 만드는 데 집중했는데 거기까지 도달하지 못한 사람이 훨씬 많았기 때문입니다. 그건 하루 아침에 갑자기 일어나는 문제가 아닙니다. 모든 조직이 설치가 쉽고, 문제가 발생하지 않는 제품을 만들 수 있게끔 바뀌어야 합니다.

히예르탄 빌렌가 : 재택 근무를 하시나요 아니면 회사에서 근무하시나요?

토리 윌드 : 기본적으로 회사에서 근무합니다. 회사 본사가 샌프란시스코에 있거든요. 대부분의 엔지니어링 직군은 포틀랜드에 있어서 그 곳도 정기적으로 방문합니다.

회사로 출근하지 않는 경우는 주로 출장을 가거나, 밖에서 영업직군을 교육하거나 컨퍼런스에서 발표합니다. 밖으로만 주구장창 나가지 않아도 되고 균형잡힌 삶을 즐길 수 있는 점이 좋습니다만 직접 사람들의 목소리를 듣는 것도 필요합니다.

히예르탄 빌렌가 : 어느 정도 비율로 회사 밖에서 일하시나요?

토리 윌드 : 업무 시간의 25%는 출장으로 보냅니다. 그 정도가 제게 적당한 시간인 듯해요. 현장에서 어떤 일이 벌어지는지 알지 못한다면, 온라인에서 떠드는 내용들에만 집중하게 됩니다. 그래서 개발자들이 실제로 어떤 문제를 맞닥 뜨리고 있는지 밖으로 나가서 파악하는 것이 필요합니다. 이 주제에 대해서 이야기 할 수 있는 사람들을 가능한 많이 만나야 합니다. 네트워크가 곧 커리어가 됩니다.

또한 고객들을 만나 데브옵스와 관련된 이야기를 나누고, 어떻게 시작할 수 있는지, 우리가 어떻게 도와줄수 있는지에 대해서 이야기 해줍니다. 이렇듯 다양한 일을 하는 것이 좋습니다.

히예르탄 빌렌가 : 어떤 종류의 성격이나 기질 혹은 특성이 디벨로퍼 애드보킷에 잘 맞을까요?

적합한 성격

토리 윌드 : 우선 사람, 다양한 활동, 새로운 것을 배우는 걸 좋아해야 합니다. 썬 마이크로시스템즈에 있었을 당시 누군가 미팅에서 제가 들어본 적 없는 용어를 사용한다면, 하루가 끝나기 전에 그 내용을 찾아서 어떤 것인지 알아냈습니다.

흐름을 파악할 줄 아는 능력도 필요합니다. 저도 벤더사이지만 다른 벤더사의 정보를 알면 어떤 일들이 실제로 일어나는 건지 혹은 거짓인지를 더 잘 알 수 있습니다. 호기심도 있어야 하구요.

> *"불확실한 것들을 잘 다룰 줄 알아야 합니다"* - 토리 윌드

결정적으로, 불확실한 것들을 잘 다룰 줄 알아야 합니다. 디벨로퍼 애드보킷 역할을 맡는다는 것은 롤러코스터에 타는 것과 같습니다. 구인 광고에서 '불확실'이라는 단어를 볼 때마다 처음에는 걱정되었습니다. 하지만 어느날 아침 제가 컨퍼런스에 가서 부스가 잘못된 곳에 설치되어 있어서 준비했던 시연이 제대로 되지 않았던 경험에서 깨달았습니다. 그런 상황에서 저는 빨리 다른 대안을 찾아내고 일을 해결해야 한다는 것을요. "만약 모든 것이 제대로 예상했던 대로만 움직였다면, 오히려 로봇이 내 역할을 대신 할 수 있겠구나"라고 생각했습니다.

여성분들이 디벨로퍼 애드보킷 일을 하는 것을 권장합니다. IT 분야는 여성들이 일하기에 좋은 분야입니다. 이는 매우 도전적인 분야고, 성차별이 있기도 하고, 같은 직무의 남성들보다 더 힘들게 이 일을 해내야 할 때도 있지만, 그럼

에도 불구하고 정말 환상적인 분야거든요. 제가 특히 자랑스럽게 생각하는 것 중 하나는 다른 여성들을 IT 분야로 끌어들일 수 있다는 것입니다.

히예르탄 빌렌가 : 여성이 기술 분야에서 일하는 것의 장점은 무엇이 있나요?

토리 윌드 : 흥미로운 일들을 하는 똑똑한 사람들을 많이 만날 수 있고, 높은 임금을 받을 수 있습니다. IT 분야는 여성들에게 있어서 간호 분야처럼 많은 사람이 종사하는 분야는 아닙니다. 미국에서 여성들이 주로 종사하는 직무에 대해서는 임금이 인위적으로 낮게 형성되어 있습니다. 다만 IT 분야에서의 임금은 훨씬 높습니다.

시작을 위한 자신감

히예르탄 빌렌가 : IT 분야에 대한 지식이 많이 없는 것 같아 자신감이 떨어질 땐 어떻게 해야하나요?

토리 윌드 : 글에 달린 코멘트를 읽고, 트위터를 보고, 스스로 새로운 소프트웨어를 실행해봐야 합니다. 기술적인 분야에 약할지라도, 소프트웨어를 다운받고 실행할 줄 알아야 합니다. 점점 더 많은 회사들이 그렇게 도전하는 것을 장려하고 있고요.

사람들은 본인의 능력을 낮게 보는 경향이 있습니다. 사용자 모임을 시작하거나 혹은 온라인으로 사람들을 만나기를 원한다면, 특정 기술을 사용해보고 본인의 경험을 글로 써보십시오. 이는 발표로 가는 좋은 시작점이 될 수 있습니다. 본인이 어떤 기술을 시도해보았고 무엇을 경험했는지를 말하면 됩니다.

어떤 점이 쉬웠고, 어떤 점이 어려웠으며, 어떤 점을 배웠는지에 대해 설명해 보세요. 이는 정말 귀중한 정보가 될 수 있습니다. 이런 활동이 재미있고 다른 사람에게도 경험을 공유해주고 싶다면, 그렇게 하면 됩니다.

히예르탄 빌렌가 : 커뮤니티와 영업 직무의 사람들에게 지식을 공유하기 위해서 회사에서 사용하는 모든 기술에 대해 전부 다 알아야 할 필요가 있을까요?

토리 윌드 : 그렇게까지 할 필요는 없을 뿐더러 사실상 불가능합니다. 기술은 스위스제 군용 나이프와 같습니다. 할 수 있는 것들이 아주 많죠. 그래서 옛날에 소프트웨어 개발을 했던 저희 회사의 CEO조차도 소프트웨어의 모든 것을 알지 못한다고 생각합니다.

테크 라이터들 사이에서 오가는 격언들 중에서 "대상으로 삼는 사람들을 알라"는 말이 있습니다. 그래서 어떤 방식으로 고객들이 소프트웨어에 접근할지, 그리고 어떤 질문을 할지 예상했습니다. 고객들과 전화를 해야 하는 경우에는 간단한 내용을 먼저 말해준 뒤, 고객들이 더 세부적인 내용을 알고 싶어할 때 그 내용에 대해서 설명해 줄 수 있는 사람이 응대할 수 있도록 합니다. 이런 방식이 훨씬 효율적이죠.

히예르탄 빌렌가 : 발표를 할 때 당신이 모르는 내용에 대해 청중이 질문하는 경우 어떻게 대처합니까? 그냥 무시하시나요?

토리 윌드 : 일단 답을 잘 모르겠다고 하고, 나중에 다시 답변을 해줍니다. 어제 있었던 제 발표의 경우 몇 몇 사람들이 질문했습니다. 그들에게 "아주 맞는 답은 아니지만, 우리 회사에서는 이런 식으로 진행합니다. 혹시 도움을 줄 수 있는 다른 분들 계실까요?"라고 했습니다. 그랬더니 데브옵스에 관심이 있

는 다양한 사람들이 아주 좋은 토론을 하기 시작했습니다. 발표가 끝난 뒤에도 4~5명 정도 되는 사람들이 복도에서 대화를 이어 나갔습니다. 항상 저희 팀의 테크 라이터들에게 토론을 시작하는 것이 방법이라고 말하는데, 거기에 딱 들어맞는 상황이었습니다.

히예르탄 빌렌가 : 최신 기술에 대해 잘 알수 있도록 어떤 일들을 하시나요?

토리 윌드 : 트위터를 주로 이용하는 편이고 회사 내 다른 사람들과 이야기를 하면서 소식을 듣기도 합니다. 엔지니어들과 가능한 많은 시간을 보내려고도 하구요. 그들은 종종 언컨퍼런스를 진행하기도 해서 함께 참여합니다.

히예르탄 빌렌가 : 자주 보는 웹사이트들도 있나요?

토리 윌드 : Slashdot이라는 사이트를 이용하지만 그렇지 않으면 트위터의 네트워크를 통해 어떤 일들이 일어나는지 파악합니다. 우리 소프트웨어를 사용하는 새로운 고객층에 대한 주간 리포트도 받아봅니다. 그러면 트위터에서 새로운 고객들을 팔로잉하고 어떤 점들을 중요하게 생각하는지들을 확인합니다. 우리 고객들이 앉아서 그들에게 어떤 내용을 전달해줄지 기다리는 모습을 상상하면 책임감을 느낍니다. 디벨로퍼 애드보킷을 통해 그들이 보고 있는 훨씬 넓은 세상의 단편들을 마주하는 것은 멋진 일입니다.

히예르탄 빌렌가 : 고객들과 이야기 할 때는 어떤 태도로 이야기하시나요?

토리 윌드 : 최대한 도움을 줄 수 있는 방향으로 이야기합니다. 우리의 소프트웨어가 그들이 겪는 문제를 해결하는 데 도움을 줄 수 있다고 설명합니다. 그러면서 사용자 경험이 매우 중요하기 때문에 사용자들의 목소리에 귀기울이

기도 합니다. 우리가 모든 정답을 알지는 못하기 때문에 그들이 하는 일이 어렵다는 것을 내세우며 최대한 존중하려고 합니다. 만약 문제를 해결하는 게 매우 쉽고, 데브옵스를 하나의 패키지로 묶어 팔 수 있는 것이라면 모두 다 일을 금방 끝내고 일찍 퇴근했을 것입니다.

> *"소프트웨어는 새로 나왔다가 다시 들어가면 그만이지만,*
> *우리는 사람들과 프로세스를 변경해야 합니다" - 토리 윌드*

이렇게 하는 것은 사람을 바꾸는 일이기 때문에 어렵습니다. 소프트웨어는 마음대로 바꿀 수 있지만, 사람들과 사람들이 일하는 방식을 바꾸는 것은 어렵기 때문입니다. 우리의 소프트웨어가 그들이 하는 일을 더 쉽게 만들어주는 것이지, 고객들이 자신의 열심히 문제를 직접 해결해야 하는 건 변함이 없습니다. 저희는 그들을 위해 버그를 직접 고치는 것이 아니라, 고객들이 자신의 목표를 이뤄낼 수 있게 잘못된 것이 어떤 것인지 알려주는 역할을 하는 것입니다.

경쟁사에 대해 이야기 할 때

히예르탄 빌렌가 : 윤리적 딜레마를 마주하는 경우가 있는데, 발표하는 도중 질문을 받게 되었고, 경쟁사가 당신의 회사 제품보다 해당 문제를 더 잘 해결한다고 할 때 얼마나 솔직하게 질문에 답할 수 있을 것 같으신가요?

토리 윌드 : 상황에 따라 다를 것 같습니다. 제가 만약 사람들 앞에 서 있다면, 제 경쟁사에 대한 칭찬을 하지 않을 것입니다. 하지만 맥주를 마시면서 옆에 있는 사람과 자유롭게 이야기를 나누는 중이라면 가능하겠지만요. "더 도움이 된다"라는 말은 사용자가 처한 상황에 따라 너무 다른 케이스니까요.

히예르탄 빌렌가 : 기술에 결함이 있는데 시연하는 경우 그에 대해 언급하지 않을 건가요?

토리 윌드 : 고의적으로 거짓말 하진 않겠지만 결점을 가리려고 하겠죠. 고객으로서의 개발자들이 얼마나 똑똑하고 합리적인 사람인지를 알기 때문에 "우리 회사는 A라는 기능을 지원하지 않을 것입니다"라고 결점에 대해서 솔직하게 말할 수는 있겠죠. 그럼 사람들은 받아들일 것입니다. 솔직하게 얘기했다고 사람들이 부정적인 반응을 보였던 적은 없었습니다.

종종 사람들은 "아 그냥 알고 싶었어요"라고 대답합니다. 고객들은 그들에게 최선의 결과를 가져다 줄 도구를 이용해서 일을 하길 원하기 때문에 솔직한 것이 가장 좋습니다.

어제 있었던 발표에는 "당신 회사의 소프트웨어가 이러한 기능을 제공하면 좋을 것 같은데 그럴 생각이 있나요?"라는 질문을 받았습니다.

질문에 대해 답변할 수 있는 많은 것을 알고 있었지만 제가 한 건 그저 최대한 미소지으면서 기다려달라는 말이었죠.

히예르탄 빌렌가 : 본인이 지지하지 않거나, 동의하지 않는 방향으로 회사가 의사결정을 하는 경우는 어떻게 하나요? 무대 위에서 발표하는 도중에 회사와 당신의 의견이 다른 부분에 대한 질문을 받을 때 어떻게 대처하시나요?

토리 윌드 : 이 일을 오래하면서 전문가들을 "믿어야 한다"는 것을 배웠습니다. PR과 관련된 문제라면 저는 PR 관계자가 해결하도록 합니다. 한 번은 커뮤니티에서 열린 컨퍼런스에 가서 "Working at the Dark Star"라는 언컨퍼런

스에 참석한 적이 있습니다. 대기업에서 커뮤니티 매니저가 되는 방법에 대한 세션이었고 큰 반향을 일으켰습니다. 많은 사람들이 참석했었고, 그들은 커뮤니티 매니저로서의 어려움에 대해 정직하게 이야기 했습니다.

히예르탄 빌렌가 : 그 세션에서 어떤 이야기를 하셨나요?

회사에 반대하는 것

토리 월드 : 업무 상으로 수직적인 지시가 내려오는 대기업에서 일하는 것에 대한 어려움을 이야기했습니다. 매우 관대하고 개방적인 회사에서 그렇지 못한 회사로 이직한 뒤 문화 충격을 받은 적이 있거든요.

회사는 모든 블로그 글을 법적으로 검토를 하기를 원했습니다. "해당 방식은 미친짓이에요. 블로그를 운영하는 이유는 사람들과 소통하기 위해서입니다. 사람들이 회사에 대해 좋은 점과 나쁜 점을 자유롭게 이야기할 수 있어야 해요"라고 외치며 싸워나갔습니다.

"자신이 좋아하지 않는다고 밝힌 내용에 대해 다른 사람이 의견을 제시하는 것에 당황하지 않아야 합니다" - 토리 월드

최근 회사들은 컨퍼런스에서 트위터폴(Twitterfall, 역자 주: 특정 주제에 대한 트윗을 실시간으로 보여주는 서비스)을 사용합니다. 트위터폴에 올라오는 트윗들을 보면, 자신과 반대의 의견을 가진 사람들도 받아들일 줄 알아야 함을 느낄 것입니다. 시대가 바뀌었으니 사고 방식도 바뀌어야 하기 때문입니다. 혹여나 비밀리에 이야기가 오고 가는 곳이 있다면, 되도록이면 나와서 더 많은 사람들과 자유롭게 이야기했으면 합니다.

히예르탄 빌렌가 : 이 일을 하면서 정기적으로 출장을 간다고 말씀해주셨는데 시차적응을 하는 방법이 있으신가요? 여행하면서 끔찍한 경험을 하신 경우도 있으신가요?

토리 월드 : 제가 쉴 수 있는 휴식 시간을 하루정도 주는 편입니다. 어떻게 사람들이 비행기에서 내리자마자 미팅하러 갈 수 있는지 모르겠어요. 저는 제가 출장을 다닐 때 제가 가진 에너지의 75%만 사용할 수 있다는 사실을 받아들이기로 했습니다. 제가 가진 에너지의 100%까지 발휘하지 못하더라도 괜찮습니다. 아직은 출장과 관련해서 이야기 할만한 끔찍한 경험은 한 적이 없네요.

히예르탄 빌렌가 : 머나먼 목적지에 도달했는데 생각지 못한 기술 결함들을 경험해보신 적은 있으세요?

토리 월드 : 결함은 모든 사람에게 발생할 수 있는 것이라는 걸 인정해야 합니다. 어떤 컨퍼런스에 간 적이 있는데, 모든 방마다 커다란 빨간 버튼이 있었습니다. 사용하고 있는 장비에 문제가 있는 경우, 그 방에서 버튼을 누르면 되었습니다. 정말 멋진 기능이었죠.

보통 사람들은 본인들이 발표하기 위해 필요한 장비를 들고 다니는 편인데, 장비와 관련된 문제를 겪은 적은 없었습니다. 때로는 소프트웨어가 맛이 갈 때는 있었습니다. 회사에서 운영하는 서비스의 반응 속도가 느렸던 적이 있었죠. 하지만 이런 경험을 하면 페이지가 로딩되는 동안 수다를 떨면서 시간을 끌 수 있는 능력을 가지게 됩니다.

히예르탄 빌렌가 : 번아웃은 어떠세요? 번아웃을 경험해본 적이 있나요? 있으시다면 어떻게 해결하셨나요?

토리 월드 : 탈출구가 필요합니다. 다른 커뮤니티 매니저들과 함께 슬랙 채널에서 이야기 하는 것을 좋아합니다. 그곳에서 우리는 여행 이야기를 하거나 좋은 공항을 추천하기도 하고, 어떤 특정 공항을 피하는 방법들을 이야기 하죠.

이 일의 어려운 점 중 하나는 사람들이 세상을 여행하는 당신에 대해서 질투할 수 있다는 것입니다. 근데 질투하는 사람들은 막상 저희가 호텔 컨퍼런스 룸 안에 주로 있다고는 생각하지 않습니다. 밖을 나가지 않으니 바깥 날씨가 어떤지도 알 수 없구요. 때로는 도시를 탐험할 기회를 갖긴 하지만 아닌 경우도 있습니다.

히예르탄 빌렌가 : 20대의 당신이 지금의 당신을 본다면 어떤 생각을 할까요?

토리 월드 : 굉장히 놀랄 것 같습니다. 그도 그럴게 제가 지금 하고 있는 일은 제가 대학에 들어갈 당시에는 있지도 않았던 역할이고 수준 높은 학교에서도 저를 가르칠 수 없을테니까요. 테크 라이터로서 일하는 것을 사랑합니다. 지금처럼 개발자와 관련된 일을 하는 것도 사랑하구요. 만약 젊은 시절의 제 자신을 만날 수 있다면, 우린 서로 하이파이브를 했을 것 같네요.

히예르탄 빌렌가 : 아까 이야기 했던 나이 문제로 돌아가서, 이 일을 하는데 있어서 나이가 발목을 잡는 경우가 많나요?

토리 월드 : 세대 차이를 논하고 싶진 않지만 나이든 사람은 신식 문물에 대해서 모르고 조직 내에서 가치가 없다고 평가되는 경우가 있습니다. 옛날처럼

사람들이 경험을 가치있다고 생각하지 않는 것 같습니다. 특히나 샌프란시스코, 실리콘밸리에서는요. 모든 회사들이 젊은 사람들에 의해서 생겨나고 운영되고 있습니다.

밀레니얼 세대는 우리가 보통의 늙은이처럼 아무것도 모른다고 생각할 뿐입니다. 저만 해도 제가 전화 회사에서 일했고 무선호출기(삐삐)를 썼다는 사실을 이야기하고 싶지는 않아요!

나이에 얽매이고 싶지 않습니다만 이게 IT 분야의 현실입니다. 하지만 저는 운좋게도 제 나이보다는 어려보이고 어리게 행동하는 것 같네요.

히예르탄 빌렌가 : 디벨로퍼 애드보킷 업무에 대한 전문성은 어디에서 온다고 생각하시나요? 디벨로퍼 애드보킷의 경력으로 앞으로 어떤 일을 할 수 있나요?

토리 윌드 : 세상에 못할 것은 없습니다. 만약 엔지니어가 되고 싶다면, 하면 됩니다. 마케팅을 하고 싶다면 마케팅을 하면 되구요.

사람들이 API가 중요하고(API-first) API가 세상을 지배한다고 이야기(API-every-where)하는 것은, 자신의 제품을 좋아하고 제품의 생태계를 구축하는 것을 도와주고 싶어하는 개발자와 함께하는 것이 얼마나 중요한지를 보여준다고 생각합니다.

개발자 프로그램(역자 주: 개발자들이 특정 회사의 기술을 다루기 위해 필요한 것들을 관리/제공해주는 정책)이 없는 회사를 이제는 상상할 수는 없게 되었습니다. 그저 게시판을 만드는 것이 개발자 프로그램으로 생각하고 있다면,

매우 잘못된 생각입니다. 개발자 프로그램은 사람들 사이의 연결을 통해서 완성되는 것이기 때문에, 사람이 가장 중요합니다.

안드레스 알미라이
Andres Almiray

──

안드레스 알미라이는 자바와 그루비(Groovy)에 열정을 가진 개발자이다. 20년 넘게 소프트웨어 디자인과 개발 경력을 가진 자바 챔피언이며 열정 넘치는 발표자이자 Hackergarten 커뮤니티 이벤트의 창시자이다. 오픈소스의 가능성을 믿고 있으며 초기 멤버로 함께한 그리폰 프레임워크를 포함하여 다양한 오픈소스 프로젝트에 기여하면서 그 가능성을 실현하려고 있다. 또한, 2년동안 JCP의 EC에서 활동을 했으며, 인터뷰를 진행하고 나서 그는 오라클의 프로덕트 매니저가 되었다. (트위터 : @aalmiray)

히예르탄 빌렌가 : 본인을 디벨로퍼 애드보킷이라고 공식적으로 말할 수 있습니까?

안드레스 알미라이 : 네, 몇 년 동안은 공식적으로 그런 직함을 가진 것이 아니지만요. 엔지니어의 역할을 하면서 디벨로퍼 애드보킷 역할을 함께하는 사람들과 같은 길을 걷게 되었네요. 최근에는, 그래들에서 선임 디벨로퍼 애드보킷으로 일하고 있습니다. 많이들 알고 있는 오픈소스 기반 제품인 그래들을 만드는 스타트업인데 그래들 엔터프라이즈라는 상업용 제품으로도 제공하고 있습니다.

그 때는 사람들 앞에서 회사에서 다루는 기술들과 그 기술들을 다루면서 겪은 경험들을 공유하는 발표들을 했습니다. 좋은 사례와 나쁜 사례를 보여주면서 회사에서 문제를 어떻게 해결했는지를 보여주었죠. 최근에는 그런 일들을 더 많이 하고 있지만, 회사에서 만들고 있는 제품들과 서비스들을 우선 순위에 두고 있습니다.

히예르탄 빌렌가 : 그런 제품들에 대해서 이야기 할 때 개발자들을 대상으로 하나요?

개발자들 앞에서 발표하는 것

안드레스 알미라이 : 저는 개발자이기 때문에 개발자들이 어떻게 생각하고, 특정 소식에 어떻게 반응하는지 이해할 수 있기 때문에 개발자들을 대상으로 발표하는 것을 더 선호합니다.

어느 회사에서나 마케팅 부서는 CTO나 CEO와 같은 결정권자들을 어떻게 대해야 하는지 알고 있습니다. 마케터들은 자신들이 제안하는 제품이 어떻게 도움이 되는지를 회사의 결정권자들에게 어떻게 설명해야하는지 알고 있습니다. 하지만 개발자들을 대할 때는 달라야 합니다. 개발자들에게 기존의 마케팅 방법으로 접근한다면 개발자들은 무슨 이야기를 하는지 이해하지 못하거나 혹은 "제가 원하던게 아니고, 그렇게 하고 싶지 않네요"라고 말할 것입니다. 상대방의 입장에서 이해할 수 있어야 하기 때문에, 제가 개발자들을 대상으로 발표를 하는 이유죠.

히예르탄 빌렌가 : 컨퍼런스를 방문하면서 전 세계에서 발표하는데, 이런 부분이 잘 맞으시나요?

안드레스 알미라이 : 이전에는 제가 일하는 시간과 업무 외적으로 고객들과 만나는 시간 사이의 균형을 맞춰야 했습니다. 그래서 전에 일하던 회사에서는 회사에 도움이 될 수 있는 선에서 일정 비율의 시간은 자바 커뮤니티에서 활동하도록 합의를 봤습니다.

그레들에서 디벨로퍼 애드보킷으로 일하고 있는 지금도 상황은 비슷한 것 같습니다. 회사의 제품 사용자들과 잠재적인 고객들을 찾아 교류해야 하거든요. 그러기 위해서 기사나 블로그 글을 쓰거나, 영상을 찍는 등 제가 할 수 있는 모든 수단을 다 동원할 수 있습니다. 물론 전 세계의 자바 사용자 모임과 컨퍼런스에서 직접 사람들과 대면 교류를 할 수도 있고요.

히예르탄 빌렌가 : 회사에서 컨퍼런스에 가고, 발표하는데 드는 비용을 부담해주나요?

안드레스 알미라이 : 네, 그렇게 하는게 맞죠. 근처에서 열리는 행사들에 참여를 할 때는 돈 걱정은 별로 안 해도 되지만, 오라클 코드원과 같이 먼 곳에서 열리는 행사들에 참여할 때는 회사에서 어느 정도 비용을 지원해줍니다.

컨퍼런스 측에서 비용을 부담해주거나 혹은 다른 방식으로 비용을 지원받을 수 있으면 좋겠지만, 결국엔 회사가 비용을 지원해주기 때문에 자신의 본업과 이런 행사들에 참여하는 것 사이에서 균형을 맞추는 것이 필요합니다.

히예르탄 빌렌가 : 컨퍼런스에서 원하는 내용에 대해서 발표할 수 있나요?

안드레스 알미라이 : 제가 말하고 싶은 것들에 대해서 말하는 편입니다. 회사에서 우리가 지금 하고 있는 것들에 대해서 말해야 할 때 저는 "저희 회사에서는 이러한 일들을 하고 있습니다. 더 알고 싶다면 연락주세요"라고 말합니다. 이 한 마디가 새로운 매출로 이어지기를 바랄 뿐이죠.

히예르탄 빌렌가 : 컨퍼런스에서 디벨로퍼 애드보킷 업무를 공식적으로 하는 다른 발표자들을 볼 때 그 사람들이 하는 말이 마케팅을 하기 위해 하는 말이라고 생각하시나요, 아니면 정말 진실되고 진정성 있게 말하는거라고 생각하시나요?

안드레스 알미라이 : 제가 이 분야에서 일하는 사람들을 보았을 땐 대부분의 사람들이 진정성이 있었습니다. 그들이 말하는 것에 대해서 본인 스스로 믿을 수 없다면, 디벨로퍼 애드보커시 역할과 맞지 않는거죠.

단지 여행을 하기 위해서 이 직업을 택한 사람을 만나본 적은 없습니다. 컨퍼런스에 다니고, 다른 도시들을 여행하는 것은 외부의 관점으로 봤을 땐 흥미로운 일이지만 실제로는 굉장히 힘든 일입니다. 출장도 매주 다니다보면 신물이 날 수도 있습니다. 그래서 이 일을 하는 사람들은 출장을 많이 다니는 것을 선호하지는 않습니다. 디벨로퍼 애드보킷이 실제로 하고 싶어하는 것은 지식을 공유하고 사람들을 만나 경험을 쌓아나가는 것입니다. 지식의 전이는 실제 대면에서 더 빠르게 이뤄지니까요.

히예르탄 빌렌가 : 어떻게 이 분야에서 일을 하기 시작했습니까? 어떤 것을 전공하셨나요?

안드레스 알미라이 : 20년 전에 컴퓨터 과학을 전공했습니다. 어릴 때는 비디오 게임을 개발하고 싶어서 컴퓨터 과학을 전공으로 선택했습니다. 제 삶에서 무엇을 해야하는지는 잘 모르겠지만, 비디오 게임을 만들고 싶다는 건 명확했거든요! 하지만 학업을 마친 뒤 저는 다른 분야의 일들을 해보고 싶었습니다. 그렇게 다른 분야의 일들을 꼬리에 꼬리 물듯이 하다보니 몇 년 후에, 저는 제 고향에서 첫 번째 발표를 하게 되었습니다.

그로부터 1년 뒤에 미국으로 출장을 가게 되었습니다. 출장을 갔을 때 실리콘 밸리에서 열리는 개발자 커뮤니티 행사에 참여하기로 했는데, 그 때 처음으로 국제적인 행사에 참여했던 것이 제 인생의 전환점이 되었습니다.

> *"비록 제가 이번 발표를 잘 못하더라도 발표를 해보는 기회를 가질 수 있었기에 저에게 좋은 기회가 될 것이라고 생각했습니다." - 안드레 알미라이*

그 때 발표자로는 자바스크립트 업계에서 유명한 더글라스 크락포드도 있었지만, 저처럼 사람들이 잘 모르는 사람들도 있었습니다. 어쨌건 간에 발표자들이 다 같은 무대에 서서 발표를 하는 것이었기 때문에 비록 제가 이번 발표를 잘 못하더라도 발표를 해보는 기회를 가질 수 있었기에 저에게 좋은 기회가 될 것이라고 생각했습니다.

이 때의 특별한 경험은 저에게 긍정적인 영향을 주었습니다. 청중들의 반응이 저를 용기나게 만들어주었거든요. 그래서 발표하는 것을 계속 해봐야겠다고 결심했습니다. 그게 벌써 12년 전이고 저는 여전히 사람들 앞에서 발표를 하고 12년째 컨퍼런스에 참가하고 있습니다.

미국에서 열렸던 컨퍼런스에 참여하고 난 이후에는 제가 살고있는 곳 근처에서 일어나는 행사들에 참여하기 시작했습니다. 그루비에 대한 커뮤니티에는 계속 참여를 하고 있었기 때문에 특정 주제에 관한 컨퍼런스가 열린다는 소식을 들으면, 바로 참여했습니다. 다른 먼 지역 혹은 다른 나라에서 열린다고 해도 그런 컨퍼런스들에서 발표하기 위해 가장 먼저 신청을 했습니다.

히예르탄 빌렌가 : 어떤 주제로 발표해보셨나요? 모두 공통된 주제들이었나요?

발표 주제들

안드레스 알미라이 : 특정 문제를 해결하기 위해 제가 시도한 경험들이라는 점에서는 일맥상통합니다. 여러 다른 기술에 관련된 주제에 대해서 발표를 했고요. 처음 발표를 시작했을 때는 그루비 프로그래밍 언어에 대해서 많이 발표했습니다.

사실 그루비 언어에 대해서는 잘 몰랐지만, 그루비 언어를 사용하면서 얻을 수 있는 이점들에 매력을 느끼게 됐습니다.

시간이 지나면서 다른 JVM 언어(역자 주: JVM 위에서 실행되는 인터프리터를 지원하는 언어. 그루비도 JVM 언어의 한 종류)들에 관심을 가졌습니다. 이외에도 스윙(역자 주: 자바 프로그램에서 GUI를 사용하게 해주는 개발도구), 메타프로그래밍도 해본 경험이 있습니다. 요즘에는 벤치마크와 테스팅에 관심을 가지면서 JMH(Java Microbenchmark Harness, 역자 주: 자바 프로그램의 마이크로벤치마크 수행을 위한 편의 기능들을 제공하는 라이브러리)에 관심을 가지고 있습니다. 얘기하고보니 지난 12년동안 정말 많은 것들을 다뤘네요.

히예르탄 빌렌가 : 최고의 자바 라이브러리들에 대한 발표들도 하지 않았나요?

안드레스 알미라이 : 네, 몇 년 전에 발표했던 것입니다. 굉장히 인기 있었고 사람들이 좋아했었죠. 다양한 라이브러리를 특정 상황들에 맞춰서 설명한 발표입니다. 발표에 최대한 다양한 내용들을 담아서 특정 상황에 처한 사람이 자신의 문제를 해결할 수 있게 했습니다.

이 발표의 좋았던 점은 모든 문제를 해결하는 단 하나의 묘책은 없다는 것입니다. 어떤 상황인지에 따라서 특정 라이브러리를 다른 라이브러리로 전환하여 비슷한 효과를 얻을 수 있다는 것을 알려줍니다. 가령 스프링을 사용해서 풀었던 것을 자바 EE를 통해서도 해결할 수 있다는 것입니다. 혹은 이것저것 짜집기해서 문제를 해결할 수도 있습니다. 이 말은 문제를 해결하기 위해 한 가지 방법만 존재하지는 않는다는 것입니다. 그래서 저는 이 발표를 통해 2가지 이야기를 하고 싶었습니다. 제가 소개하는 라이브러리들 중에서 자신이 마음에 드는 것을 사용해보고, 자신이 나중에 마주할 어떤 문제를 마주했을 때도 발표에서 소개한 라이브러리들을 참고해보라는 것입니다.

히예르탄 빌렌가 : 컨퍼런스에서 발표하기 좋은 주제는 어떤 것들이라고 생각하시나요?

안드레스 알미라이 : 제 경험 상, 과거에 본인이 문제를 겪어서 직접 해결책을 찾으려고 했던 특정 사례를 발표하는 것이 좋은 발표라고 봅니다. 실제로 해결책을 찾는데 오랜 시간이 걸렸지만, 막상 해결하고 보니 그리 어려운 일이 아니었던 적도 있었습니다.

발표하기 전에 그런 문제 해결 과정에 대해 모두 잘 알고 있어야 합니다. 그러기 위해서는 다른 버전이나 라이브러리에서도 해결되는 지 알아봐야 할 것이고, 일련의 해결 과정들을 이해했다면 그것들을 논리적으로 연결시키는 것이 필요합니다. 그래서 저는 개발자들이 문제 해결에 대한 과정 사이에는 연결고리들이 존재한다는 것을 알려주려고 합니다.

인기있는 주제들은 항상 그 내용을 발표할만한 사람들이 있기 때문에 저는 되도록이면 인기있는 주제들로 발표를 안 하려고 합니다. 가령 새로운 반응형 프로그래밍 프레임워크나 새로운 자바스크립트 프레임워크가 나왔다고 해도, 제가 발표할만한 거리는 아니라고 생각합니다.

히예르탄 빌렌가 : 그럼 일상적인 업무와 연관된 주제나 혹은 개발하면서 마주칠 수 있는 문제를 해결하는 방법들에 대한 내용의 발표를 더 하신다는 것인가요?

안드레스 알미라이 : 네, 앞서 말한 인기있는 주제들 중에서 정말 쓸모가 있고

우리의 삶을 더 쉽게 만들어줄 수 있는 것들이 아닌 이상은 좀 더 일상적인 주제들을 다루고 있습니다. 만약 정말 쓸모가 있다면, 그 주제들은 몇 년동안 계속 관심을 받을 것이니까요.

저는 반짝 주목받는 내용보다는 안정적으로 오랜 기간동안 다룰 수 있는 주제를 선호합니다. 그렇지 않으면, 발표하기 어렵거든요. 예를 들어, 플래시와 플렉스(Flex, 역자 주: 플래시 기술 기반의 리치 인터넷 애플리케이션 SDK)는 순간적으로 많은 사람들의 주목을 받았지만, 얼마가지 못해 관심이 식었습니다. 플래시와 플렉스로 작동하는 구식 애플리케이션들이 여전히 존재하지만, 아무도 플래시와 플렉스에 관심을 가지지 않습니다.

히예르탄 빌렌가 : 사용자들이 어떤 기술을 꽤 오랫동안 유용하게 쓸 수 있다면, 그건 단순한 최신 기술이 아니라는 것이군요. 그럼 만약 어떤 기술이 다른 기술로 대체됐다면, 그 기술이 전혀 유용하지 않았다는 의미일까요?

안드레스 알미라이 : 네. 그건 이렇게 설명할 수 있을 것 같습니다(비단 플래시와 플렉스만의 이야기는 아닙니다). 어떤 특정 문제를 잘 해결할 수 있는 기술이 있지만, 그 문제와 조금 다른 문제를 겪기 시작한다면 어딘가에서 도움을 받기 어렵습니다. 난처한 상황에서 혈혈단신으로 버티지만, 자신의 문제를 해결하기 위해서 무엇을 해야하는지, 혹은 자신의 목표를 달성하기 위해서 무엇을 해야하는지 알 수 없습니다. 이런 상황은 어떤 기술을 사용하던 간에 겪을 수 있는 일입니다. 그래서 만약 어떤 기술을 쓴다면, 설령 알려져있지 않더라도 그 기술의 한계점이 무엇인지 파악해야 합니다. 모든 기술들은 나름의 약점이 있거든요.

히예르탄 빌렌가 : 컨설턴트와 같은 편안한 일을 할 수도 있는데, 왜 전 세계의

개발자들과 교류하면서 본인의 지식을 공유하는 일을 선택하셨나요? 어떤 점 때문에 그런 보편적인 커리어를 택하지 않으셨나요?

안드레스 알미라이 : 남들보다 조금 더 많은 열정을 가지고 있었기 때문입니다. 저는 원래 오랜 시간 동안 오픈소스 프로젝트들을 그저 사용하기만 했습니다. 하루는, 특정 라이브러리에 버그가 있는 것을 발견했지만, 그다지 중요한 버그가 아니기 때문에 개발자들은 그 버그를 바로 고치지 않았습니다. 하지만 그 버그가 저에게는 계속 거슬렸기 때문에 스스로 고쳐야겠다는 생각을 했습니다. 저를 위해서 고치거나 혹은 제가 속한 회사를 위해 버그를 해결하긴 했지만, 해결책을 혼자 갖고 있기보다는 오픈소스 프로젝트에 기여하기로 했습니다. 거기서 모든 것이 시작됐습니다.

이런 방식으로 다른 사람을 돕는 것의 기쁨을 알게 되고나서 도움되는 일을 더 하고 싶었습니다. 그러면서 이전에 없던 것을 만들어 내야겠다는 필요성을 느끼게 되었고, 특정한 문제를 해결하기 위한 프로젝트를 만들고, 오픈소스 형태로 공개하기로 했습니다. 그 일이 지금까지 계속된거죠.

> *"본인이 고안한 해결책이 남들에게도 유용하게 쓰일 수 있다고 생각한다면,*
> *오픈소스 생태계에 기여하는 것이 그에 대한 해답이 될 수 있습니다."*
> *- 안드레스 알미라이*

어떤 문제를 해결하고 싶어하는 욕구가 남들보다 조금 더 있고, 본인이 고안한 해결책이 남들에게도 유용하게 쓰일 수 있다고 생각한다면, 오픈소스 생태계에 기여하는 것이 그에 대한 해답이 될 수 있습니다. 오픈소스 환경에 한 번 적응하게 되면, 자신의 지식과 경험을 공유해야한다는 것을 느낄 것입니다. 컨퍼런스의 발표자가 되건, 밋업에 참여를 하건, 오픈소스 커뮤니티에 발을 들이면 자신만의 방법으로 활동을 하게 됩니다. 본인이 원하지 않는다면 오프라인 이벤트에 참석하지 않고 온라인 이벤트에만 참석할 수도 있는 것이고, 블로그를 운영하거나, 자신의 생각을 트위터로 공유하는 등 다양한 방식으로 본인이 만들어 나간 컨텐츠를 공유할 수 있습니다.

최근 디벨로퍼 애드보킷 분야의 성장

히예르탄 빌렌가 : 매우 소수의 사람들만 이 직업에 대해서 알고 있을 것 같은데 어떻게 보시나요?

안드레스 알미라이 : 그런 것 같습니다. 대신 최근 몇 년 동안, 기술 분야에 있는 많은 사람들이 디벨로퍼 릴레이션이라는 업무를 선택하면서 잠재적 고객들과 개발자들이 회사의 개발자들이 어떤 일을 하고 있는지 그리고 특정 요구에 대한 기능이 얼만큼 진행되고 있는지 등을 알 수 있게 됐습니다.

회사가 개발자들에게 직접적으로 다가가지 않는다면 회사의 제품을 팔기 더 어려워질 것을 깨달았기 때문에 이런 변화들이 일어났다고 생각합니다. 의사 결정자들이 지시해도 개발자들이 받아들이지 않는다면, 의사 결정권자나 의사 결정 구조의 상단에 있는 사람들을 설득시키는 것은 의미가 없기 때문입니다. 회사와 개발자 모두를 만족시켜야 하죠. 이를 적절하게 해나갈 방법을 찾아야 합니다.

히예르탄 빌렌가 : 이 직무엔 어떤 사람이 맞을까요? 어떤 자질이 필요할까요? 예를 들어, 외향적인 성격을 가져야 할까요?

안드레스 알미라이 : 사실 저는 굉장히 내향적입니다. 개발자들 대부분은 내향적이지요. 특정 분야 안에서만 자신의 친구들과 지인들과는 활발하게 지냅니다. 다만, 완전히 다른 환경에 처하거나 혹은 다른 문화적 특성을 가진 곳에 가게 되면 적응을 잘하지 못하고 어떤 사람들은 아무것도 못합니다. 하지만 괜찮아요.

그런 상황에서 어떤 사람은 경직되어도 자신의 마음이 가는대로 행동을 하기도 합니다. 저도 고백하자면 매번 무대에 오를 때마다 여전히 긴장됩니다. 청중들이 어떻게 반응할지를 모르니까요. 보통 제가 하는 말들이 그 나라나 지역의 문화에 맞아 떨어져서 긍정적인 반응이 나올지, 아니면 부정적인 반응을 이끌어낼지 모릅니다.

감정들을 조절할 줄 알아야 하며, 디벨로퍼 애드보킷 분야에서 어떤 일들이 일어나고 있는지 파악하고 기민하게 반응해야 합니다.

만약 본인이 외향적인 사람이라면 사람들과의 대화를 시작하는데 거리낌 없을 것입니다. 빠르게 잘 할 수 있겠죠. 내향적인 사람이라면 기술에 관해서 이야기한다거나 혹은 본인이 알고 있는 주제에 대해 이야기 나누는 것을 더 좋아할 것입니다. 만약 그런 주제로 이야기를 나눈다면, 더 감정적으로 편해지겠죠. 아마도 제가 조금 더 마음을 열고 대화하는 상대방이 마음을 연다면, 다른 주제로 이야기가 이어질 수도 있습니다.

대화에 참여하는 두 사람이 어느 정도의 이해 수준에 도달하면 여러가지 이야깃거리가 나올 수 있습니다. 이 부분이 제가 참여자가 발표자가 되는 언컨퍼런스의 장점 중 하나죠. 그런 모습은 사람의 성격과 상관없이 모든 사람들이 동일한 이해 수준에 빠르게 달하는 것을 도와줍니다.

히예르탄 빌렌가 : 이 일을 하기 전에 알면 유용한 것들에는 무엇이 있을까요? 이 분야를 시작하는 사람에게 어떤 조언을 해주고 싶으신가요?

안드레스 알미라이 : 실패할 수도 있고 실패해도 괜찮다는 말을 해주고 싶습니다. 실패를 두려워하지 마세요. 실패를 한 뒤에 할 수 있는 것은 그로부터 교훈을 얻고 앞으로 나아가는 것입니다. 저도 관중들이 저한테 어떤 반응을 보일지에 대해서 굉장히 두려워했던 적이 있습니다. 또 제가 사용하는 영어에 관해서도 걱정이 많았죠.

당황하는 내 자신이 싫었고, 무대에서 우습게 보이지 않을까 하는 걱정도 했습니다. 제가 무엇에 대해서 말하는지 모르는 사람처럼 보일까봐도 염려했습니다. 이 모든 것들은 일어날 수도 있는 문제지만, 만약 일어나게 된다고 해도, 그냥 넘기고 만회할 방법을 찾으면 됩니다.

미리 계획하세요. 잠깐 멈춰서 무엇을 할 건지 생각해보고, 계획을 짜고, 만일의 사태에 대비해보는 방법으로 많은 것들을 해결할 수 있습니다. 더 준비하고 본인을 믿으면 됩니다.

히예르탄 빌렌가 : 발표를 하기 위해서 특정 주제에 대한 모든 것을 알아야 하나요?

안드레스 알미라이 : 꼭 그렇진 않습니다. 이전 동료들과 이런 상황을 마주한 적이 있습니다. 제가 발표를 하러 가는 것을 것을 보고 그들도 "나도 같은 주제에 대해서 발표하고 싶어. 다른 나라에 가서 말이야. A라는 행사에도 가보고 싶지만, 그 주제에 대해서 잘 몰라서, 그냥 가지 않을까 생각하기도 해"라고 말했습니다.

하지만 동료들이 그 행사가 끝난 뒤에 공개된 영상과 발표 자료들을 보더니 "다 내가 아는 거고, 어떤 거는 내가 더 잘 아는 거네. 준비해서 발표를 할 걸 그 랬어"라고 말했습니다. 그래서 그들에게 다음에는 발표해보라고 말했습니다.

전문가가 아니어도 괜찮습니다. 어떻게 대답할지 모르는 질문을 받는다면, 그 자리에서 해당 질문에 대한 답변을 모른다고 말해도 괜찮습니다. 이메일이나 혹은 다른 방법으로 질문에 대한 답변을 준다면, 사람들이 기대한 답변을 줄 수 있습니다.

청중들 중에 전문가가 있을 때

히예르탄 빌렌가 : 당신보다 세션에 참여한 청중이 주제에 대해서 더 잘 아는 상황에 어떻게 행동하시나요?

안드레스 알미라이 : 우선 그 사람을 이해하고, 그들이 해당 기술에 대해서 어 느 정도의 수준인지 파악하려고 합니다. 만약 저보다 그들이 더 많이 안다면, 어떻게 끝낼건지 생각해볼 필요가 있을 것입니다.

그런 분들 대할 때 발표와 관련해서 연결지을 만한 것들이 있다면, 그것들을 활용합니다. 그러나 그렇게 연결을 하기 힘들고, 청중이 나보다 우위에 있다고 생각이 들면, 어떻게 해결하라고 말해야 할지는 잘 모르겠네요.

개인적으로, 이런 상황을 아직 경험해보지 못했습니다. 청중 중 어떤 사람은 제가 그 주제에 대해서 잘 알지 못한다고 생각할 수 있겠죠. 그러면 그들에게 는 2가지 선택지가 있습니다. 무대 위에 올라와서 저를 도와서 다른 청중들이 더 잘 이해할 수 있게 하던가 혹은 조용히 저를 지켜볼 수 있겠죠. 혹은 발표가 끝난 뒤 제게 와서 어떻게 하면 발표가 더 개선될 수 있는지 말해 줄 수 있습니다.

히예르탄 빌렌가 : 본인도 다른 사람의 발표가 끝나고 발표자에게 가서 의견을 준 적이 있나요?

안드레스 알미라이 : 네. 몇 번 해봤는데 그 중에서도 발표자가 무대 위에서 긴장한 것같이 보여서 이야기를 건넨 적이 있습니다. 저는 종종 무대 위에 있는 사람이 훌륭한 발표자가 될 수 있다는 가능성과 더 자연스러운 방법으로 메시지를 전달할 수 있는 잠재력이 있음을 보게 됩니다. 하지만 그렇게 되기 힘들게 만드는 몇 가지 요소들이 있는 것입니다.

똑같은 말을 반복하거나 똑같은 장소로 되돌아 가는 것처럼 본인이 본인의 안전지대 안에 있는지를 알려주는 신호들에 주목해야 합니다. 본인은 마음의 울타리를 넘고 싶어하지만, 사실 그것이 편하지 않은 것이기 때문입니다. 그래서 무대 위의 발표자가 만약 불안해보인다면 저는 발표자에게 질문을 하면서 다른 장소로 옮겨 더 이야기를 나눌 수 있을 것입니다.

발표가 끝나고 나면 몇 가지 제안을 할 수도 있을 것입니다. 그러나 그 사람이 조언을 해주는 사람을 너무 부담스러워하지 않게 그리고 이해 수준에 잘 맞춰서 전달해야 합니다. 우리가 전달하는 조언을 그 사람이 기쁜 마음으로 받아들일 수 있게 해야 합니다. 이게 우리가 할 수 있는 제일 좋은 도움이죠.

히예르탄 빌렌가 : 컨퍼런스에서 발표하려고 하는데 기술적인 문제가 있는 것을 발견하면 어떻게 하시나요? 이런 상황을 겪어본 적이 있으신가요?

안드레스 알미라이 : 네, 제가 발표하던 도중 제 노트북이 재부팅된 적도 있습니다. 운좋게도, 그 때 재부팅이 빠르게 되어서 시간을 별로 낭비하진 않았습니다.

발표를 시작할 때 컴퓨터나 혹은 프로젝터가 원활하게 작동하지 않으면 신경이 쓰입니다. 그럴 때는 당황해서 그 문제를 해결하려고 하죠. 하지만 다시 한 번 마음 속에 새겨야 할 것은 실패는 항상 일어날 수 있는 것이라는 겁니다. 때로는 어떤 물건이 고장날 수도 있고, 모든 상황에 대비할 수는 없습니다.

이런 방법들도 있습니다. 슬라이드 혹은 보여주고 싶은 자료들을 서로 다른 파일 형식으로 준비해두는 것입니다. 그래서 문제가 생기면 발표자료를 담아준 USB를 사용해서, 연결할 수 있는 다른 노트북을 빠르게 요청하는 것이죠. 혹은 매 컨퍼런스마다 예비용 노트북을 가지고 다니는 것도 방법이구요.

프로젝터 문제라면 화면 공유 프로그램을 사용하면 됩니다. 로컬 네트워크를 사용하는 것으로 아는데 3~4개의 컴퓨터를 이용해 화면을 공유합니다. 그래서 사람들이 다른 화면을 보며 발표자료를 볼 수 있습니다. 굉장히 좋은 방법이에요.

"청중들에게 말을 걸어 침묵이 길어지지 않게 해야 합니다." - 안드레스 알미라이

무언가 고장이 났지만 고칠 수 없는 것이라면 청중들에게 말을 걸어 침묵이 길어지지 않게 해야 합니다. 무슨 일이 일어나고 있는지를 말해줘야 합니다. 컴퓨터 재부팅과 같이 고쳐질 수 있는 문제라면 "오, 제 컴퓨터가 재부팅하네요. 잠시 기다리면서 요약하자면 저는 이러이러한 것들에 대해서 말했습니다" 라고 말하는거죠.

제 경우에, 재부팅은 30초 걸렸고 청중들은 제가 노트북 비밀번호를 입력하는 것과 같이 다시 준비하는 것을 멍하니 기다리지 않아도 됐습니다. 그 때 저는 운이 좋은 편이었죠. 계속해서 청중들에게 말을 거는 것이 제 조언입니다.

만약 하드웨어가 버벅이고, 네트워크가 작동하지 않는다면 시연을 계속할 수가 없으니 청중들에게 어떤 상황인지 말해줘야 합니다. 다른 방식으로 자신이 준비한 발표 내용을 보여줘야 합니다. 그렇게 할 수 없다면 부가적인 자료 없이 이야기를 계속 해도 되는지 청중들에게 물어봐야 합니다. 물론 주제에 따라 그렇게 할 수 있을지 없을지가 갈리겠지만 말이죠. 그렇게 해도 괜찮은 주제가 있을 수도 있고, 무언가를 반드시 보여줘야 하는 주제가 있을 수도 있습니다. 이런 경우엔 할 수 있는게 마땅히 없지만요.

히예르탄 빌렌가 : 최근 기술 동향은 어떻게 파악하고 있나요? 사용하시는 소셜 미디어 서비스가 있나요?

안드레스 알미라이 : 몇 개의 방법들을 통해 동향을 파악합니다. 때에 따라 다른데 제가 컨퍼런스에 가서 새로운 주제를 보게 되는 경우엔 특정 주제를 다룬 발표를 듣습니다. 컨퍼런스 트랙 중 특정 발표자가 진행하는 발표 혹은 그 주제를 잘 아는 사람인 경우에 발표를 듣습니다. 컨퍼런스 안에서 혹은 외부에서 무언가를 같이 해볼 수 있는 사람을 만날 좋은 기회이기도 하지요.

특정 기사들과 블로그 글도 읽습니다. 트위터와 같이 새로운 소식들을 모아서 볼 수 있는 서비스를 쓰기도 합니다. 누구를 팔로우하고 있는지에 따라 "이 프로젝트를 봐. 내가 겪고 있는 문제를 X와 Y를 사용해서 해결했어"라고 할 수도 있습니다. 제가 만약 같은 문제를 겪고 있다면, 당연히 그 트윗을 유심히 보기 마련입니다.

저는 트위터를 많이 사용하는 편입니다. 다른 방법으로는 전해듣기 어려운 소프트웨어 출시 소식, 라이브러리나 프로젝트에 관한 소식들을 트위터로 확인할 수 있기 때문입니다.

히예르탄 빌렌가 : 출장 다니는 것은 어떠신가요? 앞서 잠깐 이야기 했지만 출장이 많기도 하고, 시차 적응이나 서로 다른 컨퍼런스들을 왔다갔다 해야하는 어려움도 있잖아요. 이런 부분에 있어서 본인만의 팁이 있나요?

출장에 대한 조언

안드레스 알미라이 : 장거리 여행을 하는 경우에 특히 서쪽으로 간다면 행사 하루 전날에는 비행기를 타야 합니다. 서쪽으로 여행하는 건 훨씬 쉽지만, 동쪽으로 가게 된다면 이틀 전 혹은 3일 전 비행을 추천합니다. 동쪽으로 비행하는 게 오히려 더 몸에 부담이 됩니다.

제가 컨퍼런스에서 발표자로 만나는 많은 사람들은 이벤트에 참여하고, 하나의 행사에서 발표를 마치면 끝나면 다른 행사에 발표하러 가거나, 심한 경우 행사 중간에 다른 행사 장소로 넘어가곤 합니다. 발표 하나만 하고 떠나는거죠. 이런 사람들은 굉장히 빠르게 움직이는 편입니다. 쉬거나, 다른 사람들이랑 이야기 하거나 혹은 도시를 여행할 시간이 없는 사람들이죠.

하루 정도는 여유롭게 주변을 돌아볼 시간을 가지는 것이 좋습니다. 회사 일에서 벗어나 하루 여유 시간을 가지거나 혹은 원격 근무의 기회가 있다거나 한다면 이런 여유 시간을 갖는 것은 도움이 됩니다. 회사 밖에서 사용할 수 있는 시간에 대해 엄격한 기준이 있다면, 출장을 자주 다니지 않고 장거리 비행을 지양하는 것을 추천합니다. 특정 행사에 참여하기 위해 지구 반대편으로 날아가야 하는 경우는 1년에 한 번쯤 일어나는 것이기 때문에 예외가 될 수 있을 것입니다.

히예르탄 빌렌가 : 번아웃은 어떤가요? 이 분야에서 자주 있는 일인가요?

안드레스 알미라이 : 네, 출장 다니는 것이 힘들어질 수 있습니다. 작년에는 스위스, 독일 그리고 이탈리아에서 열리는 행사를 참여하기 위해 출장을 갔습니다.

2주 동안 출장을 다닌건데 평일에는 매일 밤마다 열리는 이벤트에 참석해야 했기 때문에 주말이 되어서야 쉬거나 혹은 재충전의 시간을 가졌습니다. 그나마 조금 편한 방법인 기차를 타고 다녔는데, 한 번 탈 때마다 4시간을 넘기지 않아서 다행이었습니다. 기차에서는 일을 하거나 쉴 수 있습니다. 비행기를 타는 것보다는 스트레스가 덜하죠. 만약 10개의 도시들을 날아다녀야 했다면 더 힘든 일이 되었을겁니다.

작년에 저를 지치게 한 것은 너무 많은 이벤트에 참여해야 했던 것입니다. 그래서 본인이 얼마나 많은 행사들에 참석하고 있는지, 그 중에서 제일 중요하다고 생각되는 행사들은 어떤 것인지 다양한 각도에서 생각해보며 적정한 선을 찾아야 합니다. 그 선을 한 번 파악하고 나면, 기준에 맞춰 선택하고 참여하면 됩니다.

히예르탄 빌렌가 : 다른 사람들은 출장을 다닐 때 보통은 출장 끝나고 돌아와서 자신의 가족을 본다고 하잖아요. 근데 본인의 아내와 함께 출장을 간다고 들었습니다.

안드레스 알미라이 : 네, 저희는 함께 출장을 갑니다. 제가 회사에 내걸었던 계약 조건이었습니다. 제가 출장을 많이 다닐 수 있는 것은 제 상사뿐만 아니라 제 아내가 있어서 가능한 것입니다. 여행이 1~2일 수준으로 짧다면 혼자 여행합니다. 그러나 그보다 더 긴 출장이거나 이국적인 곳으로 떠나는 출장이거나, 제 배우자가 가고 싶어했던 곳이라면 가능한 함께 여행을 떠나려고 계획합니다.

히예르탄 빌렌가 : 아내도 당신이 발표할 때 함께 하나요?

안드레스 알미라이 : 네, 많은 발표 자리에서 함께 참여했습니다. 처음 같이 한 세션은 2009년에 있었던 자바원입니다. 아마 그녀가 참석한 첫 번째 행사이면서도, 큰 행사였죠.

히예르탄 빌렌가 : 함께 컨퍼런스에 참여하며 출장을 다니는 것의 장점은 무엇이 있을까요?

안드레스 알미라이 : 발표를 같이 연습할 수 있습니다. 그녀가 질문을 던지는 사람인 척 할 수도 있고 혹은 특정 주제에 대해서 비판적인 사람인 척 할 때도 있습니다. 그 질문에 대답을 하는 사람이거나 혹은 부정적인 부분을 해결해주는 사람이 제가 되는거죠. 때로는, 그녀가 무언가를 발표하거나 시연을 해야 한다면, 서로의 역할을 바꿔서 연습을 하곤 합니다. 어떤 주제를 선택했는지에 따라 이런 일들을 함께 하는 것은 재밌습니다.

인덱스